Helga Einsele
Mein Leben mit Frauen in Haft

Für Nele

Helga Einsele

Mein Leben
mit Frauen in Haft

Quell

Redaktion: Nele Löw Beer

ISBN 3-7918-1712-4

Inhalt

5

Frauen in Haft

Der Umzug ins »Große Haus«

Interne Reformen

Das Leben im »Großen Haus«

Neue Möglichkeiten im Strafvollzug

De nobis ipsis (non) silemus

Vorwort

Der Teufel hole das Menschengeschlecht!
Man möchte rasend werden!
Da nehm ich mir so eifrig vor:
Will niemand weiter sehen,
Will all das Volk Gott und sich selbst
Und dem Teufel überlassen!
Und kaum seh ich ein Menschengesicht,
So hab ich's wieder lieb.

Goethe

Nach dem Ende des Zweiten Weltkrieges und des Nationalsozialismus entstanden in Deutschland nach und nach wissenschaftliche Untersuchungen und eine allgemein-theoretische
Literatur über den Vollzug der Freiheitsstrafe. Es gab einen
beträchtlichen Nachholbedarf, nachdem am Ende des vorigen
und zu Anfang dieses Jahrhunderts wichtige Impulse für Kritik
und Reform des freiheitsentziehenden Strafvollzuges gerade
von diesem Land ausgegangen waren (Franz von Liszt, Gustav
Radbruch). Später habe ich mich, in bescheidenem Umfang,
von der Praxis aus an solchen Bemühungen beteiligt, als Leiterin der hessischen Strafvollzugsanstalt für Frauen.

Mehr als diese theoretischen Überlegungen jedoch hat mich
die Umsetzung von Erkenntnissen – zunächst fast nur aus dem
Fundus selbstgemachter Erfahrungen – in die Praxis interessiert, hat mich das Leben der betroffenen Menschen, dieser
belasteten straffälligen Frauen, ergriffen, denen unsere Praxis
auch im allgemeinen Interesse zugute kommen sollte. Hier
möchte ich versuchen wiederzugeben, wie ich das sehr persönlich, in enger Zusammenarbeit mit engagierten Mitarbeitern

und vor allem Mitarbeiterinnen, erlebt habe, was dabei eingesetzt und was gelernt wurde. Es wird also vor allem von den betroffenen Frauen und vom Umgang mit ihnen in den Jahren von 1947 bis 1975 die Rede sein. Aber auch, davor, vom persönlichen Werdegang: Wie kam ich überhaupt zu dieser Arbeit, und was brachte ich mit?

Daß ich diese Niederschrift erst relativ spät – im Alter von achtzig Jahren – gewagt habe, obwohl sie oft angemahnt wurde, hat vor allem diesen Grund: Man kann so persönlich, wie es hier geschieht, erst nach langem Abstand von den Erlebnissen, wie sie sich aus Erinnerung, Briefen und Tagebuchaufzeichnungen darstellen, schreiben. Kostet so etwas doch mehr Mut, als die früheren, abstrakteren Äußerungen verlangten.

Beim Überlesen der ersten Ansätze war ich von der Verschiedenheit unserer damaligen und der heutigen Situation – auch der Menschen – überrascht. Doch das im einzelnen festzustellen, möchte ich den Lesern überlassen. Nur gelegentlich werden entsprechende Details zur Sprache kommen.

Vielleicht begegnet mein Versuch auch einem allgemeinen Interesse an Merkmalen jener Zeit unmittelbar nach 1945, als nach Naziterror und Krieg viele glaubten, die kaputt gebombte und gemordete Welt müsse durch humane Zuwendung menschlicher gemacht werden. In diesem Glauben jedenfalls wurde der hier beschriebene Weg begonnen.

Dabei war ich mir immer bewußt, wie weit wir hinter diesen Träumen zurückblieben, wie wenig meine Mitarbeiterinnen und ich verhindern konnten, daß auch wir in bürokratischen Hemmnissen, in Massenbetrieb, Armut und auch dem eigenen Mangel an Sensibilität hängenblieben. Hätte ich mich aber von diesem Wissen erdrücken lassen, so wäre dieses Buch nicht entstanden. Ich kann nur darauf hinweisen, daß ich mir dieser Schwächen bewußt bin, daß wir uns wenigstens Mühe gegeben haben, ihnen gegenzusteuern, und daß ich deshalb wage, von unserer Arbeit zu sprechen. Immerhin sind wir gemeinsam zu der Erkenntnis gekommen, daß eine zunehmende Einschränkung der Freiheitsstrafe auf einen immer kleineren Kreis wirklich gefährlicher Täter, zu denen Frauen bisher so gut wie nicht gehören, geboten erscheint. (Bei Frauen fallen Täter- und Opferrolle besonders häufig zusammen.) Gerade in der eigenen Praxis, im eigenen, kaum vermeidbaren Versagen erlebten wir die Grenzen der Freiheitsstrafe und sahen, wie oft sie, statt Nutzen zu stiften (Stichwort »Resozialisierung«), bei den betroffenen Menschen und für das gesellschaftliche Zusammenleben Schaden anrichtet.

So wird hier also ein sehr subjektives Buch vorgelegt, das nichts Einmaliges darstellen soll, sondern nur aus persönlicher Betroffenheit heraus einen zeitbedingten Ansatz mitzuteilen versucht. Viel wird und wurde von Außenstehenden, Wissenschaftlern, Journalisten, Menschen, die im Verlauf ihrer Ausbildung eine Zeitlang an der Praxis des Strafvollzugs teilnahmen, geschrieben, angemessen kritisch natürlich, doch oft ohne Verständnis für die, die diese Arbeit praktisch und ja nicht nur als »Job« oder gar aus halbem Sadismus auf sich nehmen. Viel ist auch von Gefangenen selbst gesagt und geschrieben worden, aus ihrer Situation heraus verständlicherweise fast nur kritisch, ja abweisend. Intern sind ihre Äußerungen oft zugetaner. So bekam ich aus Anlaß eines kürzlichen publizistischen Angriffs auf die hier beschriebene Anstalt im September 1992 eine Reihe von Anrufen von Helferinnen und »Ehemaligen«. Der Tenor: Das Behauptete erscheine als ganz unglaubhaft. Ein Anruf gipfelte in einem berührenden Ausbruch: »Das war ein so schönes Gefängnis, eine schöne Zeit, ich habe so viel gelernt, aber das glaubt einem ja keiner.« Vielleicht sollte deshalb, was bisher selten geschah, auch einmal einer der »Täter« im Strafvollzug sich selbst über seine Ziele, Irrtümer, Fehler, aber auch über seine Leiden und Freuden an dieser Arbeit äußern.

Ich versuche dabei darzustellen, was ich selbst erlebt habe, in meinen persönlichen Beziehungen zu Mitarbeitern und Gefangenen und in der Beziehung zur Institution. Die Mitarbeiter haben ähnliches auf ihre Weise erlebt und verarbeitet. Doch da ich nur erzählen und keine wissenschaftliche Abhandlung vorlegen will, muß ich mich auf meine Sicht verlassen. Wer sie zu subjektiv findet, möge mir abnehmen, daß ich mich zur Ehrlichkeit aufgerufen fühle und mehr nicht geben kann. Das Ziel, dem ich mich verpflichtet fand, war immerhin so, daß es meine ganze Kraft in Anspruch nahm. Und ich konnte nicht mehr tun, als es anzustreben. Denn es war auch ein Ziel, dem man – nach Gryphius – oft nur »winselnd zurennen« konnte, das aber trotzdem immer wieder eine große Anziehungskraft hatte. Ging es dabei doch um den Versuch, im Wissen der eigenen Unzulänglichkeit Menschen menschlich zu sehen und ihnen beizustehen, wo immer sie das akzeptieren konnten und wollten.

Dank habe ich so vielen Menschen zu sagen, daß sie nicht alle genannt werden können: voran den Mitarbeitern und Mitarbeiterinnen, auch über den engsten Kreis hinaus, den gefangenen Frauen, Vorgesetzten, die oft mehr für uns taten, als im Bericht vielleicht deutlich wird. Dank habe ich zu richten an viele aus Idealismus mitarbeitende ehrenamtliche Helfer und Helferinnen und »Sympathisanten«, an Menschen im öffentlichen Dienst und Leben – Frauengruppen, Presse –, die uns angehört und unterstützt haben und uns dabei Geborgenheit vermittelten, die wir oft nötig brauchten. Dank schulde ich dem Mann, der mich einstellte, weil er Reformen von mir erwartete, Albert Krebs; dem Mann, der mein Interesse am Strafvollzug wissenschaftlich förderte und zur Praxis rief, Gustav Radbruch; und schließlich dem Mann, der eine Weile mein verständnisvoller Vorgesetzter war, Fritz Bauer, der zu mir sagte: »Ich wünsche, daß ich immer Mut genug habe, mich hinter alle Ihre Dummheiten zu stellen.«
Ich danke auch dem Quell Verlag und seiner früheren Lektorin Renate Sälter, die mich zu dieser Niederschrift herausforderten.
Den größten Dank hätte ich, lebte er noch, dem Gefährten zu sagen, der mich ohne Klage in diese Arbeit ziehen ließ und einsam in der seinen zurückblieb – und der Tochter, die als

Kind die ständig überforderte Mutter aushalten mußte, sie trotzdem nicht verließ und dann, als sie selbst »in die Jahre kam«, ehrenamtlich mitarbeitete und diesen Bericht redigiert hat.

Frankfurt a. M., im November 1993   *Helga Einsele*

Der persönliche Weg

Im September 1988 wurde mit großem Aufwand die »Offene Abteilung für Mütter und Kinder« in der Frankfurter Frauenhaftanstalt eingeweiht. Die Landesregierung hatte den Staatssekretär, das Parlament den Vorsitzenden des Rechtsausschusses für Strafvollzug entsandt. Die Stadt, die Bauverwaltung, das Landesjugendamt und andere Behörden hatten hochrangige Vertreter geschickt. Menschenfreundliche Reden, zum Teil von hoher Qualität, wurden gehalten, und auch meiner wurde lobend gedacht. Ich hörte mir das alles an, und es kam mir in den Sinn, daß fast genau 32 Jahre zuvor, als wir das »Große Haus« mit allen gefangenen Frauen Hessens bezogen, mein damaliger Vorgesetzter mit strengem Blick und fast drohend zu mir gesagt hatte: »Frau Einsele, Kinder werden in diesem Haus nicht geboren werden und Kinder werden hier auch nicht leben!« Und nun dieser Tag!

Als der offizielle Teil der Veranstaltung vorbei war, fragte mich eine Reporterin, wie das denn alles angefangen habe. Und ich berichtete ihr, verkürzt natürlich und ohne die Kämpfe zu erwähnen, die zu bestehen waren, aber in der deutlichen Erinnerung an die große Arbeitskameradschaft, die unsere Arbeit getragen hatte, an die Bereitschaft der Mitarbeiter, alle Kräfte für diese neue, selbstgestellte Aufgabe einzusetzen: In einer Frauenhaftanstalt sollten neugeborene Kinder nicht mehr wenige Tage nach der Entbindung und nach erzwungenem Abstillen von den Müttern getrennt und fremden Personen zur Versorgung übergeben werden.

So hatte es angefangen: aus dem Gefühl des Mitleidens mit diesen vom Leben ohnehin geschlagenen Frauen und ihren Kindern. Wir wollten nicht zulassen, daß diese Frauen auch noch als Mütter geschlagen würden. Es war ein langer Kampf, bis von den Männern mit Entscheidungskompetenz gebilligt und akzeptiert wurde, daß Säuglinge (und später auch kleine, schon vor der Inhaftierung geborene Kinder) bei ihren Müttern bleiben konnten. Und zu kämpfen war nicht nur mit den Behörden, sondern auch gegen lautstark vorgebrachte Vorurteile der Öffentlichkeit. Die nämlich warf uns zunächst vor, »diesen Frauen« in einer Art von Hotelvollzug nun auch noch das Zusammenleben mit ihren Kindern zu erlauben, statt sie rundherum »büßen« zu lassen. Später dann wurde ein ganz anderer Vorwurf erhoben: Kleine Kinder müßten hinter Gittern mit Notwendigkeit Schaden erleiden.

Doch wir hatten auch Sympathie und Unterstützung erfahren. Zunächst setzten sich einzelne für unser Anliegen ein, später dann eine Bürgerbewegung, die unsere Sache propagandistisch förderte und ihr damit entscheidend half. Wir selbst erprobten Schritt für Schritt die Realisierung unseres Plans, bis schließlich erreicht war, was wir heute erlebten: der offiziell bewilligte Vollzug für Mütter und Kinder. Über die einzelnen Schritte dorthin will ich später berichten. Doch an diesem Tag gingen meine Gedanken noch weiter in die Vergangenheit zurück: Ich versuchte mich daran zu erinnern, wie dieses Engagement für strafgefangene Frauen bei mir überhaupt entstanden war.

Frühe soziale Erfahrungen

Ich ging den Weg zurück in meine Jugend und in mein Elternhaus. Mein Vater stammte aus einer pietistisch-kaisertreuen Familie in Wuppertal-Barmen. Doch aus dem Ersten Weltkrieg kam er als überzeugter Republikaner und Demokrat zurück, der sich dem neuen Staat und seiner Friedenspolitik verpflichtet fühlte. Vor dem Krieg hatte er, nach dem Studium von Theologie, alten Sprachen und Geschichte, als Lehrer an den Franckeschen Stiftungen in Halle gearbeitet. Nach dem

Krieg leitete er nacheinander zwei humanistische Gymnasien, in Mittel- und in Norddeutschland. Sein Hang zu ehrlichen Bekenntnissen, den er aus dem Kantschen Imperativ bezog, brachte ihn dahin, daß er 1933 als einer der ersten sein Amt verlassen mußte. Kurz vor der »Machtübernahme« hatte er in einer lokalen Zeitung noch einmal zum Ausdruck gebracht, was er von den Nazis hielt.

Meine Mutter rechnete sich der ersten Frauenbewegung zu. Ihren Beruf als Lehrerin hatte sie wegen ihrer Eheschließung aufgeben müssen. Zwar war sie in ihrer Familie voll erfüllt, doch wünschte sie ihren beiden Töchtern mehr noch als die Ehe den Aufbau eines unabhängigen Berufslebens, auch damit sie für die Rechte der Frauen kämpfen konnten. Sie selbst war in Organisationen der Frauenbewegung und ehrenamtlich in der Sozialarbeit, der Jugendgerichtshilfe, tätig. Solchen Grundhaltungen entsprach der Bekannten- und Freundeskreis unseres Hauses.

Beide Eltern übertrugen ihre Vorstellungen von einer sozialen Verpflichtung für die schwächeren Mitglieder der Gesellschaft auf uns Töchter. Dabei spielten die neuen sozialen Bewegungen eine ebenso große Rolle wie die christliche Tradition, in der sich nach den Auseinandersetzungen zwischen Orthodoxie und rationaler Aufklärung die Liberalisierung der Jahrhundertwende niedergeschlagen hatte. In der religiösen Erziehung, besonders wie meine Mutter sie übte, verhalf uns das vor allem dazu, von bedrückenden Sündenvorstellungen frei zu sein. Das erfüllte mich, verglich ich mich mit »christlich erzogenen« Gleichaltrigen, immer mit Stolz und Freude. Bei uns galt, daß Irrtümer vergeben werden.

Freilich war es trotz der sozialen Grundhaltung meiner Eltern bei uns immer noch möglich, daß die Hausangestellte in einer überaus einfachen Mansarde lebte. Da ging die Kritik der Kinder über die Vorstellungen der Eltern hinaus, hin zu »sozialistischen Maximen«, die Gleichberechtigung und Demokratie auch im Ökonomischen verlangten und im persönlichen Leben die gleichberechtigte Einbeziehung derer einforderten, die bei der Bewältigung eines mit anderen Aufgaben ausgefüllten Alltags halfen.

Doch auch eigene Erfahrungen und Erlebnisse förderten die Vorstellung von einem späteren Leben mit sozialem Engagement. Das geschah vor allem in sozialistischen Jugendgruppen. Hinzu kam eine wahrscheinlich nicht nur anerzogene Neugier auf Leben und Menschen.

Von frühem sozialem Interesse berichtete mir später eine Freundin der Familie. Nach einem Besuch in Halle, als der Vater dort in der Kaserne war, sahen wir am Bahnhof eine »Butterfrau« sitzen. Wir Kinder verlangten, man müsse ihr Butter abkaufen. Doch bis zur Abfahrt des Zuges war keine Zeit mehr. So quälten wir die Mutter zu Hause so lange, bis sie am nächsten Tag von unserem Vorort aus nochmals mit uns in die Stadt fuhr und dort die Butter kaufte. Die war dann allerdings ranzig.

Aber der Ort, in dem wir lebten, zwang uns soziale Erfahrungen geradezu auf. Er war halb Villenvorort, halb Bauerndorf und Siedlung der Leuna-Arbeiter. Wir Kinder lernten dort den Klassenkampf kennen. Wir trauten uns nur in Gruppen zum Einkaufen und täglichen Milchholen ins »Dorf«. Lag die Übermacht bei den dort wohnenden Kindern, so rettete uns nichts vor dem Angespucktwerden und gelegentlichen Schlägereien. Traten wir in gleicher Zahl auf, trafen uns nur verbale Angriffe und Spott.

Von meiner Neugier auf Menschen erzählte mir später meine von unseren Einkäufen genervte Mutter. Nicht das auszusuchende Kleid habe mich interessiert, sondern immer wieder mußte sie mich suchen, weil ich irgendwo stehen geblieben war und ganz versunken andere Menschen und ihr Kaufverhalten angestarrt hatte. Später richtete sich diese Neugier auf die dunklen Seiten des städtischen Lebens, wie wir es erfuhren, als mein Vater nach dem Krieg versetzt wurde. Immer brach ich in Tränen aus, wenn ich Betrunkene sah, denen johlende Kinder nachliefen. Ich erinnere mich an einen Silvesterabend, an dem ich mich lange unter der Treppe eines fremden Hauses versteckt hielt, weil vor diesem ein Mann betrunken immer wieder in den Schnee gefallen war. Ich stellte mir vor, wie er zu seinen Kindern nach Hause kommen würde, bei denen dann von einem Festabend, wie wir ihn vorbereitet hatten, keine Rede sein würde. In der größeren Stadt, in die wir später zogen, lief ich abends in die Kneipengegend und sah die Frauen, die ihre betrunkenen Männer abholten. Vielleicht ist damals mein Mitgefühl für gedemütigte Frauen erwacht.

Aber schon früh bekam dieses zunächst rein soziale Interesse eine politische Note. Kein Weihnachtsgeschenk hat mir je so viel bedeutet wie die »Memoiren einer Sozialistin« von Lilly Braun, die ich erhielt, als ich 14 Jahre alt war. Da erschütterte mich das Massenelend des Frühkapitalismus in England, das Lilly Braun schildert. Und von nun an wollte auch ich »Sozialistin« werden. Also nahm ich zunächst einmal an einer Demonstration kommunistischer Notstandsarbeiter gegen den Bürgermeister unserer Stadt teil, einen Freund meines Vaters. Doch während die von mir dazu verführte Freundin deshalb Probleme mit den Eltern bekam, wurde ich nicht gescholten. Es galt Toleranz gegenüber der eigenständigen Entwicklung der Kinder. Das wurde noch deutlicher, als meinem Vater später im Berufsausschlußverfahren durch die Nazis unter anderem die sozialistischen Neigungen der Töchter vorgehalten wurden. Er erwiderte darauf, er sei stolz, daß seine Töchter ihren eigenen Weg suchten.

Noch eine weitere Entscheidung während der Schulzeit hing mit Lilly Braun zusammen. Als wir Schüler bei einer Volkszählung eingesetzt wurden, suchte ich mir den Slumbezirk der Stadt aus. Meine Mitschüler – nur Jungen – haben, wie ich nachträglich erfuhr, darüber gewacht, daß mir nichts »passierte«. Sie lehnten zwar den »Vogel« der Mitschülerin ab, doch beeindruckte sie deren soziale Heftigkeit offenbar so sehr, daß zur Zeit der gemeinsamen Reifeprüfung fast die Hälfte von ihnen Alkohol und Nikotin abgeschworen hatten.

Der fast noch stärkeren Neigung zum Pazifismus folgten allerdings nur zwei.

Auch diese Neigung hatte sehr frühe, der Zeit entstammende Wurzeln. Ich war vier Jahre alt, als der Erste Weltkrieg begann. Da hörten bald die fröhlichen Bilder der Sommerabende auf, an denen die Eltern – die schöne Mutter im hellen Musselinkleid – mit den Fahrrädern in die Waldheide fuhren. Bilder der Angst traten an ihre Stelle. Zwar herrschte auch bei uns der im Bürgertum ausgeprägte Patriotismus und das Bewußtsein, man müsse seine »Pflicht« tun. Doch statt Kriegsbegeisterung war da Widerspruch gegen den törichten, nationalistischen Übermut und die Selbstherrlichkeit des Kaisers.

Als ich fünf Jahre alt war, ging mein Vater in die Kaserne nach Halle. Wir besuchten ihn dort und spielten auf den angrenzenden Großstadtstraßen, gelegentlich auch mit den »Soldaten«, worauf wir mächtig stolz waren. Doch eines Tages kam die Mutter blaß und traurig aus Halle zurück. Sie hatte dem Zug »an die Front«, in dem der Vater und die »Soldaten« saßen, nur noch nachwinken können. Namen wie Somme, Flandern, Verdun hörten wir nun auch im Zusammenhang mit den Briefen des Vaters. Seine Intelligenz, aber auch eine gewisse körperliche, auf großer Kurzsichtigkeit beruhende Orientierungsunfähigkeit gestalteten sein Leben gefährlich. Sein Unteroffizier mochte den »Intellektuellen« nicht, der sich sicher nie aufspielte, aber wohl gelegentlich vernünftigeres Verhalten anmahnte, und schickte ihn auf riskante Patrouillengänge. Zweimal geriet er dabei dicht vor die feindlichen Linien. Die Mutter lebte in ständiger Angst. Und ein Bild sehe ich deutlich vor mir: zwei kleine Mädchen, die sommers wie winters vor Tau und Tag die Dorfstraße hinunterliefen, um schon bei Öffnung der Post nach Briefen vom Vater zu fragen. Einmal sah ich dabei eine riesige, rote Wintersonne am Himmel. In ihrer bedrohlichen Fremdheit war sie lange ein eingeprägtes Schrekkensbild. Ebenso stark wirkten die Soldatenlieder auf mich, so daß sie mich noch bis in den Zweiten Weltkrieg hinein, wann immer ich sie hörte, zu Tränen erschütterten.

Neben diesen Erfahrungen waren die sonstigen Kriegslasten kaum wichtig: daß wir Hunger hatten, Hilfe nur manchmal von erfrorenen Kartoffeln aus dem Garten kam, daß braune Bohnen und Steckrüben, Steckrüben, Steckrüben die Hauptnahrung bildeten, als Suppe, Hauptgericht, Brot und Kuchen. Daß wir im Winter, aus Mangel an Heizmaterial, alle miteinander – fünf bis sieben Personen – im winzigen »Bücherzimmer« meines Vaters lebten. Alle mußten aufstehen, wenn einer den Raum verlassen wollte. Trotzdem froren wir in dem aufwendig gebauten, aber mit unzulänglichen Kachelöfen ausgestatteten Haus.

Etwa drei Jahre später ein anderes unvergeßliches Bild, nun in der Stadt, in die wir bei Kriegsende umgezogen waren: die vorbeiflutenden Massen des geschlagenen Heeres, elende, müde, ausgemergelte Männer. Einer von ihnen war der von der kleinen Schwester nicht mehr erkannte Vater. Er war Leiter des örtlichen Gymnasiums geworden und begann nach einer schweren Attacke der tausendfach tödlichen Kriegsgrippe seine Arbeit.

Und dann erlebten wir die Revolution. Bedrohlich war sie uns während der Übersiedlung auf dem Bahnhof von Halle begegnet, einem Zentrum des Aufstandes. Dort gellten Parolen, wurde geschossen. Hier, in Torgau, ging es zwar zahmer zu, doch wurde der Vater, kaum im Amt, vom Arbeiter- und Soldatenrat abgesetzt, weil er sich geweigert hatte, statt der neuen schwarz-rot-goldenen Reichsflagge die rote Fahne der Revolution an der Schule aufzuziehen. Offenbar spielten Fahnen in seinem Leben eine besondere Rolle. 1933 begann die Kampagne gegen ihn, als er sich weigerte, die Schule mit der Hakenkreuzfahne zu beflaggen. Anders als 1933 kam es aber 1919 bald zu einer Zusammenarbeit. Mein Vater gründete die örtliche Volkshochschule und wurde zum örtlichen Vorsitzenden der neuen Deutschen Demokratischen Partei gewählt. Die Kriegserfahrungen hatten ihn nicht nur zu einem überzeugten Demokraten und Republikaner umgeformt, der er bis zu seinem Ende blieb, sondern zwangen ihn auch zu tätigem Einsatz. In der Fahnenfrage gab er nicht nach. Doch wurde er bald wieder in sein Amt eingesetzt. Damals ging man toleranter, ja humorvoller mit den Menschen um als 1933. So forderte zum Beispiel die Vorsitzende des »Vaterländischen Frauenvereins« den Vorsitzenden des Arbeiter- und Soldatenrates, einen Kommunisten, auf, doch den technischen Hilfsdienst, der den Generalstreik mattsetzen sollte, heranzuziehen. Das sei doch etwas, wo alle mitmachen könnten. Und dieser Kommunist klopfte ihr freundlich auf die Schulter: »Ach, Frau B., wenn alle so wären wie Sie, dann brauchten wir keine Revolution.«

Wir Kinder nahmen an dem Wirbel auf den Straßen, aus dem sich Namen wie Rosa Luxemburg und Karl Liebknecht einprägten, lebhaften Anteil. Wir stahlen uns in die Straßenversammlungen, verstanden nichts, verwickelten jedoch die amüsierten Arbeiter in Fragen und Diskussionen. Eines begriff ich und nahm es gierig auf: das breite Aufbegehren gegen den Krieg und die Hoffnung, eine soziale Revolution könne ihn für immer unmöglich machen. Mein späteres starkes Interesse an der Französischen Revolution und an der gescheiterten deutschen von 1848 hatte da wohl seine Wurzel. Trotzdem war die junge, leidenschaftliche Pazifistin stolz, als der Vater, dessen Schule »Mackensen-Gymnasium« hieß, von dem Generalfeldmarschall besucht wurde und sie ihm die Tür öffnen durfte. Er hinterließ für das Lehrerzimmer eine gerahmte Photographie mit der Widmung: »Der Berufsoffizier grüßt den Lehrer als Erzieher an der Jugend.«

Stärker geformt wurde das noch chaotische politische Bewußtsein durch den Mord an Walther Rathenau. Da war ich zwölf Jahre alt und lernte zum ersten Mal Antisemitismus kennen. Bei der dem Mord vorausgehenden Hetzjagd gegen den Außenminister wurde gegrölt: »Bringt um den Walther Rathenau, die gottverdammte Judensau!« Nach dem Attentat hielt der Vater bei einer Zusammenkunft aller Schüler und Lehrer eine Rede, deren Engagement für Demokratie und Republik und gegen den Antisemitismus mich hinriß, doch zugleich

Angst weckte. Rathenau wurde zu einer weiteren Leitfigur meiner Jugend. Von nun an erfüllte mich bewußtes Pathos für Demokratie, Republik, Humanismus und Frieden. Und ich suchte politische Erfahrungen zu machen, ausgehend auch von der Biographie Lilly Brauns. Doch das greift weit voraus.

Als Mädchen in Jungenschulen

Zuvor mußte ich erst einmal Schulerfahrungen machen. Schulpflichtig wurde ich während des Krieges, als wir auf dem Dorf lebten. Meine Mutter, die ja Lehrerin gewesen war, erhielt die Erlaubnis, meine Schwester und mich zu unterrichten. Ein Junge aus einer befreundeten Familie sollte mit mir zusammen lernen. Da es ihm schwerer fiel, wurde mir weniger Aufmerksamkeit gewidmet. Zudem füllten Versorgungsprobleme und die Angst um den Mann an der Front Zeit und Gedanken der Mutter und lenkten oft vom Unterricht ab, so daß ich mit wenig fundiertem Grundwissen antrat, als ich mit neun Jahren in der Stadt in die meinem Alter entsprechende Schulklasse kam. Etwas Französisch hatte ich beim Vater meiner Mutter gelernt, der eine Weile bei uns lebte. Er verließ uns, als wir das schöne große Haus aufgeben mußten. Wir lebten dann in zwei kleinen Dachwohnungen. Viele Möbel mußten wir unterstellen – in weit entfernten Kellerräumen, wo dann fast täglich im Haushalt Fehlendes gesucht werden mußte. Ohne Hilfe zogen wir mit fast dem ganzen Rest um, den wir in Handwagen transportierten. Uns Kindern wurde der Leiterwagen-Umzug der etwa 5000 Bücher des Vaters aufgegeben. Dabei griffen uns wieder die »Straßenjungen« an. Einmal traf die Mutter mich dabei an, wie ich mit einem leinengebundenen Goldschnitt-Goetheband auf einen solchen Jungen eindrosch. Die letzte Wohnung lag in einem großen Garten, in dem nachts Nachtigallen sangen. Einmal hörte ich statt ihrer einen menschlichen Pfiff. Da kam der Vater, kurz vor dem Kriegsende, zu seinem letzten Urlaub.

Nun also kam ich in die Mädchenschule. Das war für die fast Neunjährige ein großes Erlebnis. So benahm ich mich auch. Bei meinem ersten Auftritt zum Beispiel fragte ich den Rechenlehrer, ob er Wurzeln ziehen könne, sonst würde ich es ihm zeigen. Ich hatte natürlich keine Ahnung und frage mich, woher ich diesen dummdreisten Mut nahm. Aber mir muß meine Naivität wohl so aus den Augen gestrahlt haben, daß alles mit erstaunlicher Zuwendung von Lehrern und Mitschülern hingenommen wurde. Anders läßt es sich kaum erklären, daß ich damals deutlich vorgezogen wurde. Ein Lehrer sagte im Unterricht: »Helga kann ruhig mal zum Fenster hinausschauen, sie paßt trotzdem auf.« Wenn ich mich bei botanischen Ausflügen hinten anstellte, so galt das als Bescheidenheit und nicht als Uninteressiertheit. Und als ich einmal durch Unaufmerksamkeit den Unterricht gestört hatte und deshalb »nachsitzen« mußte, lief auf mein verzweifeltes Weinen hin das gesamte Lehrerkollegium einschließlich des Schulleiters zusammen, um mich zu trösten. Eigenartigerweise wurde diese Vorzugsbehandlung von den Mitschülerinnen ohne Widerstreben hingenommen. Ihr Werben um meine Freundschaft erhielt nur einen kleinen Riß, als sechs Volksschülerinnen zu uns kamen.

Eine Errungenschaft der Revolution bestand nämlich darin, daß Oberschulen begabte Volksschüler aufnehmen sollten. Doch die Art, in der das geschah, ließ keinen Erfolg zu. Und so verließen die unvorbereiteten, sich fremd und abgelehnt fühlenden Mädchen die Schule bald wieder. Aber mein Herz hatte sich ihnen, die sich schon äußerlich dadurch von uns unterschieden, daß sie Schürzen trugen, gleich zugewandt. Abgeworben von ihnen wurde ich mit dem Hinweis »die putzen sich die Zähne nicht« vor allem von einer Mitschülerin aus sehr wohlhabendem Hause, deren Vater ein »Kriegsgewinnler« war; er hatte durch Getreidespekulationen während des Krieges ein Vermögen gemacht und mußte später eine Gefängnisstrafe verbüßen. In ihrem Haus erlebte ich zum ersten Mal in meiner privaten Umgebung einen betrunkenen Vater.

Bald nach den Volksschülerinnen verschwand auch ich aus der Mädchenschule. Da es nicht möglich war, an dieser Schule Abitur zu machen, erstritt unser Vater die Erlaubnis, daß seine beiden Töchter das von ihm geleitete humanistische Gymnasium besuchen durften. Ich kam in die Quarta, meine Schwester in die Sexta. Unsere Aufnahme mußte im Kollegium der neuen Schule diskutiert werden. Für mich sprach, daß ein Lehrer in der Diskussion sagte, er habe mich gesehen, wie ich einen mich angreifenden Jungen auf der Straße mit der Schultasche verhauen habe. »Die können wir ruhig nehmen.« Allerdings mußten wir als einzige Mädchen in einer Jungenschule während der gesamten Schulzeit hinnehmen, daß unsere guten Leistungen von Knaben-Eltern auf »immensen Fleiß« geschoben wurden. Anders schienen gute Leistungen von Mädchen nicht erklärbar.

Doch mehr als in der Schule lebten wir in diesem kleinen Ort in der Romantik der Kasematten und Wallanlagen der früheren Festung und in dem den Ort fast gänzlich umgebenden, von Napoleon angelegten Glacis, wo wir Schlittschuh liefen und auf den Elbdeichen radfuhren. Ich wurde von den älteren Mitschülern schon ein wenig angeschwärmt und erlebte selbst erste, zaghaft-kindliche Liebesromantik. Als einziges erreichbares Mädchen spielte ich Theater in von Primanern verfaßten Stücken historisch-nationalistischen Inhalts.

Doch es gab auch Schulschmerzen: das Nachholen des Latein-Unterrichts mehrerer Jahre bei dem ungeduldigen Vater, der als genial sprachbegabter Altphilologe trotz didaktischer Fähigkeiten nicht verstand, daß Töchter nicht kongenial sein müssen. Damals, als ich gelegentlich wegen Versagens aus seinem abendlichen Unterricht gewiesen wurde und dann durch die riesige dunkle Schule irrte, wurde meines Erachtens der Grund für ein lebenslanges schlechtes Selbstbewußtsein gelegt. Und: Meine Mitschüler gerieten in ihre Pubertätskrisen und kamen, wegen damals noch sehr restriktiver Aufklärung, mit den gleichaltrigen Mädchen nicht zurecht. Schwärmerei wurde aggressiv ausgelebt, obszöne Bemerkungen und Distanzierungen sollten verletzen. In den Winterpausen richteten viele ihre Schneebälle gegen die beiden Mädchen, bei den Wandertagen sah ich mich von den meisten Jungen, die sich voreinander schämten, verlassen. Da habe ich nachts nicht selten geweint. Beschwert bei den Eltern oder gar den Lehrern habe ich mich allerdings nie.

Das alles änderte sich, als wir nach Norddeutschland umzogen, wo mein Vater die Leitung einer größeren Schule in Lüneburg übernommen hatte. Dort waren wir zwar auch wieder die einzigen Mädchen unter lauter Jungen, aber es herrschte ein Ton absoluter Kameradschaftlichkeit. Schwärmereien blieben zart und zurückhaltend. Meine Schwester und ich hatten als zeitweilig gewählte »Vertrauensschülerinnen« gute Stellungen in den Klassen. Einmal erklärte ein Mitschüler im Hinblick auf meine Schwester: »M. ist das einzige Weib, das wir gelten lassen.«
   Doch Probleme gab es natürlich auch hier, und wieder solche, die zumindest teilweise mit dem »Geschlechterkampf« zu tun hatten. Nachdem ich lange von den Mitschülern ein wenig verwöhnt und von den Lehrern gerecht behandelt worden war, änderten sich die Dinge ab der Obersekunda. Ein neuer Lateinlehrer versuchte, mich mit allen Mitteln zu drücken. Ob das aus Opposition gegen meinen Vater geschah oder ob er ein relativ intelligentes Mädchen nicht ertrug (seine Frau war etwas dümmlich), ist mir nie klar geworden. Jedenfalls bekam ich, wie sehr ich mich auch bemühte, nach der bisherigen Eins in Latein nur noch eine Drei. Das wurde sogar zum Gespött der Mitschüler: »Da du ja wieder eine Drei plus geschrieben haben wirst, erwarte ich für mich eine...« Es ging so weit, daß dieser Lehrer in meine schriftliche Abiturientenarbeit Fehler hineinmanipulierte, wohl um die bisherige Bewertung aufrechterhalten zu können. Dem kontrollierenden Schulrat fiel das auf; mein Vater bat, nichts daraus zu machen. Ich selbst wußte von dieser Affäre nichts, war nur erstaunt, daß ausgerechnet dieser Lehrer mich beim Abiturientenball zum Tanzen aufforderte und mich dabei um Entschuldigung bat. Er ging natürlich

davon aus, daß mein Vater mich informiert habe. Erfahren habe ich die ganze Geschichte erst viele Jahre später.

Das zweite Problem entwickelte sich in der Unterprima. Sechs Schüler, die sitzengeblieben waren, kamen neu in die Klasse. Sie nahmen Anstoß an meiner guten Position und fingen an, mich mit allen Mitteln herunterzusetzen. Vor allem suchten sie zu beweisen, daß ich gar nicht so »gescheit« sei. Denn in diesem Punkt hatten sie selbst ja eine Niederlage erfahren und sahen sich in ihrem männlichen Stolz verletzt. Wieder gab es nachts heimliche Tränen. Im Nachhinein glaube ich, daß ich damals eine gute, für das ganze Leben brauchbare Lehre im Aushalten von Schmerzen erhalten habe. Am Ende des Jahres war der Konflikt ausgestanden. Mit einem Teil dieser neuen Mitschüler verbanden mich dann besonders enge Beziehungen, um derentwillen das letzte Schuljahr zu den schönsten Jahren meines Lebens gehört. In unserem ziemlich großen Haus wurden die Mitschüler auch von meiner Mutter immer willkommen geheißen. Ich selbst wurde zur Beraterin für ihre persönlichen Probleme, wie Berufswahl und ernster werdende Verliebtheiten. Damals habe ich viel über heranwachsende Jungen – freilich der damaligen Zeit – gelernt.

Übrig blieb ein Problem: Die in norddeutschen Kleinstädten vorherrschende konservative bis reaktionäre Grundhaltung hatte sich bei den Jungen oft in Gestalt von Kriegsromantik und Heldenverehrung niedergeschlagen – zum Beispiel nach der Lektüre von Ernst Jüngers »In Stahlgewittern« und ähnlichem –, und sie begeisterten sich für Lettow Vorbeck, die Brigade Ehrhard, Freikorps und dergleichen. Das führte zu heftigen, die Freundschaft zunächst allerdings kaum beeinträchtigenden Auseinandersetzungen. Ab 1927 kam die Begeisterung für den Nationalsozialismus hinzu, für Antisemitismus, Antifreimaurertum und bei einzelnen für die Sozialromantik eines Gregor Strasser. Extremster Vertreter war ein Junge baltischer Herkunft, der ein sowohl von der Klasse als auch von mir geschätzter Kamerad war. Es kam zu heftigen Disputen, bei denen mich nur zwei Stresemann-Anhänger verteidigten. Das

Recht auf pazifistische Stellungnahmen wurde mir verweigert, weil ich ja keinen Kriegsdienst leisten müsse. Mein Angerührt-sein, als mein Vater bei einer der obligatorischen Montagsan-dachten die Aufnahme Deutschlands in den Völkerbund bekanntgab, teilte wohl auch niemand. In einer der besonders heftigen Diskussionen über Krieg und Frauenrechte brach ich zum Schrecken der Mitschüler einmal in Tränen aus. So etwas war mir zuvor erst einmal passiert, in der Tertia, als der Geschichtslehrer uns auseinandersetzte, der gelungene Auf-stand mache als Revolution Geschichte, der mißlungene sei Hochverrat und werde mit dem Tode bestraft.

Als ich bei einer Jubiläumsfeier der Schule, lange nach dem Zweiten Weltkrieg, die Tafeln mit den Namen der Gefallenen las, waren nicht nur die darunter, die den Krieg verherrlicht hatten. Gerade von ihnen hatten einige überlebt. Bei den Fest-reden war von Deutschland unter der Herrschaft von National-sozialismus und Krieg kaum die Rede. Unter den Schulleitern wurde dessen, der 1933 von den Nazis wegen seiner Überzeu-gung entlassen worden war, nicht gedacht.

Zurück zur letzten Schulzeit. Als die Klasse, die von sich eine phantasievolle Abschlußfeier erwartet hatte, in ihrer Mehrheit doch die übliche Form des »Kommers« mit den Lehrern wählte, flüchtete die oppositionelle Gruppe für die Nacht in unser Haus. Sie wurde abwechselnd von meiner Mutter und von mir getröstet. Die Jungen hatten den Eindruck, daß ihr Versuch, sich als sozial verantwortliche Anti-Alkoholiker zu bewähren, gescheitert war.

Die Fragen sozialer Verantwortung hatte ich im letzten Schuljahr besonders ernst genommen. Als »Vertiefungsfach« wählte ich Deutsch und das Thema »Der soziale Gedanke in der Dichtung«. Ich begann mit dem Propheten Amos und endete mit Ernst Toller. In der schriftlichen Jahresarbeit schrieb ich über »Wandervogel, Landschulheim- und Jugend-musikbewegung«. Mein Interesse dafür hatte sich nach zwei Besuchen bei den »Freideutschen« auf Sylt entwickelt, bei

Volkstanz-Musikfesten, Nachtwanderungen und Radfahrten in die Lüneburger Heide. Politische Vorstellungen kamen hinzu. Sie gemeinsam zu ergründen, bildeten wir einen Kreis von Schülern und Studenten. Außer in den Wohnungen trafen wir uns in Landheimen und Jugendherbergen. Wieder waren Toleranz und Vertrauen der Eltern bewundernswert, als man nämlich in der Stadt begann, an den gemeinsamen, unbeaufsichtigten Unternehmungen von Jungen und Mädchen Anstoß zu nehmen. Die Stellung meines Vaters wurde sicherlich auch durch dieses Tun belastet. Wir aber diskutierten mit großem Ernst über Demokratie und Sozialismus, neue Lebens- und Kunstformen, Beziehungen der Generationen und ähnliches. Ich entdeckte die »Kulturlehre des Sozialismus« von Gustav Radbruch und referierte darüber. Später während des Studiums fand ich den Weg zu sozialistischen Organisationen der Arbeiterjugend, zu Naturfreunden, Jungsozialisten und sozialistischen Studenten.

Diese Schilderung meiner Jugend klingt nüchtern und sachlich. Deshalb muß ich hinzufügen, daß ich an diese Zeit als eine besonders glückliche, geborgene und erfüllte zurückdenke. Ich erinnere mich an die verschiedenen Landschaften – den Harz, wenn ich bei den Großeltern war, die Heide bei Halle mit den rauschenden Kiefern, die Nordsee bei Sylt, das hochgebirgige Tirol, das ich bei einer Urlaubsreise mit den Eltern erlebte. Vor allem spielte die Romantik der Lüneburger Heide, die damals noch in weiten Teilen fast unberührt war, eine herausragende Rolle. Dort waren bei den Festen der Jugendbewegung, beim gemeinsamen Suchen nach neuen Lebensformen, unter toleranter Billigung der Eltern, Lebensfreundschaften entstanden. Während meines Berufslebens im Strafvollzug war mir das Glück der eigenen Jugend, im Gegensatz zu dem vielfältigen Elend, das mir da begegnete, immer gegenwärtig und belebte meine Solidarität und den Wunsch, weiteres Unglück bei diesen »Anderen« so weit wie möglich auszuschließen.

Vom Bürgertum zum Sozialismus

Nach der Reifeprüfung wurde die Berufswahl dringend. Ich wollte studieren. Doch was? Für welchen Beruf? Mein Sachinteresse gehörte der Geschichte: Wie waren gesellschaftliche Phänomene entstanden, wie kamen Veränderungen zustande, könnten Revolutionen Ungerechtigkeit beenden? Doch was war mit einem solchen Studium anzufangen?

Die Universitätslaufbahn mit Forschung und Lehre hing, abgesehen von meinem Wunsch nach praktischem Tun, für ein Mädchen zu hoch. Auch war ich mir des eigenen wissenschaftlichen Engagements und Könnens zu unsicher. Schulpädagogik? Eine Weile träumte ich von Schulen im Rahmen der Settlement-Bewegung in Berliner Slums oder bei der neuen Fürsorgeerziehung. Dort arbeiteten politische Freunde. Dann kam mir der Gedanke an ein Jurastudium, für das es in der pädagogischen Familientradition kein Vorbild gab. Ich dachte, auch Fürsorgeerziehung könnte von Juristen mit pädagogischen Neigungen organisiert werden. Noch mehr zogen mich die Neuerungen in den noch augenfälligeren gesellschaftlichen Randbereichen an, etwa die Jugendgerichtsbewegung mit den Vorbildern von Lindsay, USA, und Franke, Berlin, einem Freund der Eltern. Wichtig erschien mir auch die Gefängnisreform der Weimarer Zeit. Von den Reformern Hermann und Bondi hatte ich schon in der Schule gehört. Der bei den Bürgern üblichen Abqualifizierung des Reformleiters im Celler Zuchthaus trat ich vehement entgegen. Als Jurist würde man auch politisch arbeiten können. Das vielleicht »trockene« Studium hoffte ich zu überstehen.

Es war ein Glück, daß eine Freundin noch aus der Mädchenschule sich ebenso entschied und wir zusammen planen konnten. Wir wollten in eine möglichst weit entfernte Universitätsstadt ziehen. Königsberg entsprach auch meinen östlichen Sympathien, meiner Liebe zu den russischen Schriftstellern Dostojewskij, Tolstoj, Puschkin. Doch leider erlebten wir dort eine konservative Universität, wo sich viele Studenten und einige

Professoren in der Ablehnung von Völkerbund und Frauenstudium trafen. Zum Frauenstudium hörte ich in einer Vorlesung, es schade der weiblichen Schönheit. Ich sah mich auch in anderen Fächern um, hörte Theologie (bei Schniewind, Iwand), Pädagogik, Germanistik, Geschichte (bei Rothfels), Psychologie und sogar Medizin. Ein »studium generale« gab es nicht.

Zauberhaft war die Landschaft, die wir uns nach allen Richtungen mit den Fahrrädern eroberten. Oft waren wir auf den Nehrungen, in den Dünen und bei Fischern. Zum Schluß fuhren wir nach Polen. Dort in Warschau sah ich zum ersten Mal kleine Kinder bei ihren Müttern im Gefängnis.

In Königsberg hatte ich meine sozialen Erfahrungen fortgesetzt, mit der Heilsarmee in den Slumkneipen, mit der Mitternachtsmission in den »red-light-districts«. Dort wurde ich von Prostituierten als Konkurrenz angegriffen, von dort brachten ein theologischer Studienfreund und ich Betrunkene nach Hause. Politisch schlossen meine Freundin und ich uns den sozialistischen Studenten an. In unserer Wohnung versammelten wir junge Arbeiterinnen und diskutierten mit ihnen soziale, politische und Frauenfragen. In den ersten Semesterferien zu Hause befreundete ich mich bei der Aktenarbeit im Regierungspräsidium mit dem Leiter der Lüneburger Arbeiterjugend, der bei mir Latein lernen wollte. Sein Idealismus und seine Opferbereitschaft beeindruckten mich. Unsere Freundschaft hielt bis 1933, als er zu glauben begann, man könne soziale Ziele auch mit dem linken Flügel der Nazis verwirklichen.

Zum zweiten Semester gingen wir nach Breslau. Der dortige Oberpräsident und seine Frau waren Freunde meiner Eltern. Ich hoffte, sie könnten uns soziale Praktika vermitteln. Wir arbeiteten dann im städtischen Jugendamt und in der Gefährdetenfürsorge. Da kümmerten wir unerfahrenen jungen Dinger uns um weit ältere Prostituierte und gerieten in allerlei Probleme. Eine Einladung in unsere »Bude« wurde zwar freundlich akzeptiert, aber wir wurden natürlich keineswegs ernstge-

nommen. Die Sprache war uns fremd, und bei einem epilepti-
schen Anfall waren wir hilflos.

Einmal war ich beauftragt, eine Hausangestellte zu besuchen. Ich trat als deren Freundin auf und wurde vom Haus-
herrn entsprechend behandelt: herablassend und lüstern.
Dabei lernte ich etwas über die Lage dieser »Mädchen«.

War es in Königsberg vor allem die Landschaft gewesen, die
mich beeindruckt hatte, so ergriffen mich in Breslau die Bauten der Barock-Universität, die Kirchen auf der »Insel« und
das Rathaus. In der Universität befreundete ich mich fürs
Leben mit zwei katholischen Theologen. Im Haus des Oberprä-
sidenten begegneten mir Parteifunktionäre und der eindrucksvolle Generalstaatsanwalt, der sein Amt ähnlich sozial verstand wie der bekannter gewordene spätere Generalstaatsanwalt in Frankfurt, Fritz Bauer. Unter solchen Einflüssen trat
ich, ohne Wissen der Eltern – sie gaben später ihr Einverständ-
nis –, in die Sozialdemokratische Partei ein. Auch im Sozialistischen Studentenbund war ich wieder aktiv. Der Weg aus dem
»Bürgertum« zum Sozialismus kostete mich durchaus innere
Kämpfe. Ich hätte gerne zu der für den Sozialismus »gebore-
nen« Arbeiterklasse gehört. Mich beeindruckte vor allem die
Arbeiterbildung, bei der mich allerdings gelegentlich eine allzu
große Simplifizierung ärgerte.

Nach dem Ende des Semesters nahmen meine Freundin und
ich an einem der später allgemein bekannt gewordenen freiwil-
ligen Arbeitslager der Schlesischen Jungmannschaft teil. Das
war eine um politische Aufklärung und Aktivität bemühte
linksliberale Gruppe von Studenten mit zum Teil sozialistischen, jedoch kaum marxistischen Tendenzen. Ihr Mentor war
der Soziologe Rosenstock-Huessy.

Diese Zeit im Boberhaus im schlesischen Hirschberg machte
tiefen Eindruck auf mich. Da trafen sich Jungbauern, Jungsozialisten und Studenten verschiedener politischer Schattierun-
gen. Diese Gruppen wollten zum gegenseitigen Verständnis
Kontakt zueinander finden. Morgens wurde körperlich gearbeitet – auf dem Feld, beim Holzhacken, im Stall. Nachmittags

wurde auf hohem Niveau politisch diskutiert. An drei Tagen nahmen Professoren der Breslauer Universität teil. Da hatten meine Freundin und ich ein Erlebnis, das uns unter anderem auch Auskunft über uns selbst gab. Es zeigte sich, wie sehr wir noch am Anfang einer inneren politischen Entwicklung standen.

An den drei Abenden des »Zwischenlagers« mit den Professoren gestaltete je eine der Teilnehmergruppen eine Art Selbstdarstellung. Wir gehörten zu zwei Gruppen, den Jungsozialisten und den Studenten. Am Studentenabend war mir aufgegeben, ein Referat über das Frauenstudium zu halten. Ich trug – keineswegs zur allgemeinen Billigung – meine damals noch radikal wirkenden Thesen und Forderungen vor: Förderung des Frauenstudiums (unter den Juristen trafen wir jeweils kaum mehr als fünf bis sechs Studentinnen an), Verbesserung der Berufsaussichten, Halbtagsarbeit für Männer und Frauen, um Familienarbeit gemeinsam zu leisten, Anerkennung der Kindererziehung als gesellschaftlich zu honorierende Leistung... Ich hatte, da oben auf der Bühne, mit meiner Schüchternheit zu kämpfen. Zum Abschluß versammelte sich jeweils die ganze Gruppe auf der Bühne. Da wären wir, meine Freundin und ich, den Studenten gern ferngeblieben, weil wir den öffentlichen Eklat noch fürchteten. Es sollte nämlich gemeinsam gesungen werden: »Burschen heraus«, mit der dritten Strophe: »Wenn es gilt fürs Vaterland, schnell die Waffen dann zur Hand.« Da man uns aber zwang, dabeizusein, sangen wir wenigstens nicht mit. Am nächsten Tag berief ein deutschnationaler Medizinprofessor eine Vollversammlung des Lagers ein und beschimpfte uns vor diesen etwa 200 Leuten als vaterlandslose »Nestbeschmutzer«. Unsere Verteidigung, vorgebracht von zwei neunzehnjährigen Mädchen, die viel weniger selbstbewußt waren, als die heutige Generation es wäre, fiel wohl ziemlich linkisch aus. Plötzlich kam aus einer der hinteren Reihen eine wohlformulierte, engagiert pazifistische Verteidigungsrede, vorgetragen von einer uns unbekannten Stimme. Sie gehörte dem am Abend zuvor angekommenen Reichsvorsit-

zenden des Sozialistischen Studentenbundes. Die Rede machte
den Professor offenbar kompromißbereit. Er bot Verzeihung
an, wenn wir nun gemeinsam mit allen die dritte Strophe singen würden. Er intonierte den Anfang, und wir beiden Mädchen verließen mit wankenden Knien, durch alle Reihen hindurch, den Saal.

Im Herbst des Jahres arbeitete ich, zusammen mit jenem hilfreichen Studentenführer, an der Vorbereitung eines ähnlichen
Arbeitslagers in Norddeutschland mit. Abends warben wir in
den Heidedörfern für unser Anliegen und stießen dabei auf die
ersten grölenden gegnerischen Nazihorden.

Im »roten« Heidelberg – Begegnung mit
Gustav Radbruch

In Breslau hatte ich die Rechtsphilosophie von Gustav Radbruch gelesen. Die Redlichkeit und Toleranz des rechtsphiloso-
phischen Relativismus und die Schönheit der Sprache beeindruckten mich so stark, daß ich beschloß, im kommenden
Semester nach Heidelberg zu gehen und bei Radbruch zu studieren. Am 30. April 1930 traf ich, nach einer atemberauben-
den Bahnfahrt entlang der blühenden, duftenden Bergstraße,
dort ein. Am 1. Mai begann die für mich lebensentscheidende
Zeit in Heidelberg mit einer Vorlesung von Radbruch in der
Aula der Universität. Den Eindruck dieser Begegnung habe
ich in einer Denkschrift von Arthur Kaufmann für Radbruch
geschildert. Da sprach ein kluger, gebildet-gelehrter und großer Mensch von allem, was mich seit Jahren erfüllt hatte: von
Demokratie, sozialer Gerechtigkeit in einem sozialen Recht,
vom neuen Arbeitsrecht, von Frieden und Völkerverständi-
gung. Und – anders als an den beiden östlichen Universitäten –
hier kam stürmischer Beifall auf. Ich war wie benommen von
einem Glücksgefühl, wie es in solcher Intensität wohl nur sehr
junge Menschen erleben. Wie im Traum ging ich anschließend
zur Maidemonstration der Gewerkschaft. Drei Reihen vor mir

ging Radbruch. Ich fand mich, wie selbstverständlich, im Kreise sozialistischer Studenten:»Woher kommst du, was hast du erlebt, wie ist die Gruppe in Breslau, kennst du...« Am gleichen Abend noch lernte ich Radbruch im Heim der sozialistischen Studenten persönlich kennen. Er gehörte zu einer Gruppe von»Intellektuellen«, die den Studenten dieses Heim finanzierte.

In diesem Semester war ich, wenn auch oft kritisch, aktiver als früher in der Studentengruppe. Allerdings stieß sich mein eher puritanischer Lebensstil gelegentlich an dem der aus wohlhabenden Häusern kommenden »Genossen«. Doch bis heute halten damals geschlossene Freundschaften, wenngleich der Aderlaß durch die spätere Emigration vor allem jüdischer Freunde groß war. Diese jüdischen Freunde waren zum Glück alle so wohlhabend, daß sie emigrieren konnten.

Im Studium standen Vorlesungen und ein Seminar bei Radbruch im Mittelpunkt. Dazu gehörte eine Vorlesung über Strafvollzug, so weit ich weiß die erste überhaupt an einer deutschen Universität. Sie endete mit dem berühmt gewordenen Satz:»Anzustreben ist nicht ein besserer Strafvollzug, sondern etwas, das besser ist als Strafvollzug.«

Politisch besonders wichtig wurde das Semester für mich dadurch, daß ich in den Gruppenvorstand und den Allgemeinen Studentenausschuß (AStA) gewählt wurde. Schon begannen die Auseinandersetzungen mit den Nazistudenten, die sich, bis auf wenige, durch intellektuelle Schwäche auszeichneten. Anfangs ging es sogar noch relativ humorvoll zu, als zum Beispiel in einer Wahlversammlung ein »Genosse« dazu aufforderte, doch lieber mich zu wählen,»die ist viel blonder als eure«. Doch schon bald ging es mit den Anpöbelungen auf der Straße und in den AStA-Sitzungen los. Ich persönlich wurde zunächst – vermutlich wegen der blonden Haare – von den Nazis umworben. Doch das dauerte nicht lange, dann wurde auch ich angegriffen:»Sie sollen nicht mit den ollen Juden umgehen.« Unter den zahlreichen jüdischen Mitstudenten, vor allem aus Berlin und Hamburg, waren prominente Namen: Taut, Cassirer, Jakobs und andere. Eine Zeitlang kam auch Golo Mann zu den Diskussionen der sozialistischen Studenten. Theoretische Auseinandersetzungen gab es vor allem mit der kommunistischen »roten« Gruppe, zu der Richard Löwenthal und Boris Goldenberg gehörten. Erst in der Endphase schlossen sich beide Gruppen gegen die immer stärker werdenden Nazis zusammen. Wir Frauen organisierten eine Studentinnenversammlung, bei der ich über Frauenrechte und Frauenbeteiligung und über sozialistische Politik redete. Doch die Nazistudentinnen hatten für diese Frauenfragen keine Verwendung; die meisten verließen bald die Universität. Frauenthemen beschäftigten mich noch in anderer Hinsicht. In den beiden Heidelberger Semestern arbeitete ich zusammen mit einigen Professorenfrauen – unter anderen Lydia Radbruch, Frau Freudenberg, Camilla Jellinek – in einer von Camilla Jellinek, der Frau des Staatsrechtlers Georg Jellinek, gegründeten Rechtsberatungsstelle für Frauen. Da erfuhr ich vor allem von den Ehekonflikten von Frauen, von der Dominanz der Männer in der Familie, vom Kampf um das Haushaltsgeld, um gerichtlich festgelegte Unterhaltszahlungen. Mich beeindruckte vor allem die kluge, ironische Camilla Jellinek. Und ich, das jüngste Mitglied der Gruppe, fühlte mich dem ältesten am engsten verbunden.

Außerdem wurde ich, zusammen mit einer zweiten Jurastudentin, meiner späteren lebenslangen jüdischen Freundin, in den Kreis um Marianne Weber, die Frau des damals nicht mehr lebenden Max Weber, aufgenommen. Den empfanden wir bewußt unbürgerlichen Studentinnen jedoch als zu konventionell und zu autoritär. Wir wagten nicht, uns zu äußern – trotz unserer inneren Opposition. Aber einmal hielt ich doch, trotz meiner Schüchternheit, spontan eine längere Verteidigungsrede für »die heutige Jugend«. Da begegnete mein jugendliches Engagement freundlichem Wohlwollen, auch wohl einer gewissen Erleichterung der anderen in dem illustren Kreise Schweigenden.

Gegen Ende des ersten Heidelberger Sommersemesters traf ich Wilhelm Einsele. Schon nach wenigen Begegnungen war uns die gemeinsame Zukunft klar. Er war damals Assessor im Schuldienst, Assistent am Chemischen Institut der Universität und arbeitete biochemisch über Pankreas und Insulin in einem Krankenhauslabor. Kurz zuvor hatte er mit einer Arbeit über Parthenogenese den Universitätspreis erhalten.

Doch er stand wenige Wochen vor der Abreise in die Vereinigten Staaten. Sein Wunsch nach wissenschaftlicher Arbeit in einem seiner Fächer – Biologie, Chemie und Geologie – ließ sich bei den damals weit ungünstigeren Zulassungsbedingungen in Deutschland nicht erfüllen. Sein Vater war früh gestorben, und sein Bruder und er hatten ihr Studium selbst finanzieren müssen. Eine weitere Durststrecke bis zu einer Universitätslaufbahn, in der allein damals wissenschaftliche Arbeit möglich schien, hätte er kaum überwinden können. Öffentliche Hilfen waren trotz seiner hervorragenden Studienergebnisse nicht in Sicht. Forschungsstipendien waren damals noch selten, und in der Zeit der beginnenden Wirtschafts-Depression schien der Fall aussichtslos. So hatte er ein zweijähriges Forschungsstipendium an der Columbia-Universität in New York angenommen, allerdings für ein ihm neues Fachgebiet, die Vererbungswissenschaft. Als wir uns begegnet waren, erklärte er sich bereit, auf dieses Angebot zu verzichten. Ich war dagegen. Ein solcher Verzicht würde seine Berufsperspektiven und vielleicht sogar unsere Beziehung belasten.

Mein Problem in dieser Beziehung war ohnehin, daß ich den fünf Jahre Älteren als reifer und mich selbst als noch unfertig empfand. Seines war, daß den damals an Frauenrechten noch Uninteressierten mein Name unter den AStA-Aufrufen störte, die an den Litfaßsäulen angeschlagen waren. Sein engster Freund riet ihm deshalb, »nicht wie alle anderen auf die reinzufallen«. Doch der Sieg der Frauenrechtlerin über den Romantiker war schnell errungen. Und einen anderen, noch größeren Schock konnte ich schon am ersten Tag überwinden. Wilhelm Einsele war in einer Versammlung des ökonomischen Vordenkers der Nazis, Gottfried Feder, gewesen. Sollte er, wie viele Nazis, auf mein »nordisches« Äußeres hereingefallen sein? Doch als er mir von der Versammlung erzählte, beruhigten mich sogleich seine fraglose Gegnerschaft und sein geistig überlegenes Gelächter. Und in der Tat wurde aus der gemeinsamen Ablehnung der Nazis ein starkes Band der Zusammengehörigkeit.

Dies alles trug die Entscheidung, aufeinander zu warten, »und wenn es zehn Jahre dauern sollte«. Vor dem Abschied, wenige Wochen später, sprachen wir auch über meine Zukunftswünsche. »Wenn du etwas arbeiten möchtest, was sich mit meiner Arbeit nicht vereinen läßt, wenn du zum Beispiel in einem Gefängnis (ja, es war vom Gefängnis die Rede) arbeiten möchtest, dann macht es mir nichts aus, auch dort zu arbeiten; zum Beispiel Landwirtschaft – mit Versuchen natürlich – könnte mir große Freude machen.«

Ein halbes Jahr später waren das Heimweh nach ihm und die Vorstellung, das gemeinsame Erleben eines fremden Landes – Fremde erschien damals fremder als heute – sei eine nicht wiederholbare Chance, so groß geworden, daß ich ebenfalls nach New York fuhr – sechs Tage mit dem Schiff.

Davor aber lag das emotional und politisch schwierige Wintersemester 1930/31. Persönlich erlebte ich es zurückgezogen und intensiv studierend. Die Reise in die USA bereitete ich in Gesprächen mit Gustav Radbruch über Material für eine eventuelle rechtsvergleichende Dissertation vor. Politisch wurde das Semester durch die Zunahme der nationalsozialistischen Studenten und entsprechende Unruhen belastet. Die »rote Universität« in Heidelberg sollte neben der ebenfalls »roten« in Berlin erobert werden. Der AStA wurde vom sozialdemokratischen badischen Kultusminister Remmele aufgelöst. Hellsichtige Professoren wie Leder, Marschak und Radbruch prophezeiten in unserem Studentenheim den raschen Sieg der faschistischen Diktatur. Ich war deprimiert und hatte Angst. Die Aufmärsche der SA mit Pfeifen und Liedergegröle erschütterten mich bis zu Tränen. Auf den Straßen wurden wir »roten Studenten« angepöbelt. Mir wurde Hitlers »Mein Kampf«, in Leder gebunden, als Geschenk angeboten, falls ich die Front wechselte. Statt dessen übernahm ich die Presseberichterstattung über eine Großveranstaltung gegen Professor Gumbel in der riesigen Stadthalle.

In der sogenannten »Gumbel-Affäre« kulminierte in diesem Semester die Auseinandersetzung. Gumbel war ein sehr gutaussehender jüdischer Mathematikprofessor von eindrucksvollem, manchmal demagogischem links-sozialistischen und pazifistischen Pathos. In mehreren Versammlungen mit ihm kam es zu Saalschlachten mit Verletzten, unter denen auch Freunde von mir waren. Die »Affäre« selbst baute auf einem Jahre zurückliegenden Ereignis auf: 1927 hatte Gumbel vor Studenten in einem größeren Zusammenhang gesagt, für ihn seien nicht Ehre und Heldentod, für ihn sei die Steckrübe Symbol des Krieges von 1914 bis 1918 gewesen. Diese Äußerung war damals ruhig aufgenommen worden. Doch nun, als die erstarkende nationalsozialistische Bewegung Propaganda brauchte, wurde sie für eine Hetzkampagne mit Flugblättern und Anpöbeleien verwendet. Schließlich kam es also zu der großen Protestversammlung. Der Saal war überfüllt. Mit anderen Pressevertretern saß ich in der ersten Reihe. Erst unmittelbar vor dem Beginn der Versammlung marschierte die SA herein – da Uniformverbot bestand, in weißen Hemden, Kniebundhosen und Knobelbechern. Es war der Aufmarsch einer nach Leder riechenden, aufdringlichen Männlichkeit. Am schlimmsten empfand ich den kreischenden Jubel vieler Frauen. Nach grobschlächtigen, bestenfalls zynisch-kalten und hysterischen Schimpfkanonaden, die in den Schrei »Gumbel muß weg!« mündeten, stimmte die sich von den Sitzen erhebende Versammlung das Deutschlandlied an, viele mit erhobenem Arm. Ich verließ die Veranstaltung, mußte aber von der ersten Reihe aus durch den ganzen Saal hindurch zum Ausgang gehen. Dabei wurde ich von vielen der Aufgeputschten, leider besonders von Frauen, mit Schlägen und Püffen traktiert.

So schnell hatte sich die Szene geändert. Noch etwa sechs Wochen zuvor war ich, als ich nachts mit zwei schweren Koffern durch die Hauptstraße zum Bahnhof wanderte, um in die Weihnachtsferien zu fahren, von zwei Studenten eingeholt worden: »Gnädiges Fräulein, dürften wir Ihre Koffer tragen?« Als sie sie aufgehoben hatten, riefen sie entsetzt im Duett: »Ach, Sie sind ja Fräulein Hackmann!« Es waren führende Studenten des anderen Lagers. Damals hatten wir noch gelacht, und die Koffer wurden weiter getragen. Jetzt wäre das wohl nicht mehr passiert.

Neue Erfahrungen in den USA

Nach den Semesterferien fuhr ich in die USA, in eine emotional und rational bewegende Zeit von knapp zwei Jahren. Auf Wunsch der Eltern, deren schwierige gesellschaftliche Situation ich nicht noch mehr belasten wollte, heirateten wir. Eigentlich fanden wir, daß unser Privatleben niemanden etwas angehe und daß Heiraten deshalb eine zu laute Demonstration sei. Das Standesamt befand sich im 25. Stock der City Hall. Solche Hochhäuser gab es damals in Deutschland noch nicht. Wir hatten nur einen Trauzeugen finden können. Als der Standesbeamte uns nach der Zeremonie aufforderte, einander zu küssen, waren wir schockiert.

Unsere Freunde in New York, zu denen wir rasch eine herzliche, freie und unkonventionelle Beziehung fanden, wie man sie in Deutschland auch unter Studenten kaum kannte, waren fast alle verheiratet, einige schon seit der College-Zeit. Auch das war in Deutschland noch unüblich. Das uns am nächsten stehende Paar allerdings – mit dem wir einige Zeit auf seiner einsamen Farm verbrachten – war aus dem College weggelaufen, weil die Eltern die so frühe Bindung mißbilligten. Die beiden wurden polizeilich gesucht, fanden aber einen Staat, in dem sie ohne alle Formalitäten getraut werden konnten. Sie schlugen sich mit Gelegenheitsarbeiten durch. Dann bekam der Mann, der für das Landleben warb, von einer reichen Amerikanerin Geld zum Erwerb einer Farm. Von der Hälfte des Geldes studierten die beiden dann. Jetzt war er Assistent bei dem bekanntesten Biophysiker der Columbia-Universität, seine Frau war die einzige in unserem Kreis, die nicht berufstätig war.

Wir erlebten in New York zwei aus allen bisherigen Erfahrungen herausgehobene Jahre, die ihre Bedeutung für uns weit über diese Zeit hinaus behielten: das erste Zusammenleben, fern allen anderen Bindungen, in einer völlig andersartigen Umgebung, in einem Land mit für uns neuen Lebens- und Denkformen, mit neuartigen Beziehungen zu gleichaltrigen, politisch ähnlich eingestellten jungen Wissenschaftlern. So wie wir sie erlebten, schilderte auch Arthur Miller in »Zeitkurven« einen bedeutenden Teil der damaligen intellektuellen amerikanischen Jugend: undogmatische, nicht-marxistische Linke, die eine humansozialistische (sie nannten sie kommunistische) Gesellschaft wollten, wie sie sie damals in der Sowjetunion vermuteten. In Opposition standen sie zu ihrem eigenen Land, mit seiner notorischen Korruption, zum Beispiel in New York, und mit seinem Imperialismus, den es gegenüber Kuba, Mittelamerika und den Philippinen praktizierte. Die großen »Säuberungs«-Aktionen und Verbrechen Stalins waren noch nicht bekannt, der in West- und Südeuropa zunehmende Faschismus erschreckte sie.

Freilich hatte sich ihre Weltvorstellung noch nicht an der Realität bewähren müssen. Ein einziger solcher Versuch, der aus unserer Runde gestartet wurde, schlug fehl: Ein junger Psychologe brach mit seiner Frau zusammen in die Sowjetunion auf, mit dem Bemerken: »Weil es dort den Kommunismus gibt, wird mir das Gefälle im Lebensstandard nichts ausmachen.« (Er war arbeitslos.) Doch schon nach wenigen Wochen war er wieder da. Und auf unsere erstaunten Fragen kam die einsilbige Antwort: »Well, they have no showers.« Das von einem, der wie fast alle aus dem Kreis arm gewesen war, das Studium selbst verdienen mußte und nur dank exzeptioneller Intelligenz seinen Weg gemacht hatte! Übrigens traf ich nach dem Krieg einen aus der damaligen Gruppe junger Wissenschaftler wieder und erfuhr, daß sie fast alle unter der New-Deal-Politik Roosevelts ihren Frieden mit den USA und gute Universitätskarrieren gemacht hatten.

Damals beeindruckte uns neben dem gemeinsamen, bei uns wohl fundierteren Idealismus auch die ungemein lockere, freie, unkonventionelle Form des Umgangs, die von uns Bekanntem abwich und sich auch auf die Professoren erstreckte. Wie sich später freilich herausstellte, war letzteres oft nur scheinbar und äußerlich der Fall. Doch uns formte sich in der Abgeschiedenheit von der alten Welt unter den neuen Eindrükken das Weltbild noch einmal neu und sehr gemeinsam.

Aus Deutschland kamen fast nur verzweifelte Briefe. Fast alle Freunde waren arbeitslos, hatten bestenfalls Arbeitsangebote für ein Taschengeld, die den Aufbau eines eigenen Lebens unmöglich machten. Man mußte in der elterlichen Familie wohnen bleiben. Hinzu kam das Ansteigen der faschistischen Flut und das vergebliche Hoffen, dagegen etwas tun zu können: »Wir« – Eiserne Front, Gewerkschafter, Anhänger der neuen sozialistischen Arbeiterpartei SAP, des Reichsbanners – »stehen da, wollen kämpfen, doch niemand ruft uns.«

Ich arbeitete in einem Büro der weiblichen Polizei, dem »Crime Prevention Bureau«, und dachte, daraus eine Dissertation machen zu können. Es ging um die Entwicklung der Methoden von Verbrechensvorbeugung bei Kindern. Ich erlebte viel Kinderelend in den New Yorker Slums. Da suchten wir Kinder, die bereits mit fünf Jahren von zu Hause weggelaufen waren, in den »Wilden Westen« strebten, aber in Türeingängen übernachteten und ihren Lebensunterhalt mit Würfelspiel und Diebstählen fristeten. Ältere Kinder überfielen in sogenannten »stick ups« die kleinen Läden in unserer Wohngegend, am Rande von Harlem, nahe der Columbia-Universität. Das Elend in den USA war größer als in Deutschland, weil öffentliche Unterstützungen fast völlig fehlten. Menschen suchten ihr Essen in den Abfallkübeln, die allerdings gut gefüllt waren, da die Bessergestellten sehr verschwenderisch lebten. Wir arbeiteten am East-River, in Brooklyn und Harlem. Ich war beeindruckt von den Frauen, die mir dabei begegneten. Trotz all des Elends versuchten sie verzweifelt, die Kinder zusammenzuhalten, nachdem die Männer die Familien verlassen hatten. Besonders erinnere ich mich an die Indianerfrauen mit ihren stolzen, ausgeprägten Gesichtern.

Die Polizei versuchte, die Kinder durch Gruppenarbeit (zum Beispiel Fußballspielen mit der »gang of the forty thieves«) und aufsuchende Sozialarbeit zu gewinnen. Doch ich gab den Plan, an einer Dissertation über diese Bemühungen zu arbeiten, nach einem halben Jahr wieder auf. Sie erschienen mir als juristisch zu untheoretisch. Auf Vorschlag von Professor Raymond Moley, Rechtslehrer an der Columbia-Universität und damals übrigens Wahlkampfleiter für Roosevelt, wandte ich mich zwei niederen Stadtgerichten zu, den »magistrate courts« der Friedensrichter: dem Familien- und dem Frauengericht.

Besonders das Familiengericht interessierte mich. Es war zuständig für die Regelung von Ehestreitigkeiten und Scheidungsfolgen in der Art eines Vormundschaftsgerichtes, aber es war gleichzeitig auch Kriminalgericht für Jugendliche. Das Frauengericht kümmerte sich um die damals in New York verbotene Prostitution und um verwahrloste Mädchen (wayward minors). In beiden Gerichten spielte die uns damals noch unbekannte, dort jedoch seit 60 Jahren schon praktizierte Bewährungshilfe (probation) eine große Rolle. Durch die Teilnahme an Verhandlungen, durch Gespräche mit Richtern und Bewährungshelfern, durch Aktenarbeit und Besuche in den Gerichtsverhandlungen bekam ich einen guten Einblick in die Verfahrensweise des Gerichtes, aber auch in das soziale Umfeld, einschließlich der gewaltigen Korruption in der Stadt, die wenige Jahre später der »Seabury Report« aufklärte. Da wurden zum Beispiel ehrbare Frauen verhaftet und mußten sich, um ihres Ansehens willen, freikaufen. Den Erlös teilten sich Polizei und Staatsanwaltschaft.

Auch sonst beeindruckte uns die allgegenwärtige Korruption, von der unsere Freunde berichteten und mit der wir auch persönlich zu tun bekamen. Zum Beispiel bestand keiner aus dieser doch intelligenten Gruppe die Führerscheinprüfung, bevor er nicht nach mehrmaligem trotzigen Widerstreben dann doch die Prüfer bestochen hatte. Man sagte uns dazu, daß diese Prüfer, obwohl städtische Angestellte, keine Entlohnung bekamen, sondern ihren Posten bei der Stadtverwaltung (Tammany Hall) kaufen mußten.

Unser persönliches Leben in den USA war trotz einiger Heimwehattacken sehr glücklich. Und wir wären gerne dort geblieben, wenngleich unsere Zukunft in Deutschland uns damals nicht einmal so hoffnungslos erschien, wie sie dann tatsächlich wurde. W. arbeitete wissenschaftlich erfolgreich und hätte eine Stelle an einer kleineren Universität bekommen können. Doch wir erhielten, trotz prominenter Unterstützung, kein Einwanderungsvisum. Wegen der Zahl von zwölf Millionen Arbeitslosen gab es eine absolute Einwanderungssperre. In der Tat war das Elend bedrückend, vor allem weil staatliche Sozialhilfe fehlte. Mieter, die ihre Wohnungen nicht mehr bezahlen konnten, wurden gnaden- und schutzlos auf die Straße gesetzt. Sie lagerten am East-River und kochten auf kleinen Feuern Essen in Blechbüchsen. (Wenn ich heute durch Frankfurt gehe, sehe ich solche Szenen auch in der reichen Bundesrepublik.) Morgens fand man oft Tote auf der Straße, die an »schmutzigem«, also Methyl-Alkohol gestorben waren – eine Folge der Prohibition.

Berufsverbot im Dritten Reich

Ende 1932 kehrten wir nach Deutschland zurück. Wir fanden das Land sehr verändert vor, worauf uns die Briefe doch nur unzulänglich vorbereitet hatten. Sechs Millionen Arbeitslose gab es, wir sahen die grauen Elendsmassen vor den Arbeitsämtern. Die Kurzarbeiterlöhne derer, die überhaupt Arbeit hatten, reichten für den Lebensunterhalt der Familien nicht aus. Wochenlöhne lagen bei 25 Mark. Familien, die sich trotz der Inflation von 1923 noch auf die Reste ihrer Vermögen verlassen hatten, standen nun nach dem »Schwarzen Freitag« völlig verarmt da, ihre Kinder mußten ihre Ausbildungen abbrechen. Nahezu alle Freunde waren arbeitslos. Die Straßen wurden vom Marschtritt der Nazi-Kolonnen beherrscht.

Kommunistische Gegenwehr tobte vor allem in Berlin. Doch von einer wirklichen Abwehr gegen den Nationalsozialismus konnte kaum noch die Rede sein. Überall herrschte dumpfe Verzweiflung. Hilflos versuchte man, sich – zum Beispiel in Heidelberg beim Fest zu Ehren der drei großen L (Luxemburg, Liebknecht, Lenin) – aufzurichten – letztes Aufflackern von Mut, besonders als es dann am Neckar zu einer siegreich bestandenen Auseinandersetzung kam.

Auch wir reihten uns nun in das Heer der Arbeitslosen ein. Die Weiterarbeit in der Vererbungswissenschaft, auf die W. gehofft hatte, war nicht mehr möglich, da ihr damals bedeutendster Vertreter in Deutschland Jude war. Wegen W.s besonders guter Examina hätte es im Schuldienst trotz allem noch Möglichkeiten gegeben, doch dagegen wehrte ich mich mit aller Kraft, obwohl er meinte, das seiner Familie – mir – schuldig zu sein. Ich fand, das wäre eine zu frühe Kapitulation gewesen.

So gingen wir zunächst nach Heidelberg und lebten von Übersetzungen. Der seines Amtes enthobene Vater konnte mir einen wenn auch wesentlich verringerten »Wechsel« geben. (Meine Schwester war inzwischen von der Universität verwiesen worden.) W. paukte Mediziner für das Physikum und half einigen Biologen vor ihren Staatsexamen. Ja, er half sogar einem Volkswirt bei der Formulierung seiner Dissertation. Ich setzte mein Studium zunächst fort; wegen der Namensänderung wurde meine Identität erst später entdeckt.

Unser materielles Leben grenzte an die Armut der Arbeitslosen. Ein Viertelpfund Kaffee in der Woche war der gesamte Luxus, den wir uns leisteten. Ein Mittagessen, auf dem Kanonenofen in der »Bude« gekocht, durfte möglichst nicht mehr als 20 Pfennig kosten. Schlimmer waren die menschlichen Erfahrungen. Als mein Vater entlassen wurde, brach eine Fülle von Kontakten ab, Menschen grüßten uns nicht mehr, gingen bei Begegnungen auf die andere Straßenseite. Die Eltern zogen in eine andere Stadt, in der sie unbekannt waren. W. wurde von einem Mann, mit dem wir glaubten befreundet zu sein, denunziert und mußte Heidelberg verlassen. Er fand miserabel bezahlte Arbeit in einem wissenschaftlichen »Arbeitslager« an einem Kaiser-Wilhelm-Institut (heute Max-Planck-Institut) am Bodensee.

Zweimal habe ich in dieser Zeit geweint: Als wir aus Angst vor der drohenden Hausdurchsuchung unsere linke Literatur und unsere Tagebücher verbrannten. Und als wir für die Kamera, eine Gegenleistung für Paukstunden – während wir doch Geld gebraucht hätten! –, einen Gelbfilter kauften und dafür ein ganzer Tagesverdienst aus dem Arbeitslager draufging. Doch stärker als alles andere bedrückte uns die politische Entwicklung, der Sieg des Faschismus. Ich hoffte noch gelegentlich, daß »der Spuk bald zu Ende sein werde«. Doch W. überzeugte mich, daß nur ein Krieg uns wieder von ihm befreien könne. An dieser Überzeugung hielten wir fest, auch als später die Leiden des Spanischen Bürgerkriegs uns erschütterten. Und ein Freund sagte mir einmal, er habe mich zwei Jahre lang nicht lachen gesehen.

Das Studium wurde schwierig. Es verlangte ständige Bekenntnisse zum Nazistaat, und das stellte mich jedesmal vor die Frage, ob ich nun die Konsequenzen ziehen müsse. Man mußte zum Beispiel Pflichtveranstaltungen besuchen und wurde dabei beobachtet. Einmal mußte ich dabei mit erhobener Hand das Deutschlandlied singen. Wobei mir die Tränen über das unter einem großen Hut versteckte Gesicht liefen.

Zweimal mußte ich den Auftritt von Prominenz miterleben: von Carl Schmitt und Martin Heidegger. Beide betonten, die Intensität des Regimes werde zunehmen. Wir waren entsetzt darüber, was die ebenfalls herbeigezwungenen Professoren an

Beschimpfungen wegen ihres »Liberalismus« hinnahmen. Hierbei tat sich Heidegger besonders hervor.

Ich wurde in gewisser Weise sogar noch gut behandelt, mit dem Hinweis, man könne so raschen Gesinnungswandel wohl nicht erwarten. So folgte zum Beispiel wider Erwarten keine Reaktion, als mir unter Androhung des Studienverbots der weitere Umgang mit den Radbruchs verboten worden war und ich mich nicht daran hielt. Das Staatsexamen konnte ich noch machen, allerdings mit einer nach allgemeiner Ansicht zu schlechten Gesamtnote. Dann aber wurde ich unter Hinweis auf meine politische Unerwünschtheit vom juristischen Vorbereitungsdienst ausgeschlossen, bekam also Berufsverbot.

Nun ging auch ich in das Dorf am Bodensee, wo W. inzwischen wegen hervorragender Leistungen ein – allerdings gering dotiertes – Stipendium bekommen hatte. Nach weiteren zwei Jahren erhielt er dann sogar eine feste Anstellung, und wenigstens seine Berufsperspektiven waren nicht mehr so trostlos. Er begründete damals seinen über Deutschland hinausgehenden Ruf als Limno-Chemiker. Und ich schrieb an die Eltern, wie einst Walter von der Vogelweide: »Ich han min lehen, all die werld, ich han min lehen.«

Ich arbeitete an meiner Dissertation, die Radbruchs Nachfolger übernommen hatte. Zunächst schrieb ich über das Familiengericht in New York. Zur Beurteilung der sachlichen Richtigkeit schickte ich den Entwurf an Professor Moley und den Richter, der das Gericht geleitet hatte. Die Richtigkeit wurde bestätigt, doch das Gericht, dem ich eine so große Zukunft vorausgesagt hatte, war aufgelöst worden. So fing ich neu an und vervollständigte mein Material über das Frauengericht. Das war mühsam, und wieder mußte ich die Arbeit in New York beurteilen lassen. Das dauerte länger als erwartet, und so konnte ich erst im Sommer 1939 promovieren.

Abgesehen von den ökonomischen, beruflichen und politischen Belastungen (zum Beispiel wurde damals gewählt, und in unserem kleinen Ort gab es eine hundertprozentige Zustimmung zu den Nazis – unsere Neinstimmen waren also noch nicht einmal registriert worden) waren die Jahre in der wunderbaren, damals noch nicht überlaufenen Gartenlandschaft des Bodensees mit ihren Moränenhügeln, Wiesen, Tälern und Barockkirchen für uns persönlich eine sehr schöne Zeit.

Doch im Frühjahr 1939, nach dem schlimmen Herbst mit dem Ende in München, kam W. mit dem Satz heim:»Wir müssen hier weg.« Er hatte unvorsichtige Bemerkungen vor dem zum Ortsgruppenleiter avancierten Institutschef gemacht.

Wieder suchte er nach einem Arbeitsplatz, nun wenigstens mit dem Ruf eines bekannt gewordenen Wissenschaftlers. Der Platz wurde gefunden: in einem noch kleineren, noch abgelegeneren Ort in den österreichischen Bergen, an einem Institut der Wiener Universität, vor der sich W. dann später habilitierte. Das Institut wurde gerade in eine »deutsche Reichsanstalt« umgewandelt. Wir fuhren mit dem Motorrad los, um uns Ort und Institut anzusehen. Die Landschaft um das an einem See gelegene, äußerlich ziemlich verwahrloste Institut, am Fuß eines viel Schatten spendenden Felsmassivs, war von großer Schönheit und Einsamkeit. Der Ort bestand fast ganz aus Sommervillen, die ab dem Herbst leerstanden; die anderen Häuser wurden von Holzarbeitern bewohnt.

Als »Reichsdeutsche« in Österreich

Ehe wir umziehen konnten, begann der Krieg. 1938 hatten wir die Angst vor seinem Kommen bis zur Neige durchlebt. 1939 war dann der wirkliche Kriegsbeginn nicht weniger schlimm. Doch wir wußten, daß der Krieg kommen mußte, sonst würde die von Deutschland ausgehende Barbarei die ganze Welt überziehen. Wir mußten bejahen, wogegen wir ein Leben lang mit allen Gefühlen und Gedanken eingetreten waren. Doch W., der von dieser Notwendigkeit zutiefst überzeugt war, erklärte zugleich:»Ich werde für diese Bande auf keinen Menschen schießen, was auch kommen mag.«

Zunächst kam alles anders als erwartet. Wir glaubten, nun würden gleich alle Männer »geholt« werden, würden fremde Bomber ihre Last über uns abwerfen. Statt dessen erlebte das Land einen zauberhaften Herbst, arbeitete ich in einem sonnenüberfluteten Hopfengarten, nahmen wir in aller Ruhe Abschied von der geliebten Landschaft und zogen dann in die damalige »Ostmark« um. Der Krieg ließ auf sich warten.

In Österreich verbrachten wir dann die Kriegsjahre in fast völliger Einsamkeit, unter äußerlich schwierigen Umständen, in einem Sommerhaus, das keine funktionierende Wasserleitung hatte und fast unheizbar war. Das Wasser schöpfte ich aus dem See oder holte es aus einer nahegelegenen Quelle. Das verbrauchte Wasser trug ich zum See zurück, in dem ich auch später die Windeln wusch. Gelegentlich mußte ich ein Loch ins Eis hacken. Denn der See, der sonst höchstens viermal im Jahrhundert zufror, tat dies allein in den extrem kalten Kriegsjahren dreimal. Doch wir waren zusammen, während unsere Freunde zumeist an den Fronten standen, einige ihre Gegnerschaft zum System mit dem Leben bezahlten. Wir arbeiteten zusammen, ich in der Verwaltung des Instituts, dem fünf bis sechs Angestellte angehörten, neben mehreren Doktorandinnen und Doktoranden und der hauptamtlich neben W. arbeitenden wissenschaftlichen Kraft. Diese Erfahrung war mir später für die Gefängnisarbeit hilfreich. Ein wenig nahm ich, mikroskopierend, auch am wissenschaftlichen Betrieb teil. W. hatte sich rasch in das teilweise neue Gebiet eingearbeitet, bei dem nun auch die Fischerei eine wichtige Rolle spielte. Er hatte neben der Grundlagenforschung vor allem Erfolg bei der Verbesserung der Aufzuchtbedingungen für Fischbrut, was für ernährungswirtschaftlich wichtig gehalten wurde, so daß er als »unabkömmlich« eingestuft wurde. Zwar wurde diese Einstufung häufig durch Einberufungen unterbrochen, doch sie wurden bis zum Ende immer wieder aufgehoben.

Zunächst war der Krieg für uns weiter entfernt als für die meisten Freunde und Verwandten. Innerlich erfüllten uns die Schrecken, die er über die Völker brachte, mit Entsetzen.

Todesanzeigen erreichten uns, wir erlebten auf notwendigen Reisen die Bombenangriffe auf Züge und Städte – auf Berlin, München, Karlsruhe. Unsere Elternhäuser wurden zerstört oder besetzt. Die Tiefflieger kamen auch zu uns, sie griffen die Bauern auf den Feldern und uns auf unseren Fahrrädern an. Doch nur zwei Häuser wurden in unserem Ort zerstört.

In dieser Zeit wurde – nach quälenden Diskussionen über die Unverantwortlichkeit eines solchen Wunsches – unsere Tochter geboren. Da es in der Nähe kein Krankenhaus gab, fuhr ich zur Entbindung zu den Eltern nach Berlin, und das Kind kam schließlich in Potsdam zur Welt, wo wir die zweite Nacht in getrennten Luftschutzkellern verbringen mußten. Das Kind wuchs auf in enger Beziehung zur Natur, zu Fischen, Wäldern, Rehen, im Winter auch Gemsen, zu der großen Schönheit der Landschaft, für die es ein lebenslanges Heimatgefühl entwickelte.

1942 flüchteten meine Eltern und meine Schwester mit ihren zwei kleinen Kindern aus Berlin zu uns. Wir statteten einige Räume notdürftig mit eisernen Öfen aus und lebten nun beengt, doch relativ sicher zusammen. Als die Einberufung für W. dann endgültig wurde, ging er nach der Kurzausbildung nicht wie befohlen an die Enns, um dort die Russen noch aufzuhalten, sondern mit anderen Verweigerern in die Berge. Mir wurde berichtet, daß einige Nazigrößen ihn mit der Pistole suchten. Immerhin wurden in unserem Tal noch am Vorabend des Waffenstillstandes zwei Männer erschossen. Doch diese Gefahr hatten wir bewußt auf uns genommen, und schließlich hatten Nazigegner auch an den Fronten ihr Leben verloren.

Ich war allein – Eltern und Schwester, Witwe seit Stalingrad, hatten uns wieder verlassen. Es wurde klar, daß die Deutschen aus Österreich ausgewiesen werden würden. Eines Abends hörte ich im Radio von der Befreiung des Konzentrationslagers Buchenwald durch die Amerikaner – hörte, was sie dort vorgefunden hatten. Ich glaubte, das Herz müsse mir stillstehen, und wußte, daß wir dafür bezahlen mußten. Und dabei wußten wir damals noch nichts von Auschwitz, Maidanek, Treblinka, Sobibor, hatten nur von politischen Freunden gewußt, die in Dachau eingesperrt worden waren, und später Gerüchte über das Verhalten der deutschen Truppen in Jugoslawien und Rußland gehört.

Nun mußte ich allein entscheiden: Sollte ich mit dem Fahrrad und dem Kind auf die Flucht vor den heranrückenden Russen gehen, denen der Ruf vorausging, sie würden die »Reichsdeutschen« in die Sowjetunion, nach Sibirien deportieren? Oder sollte ich warten, ob W. aus den Bergen zurückkehren würde? Auf der Landstraße mit dem kleinen Kind war nicht nur der Hunger zu fürchten, sondern auch das sichere Ende. Schließlich entschied ich mich zu bleiben, schloß die Institutsarbeit ab, beriet die noch verbliebenen Mitarbeiterinnen und Mitarbeiter. Als ich eines Abends in meine Wohnung zurückkam, fand ich sie besetzt – vom Stab einer SS-Division, einem Zug Gebirgsjäger und einer Gruppe junger »Werwölfe«. Wir befanden uns ja in der sogenannten »Alpenfestung«. Die »Marketenderinnen« der SS wies ich aus dem Haus, weswegen meine Nachbarin für meine Sicherheit fürchtete. Doch es geschah mir nichts.

Noch ehe dann die Amerikaner kamen, vor denen die anrückenden Russen zurückgeblieben waren, flüchteten alle Soldaten tiefer in die Berge. Nur die am stärksten beunruhigten Angehörigen des SS-Stabes kamen zurück. In unserer Gegenwart berieten sie, ob sie versuchen sollten, sich »in Zivilkleidung durchzuschlagen«. Erstaunlicherweise entschied sich die Mehrheit dafür, zu ihrer Uniform zu stehen, obwohl sie erwarteten, deportiert zu werden.

Dann hielten Panzerspähwagen und anschließend schwere Kampfpanzer vor unserem Haus. Und auf diesen fuhr die SS-Gruppe in die Gefangenschaft. Ich sah vom Fenster aus zu, sah auch die Gefangennahme versprengter Trupps deutscher Soldaten, einiger Reste des Volkssturms, manche schwer betrunken, weil sie sich über die versteckten Alkoholbestände hergemacht hatten. Ich sah, wie die französischen Kriegsgefangenen auf deutsche Soldaten einschlugen und eintraten, obwohl sie hier besser behandelt worden waren als irgendeine andere Gruppe von Gefangenen. Vorüber eilten Evakuierte, Flüchtlinge und auch einige Dorfbewohner, hin zu einem nahegelegenen Militärdepot, das nun geplündert werden konnte. Das alles – am Ende der deutschen Geschichte, und obwohl wir diesen Augenblick herbeigesehnt hatten – bedrückte mich unermeßlich: Wie würde die gerechte Strafe für dieses schuldbeladene Volk ausfallen, würde es sich jemals wieder erheben können? Nein, vom erwarteten Jubel blieb in diesem Augenblick, trotz des Gefühls, endlich befreit zu sein, nicht viel übrig. Und dabei wußte ich, wie schon gesagt, damals von den ganz großen Verbrechen, die im Namen dieses Volkes begangen worden waren, noch nichts. Auch W. nicht, der am Tag vor der Kapitulation zurückgekommen war und sich vor der Verfolgung durch die Nazis im Haus verbarg.

Warum nur hatten wir von der Judenvernichtung nichts gewußt? Diese Frage habe ich mir später oft gestellt und habe sie auch durchlitten, weil einem das kaum jemand glauben wollte.

Wir hatten zwar den Nazis alles Schlechte zugetraut, doch diese äußerste Unmenschlichkeit hatten auch wir uns nicht vorstellen können, ebensowenig wie emigrierte jüdische Freunde, denen vage Nachrichten überbracht wurden und die uns später von ihrer Ungläubigkeit berichteten. 1933 bis 1935, während der ersten Boykotte und Verhaftungen, als Juden aus ihren Ämtern entfernt wurden, hatten ja auch wir selbst, hatten politische Freunde ihre Arbeitsplätze verloren. Viele, auch nichtjüdische Freunde gingen ins Ausland, andere waren in Konzentrationslagern und Gefängnissen. Ein ähnliches Schicksal hatten wir ein paar Mal auch für uns selbst erwartet. Die Zurückkommenden berichteten von gelegentlichen Schlägen in den Lagern, nicht mehr. Unsere jüdischen Freunde unter den Studenten gehörten der Oberschicht an und konnten rechtzeitig emigrieren. Der einzige, der das wegen seiner tiefen Wurzeln in Deutschland nicht fertigbrachte, ein enger Freund von uns, hätte es am leichtesten gekonnt; er war mehrfacher Millionär. Wir drängten ihn, boten ihm an, für eine Weile mitzugehen. Unsere eigenen Auswanderungswünsche konnten wir nicht verwirklichen, weil wir, wie uns gesagt wurde, nicht Kommunisten und Juden die Plätze wegnehmen durften. Zur Zeit der Nürnberger Gesetze, 1935, hatte ich während eines Berliner Semesters im Haus unseres jüdischen Freundes gelebt. Die Fremdenpolizei stellte dies bei einem Besuch fest und hätte Anzeige erstatten können. Es erfolgte jedoch nichts. So schien alles doch nicht so schlimm zu sein.

Erst nach dem Krieg erfuhren wir, daß der Bruder unseres Freundes, der mit einer deutschen Schauspielerin befreundet gewesen war, wegen Rassenschande verurteilt und im Gefängnis ermordet worden war. Unser Freund selbst floh 1938 mit einem Ruderboot über den Bodensee in die Schweiz, nun aller Mittel bar, in eine sehr arme Emigration.

Es klingt unglaubwürdig, ist aber wahr: Ich habe nie einen Judenstern gesehen, da wir nach 1933 nur in kleinen Landgemeinden wohnten, in denen keine jüdischen Bürger lebten. Von der Pogromnacht 1938 habe ich allerdings erfahren, bei einem späteren Besuch in Heidelberg. Wie sich deutsche Soldaten gegenüber Juden und Angehörigen der »Ostvölker« verhalten hatten, erfuhr ich nach dem Krieg durch Geständnisse in verdunkelten Zügen.

Widerstandsgruppen waren uns in unserer Isolation nicht begegnet.

1945 kam wieder alles anders als erwartet. Amerikanische Besatzung löste die deutsche in unserem Hause ab. Man behandelte uns gut, weil wir als Dolmetscher gebraucht wurden. Nach den amerikanischen Soldaten zogen Flüchtlinge bei uns ein und die Eigentümer der Sommervillen, die schon vor geraumer Zeit aus Prag, Wien und Brünn gekommen waren. Ihre Villen waren besetzt worden, trotz ihres Hinweises auf unser Haus, aus dem die »Reichsdeutschen« doch ohnehin bald ausgewiesen werden würden. Aber ihre Villen waren eben komfortabler als unser Haus. Nun mußten sie bei uns unterschlüpfen.

Es war eine bemerkenswerte Gesellschaft, die wir zum Teil schon beim markenfreien »Stammessen« im örtlichen Hotel kennengelernt hatten. Reiche Adelige zumeist, die sich trotz des Krieges mit Vorliebe darüber unterhalten hatten, was für eine »geborene« Frau X oder Y sei oder ob sie überhaupt eine »geborene« sei. Nun, bei den abendlichen Treffen auf unserer großen verglasten Veranda, erzählten sie sich gegenseitig von ihren Kriegsverlusten. »Ich habe Millionen verloren!« – »Aber gnädige Frau, so viel, wie ich verloren habe, können Sie überhaupt nie besessen haben!« Doch waren auch einige Menschen darunter, mit denen wir Freundschaft schlossen. Man schlief auf Matratzen auf dem Boden, aß aber mit kronengeschmücktem kostbaren Silber- und Goldbesteck, das man gerettet hatte.

Im Sommer 1945, als 18 Menschen in unserer für vier Personen ausgelegten Wohnung lebten, machte ich mich auf, unsere Familien in Deutschland zu suchen, mit Rucksack und Holzkoffer, angefüllt mit Lebensmitteln, die ich von den Sonderzuteilungen seit der Schwangerschaft erspart hatte. Wußte ich doch nicht, ob unsere Angehörigen nicht am Verhungern waren. Drei Wochen war ich unterwegs – zu Fuß, auf Lastwagen und auf Kohlezügen, mich durchfragend, ob jemand etwas von ihrem Verbleib gehört hatte. Schließlich fand ich sie alle, weit verstreut, nach dem Verlust ihrer Wohnstätten. Meine Schwester zum Beispiel lebte mit einem ihrer zwei kleinen Kinder in einer leeren Dachkammer und ernährte sich von Ährenlesen und Erbsenpflücken. Ich sah das zerstörte Land, sprach mit verzweifelten Menschen auf der Flucht und auf der Suche nach Angehörigen. Darunter waren viele Soldaten aus Lazaretten oder Gefangenenlagern. Sie waren zum Teil so schwach, daß wir sie in Züge und Wagen heben mußten. Immer wieder hörte ich: »Wenn ich wüßte, daß sie nicht mehr leben, würde ich auch Schluß machen.« Ich erlebte die Solidarität der Landstraße, allerdings auch absurden Egoismus, besonders da, wo die Menschen relativ gut davongekommen waren. Ich dachte, daß ich nie wieder Angst haben würde und daß ich keine Ansprüche mehr stellen wollte, besonders aber dachte ich, daß ich bei dem Versuch, wieder etwas aufzubauen, dabei sein wollte.

Nach meiner Rückkehr traf uns die Ausweisung. Unterwegs waren mir nicht wenige Deutsche begegnet, denen das bereits geschehen war. Ich traf Frauen mit kleinen Kindern, die aus den Orten, in denen sie evakuiert gewesen waren, über die Berge wanderten, ohne Lebensmittelkarten, unter Zurücklassung ihrer ganzen Habe. Warum sollten wir verschont bleiben? Allerdings bemühten sich die örtlichen Stellen um unser Bleiben. Fischer kamen und boten uns Unterkunft an, steckten uns heimlich Lebensmittel zu, und das tat sogar auch der örtliche Bürgermeister. W. hatte viele beraten und war beliebt.

Zunächst verloren wir unsere Arbeit und bekamen Institutsverbot. Männer kamen aus Wien, die die Nachfolge in dem inzwischen renommierten Institut antreten wollten. W. stahl seine Manuskripte heimlich bei Nacht aus seinem Arbeitszimmer. Die Auszahlung unserer Gehälter war gleich eingestellt worden. Andererseits trat bald der Berufsverband der Fischer an W. heran mit der Bitte, ein neues, großes Bruthaus zu planen und zu bauen. Immer wieder kamen Ausweisungsanordnungen und wurden dann wieder zurückgenommen. Wohin konnten wir gehen? Deutschland hatte nur Flüchtlingslager für uns. Das Hin und Her zog sich bis 1947 hin.

Die Lebensentscheidung

Nachdem es zwei Jahre lang keinen Postverkehr gegeben hatte, bekam ich Anfang 1947 einen Brief von Gustav Radbruch. Ich hatte ihn bei meiner Deutschlandreise wiedergetroffen und ihm erzählt, daß ich gerne noch Psychologie studieren würde, wenn wir zurück müßten. Nun schrieb er: »Sie waren doch am Strafvollzug interessiert. Sie könnten sich in Frankfurt um eine freie Leitungsstelle bewerben.« Deus ex machina? Trennung von der Familie, und für wie lange? Sollte ich das landschaftsselige Kind in die Großstadt verpflanzen? Aber ich hätte die Möglichkeit zur Teilnahme am Aufbau, zum Umgang mit Benachteiligten und Randgruppen, wie ich mir das immer gewünscht hatte. Die Möglichkeit auch, an der Gestaltung des Klimas der neuen Republik mitzuwirken. Es wäre eine Arbeit, die mir endlich entsprach. Und blieb denn überhaupt eine andere Wahl, als den Boden für die Zukunft der Familie zu bereiten? Aber ich hatte auch Bedenken, ob ich die vorgeschlagene Arbeit überhaupt leisten könnte. So fragte ich mich – heute klingt das vielleicht lächerlich –, ob ich die Versorgung für ein so großes Haus sicherstellen, zum Beispiel genügend Kartoffeln besorgen könnte. Und überblickte ich denn überhaupt, was ich zu tun haben würde? Radbruchs Vorlesungen hatten mich beeindruckt, seine Idee eines Rechtes, das den Menschen in den Mittelpunkt stellt. Wer gehörte mehr als die Bestraften, die mit ihrem Fehlverhalten überwiegend auf soziale Benachteiligungen reagiert hatten, zu den »Erniedrigten und Beleidigten«? Ihnen konnte nur durch persönliches Akzeptiertwerden geholfen werden. Glaubte Radbruch, daß ich dazu fähig sein würde?

Unsere Diskussionen entschieden: Ja, ich sollte es versuchen. So fuhr ich mit dem Kind im Frühjahr 1947 zur Vorstellung, zunächst nach Heidelberg, wo Schwester und Eltern untergekommen waren. Bei ihnen sollte das Kind bleiben, während ich eine Art Probearbeitszeit in Frankfurt absolvierte. Schon der Transport in einem der unsäglichen Flüchtlingszüge entsprach den Gegebenheiten der Zeit. Das Kind erkrankte schwer, ein Transportarzt war nicht zu finden. Der Zug – wir lagerten auf dem Boden eines wasserundichten Güterwaggons – brauchte fünf Tage, um über die Grenze zu kommen. In der letzten Nacht warfen uns vor München US-Soldaten erbarmungslos aus dem Zug und steckten uns in ein unbeleuchtetes Barackenlager, Mütter mit mehreren kleinen Kindern, ich mit dem schwerkranken, das mit schlimmen Fieberphantasien reagierte. Der Lagerarzt feierte und war daher auch am Morgen nicht ansprechbar.

Nachdem meine Bewerbung in Frankfurt akzeptiert worden war, mußten wir zurück, um den Umzug vorzubereiten. Die Möbel hofften wir irgendwo in Deutschland unterstellen zu können. Der Rückweg war nur über ein Flüchtlingslager möglich. Er gestaltete sich wieder so, wie es für diese Zeit typisch war: Die noch immer wenigen, völlig überfüllten Züge fuhren kaum regelmäßig. Man ging zum Bahnhof und wartete, bis einer kam. So machten wir es auch. Wir hofften auf einen Nachtzug an die österreichische Grenze und lagerten uns einstweilen mit dem schweren Rucksack auf dem blanken Boden des Bahnhofsvorplatzes. Der war angefüllt mit anderen wartenden Menschen. In einer Ecke lagen Soldaten in abgerissenen, fast zerlumpten Uniformen. Wer weiß, woher sie kamen, vielleicht aus Gefangenenlagern? Mit einem Mal – es war Mitternacht – kam aus jener Ecke ein langsam anschwellendes Summen, das dann in Singen überging. Und was sangen diese Reste einer geschlagenen Armee? »Panzer rollen in Afrika«! Selten habe ich etwas so Gespenstisches erlebt.

Dann kam endlich der Zug, und wir stürzten auf den Bahnsteig. Kein Gedanke an Einsteigen durch die Waggontüren. Wir standen hilflos Hand in Hand. Dann ging vor uns ein Fenster auf, freundliche Menschen, fast unsichtbar in der Dunkelheit, hoben uns hinein. Einer nahm das Kind auf den Schoß. Ich stand die ganze Nacht. In dem dichten Gedränge bestand keine Gefahr umzufallen. Ich hielt meine Hände schützend über die Öffnung des Rucksacks, der gegen meine Beine drückte. Gelegentlich mußte ich fremde Hände abwehren, die mein Kostbarstes zu entwenden suchten: trockenes Brot und Grießbrei in einem geschlossenen Topf, der Proviant für die lange Fahrt ins Ungewisse.

An der Grenze mußten wir warten, bis wir hinübergelassen wurden. Wir wurden in einer Turnhalle einquartiert, mit nur einer Lebensmittelkarte, aber mit Hunderten von Menschen in ähnlicher Lage. Mein Bettnachbar arbeitete in einer Bäckerei und half uns – Solidarität der Armut – mit Brot, das er dabei verdiente. Abends gingen wir in einen Dorfzirkus, und das solcher Genüsse ungewohnte Kind war begeistert über die »schönen Gewänder«. Es dauerte länger als eine Woche, bis W. uns über die Grenze holen konnte.

Im Oktober 1947 wurde ich dann mit Kind und Möbelwagen »ausgewiesen«. W. sollte so schnell wie möglich nachkommen. Doch schon im Spätsommer hatte sich seine Situation verändert. Besuche amerikanischer Wissenschaftler machten seine internationale Reputation bekannt. Dadurch erschien sein Bleiben plötzlich wünschenswert. Es zeigte sich eine vage Aussicht, daß ihm aus Marshall-Plan-Geldern ein neues Institut gebaut werden könne. Das geschah dann ab 1950 und hielt ihn fest. Er hatte zu Land und Landschaft eine intensive Bindung entwickelt, wollte seinen wissenschaftlichen Themen weiter folgen. Es kamen zwar Angebote aus Deutschland, aber keines so gut wie dieses und keines in größerer Nähe zu Frankfurt. Ich mochte mich von der Arbeit, die mich damals schon voll erfaßt hatte, nicht mehr lösen, um in die wahrscheinliche Arbeitslosigkeit auf dem Land zurückzukehren. Das würde mich unglücklich machen, so fürchtete auch W. Und deshalb plädierte er für unser Bleiben in Deutschland. Wir drei liebten die Landschaft am See, die uns zur eigentlichen Heimat geworden war, und wollten sie immer wieder aufsuchen können. Fehlte dem Kind der Vater, so gab es ihn in allen Schulferien am See, bei gemeinsamen Reisen oder bei seinen Besuchen in Frankfurt. Und bei allem blieb die wichtige Versicherung, immer eine Zuflucht zu haben, sollte die Last der Arbeit einmal zu schwer werden.

Der Anfang in Frankfurt war schwierig, auch persönlich. Das Kind, das am meisten draufzahlte, mußte zunächst bei den Großeltern bleiben. Dort ging es ihm gut, aber es hatte gleichzeitig beide Eltern und seine Heimat verloren. Erst nach einem halben Jahr konnte es zu mir nach Frankfurt kommen, mußte aber zusammen mit einer Haushälterin, die ich engagiert hatte, ungemein unzulänglich untergebracht werden, bis wir schließlich nach sechs weiteren Monaten eine gemeinsame Wohnung bekamen. Es folgten Jahre, in denen der Vater fern war, die

Mutter weit über den Achtstundentag hinaus arbeitete und fast alle Kräfte für das Gefängnis verbrauchte. Das war mehr, als einem Kind zugemutet werden sollte. Vom 13. Lebensjahr an ging es in ein Internat. Die Haushälterin, Flüchtling aus der Tschechoslowakei, war in ihren eigentlichen Beruf zurückgekehrt. Danach hatten wir zwei Jahre lang allein gehaust, wobei das zehn- bis elfjährige Kind sich weitgehend selbst überlassen blieb.

Ein für die Zeit typisches Nebenproblem sollte nicht ganz übergangen werden. Auch unsere ökonomische Situation war schwierig. Wir waren arm. Die Dollarersparnisse aus den USA hatte uns Hitlers Devisenbewirtschaftung weggenommen. Alle Familienersparnisse fraßen der Krieg und die Umwertung. In Österreich hatten wir jahrelang nichts mehr verdient, das heißt auch nichts anschaffen können. Meine Besoldung war mit 400 Mark gering, auch weil davon ja die Haushälterin bezahlt werden mußte. Da es keinen Transfer aus Österreich gab, konnte der Vater uns, auch als er wieder verdiente, nicht helfen. Wir mußten sehr sparen, eine für ein Kind, das in der Schule mit Kindern besser gestellter Eltern zusammenkam, nicht einfache Lage.

Auch für mich endete ein persönlich voll erfülltes Zusammenleben. Übrig blieb Heimweh nach dem Gefährten und eine von schlechtem Gewissen überschattete Verbundenheit mit einem kleinen Mädchen, das mehr und mehr zur Partnerin wurde. Es begannen fast 28 Jahre einer totalen Inanspruchnahme durch den Beruf mit den oft erschütternden Schicksalen von Frauen und durch eine Reihe von meiner Meinung nach dazu gehörenden politischen Nebentätigkeiten. In einem Brief nannte ich dieses Leben einmal »ein entpersönlichendes Klosterleben«. So ähnlich hatte Radbruch, wie ich später las, das Leben eines Gefängnisdirektors beschrieben. Doch so einseitig war es natürlich nicht. Es wurde ja vor allem geformt durch die Beziehung zu einer in hohem Maß verpflichtenden und in enger Verbindung mit nahestehenden Mitarbeiterinnen zu erfüllenden Aufgabe.

Der Anfang in Preungesheim

Am 4. November 1947 fing ich mit meiner Arbeit im Gefängnis an. Es war ein Taubenschlag, in den ich damals hineinkam. Es war ein Haus mit einem ständigen Personenwechsel, das kaum fassen konnte, was die »Aufbauzeit« an Strandgut des Krieges, Streben nach neuem Reichtum, an Leichtsinn und Verzweiflung, an Krankheit und verantwortungslosem Übermut, vor allem aber an Elend tagtäglich hineinspülte.

Über die Lebensgeschichten und die Herkunft der ankommenden Frauen erfuhren wir, die wir sie in diesem Haus erlebten, ziemlich bald vielerlei Einzelheiten, die allerdings meist ein bedrückendes Einerlei bildeten. Ein auch nur halbwegs zutreffendes und zusammenhängendes Bild ihrer inneren Wirklichkeit konnten wir uns erst sehr viel später machen, wenn wir sie lange kannten, das heißt, wenn sie lange blieben oder mehrfach wiederkamen. Unsere anfänglichen Eindrücke waren meist ähnlich oberflächlich wie wohl auch die der urteilenden Richter, die sie allerdings oft als grell beleuchtete Momentaufnahmen wahrnahmen.

Bei dieser Art von Ein-sichten muß deshalb zuvor und vor allem die »Umwelt« geschildert werden, in die sie wie ich mit dem Gefängnisaufenthalt gerieten. Zu unserer Grundbeziehung zueinander fiel mir damals ein Gedicht von Gottfried Keller ein:

»Beuge dein Haupt, wenn ein König vorbeigeht,
tief an der Brust des Geliebten, der freisteht.
Aber dem Betteljung laß es erglänzen,
welchen das Elend des Lebens vorbeiweht.«

Meine eigene Situation sah ich etwa folgendermaßen: Ich hatte keine berufliche Karriere vor Augen. Es war mir völlig gleichgültig, in welcher Funktion sich meine Arbeit abspielen würde, solange ich die Forderungen, die sie an mich stellte, akzeptieren konnte. Auch wurde mir gleich zu Anfang gesagt, daß in Hessen eine zentrale Anstalt für Frauen geplant sei, deren Leitung der damaligen Leiterin einer nordhessischen Anstalt bereits zugesagt sei. Ich wollte diese Arbeit hier tun, wollte Anteil nehmen am Leben dieser vom Schicksal benachteiligten Frauen, und ich wollte auch mich selbst als arbeitende Frau bewähren, nachdem ich so lange von einer eigenständigen Berufstätigkeit ausgeschlossen gewesen war. Die heute wichtige Machtfrage bei der Berufsarbeit von Frauen stand damals nicht auf der Tagesordnung; sie wurde erst viel später gestellt, als Frauen immer deutlicher merkten, daß sie ohne äußere Macht mit ihrem inneren Engagement nicht weiterkamen. Daß sich mir diese Frage nicht von Anfang an stellte, war vielleicht ein Fehler. Doch als ich mit der Arbeit in der Strafanstalt begann, wurden alle meine Gedanken und Kräfte in Anspruch genommen von dem, was ich vorfand.

Ich war schockiert von der Wiederbegegnung mit Deutschland, mit seinem unveränderten Elend und den jetzt oft brutalen Reaktionen der Menschen darauf. Was ich zwei Jahre zuvor als »Solidarität der Landstraße« erlebt hatte, schien nur ein kurzer schöner Traum gewesen zu sein. Jetzt schlug und betrog man einander, wenn es darum ging, den anderen wegen egoistischer Gewinne auszustechen. Vor der selbstgestellten Aufgabe hatte ich Angst. Ich wußte, daß ich sehr viel lernen mußte, Organisatorisches natürlich, das weit über das hinausging, was ich in der Institutsverwaltung in Österreich praktiziert hatte, vor allem aber den Umgang mit den Menschen, die mir hier begegneten. Weder mit den zahlreichen Mitarbeitern noch mit den Gefangenen würde es leicht sein, zugleich den Ton anzugeben und auf sie einzugehen. Und würden Kollegen und Aufsichtsbehörde, alles Männer, mein Anliegen und meine Art zu handeln verstehen?

Etwas war mir von Anfang an klar: Wenn ich etwas Eigenes

in dieser Arbeit anstrebte, für die mir noch alle Erfahrungen fehlten und zu der ich sicher auch noch unbewußte Vorurteile mitbrachte, dann konnte es nur eine Rettung vor dem Versagen geben – Leistung ohne ernstliche Mißgriffe und »Pannen«. »Vor den Erfolg haben die Götter den Schweiß gesetzt« – also mußte ich, noch fast ohne theoretische und personelle Hilfe, an die Arbeit gehen. Und das tat ich dann, anfangs von halb acht Uhr morgens bis zehn Uhr abends, später in einem durchschnittlichen 12- bis 14-Stunden-Tag, auch an den Wochenenden, die an einem solchen Ort besonders öde sind und besonderen Einsatz verlangen.

Die Lebensumstände im »Kleinen Haus«

Doch zunächst ging es ganz einfach um die materielle Versorgung einer großen Zahl von Menschen in einem zwar unzerstörten, doch hochgradig verwahrlosten Haus. Frankfurt-Preungesheim war die städtische von vier Frauenhaftanstalten in Hessen. Sie beherbergte die in Südhessen verhafteten, in Untersuchungshaft gehaltenen und die meist zu kurzen Strafen verurteilten erwachsenen Frauen. Die langfristig Bestraften wurden notfalls an die nordhessischen Anstalten in Ziegenhain (heute Treysa) und Kassel abgegeben. Die Jugendlichen kamen in ein kleines Haus in der Nähe von Frankfurt. Das Haus war, wie gesagt, ebenso wie die benachbarte Männerhaftanstalt unzerstört. (Nach dem Krieg fand man Karten für die Luftangriffe der Alliierten, aus denen ersichtlich war, daß die Strafanstalten von der geplanten Vernichtung ausgespart waren, da sich in ihnen zahlreiche ausländische Gefangene befanden. Das allerdings hatten die Gefangenen während der schweren Luftangriffe auf Frankfurt nicht gewußt. Zitternd vor Angst und zum Teil schreiend hatten sie eingeschlossen in ihren Zellen in den vier Stockwerken bleiben müssen, während die Aufsichtspersonen sich in die Bunker flüchteten.) Die Innenwände des Backsteinbaus waren trübe und schmutzig-grau, der Kalk bröckelte von den Wänden. Material für Ausbesserung und Anstrich war jahrelang nicht zu bekommen. Immerhin: da war ein heiles, wenn auch armseliges Haus in einer fast zerbombten Stadt.

Über den Anblick, den die Gefangenen äußerlich boten, schrieb ich einige Jahre später in einem internen Bericht: »Der erste und stärkste Eindruck für mich war die erstaunliche Kleidung der Frauen. Viele sahen ganz ansehnlich aus, mit passenden blauen Beiderwandkleidern und weißen Schürzen, die den Aufdruck von Mehlsäcken trugen. Meine geschickte Vorgängerin hatte die Mehlsäcke zu Schürzen verarbeiten lassen. Viele Frauen aber sahen wie Vogelscheuchen aus: Auf den zum Teil fast bis zum Boden reichenden Beiderwandröcken fand man große ungleichmäßige hellblaue Flicken. Die Röcke waren durch Tragen und Waschen so steif geworden, daß sie wie Münchhausens Lederhosen alleine stehen konnten. Dazu wurden ebenso geflickte blaue Beiderwandjacken in geschweiftem Großmutterschnitt getragen, aus deren Ärmeln, wie bei mittelalterlichen Rittern, die längeren Ärmel der weißen Unterjakken herausragten. Um den Hals wurden weiße Halstücher geschlungen. Auf die Unterwäsche will ich hier nicht eingehen. Sie war noch weit abenteuerlicher. Es bedurfte langjähriger Kleinarbeit, zu einer praktisch und ästhetisch einigermaßen befriedigenden Lösung der Kleiderfrage zu kommen. Zunächst stand die Beschaffung von einigermaßen passendem Schuhwerk an, damit die Füße nicht mehr schmerzten und bluteten.«

Kleidung ist für Frauen, die traditionell ihr Selbstbewußtsein zu einem nicht geringen Teil aus ihrem Äußeren beziehen, von besonderer Bedeutung. Sie war hier, wo fast nur Frauen mit sehr schlechtem, aufgrund ihrer Lebensgeschichte oft gedemütigtem Selbstbewußtsein lebten, besonders wichtig. Aus dem gleichen Grund wurden, zum Schrecken vieler Mitarbeiterinnen, auch anderer Anstalten, von Anfang an Lippenstift und andere Kosmetika genehmigt, und von der ersten Spende, die wir erhielten, wurde ein »Schönheitssalon« eingerichtet, in dem geschickte Frauen oder inhaftierte Frisösen wenigstens Dauerwellen legen konnten.

Anfangs war das Tragen von Anstaltskleidung zwingend vorgeschrieben. Als erstes konnten wir erreichen, daß eigene Unterwäsche getragen werden durfte. Doch schon das war ein Kampf von Jahren. Ich erinnere mich an einen langwierigen Briefwechsel mit dem Ministerium, als wir versuchten, »draußen« gekaufte Büstenhalter an die Stelle der sehr unzulänglichen selbstfabrizierten zu setzen. Bei der eigenen Wäsche der Gefangenen war das Hauptproblem, wie sie aus Kostengründen in der Anstaltswäscherei gewaschen werden konnte, und zwar so, daß möglichst wenig davon gestohlen wurde. Das war nur mit einer Vielzahl von oft wechselnden Hausverfügungen und Kontrollen halbwegs zu schaffen.

Dann wurde in mehreren Anläufen die Anstaltsoberbekleidung verbessert: Hosen und Jacken als Winterbekleidung, Arbeitskleider und Freizeitkleidung für den Sommer. Da wir selbst schneiderten, bekamen wir schließlich nahezu freie Hand. Aber es wuchsen ja auch die Ansprüche. 1970 hatten wir es endlich mit immer wiederholten Anträgen erreicht, daß in der Freizeit eigene Kleider getragen werden konnten. (Das Strafvollzugsgesetz hat diese Möglichkeit dann generell aufgenommen.) Nun wurde wieder die Pflege der Kleidung zum Hauptproblem. Hinzu kam, daß viele arme Frauen es sich nicht leisten konnten, ihre spärlichen mitgebrachten Kleidungsstücke während der Haft aufzutragen. Die wurden bei der Entlassung gebraucht, besonders dann, wenn die Frauen wegen kurzer Strafzeiten oder wegen Krankheit nicht genügend Geld zur Anschaffung von Entlassungskleidung verdienen konnten. Eine total neue Ausstattung am Entlassungstag, wie in den USA üblich, gab es nicht. Deshalb wurde eine Kleiderkammer des Sozialdienstes eingerichtet. Dahinein kamen Spenden, auch vom Personal, und dort wurde ausgebessert und verändert. So konnte es zum Beispiel passieren, daß ich einmal bei einer Gruppenarbeit eine mir gegenübersitzende Gefangene nachdenklich musterte und sagte: »Ach, aus so einem Stoff habe ich auch einmal ein Kleid gehabt.« Worauf zum allgemeinen Gelächter die Antwort kam: »Das wird wohl auch Ihr

Kleid sein.« Die Schilderung des Kampfes um die Kleidung und die Pflege mag illustrieren, daß kein Problem im Strafvollzug angegangen und gelöst werden kann, ohne daß sich daraus zahlreiche Folgeprobleme ergeben.

Eine »Kleiderfrage« gab es, die wir mit besonderem Vergnügen lösten. Als der Einfluß der Militärregierung und deren Elan, uns »umzuerziehen«, besonders auch im Strafvollzug, nachließ und dann ganz aufhörte, kehrte die deutsche Justiz zu ihrer gesetzlichen Unterscheidung zwischen Zuchthaus und Gefängnis zurück, die erst weit später zugunsten der einheitlichen Freiheitsstrafe aufgegeben wurde. Der Unterschied, der sich im einzelnen als bloße Schikane und als Diskriminierung der Zuchthausgefangenen ausdrückte – weniger Verdienst, eingeschränkte Brief- und Besuchskontakte –, sollte auch an der Kleidung merkbar sein. Wir hatten gerade Anstaltskleidung neuerer Art eingeführt. Nun sollten wir Unterscheidungsvorschläge machen. Wir schlugen vor, am Kragen verschiedenfarbige Paspeln anzubringen. Das wurde genehmigt, und wir nähten braune, blaue und rote Paspeln für Zuchthaus-, Gefängnis- und Haftstrafen an. Schon nach der ersten Wäsche waren alle Paspeln grau. Und damit hatte es sich. Daß diese Tat nie beanstandet wurde, sagt etwas darüber aus, was man in Hessen von dieser Unterscheidung und der damit verbundenen Diffamierung hielt.

Vielleicht sollte ich an dieser Stelle etwas über die Uniform der Beamtinnen sagen. In der Nazizeit war das Tragen von Uniformen natürlich Pflicht gewesen. Ich kann mich an das Bild, das die Mitarbeiterinnen im Aufsichtsdienst zu Anfang boten, nicht erinnern. Ich denke, daß die Not der Nachkriegszeit das Erneuern von Uniformen unmöglich machte. Da die Gefangenen Anstaltskleidung tragen mußten, waren sie von den Aufsichtspersonen ohnehin leicht zu unterscheiden. Je ziviler jedoch die Gefangenenkleidung gestaltet wurde, um so mehr entstand ein Bedürfnis nach Unterscheidungsmerkmalen. Zunächst entschlossen wir uns gemeinsam dazu, lediglich dunkelblaue Kittel über der normalen Zivilkleidung zu tragen. Das ging relativ lange gut. Die Mitarbeiterinnen und ich waren uns in der Ablehnung von Uniformen einig, was auch in Stellungnahmen des Personalrates zum Ausdruck kam.

Doch immer wieder kam Druck »von oben«. In den Männeranstalten wurde (meines Erachtens nach Widerstreben, vor allem in den Jugendanstalten) Uniform getragen. Als bei uns wieder einmal eine Aufforderung des Ministeriums eingegangen war – es war wohl in den sechziger Jahren –, fragte ich eine im Haus zufällig zusammenstehende Gruppe von Mitarbeiterinnen, was wir denn machen sollten, ob sie Vorschläge hätten, die ich weitergeben könne. Spontan sagte eine junge, engagierte Beamtin: »Nehmen wir doch das, was Sie da anhaben.« Es war ein dunkelblauer Kleiderrock mit Bluse darunter. Einen solchen Kleiderrock schlug ich dann vor, mit hellblauer oder weißer Bluse zu tragen. An eine solche »Uniform« passen keine Rangabzeichen, die im Grunde auch fast keiner wollte. Ich meine, daß erst zur Zeit meines Ausscheidens die Frage erneut diskutiert wurde. Heute tragen die Frauen des »Vollzugsdienstes« Uniformen mit Rangabzeichen.

Nicht nur mit der Kleidung hatten wir große Probleme; mindestens ebenso schwierig war es, unsere »Umwelt« ansprechend zu gestalten. Wie schon gesagt, befand sich das ganze Haus, befanden sich die Zellen, die wir später euphemistisch »Wohnräume« zu nennen versuchten, in einem verheerenden Zustand. Schmutzige, farblose Wände, abgebröckelter Kalk, alles noch trübseliger durch die hochgesetzten, kleinen, vergitterten Fenster, durch die man nur hinaussehen konnte, wenn man auf den Stuhl kletterte, und die wir bis zum Ende nicht los wurden.

Die Ausstattung bestand aus einer Pritsche mit Wolldecke aus deutschen und amerikanischen Armeebeständen – unter großer Mühe eines Spezialbevollmächtigten des Ministeriums beschafft –, aus bunter Bettwäsche, Blechgeschirr, einem Spind wie in den Kasernen, einem Gestell mit Waschschüssel, Wasserkrug und »Kübel« statt Toilette, den wir ebenfalls bis zum Schluß nicht loswurden (Wasserspülung wird erst jetzt in das neu zu errichtende Haus eingebaut).

Da wir kein Geld für größere Verbesserungen hatten, ließen wir schon bald die Ausstattung der Zellen mit eigenen Mitteln von geringfügigem Wert zu. Diese Möglichkeit mußte aber bereits wenig später »geordnet« werden, da der Überblick über die Räume sonst für den Vollzugsdienst zu schwierig wurde. Von Anfang an kam es zu anhaltenden Diskussionen mit den Mitarbeiterinnen des Vollzugsdienstes, denen meine und des Sozialdienstes Toleranz zu groß schien und die klagten, daß sie keine Ordnung mehr halten könnten und daß Sicherheit und Sauberkeit litten. Dabei machte sich jedoch auch Unbehagen gegen den freiheitlichen Stil der neuen Leitung bemerkbar. Die Mitte zwischen berechtigten und übertrieben scheinenden Wünschen beider Seiten zu halten, war oft nicht leicht und hatte Spannungen, auch nach beiden Seiten, zur Folge.

Doch auch bei uns (das heißt bei mir und dem Sozialarbeiterinnen-Team) waren Vorurteile und anmaßende Restriktionen zu überwinden. So fingen die gefangenen Frauen an, sich künstliche Blumen mitbringen zu lassen, als der Empfang von Blumen als Geschenk zu persönlichen Feiertagen zugelassen und auch gestattet wurde, sie von selbst verdientem Geld zu kaufen. Blumentöpfe durften es wegen der Kontrollprobleme nicht sein; Schnittblumen verwelkten zu schnell. Künstliche Blumen waren damals, man muß es sagen, weit weniger schön und geschmackvoll als heute. Wir, das engere Team, glaubten, hier geschmacksbildend eingreifen zu dürfen, und untersagten zunächst künstliche Blumen als Zellenschmuck. Allerdings dauerte es nicht lange, dann schämten wir uns dieser unberechtigten Machtausübung. Wir versuchten es dann mit konstruktiven Methoden, nämlich mit Zellenwettbewerben: Der schönste, das heißt der geschmackvollste Raum wurde von einer Gefangenenjury ausgewählt. Aber weil wir ständig überfordert waren, wurde das nicht häufig praktiziert. Schließlich wurden Geschmacksfragen nur noch zu einem Thema bei Gruppen- und Einzelgesprächen. Uns wurde klar, daß andere Gesichtspunkte als die Sicherung einer gewissen Übersichtlichkeit absolut nicht notwendig waren. Insbesondere war es nicht notwendig, das Bekleben der Wände wegen des häufigen Wechsels der Zellenbewohnerinnen abzulehnen. Die Zellenwände waren ohnehin so miserabel, daß häufiges Abreißen und Ankleben von Bildern sie nicht noch schlechter machen konnte. Ein neues Kapitel der »Zellengestaltung« entstand später, als wir ein frisch renoviertes Haus bezogen. Darüber mag später nochmals kurz berichtet werden. Jetzt jedenfalls war schon das wenige Mögliche ein Zeichen von mehr Freiheit, das von den Gefangenen dankbar und von den Besuchergruppen mit Erstaunen aufgenommen wurde, ebenso wie die Zulassung des Gebrauchs von Kosmetika und insbesondere von Lippenstiften.

Kurz muß auch etwas zur Ernährung in der Anfangszeit gesagt werden – ein Gebiet, auf dem es in Institutionen ja immer und vor allem zu Beschwerden kommt. Hier wird das Unbehagen über den Zwang am ehesten abreagiert – ähnlich wie auch im Bereich der medizinischen Versorgung. Auch in bezug auf die Ernährung gab es über die Jahre hinweg natürlich eine lange Entwicklung. Daß ich persönlich eine wenig geeignete Leiterin für diesen Bereich war, daß man jedoch offensichtlich dazu neigte, diesen Mangel mit Humor zu nehmen, mag ein Ereignis aus späterer Zeit zeigen, bei dem eine längst entlassene Frau meine Erinnerung auffrischte. Sie war Sprecherin ihrer Stationsgruppe gewesen und hatte sich bei mir über das Essen beschweren sollen. Sie kam dazu in mein Büro und trug ihre Beschwerde vor. Da soll ich zu ihr gesagt haben, sie möge doch gleich zu der Wirtschaftsbeamtin gehen und ihr Anliegen dort vorbringen. Mir nämlich schmeckte das Essen. (Ich habe es zeitweilig täglich, später während meiner Inspektionsdienste gegessen.) Doch zunächst zu der Anfangszeit, vor der ich mich wegen der Aufgabe, genügend Kartoffeln herbeischaffen zu müssen, gefürchtet hatte. Dazu sei nochmals kurz der schon erwähnte Bericht zitiert:
»Das ging alles besser, als ich erwartet hatte. Die Alliierten,

die die Aufsicht über das Gefängniswesen nach 1945 übernommen hatten, garantierten den Insassen, die ja keine Möglichkeit hatten, auf dem schwarzen Markt zu kaufen, täglich 1200 Kalorien. Natürlich waren die Lebensmittel nicht erstklassig, aber es gab doch am Stadtrand Gemüse, das die Beamtinnen vom Außenarbeitseinsatz mitbrachten. Und dann gab es die Brosamen von der Reichen Tische: die Reste aus der Küche des benachbarten amerikanischen Armeegefängnisses. Sie waren uns ein wenig fremd, denn Weißkohl mit Rosinen und Hühnerbeinchen mit Ananas waren wir nicht gewöhnt. Wir hatten auch manchmal das Gefühl, daß dies auch den Amerikanern nicht besonders schmecken konnte, und auch, daß dort der Einfachheit halber für uns alles, Nachtisch und Hauptgericht, Suppe und Fisch, in großen Töpfen zusammengeschüttet wurde. Es war uns auch nicht alles appetitlich, was da einige Male in der Woche angeliefert wurde. Aber es wurde durchweg gegessen, und es erhielt uns die Ruhe in der Anstalt. Hungergeschrei, wie man das aus anderen Anstalten berichtete, hat es jedenfalls bei uns, dank dieser Einrichtung, nicht gegeben.

Die Kehrseite dieser erfreulichen Nachbarschaft war allerdings die Tatsache, daß im Armeegefängnis Freunde unserer Bewohnerinnen untergebracht waren. Sportlich gewandt entkletterten sie den Dachluken ihrer Anstalt, lagen dann auf dem keineswegs flachen Dach, spiegelten zu uns herüber und bändelten in mehr oder weniger zuchtvoller Weise mit den Frauen und Mädchen an. Unser eigenes Verhältnis zu den Freundinnen der damaligen Herrenschicht in Deutschland war ohnehin ein wenig eigenartig. Diese Frauen lebten fast in Saus und Braus. Sie trugen auch im Sommer Strümpfe, wessen wir uns nicht rühmen konnten. Sie waren nach feschem New Look gekleidet und blickten auf unsere Vorkriegsmode, die zudem abgetragen und gestopft (bzw. aus Militärmänteln geschneidert) war, herab. Und zu Weihnachten sahen wir in den Paketen dieser Frauen – wie in denen bestrafter Schwarzhändlerinnen – Würste, die unseren Augen schon lange verborgen geblieben waren.«

Die ersten Arbeitstage

Dies also waren die Zustände, die ich vorfand, auch als Ansatz für spätere Veränderungen, als ich 1947 kam, um die Arbeit im Gefängnis anzufangen. Die Aufnahme, die ich fand, war freundlich, selbstverständlich und ohne Spektakel. Ich klingelte an der Außenpforte. Die öffnende Beamtin sagte: »Ach, sind Sie die neue Chefin?« Ich antwortete: »Ja«, und wurde eingelassen. Während meiner kurzen Praktikantenzeit, wenige Monate zuvor, war ich nicht identifiziert worden. Ich kannte die Sozialarbeiterin, die mich damals eingeführt hatte. Sie stellte mich jetzt in den verschiedenen Abteilungen vor, in der Verwaltung, in der Krankenabteilung, bei der Aufsichtsdienstleitung. Wer im Augenblick nicht da war, den lernte ich eben später kennen.

Diese ruhige Selbstverständlichkeit kam meinen Wünschen sehr entgegen. Doch in einem solchen Haus spricht sich ohnehin alles von selbst rasch herum. Und so hörte ich die Gefangenen schon am ersten Tag hinter mir her flüstern: »Das ist die neue Chefin.« Da ich sie freundlich grüßte, grüßten fast alle freundlich zurück.

Aus welchen Gründen auch immer schlug mir eine Welle erwartungsvoller Freundlichkeit entgegen. Die Mitarbeiterinnen in den gehobenen Positionen – Sozialarbeiterin oder, wie es damals noch hieß, Fürsorgerin, Ärztin, Verwaltungsleiterin – versicherten mir ihre Erleichterung darüber, daß ich nun da sei und das »kaiserlose« Provisorium ein Ende habe. Der Pfarrer allerdings versuchte, mich gleich auf preußische Disziplin festzulegen.

Die unerwartet große Freundlichkeit trug mich über die Furcht der ersten Tage, nicht zu genügen, hinweg. Sie ließ mich jedoch auch vorsichtig sein und mich selbst leicht skeptisch betrachten.

Schon am zweiten Tag nahm ich an einer Konferenz mit den männlichen Direktoren der hessischen Haftanstalten teil. Auch die Kollegen nahmen mich freundlich auf. Konkurrenzprobleme konnte es da ja auch kaum geben. Die einzige Kollegin, die Leiterin einer der beiden nordhessischen Frauenanstalten (die zweite wurde von einem Mann geleitet), war krank. Wir lernten uns später kennen und verstanden uns gut. Allerdings prophezeite sie mir, daß auch ich bald »kaputt« sein werde.

Verhandelt wurden zahllose mir fast fremde Probleme und Sachverhalte. Der Leiter der Strafvollzugsabteilung im hessischen Justizministerium, der mich eingestellt hatte, gab sich große Mühe, mich einzubeziehen und bei Laune zu halten.

Die eigentliche Arbeit begann ich am zweiten Tag mit einer Besichtigung des Hauses, vor allem von dessen Schwachstellen: »Spülzellen«, wo die Kübel entleert wurden, Küche und Arbeitsräume. Ich wollte mich vor allem von der Sauberkeit und Hygiene überzeugen. Das machte alles einen tadellosen Eindruck, trug noch die Handschrift meiner Vorgängerin. Die hatte ja nicht wegen Untüchtigkeit, sondern aus politischen Gründen die Arbeit verlassen müssen. Ihre einstmals getroffenen Anordnungen wurden genau weiterbefolgt. Leider wohnte sie noch jahrelang der Anstalt unmittelbar gegenüber. Und man trug mir zu, daß eine Reihe von Mitarbeiterinnen sie regelmäßig mit Nachrichten über mich und mein Handeln versorgte. Ich stellte mich gegen solche Informationen taub und fuhr damit wohl am besten. Auch gingen derartige Sorgen in der Freude des Anfangs und des langsamen Hineinfindens in die neue Arbeit unter, die sich von Anfang an als interessanter Komplex aus Organisatorisch-Technischem, aus Versorgungspflichten für die Menschen und dem Versuch, ihre besonderen Probleme mit ihnen anzugehen, herausstellte. Zunächst waren auch viele Akten zu lesen, aber ebenso zahlreiche Gespräche mit Mitarbeiterinnen und Hausbewohnerinnen zu führen. Ich empfand mich vor allem als Lernende.

Am vierten Tag kam der Minister, um »seine Autorität hinter mich zu stellen«. Er – Dr. Zinn, zugleich hessischer Ministerpräsident – beeindruckte mich sympathisch. Es machte mich sicher, wie offen er und der Abteilungsleiter im Ministerium, Dr. Krebs, mich annahmen. Das verdankte ich wahrscheinlich Radbruch.

Gearbeitet habe ich, wie ich schon schrieb, in dieser Anfangszeit und noch sehr lange danach von halb acht Uhr morgens bis zehn Uhr abends, fast immer auch samstags und sonntags. Das ermüdete mich damals kaum, zuviel kam mir positiv entgegen, in Gesprächen und gemeinsamen Beratungen, anfangs auch noch mit dem »Nachtdienst«. Nur so konnte ich die »Seele« eines solchen Hauses kennenlernen. Aber schon in den ersten Tagen machte ich mir auch Vorstellungen über ein theoretisches und über die Anstalt hinausgehendes Engagement.

Als erstes Thema hatte sich bereits die Todesstrafe gestellt. Damals bestand sie ja rechtlich noch, und es waren auch Frauen im Haus, die zum Tode verurteilt worden waren. Zwischen dem Abteilungsleiter im Ministerium und mir bestand Einvernehmen darüber, daß wir den Dienst aufgeben würden, sollten wir einmal aufgefordert werden, jemanden zur Hinrichtung herauszugeben, und dies nicht abwenden können. Tatsächlich ist das nie geschehen. Doch wenig später, als die Todesstrafe durch die Verfassung abgeschafft worden war, begann die Auseinandersetzung um ihre Wiedereinführung, die von vielen verlangt wurde. Es kam zu Massenkundgebungen, nahezu nach jedem spektakulären Mordfall. Ich nahm an einer Reihe von ihnen in Frankfurt teil, und ich hielt auch häufiger Vorträge zum Thema, auch in den Landbezirken um Frankfurt herum. Besonders bei den Massenkundgebungen begegnete man nicht selten geballtem Haß. Der, geäußert in schreiendem Grölen, leider auch von Frauen, klingt mir noch im Ohr. Auch Fragen wie: »Was würden Sie denn tun, wenn Ihre Mutter ermordet würde?« Und auf meine Antwort: »Ich hoffe, daß ich auch dann die Kraft aufbrächte, so zu denken wie jetzt« höhnisches Gelächter. Doch erinnere ich mich auch an Veranstaltungen, nach denen Menschen zu mir kamen und sagten, sie seien eigentlich Anhänger der Todesstrafe gewesen, hätten aber ihre Haltung revidiert.

»Klima« und Umgangston in der Anstalt

Bei der Arbeit in der Anstalt übten vor allem die Gespräche mit den gefangenen Frauen, denen es galt, mit Verständnis und Anteilnahme zu begegnen, eine große Faszination auf mich aus. Gelegentlich aber belasteten sie auch, bis ans Ende der Nervenkraft. Da halfen Gespräche mit den Mitarbeiterinnen, etwa der Ärztin und besonders der damals einzigen »Fürsorgerin«. Sie war eine große Hilfe, vor ihr mußte ich meine Unerfahrenheit nicht verbergen, konnte Ratlosigkeit frei äußern im Austausch mit ihrer größeren Erfahrung, die aber nicht selten selbst an Ratlosigkeit stieß.

Anfangs waren die Gespräche mit den Hausbewohnerinnen durchweg zufällige oder von ihnen gewünschte Einzelgespräche. Fast alle waren belastend, gaben sie doch Einblick in schlimmes Lebenselend. Manche wollten nur, daß ihnen zugehört würde. Sehr oft aber knüpften sich Hoffnungen an diese Gespräche, und fast immer mußten Entscheidungen getroffen werden, die meist aus praktischen und rechtlichen Gründen kaum zu finden waren. Dann war ich anschließend wie erstorben. Aber von irgendeiner Seite kam dann fast immer auch wieder Trost.

Zum Beispiel erinnere ich mich noch heute, nach mehr als 43 Jahren, was für einen tiefen Eindruck die ersten Veranstaltungen mit Gruppen von Frauen, die lange Strafen hatten, auf mich machten. An einem der ersten Nachmittage waren aus irgendwoher gekommenen Stoff- und anderen Resten Weihnachtsgeschenke gebastelt worden. Anschließend hörten wir zusammen ein Radio-Opernkonzert. Ich sehe den Raum, einen verwahrlosten Mehrzweckraum, und die Frauen noch deutlich vor mir, wie sie dasaßen, aufgelockert durch die Musik, leicht mitschwingend, manche mit Tränen in den Augen. In einem Brief schrieb ich damals: »... da ging es mir wie dem alten Papa W., Leiter der Jugendstrafanstalt für Jungen, ›man muß sie lieben‹. Nicht weit von mir entfernt saß ein Mädchen, das mir von Anfang an aufgefallen war. Aus schönen, großen, dunklen Augen liefen ihr die Tränen über die Bakken. Ich fragte sie hinterher, was sie so bedrücke. Sie geht morgen zur Verhandlung nach München und hat große Angst. Was sie angestellt hat, waren lauter Dummheiten. Als ihr Verlobter sie Knall auf Fall verließ, stürzte sie sich in die Arme eines Amerikaners und geriet in seine kriminellen Handlungen. Dabei verlor sie ihre sichere Anstellung. ›Wohin soll ich, wenn ich rauskomme?‹ Vater und Stiefmutter haben sie hinausgeworfen, die Freunde sie fallengelassen. Als ich ihr unsere Hilfe nach der Entlassung zusagte, war sie wenigstens ein wenig getröstet und geht nun etwas weniger angstvoll zu der Verhandlung. So kommt es, daß ich oft bei solchen Gesprächen glücklich bin. Glaube nicht, daß ich nicht wüßte, daß ich oft auch angelogen werde. Aber das kann ich nicht übelnehmen, kann es überhaupt nicht persönlich nehmen. Es verletzt mich nicht. Ich spüre nur, wieviel zu tun ist, was sich auf der Ebene des Helfens bewegt. Gott sei Dank fällt es mir, aufs Ganze gesehen, nicht schwer, Vertrauen zu gewinnen und so helfen zu können. Ich weiß, daß sich das von heute auf morgen ändern kann, und baue auf nichts. Aber jetzt darf ich es doch als Glück genießen und schade niemandem damit.«

Geradezu erschütternd war meine erste Adventsfeier, kaum vier Wochen nach meinem Anfang. Es war erstaunlich, aus wie wenig Material die Frauen einen festlich geschmückten Raum zaubern konnten: ein bißchen Silberpapier, ein paar Tannenzweige und Kerzen. Es gab nichts als ein paar Plätzchen, irgendein Getränk. Kaffee hatten wir damals noch nicht. Es wurde erzählt, vorgelesen, gesungen. Es wurde ein bißchen geweint, doch das war befreiend und tat offenbar gut. Die Feier fand in einem abseits gelegenen Gebäude auf dem Anstaltsgelände statt. Um zehn Uhr abends gingen wir, die Fürsorgerin, die Werkbeamtin und ich, mit vielleicht 40 Frauen den dunklen Weg zum Haus. Niemand kam auf den Gedanken, daß das gefährlich sein könnte. So etwas war nicht untersagt, aber wohl nur deshalb nicht, weil niemand darauf gekommen war, daß so ein Fest überhaupt stattfinden könnte. (Einige

Jahre später bekam ich wegen eines anderen Festes eine bittere Abfuhr »von oben«. Doch davon soll später berichtet werden.)

Neben dieser beglückenden Seite der Arbeit stand die andere, die Leitung des großen bürokratischen Betriebes, in die ich langsam hineinwuchs und für die meine Erfahrungen mit dem kleinen wissenschaftlichen Institut mit 10 bis 15 Mitarbeitern natürlich nicht ausreichten. Auch hier fand ich freundliche Helfer, die aber durchweg von dem ausgingen, wie das alles »immer gewesen« war, und denen manche meiner Entscheidungen nicht einleuchteten.

Es war gut, daß die engste Mitarbeiterin, die Sozialarbeiterin, organisatorisch ungewöhnlich befähigt war und meine eigentlichen Anliegen sofort freudig aufgriff. Diese Zusammenarbeit war eine unerwartete Hilfe für mich. Es war so gut, Probleme und Bedenken völlig offen mit einem ähnlich denkenden Menschen durchsprechen zu können, auch Rückschläge ohne Arg und falsches Prestigedenken. Vor allem brauchte ich es zu Anfang in gewissen Situationen, daß mir Mut zu notwendigen Härten gegenüber Mitarbeiterinnen und Bewohnerinnen gemacht wurde.

Berichte an die Aufsichtsbehörde über Mängel des Betriebes mußte ich allerdings ohne größere Hilfe im wesentlichen allein machen. Sie befaßten sich mit Sicherheitsfragen, Mängeln in der Organisation und ähnlichem. Schon in den ersten Tagen wurde bei mir ein Organisationsplan für eventuelle Unruhen im Hause angefordert, außerdem ein Programm für eine bessere Schulung der Aufsichtsbeamten. Schon bald geschah es auch, daß ein Mädchen aus der Jugendanstalt entwich, die sich zwar an einem anderen Ort befand, aber der Aufsicht der Frauenanstalt unterstellt war. Unglückseligerweise passierte dieses Mißgeschick einer Beamtin, der schon einmal zwei Jugendliche davongelaufen waren. Sie wurde als für die kleine Anstalt ungeeignet befunden. Unser Vorschlag war es, sie in die Hauptanstalt zu übernehmen und es dabei bewenden zu lassen.

Aber das war nur der erste Schreck, der uns aus diesem

Kreis der Mitarbeiterinnen ereilte; andere sollten folgen. Das Zusammenfinden mit diesem Kreis war nach der ersten aufgeschlossenen Begrüßung nicht ganz leicht. Die damals in der Anstalt tätigen Mitarbeiterinnen kamen aus einer Tradition des Umgangs mit Gefangenen, wie ich ihn mir für die Zukunft nicht wünschen konnte. Es herrschte ein absolut autoritärer Stil des Befehlens und Gehorchens. Das undemokratische Verhalten der Vorgesetzten wurde nach unten weitergegeben. Die damit verbundene Verachtung derer »da unten« drückte sich im Umgangston aus. Die Gefangenen wurden von nahezu allen geduzt. Sie wurden bloß mit dem Nachnamen angesprochen, und zwar im Befehlston:»Müller, komm gleich zur Aufnahmeabteilung.« Das war das erste, was mir am Stil des Hauses auffiel und was ich sofort änderte. Und dabei half mir ausgerechnet die autoritäre Art des Umgangs miteinander: Wenn die Chefin das verlangt, dann wird es gemacht. Grundsätzlich wurde diese Veränderung also akzeptiert, aber Abweichungen, besonders spontane, blieben an der Tagesordnung. Ich erinnere mich allerdings, daß ich wenig später bei einer Konferenz der Anstaltsleiter den Vorschlag machte, auch die Männer in den Männeranstalten mit »Herr« anzureden, und damit nur Kopfschütteln erntete. Ich glaube, die meisten Hausbewohnerinnen quittierten schon diese kleine Änderung, daß sie nun mit »Frau« und »Sie« angeredet wurden, dankbar als Aufwertung. Natürlich nicht alle; manche hatten diesen Anspruch nicht und glaubten sich besser in der Form scheinbarer Vertraulichkeit aufgehoben. Sie nahmen dabei unkritisch hin, daß diese ja völlig einseitig war. Einige Jahre später jedoch begegneten wir der Bitte, geduzt zu werden, nur noch auf der Jugendabteilung. Und das war wohl vor allem eine Bitte um Mütterlichkeit.

Es dauerte noch viele Jahre, bis von der Aufsichtsbehörde offiziell untersagt wurde, Gefangene zu duzen. Danach konnte ich, wenn Gefangene sich beklagten, auf dieses Verbot hinweisen und auf die Möglichkeit, sich bei der Aufsichtsbehörde zu beschweren. Die Frauen beklagten sich zwar oft, daß sie geduzt würden, wollten aber andererseits den Beamtinnen auch nicht schaden. So schlug ich ihnen dann vor, solche Beamtinnen ihrerseits zu duzen. Damit wurde das Problem dann ganz gut gelöst.

Doch mit solchen Äußerlichkeiten war es ja nicht getan. Der Kampf um die Würde der Gefangenen mußte kontinuierlich geführt werden. Wenn die einen der Macht der anderen unterworfen sind, ist das für den Respekt voreinander gefährlich. Für den Anfang war die Frage der Anrede insofern besonders wichtig, als durch sie bereits das Ziel des Umgangs miteinander deutlich gemacht werden konnte, das später mit dem Gesetzesauftrag der »Resozialisierung« einfacher zu umschreiben war.

Natürlich gab es von Anfang an auch Mitarbeiterinnen des Vollzugsdienstes, denen die unter der Naziherrschaft vertretene Verächtlichkeit Gefangenen gegenüber fremd geblieben war. Das waren vor allem solche, die auch sonst in Opposition zu diesem System gestanden und in ihrer Arbeit – wenn auch versteckten – Widerstand geleistet hatten. Es waren dieselben Frauen, die schwer unter den damals in Preungesheim vollzogenen Hinrichtungen gelitten hatten, auf die sie die Gefangenen »vorbereiten« und für die letzte Nacht in die vollziehende Männeranstalt begleiten mußten.

Aber auch für die wohlwollenden Angehörigen des Vollzugsdienstes war es oft nicht leicht, unter dem Druck der Bedingungen, der oft bis an die Grenzen der Kräfte ging, eine positive Einstellung zu bewahren. Da waren die hohen Beanspruchungen durch widerspenstige Frauen, da fehlte es am Wissen über die Ursachen solchen Verhaltens. Da kam (und kommt) hinzu, daß im Strafvollzug ja vor allen Dingen der Rückfall hautnah erlebt wird. »Sie kommen ja doch immer wieder« war die resignierte, am Sinn der Mühen verzweifelnde, gelegentlich auch triumphierend vorgebrachte Klage. Da mußte ich – 27 Jahre lang – viel erklären und aufklären, immer neu zu konkreten Fällen. Später versuchten wir, diese Arbeit zu institutionalisieren, durch Fortbildung in regelmäßigen Fallbesprechungen. Doch darüber wird später zu berichten sein.

Übrigens war der Widerstand gegen das, was die »Humanisierung« des Strafvollzugs genannt wurde, damals am stärksten unter den Mitarbeitern des Verwaltungsdienstes. Das lag wohl an der größeren Ferne zu den Gefangenen, die mehr durch Akten als durch persönliche Begegnung in das Bewußtsein eingingen. Ein spezifisches Anfangsproblem für meine Beziehung zu den beiden Gruppen, dem Vollzugs- und dem Verwaltungsdienst, war auch dadurch gegeben, daß sich unter der vorherigen Leitung Unkorrektheiten zugunsten des Personals eingeschlichen hatten und sich schnell die Notwendigkeit ergab, das zu ändern. Aber nur selten kam jemand aus den beiden Diensten zu einem offenen, wenn nötig auch um Hilfe bittenden Gespräch zu mir. Fehler wurden versteckt, durch Unwahrhaftigkeiten verdeckt. Ich mußte versuchen, deutlich zu machen, daß es für die Leitung auch im Umgang mit den Mitarbeiterinnen und Mitarbeitern Vorrang hatte, zu helfen statt auszuliefern. Doch wirklich bewältigt wurde das Problem meines Erachtens bis zu meinem Ausscheiden nicht.

Ein versteckter Widerstand gegen den angestrebten Umgang mit den Gefangenen fiel ebenfalls unter das Kapitel Unehrlichkeit, Heimlichkeit. Das war eine meiner bedrückendsten Anfangserfahrungen. Ein Beispiel: Da war eine Gefangene, hübsch, jung, intelligent, natürlich auch problematisch und nicht unbedingt sympathisch, weil sie nicht anschmiegsam, sondern eher arrogant war. Ich fand heraus, daß sie nicht selten ungerecht behandelt wurde. Ich versuchte, das zu ändern, und mußte dabei erfahren, daß ich zwar massive Verstöße unterbinden, nicht aber die untergründigen, kleinen Spitzen, die in einem solchen System besonders quälend und demütigend sind, verhindern konnte. Das hat mich damals viele Überlegungen gekostet. Ich lernte dabei auch etwas über weisere Methoden, mit dem Vorgesetztsein umzugehen. Ich verstand, daß auch im Umgang mit Mitarbeitern alles auf das Bemühen um Verständnis, Zusammenarbeit und Überzeugung ankommt, und daß auch nur so Gefangene vor den Schäden des »absurden Systems« Gefängnis geschützt werden können.

Ich fürchte, gelungen ist das nicht wirklich, wenngleich die Gefangenen mit ihren Schwierigkeiten zweifellos zunehmend mehr akzeptiert wurden. Doch konkrete Probleme mit Einzelfällen, so viel sie auch zum besseren Verständnis beitragen konnten, hatten die gute Entwicklung immer wieder gestört. Und der Vorwurf, die Bedürfnisse der Gefangenen seien mir wichtiger als die der Mitarbeiter, ist mir erhalten geblieben. Mein Hinweis, daß die Gefangenen ja doch weit schlechter dran seien, da sie hier weitgehend ohnmächtig seien und auch nicht am Abend nach Hause gehen könnten, um ihre Freiheit mit allem, was sich daraus machen ließe, zu genießen, war wohl für viele nur ein schwaches Argument.

Ganz zu Anfang hatte ich mich auch mit einer eklatanten Unkorrektheit zu befassen, die mit der allgemeinen Situation von Hunger und Deprivation zu tun hatte und deshalb schwer anzugehen war: Meine Vorgängerin hatte – ich erwähnte es schon – bei dem benachbarten amerikanischen Militärgefängnis erreicht, daß die ihre Essensreste nicht, wie es in der Anfangszeit des »Fraternisierungsverbots« praktiziert wurde, wegschütteten, sondern sie in die Frauenanstalt brachten – für die Mitarbeiterinnen und Mitarbeiter. Zugleich nahmen diese auch am Essen der Gefangenen teil, ohne dafür Lebensmittelmarken abzugeben, wie es bei der damals noch herrschenden Rationierung eigentlich Vorschrift gewesen wäre. Diese Unkorrektheit mußte umgehend abgestellt werden – gegen starken Widerstand. Schließlich gelang das, mit Hilfe des Personalrats. Mit ihm zusammen regelten wir dieses Problem so, daß die Mitarbeiterinnen von nun an Lebensmittelmarken für das Anstaltsessen abgaben und daß das zusätzliche Essen unter ihnen und den Gefangenen verteilt wurde. Es reichte für alle. Aber wieviel Ressentiment aus dieser Entscheidung resultierte und wo es sich vielleicht versteckt äußerte, weiß ich nicht.

Mir fällt noch ein zweiter Kampf gegen Unkorrektheit ein, der heute kaum noch so geführt würde. Das war wenige Jahre später. Ich erfuhr, daß Aufseherinnen von der Außenarbeit Apfelwein mitgebracht hatten und daß in irgendeinem Winkel des Hauses ein »Äppelwoifest« der Beamten gefeiert wurde. Ich stürzte hin und stellte sie zur Rede: »Auf dem Anstaltsgelände wird kein Alkohol getrunken.« Erschrecken und sofortige Bereitschaft, mit dem Fest Schluß zu machen. Später kam ich mir mit meiner galoppierenden Spontaneität etwas komisch vor. Aber so war das damals. Es gelang uns auch, die Mitarbeiterinnen zu veranlassen, im Zellenbau nicht zu rauchen, da die Gefangenen nicht rauchen durften. Das war eine strikte Anordnung von oben, die in allen Anstalten große Schwierigkeiten machte. Sie wurde Ende 1951 aufgehoben bzw. auf die Jugendabteilungen beschränkt. Heute wäre ein Rauchverbot unter gesundheitlichen Gesichtspunkten, wenigstens in Gemeinschaftsräumen, denkbar. Doch damals ging es um moralische Gesichtspunkte. Ich gehörte zu denen, die sich um Aufhebung des Rauchverbots bemühten. Es schien mir eine überflüssige Einschränkung zu sein, insbesondere da so vieles durch das Rauchen kompensiert werden mußte.

Anstaltsgeistliche

Eine wirkliche Anfechtung der Anfangszeit war die Zusammenarbeit mit dem evangelischen Anstaltsgeistlichen, der seit Jahren, auch während der Kriegs- und Nazijahre, in der Anstalt für Gottesdienst und Seelsorge zuständig gewesen war. Er war ein dogmatischer, moralisierender Eiferer, bei dem jedoch diese Grundhaltung nicht zu seiner durchaus lebens- und genußhungrigen Vitalität paßte. Nur so, als Abwehr gegen das, was er sich auferlegen mußte, aber kaum konnte, läßt sich die Diskrepanz zwischen seinem intensiven Interesse an den – weiß Gott geringen – Vorteilen erklären, die ihm seine Stellung bringen konnte (Zusatzessen, Weihnachtsstollen aus zwei Anstalten und ähnliches), und seiner immer wieder ausgesprochenen Verachtung für das »Frauenpack« in der Anstalt, das sich gelegentlich vom Leben nahm, was er guten Gewissens nicht nehmen durfte. Mehrfach beklagten sich Frauen über indiskrete

Erkundigungen nach ihrem erotischen Leben. Ältere Mitarbeiterinnen dagegen berichteten von seinem Verhalten gegenüber Gefangenen, die aus politischen Gründen zum Tode verurteilt worden waren, weil sie ausländische Radiosender gehört hatten oder auch wegen bloßer Bagatellen, zum Beispiel der Entwendung von Feldpostpäckchen. Ihnen sollte er vor der Hinrichtung Beistand leisten. Er aber verlangte Reue von ihnen, stellte sich also nicht hinter sie, sondern hinter die Henker.

Ich hatte vom ersten Zusammentreffen an Probleme mit ihm, als er von mir preußische Disziplin forderte, um die infolge der Führungslosigkeit etwas chaotisch gewordenen Zustände in der Anstalt zu beenden. Kurz darauf verlangte er von mir die Verteilung eines Haufens von »Weihnachts«-Briefen, die, von Kinderhand abgeschrieben, von schwülstiger, herabwürdigender Sentimentalität triefend, an »meine arme, liebe Schwester« gerichtet waren. Da kreuzten wir zum ersten Mal, laut hörbar, die Klingen. Schließlich erklärte ich – wie ich heute meine, ohne eigentliche Berechtigung: »Was in diesem Hause an die Gefangenen verteilt wird, entscheide ich.« Anschließend nahm ich ihm die Gestaltung der Weihnachtsfeier aus der Hand; das allerdings lag auf der Linie der von der Aufsichtsbehörde an mich gestellten Erwartungen. Er nahm beides hin. Quälend waren seinetwegen die Anstaltskonferenzen, in denen Fragen des Umganges im Haus, Disziplinverstöße und Stellungnahmen zu Gnadengesuchen besprochen wurden. An denen nahm er teil, was die meisten seiner Nachfolger nicht taten. Immer verkörperte er Härte und Bußverlangen, fast immer trat er für die Ablehnung von Entlassungsgesuchen ein, weil noch nicht genügend »gesühnt« sei. In einem Fall verlangte er die Ablehnung, weil die Antragstellerin »mit einem Neger liiert« sei. Vergeltung und Sühne waren die Gesichtspunkte, die sein Denken beherrschten. Ebenso verlangte er bei auch nur geringen Disziplinverstößen regelmäßig die härtesten Hausstrafen, sprach sich auch gegen unsere Taktik aus, solche Strafen »zur Bewährung« auszusetzen (später suchten wir Hausstrafen ganz zu vermeiden). Einer seiner

Sätze klingt mir noch im Ohr: »Die hat ja einen Ton am Leibe, den werden wir ihr hier schon austreiben, ja, das werden wir!« Von Verzweiflung, schlimmer Kindheit, belastender Lebensgeschichte hatte er offensichtlich keine Ahnung. Einmal sagte die Sozialarbeiterin im Anschluß an eine solche Konferenz zu mir: »Wenn Sie neben dem Pfarrer in der Konferenz sitzen, dann sind Sie immer ganz kümmerlich. Dann schwindet alles Strahlende von Ihnen.« Er selbst jedoch strahlte Vitalität, Selbstbewußtsein, Selbstgerechtigkeit aus, die sogar – ich erlebte es später einmal bei einer Wiederbegegnung anläßlich einer Tagung – fast etwas Faszinierendes hatte.

In der Anfangszeit mußte ich einmal nach einer der Konferenzen für eine halbe Stunde nach Hause gehen, weil ich nervlich völlig fertig war. Abends schrieb ich dann einen Brief: »Ein Gespräch mit diesem Mann reibt mich völlig auf. In ihm begegnet mir alles, was überwunden werden muß, wenn ein erträglicher neuer Strafvollzug aufgebaut werden soll. Wenn Du eine unserer sogenannten ›Gnadenkonferenzen‹ miterleben würdest, könntest Du meine innere Lage vielleicht verstehen. Das Verhalten dieses Mannes ist unerträglich. Er tobt herum, reißt alles an sich, und bald werden wir beide einen offenen Kampf miteinander haben. Er ist so laut, so unmenschlich, so unglaublich in jeder Weise. Auch in den Formen. Er tobt los, hält Reden über ›Sühne‹, daß Härte im Einzelfall hingenommen werden müsse, um des Prinzips willen... Außerdem verlangte er, auch in der Konferenz, die Anordnung von mir, evangelische Gefangene hätten in den evangelischen, katholische in den katholischen Gottesdienst zu gehen. Als ich ablehnte, wurde er ausfallend: ›Ich sehe, daß Sie an kirchlichen Dingen viel zu wenig Anteil nehmen.‹ Als ich sagte, meines Erachtens stünde das Christentum über den Konfessionen, eiferte er erst recht los. Das lehne er radikal ab, das sei eine grauenhafte Ansicht. Auf die Kirche komme es an. Ein Gemeindemitglied sagte nach seinen Gottesdiensten: ›Er hat mich aus der Kirche herausgepredigt.‹«

Ganz anders war der katholische Geistliche, den ich in der Anstalt antraf. Er arbeitete allerdings nicht hauptamtlich im Vollzug, sondern kam nur regelmäßig von der katholisch-theologischen Hochschule St. Georgen zu Gottesdienst und Seelsorge in unser Haus. Er war ein kluger, weltoffener, differenziert denkender toleranter Jesuitenpater, mit dem man frei und gelegentlich auch kontrovers die Probleme des Hauses und der Welt besprechen konnte. An Konferenzen nahm er nicht teil. Leider wurde er bald durch einen anderen Jesuitenpater aus derselben Hochschule ersetzt, der wie der evangelische Pfarrer dogmatisch-eng war. Auch mit ihm hatte ich viele Kontroversen auszufechten, bis hin zu Beschwerden, die er beim Justizministerium einreichte. Doch unsere Kontroversen betrafen nicht die Sündhaftigkeit der Frauen; er stand meist auf ihrer Seite. Sie betrafen unseren ihm allzu weltoffenen Stil, zum Beispiel bei der Gestaltung der Feste, bei Darbietungen in der Freizeit, bei der Zulassung fremder Gruppen. Auch unsere Haltung gegenüber geschiedenen Frauen warf er uns vor. Denen riet er allen Ernstes, neugeschlossene Ehen aufzugeben und die erste Ehe – deren Partner in der Regel auch eine neue Frau gefunden hatte – wieder aufzunehmen. Ich erinnere mich daran, wie ich mit viel Mühe einen »zweiten« Ehemann daran hinderte, den Geistlichen tätlich anzugreifen. Doch war bei ihm die geistige Enge so tief eingebettet in die Religiosität eines Mannes, der mit Hilfe der Kirche als Junge aus armen Verhältnissen aufgestiegen war, daß ich ihm trotz der beträchtlichen Belastungen, die er uns auferlegte, nicht böse sein konnte.

Zwei solche Belastungen will ich hier erwähnen. Wir hatten für die Weihnachtsfeier Bibelstellen aus den Propheten zusammengestellt, in denen Frieden gepredigt wird. Sie wurden in Sprechchören von Gefangenen vorgetragen, eingebettet in Kirchenmusik. Der Geistliche – politisch eher reaktionär als konservativ – vermutete dahinter kommunistische Umtriebe, in einer Zeit, in der allerdings das Wort »Frieden« ein wenig von SED und KPD in Pacht genommen war, was ja aber die Ernsthaftigkeit des Anliegens nicht in Frage stellen konnte. Seine

Beschwerde wurde zwar im Ministerium zurückgewiesen, doch wurden wir gebeten, Bedenken des Geistlichen mehr zu berücksichtigen.

Der zweite Fall war bedenklicher: Ein Frankfurter Theater, mit dem wir auch sonst zusammenarbeiteten, spielte auf unserer Bühne die »Ballade von Eulenspiegel«, ein Stück von Günther Weisenborn. Darin wird in einigen Szenen in derber Landsknechtmanier geredet. Außer den 300 Gefangenen war eine große Zahl von Gästen und Behördenvertretern, darunter der Generalstaatsanwalt, anwesend. Als die Aufführung zu Ende war, erhob sich der Geistliche und brach in eine heftige Philippika gegen die Aufführung aus und gegen die Tatsache, daß so etwas von der Anstaltsleitung zugelassen werde. Eine kleine Weile herrschte atemloser Schrecken. Ich ging nach vorn, der damals neue evangelische Geistliche kam mir zuvor und wollte sich vor mich stellen. Man kann in einer solchen Situation nicht wissen, wie eine Masse von Gefangenen reagieren wird. Das schien allen Anwesenden bewußt. Doch noch ehe irgend jemand von uns das Wort ergreifen konnte, brach ein nicht enden wollender Beifall mit Klatschen und Zurufen aus. Alle atmeten auf. Als ich später einige der Frauen fragte, was sie zu dieser Reaktion veranlaßt habe, war die Antwort: »Die Schauspieler haben sich solche Mühe gegeben, etwas für uns zu tun. Da kann man doch nicht so mit denen umgehen.« Daß damit auch Solidarität mit der Anstalt demonstriert wurde, war den meisten wahrscheinlich nicht einmal klar. Mich unterstützte der Vorfall wieder einmal in meiner Ansicht, daß die menschliche Anständigkeit im Gefängnis sich leicht mit der draußen herrschenden messen kann.

Ähnliche Erfahrungen machte ich in dieser Deutlichkeit noch zweimal, deshalb schließe ich sie hier an. Die eine Begebenheit war damals bereits Vergangenheit, die andere lag noch in ferner Zukunft. Es war wohl im zweiten Jahr meiner Arbeit, als sich ein Vorgang abspielte, der den gesamten hessischen Strafvollzug sehr belastete. Es kam im Eifer der »Aufräumungsarbeiten« nach der Nazizeit zu einer Pressekampagne gegen den hessischen Strafvollzug. Auch unserer Anstalt wurde Unsauberkeit vorgeworfen, wir seien von Wanzen befallen, die Gefangenen würden sich mit Krätze infizieren, sie müßten in nassen Kellerräumen arbeiten, seien zahlreichen Gesundheitsgefahren ausgesetzt. Es wurde eine Untersuchungskommission eingesetzt, gemischt aus Beamten und Journalisten. Ich glaube mich zu erinnern, daß ein Vertreter der amerikanischen Militärregierung, die ja damals die Aufsicht über uns führte, auch dabei war. Diese Kommission kam ins Haus. Trotzdem fiel ihr Bericht katastrophal ungerecht aus. Wir konnten uns dagegen kaum wehren und standen vor der Öffentlichkeit als verantwortungslose Menschenschinder da. Da waren es die gefangenen Frauen, die sich wütend erhoben und ein Schreiben an die örtliche Presse verfaßten, in dem sie den Kommissionsbericht der Lüge bezichtigten. Zufällig lernte ich zur gleichen Zeit den Herausgeber einer großen Frankfurter Zeitung kennen und erhielt durch ihn die Möglichkeit, mich in seiner Zeitung selbst zu Wort zu melden. Ob der Brief der Gefangenen damals auch veröffentlicht wurde, weiß ich nicht mehr. Das spielt in diesem Zusammenhang aber auch keine Rolle.

Die zweite Begebenheit ereignete sich unmittelbar nach meiner Pensionierung. Damals waren die Angriffe der oppositionellen Jugend (im Gefolge der Studentenbewegung und der APO) gegen den Strafvollzug auf dem Höhepunkt. Ihr Sprachrohr war der »Gefangenenrat«. Nach meinem Ausscheiden aus dem Dienst war in der Presse berichtet worden, daß die Frankfurter Universität mir eine Honorarprofessur angeboten habe. Daraufhin gingen dort und bei mir Drohbriefe ein. Wenn das wirklich der Fall sei, werde mir etwas passieren, und der Universität auch. Wie könne man eine ehemalige Knastleiterin in dieser Weise ehren. Einige bereits entlassene Frauen hatten Angst um mich. Eine von ihnen ging in die Anstalt und bat um ein Gespräch mit der Gefangenenmitverwaltung. Damals bestand noch die Praxis, die in meinen letzten Amtsjahren entwickelt worden war, entlassene Frauen zu Festen und Freizeitveranstaltungen der Anstalt einzuladen (darüber später). Das erbetene Gespräch fand statt, und es wurde ein Schreiben an den Gefangenenrat verfaßt, in dem sich die Frauen hinter ihre ehemalige »Knastleiterin« stellten. Mich hat das alles wegen der Treue und der Solidarität, die darin zum Ausdruck kamen, tief beeindruckt.

Doch kehren wir noch einmal zu der Seelsorge in unserem Haus zurück, mit der sich später eine angemessene, ja beglückende Zusammenarbeit entwickelte, dank der Vertreter, die uns von beiden Kirchen zugesandt wurden. Zu dem zweiten katholischen Geistlichen, von dem schon die Rede war, ist noch nachzutragen, daß er relativ lange bei uns blieb, und daß er uns auch Gutes antat. Zum Beispiel veranlaßte er den großartigen Chor junger Patres, zwei Konzerte in unserem Haus zu geben. Der Chor sang engelhaft schön, aufgestellt am zentralen Punkt der Anstalt, so daß der Gesang den ganzen Zellenbau durchdrang. Bei solchen Konzerten beobachtete ich unseren Pfarrer. Sein glückseliges Hingegebensein an die Kirchenmusik stand ihm in einer Weise ins Gesicht geschrieben, daß es völlig ausreichte, ihm die Belastungen zu verzeihen, die er uns auferlegte.

Als er emeritiert wurde und auch bei uns ausschied, folgte ihm ein Pater des holländischen Passionistenordens, welcher im Stadtteil gerade ein kleines Kloster erbaut hatte. Da begegneten die katholischen Gefangenen wieder einer weltoffenen, liberalen Grundhaltung. Mit diesem Pater wurde eine gute ökumenische Zusammenarbeit beider Konfessionen möglich. Nachfolgerinnen des evangelischen Geistlichen waren zunächst zwei Vikarinnen, die beide ein schweres Schicksal hinter sich hatten. Die eine war ein Flüchtling aus dem Osten, die andere hatte das Konzentrationslager erleiden müssen. Beide verwalteten ihr Amt mit einer persönlichen Anteilnahme, die sich aus ihren eigenen Erfahrungen speiste. Beide waren nicht sehr lange bei uns, bis sie aus Altersgründen ausschieden. Die eine starb früh, die andere hält noch heute enge Kontakte zu einer recht großen Zahl ehemaliger Bewohnerinnen des Hauses.

Nach einem kurzen Zwischenspiel mit einem jungen männlichen Geistlichen folgten mehrere junge fortschrittliche, kritische Pfarrerinnen, deren politische Haltung sie veranlaßte, ihre Aufgabe nur zum Teil caritativ zu sehen, zum größeren Teil aber unter dem Aspekt religiös-emanzipatorischer Aufklärung. Sie hatten eine in ihrem Glauben begründete deutliche Distanz zu Strafe und Strafvollzug, engagierten sich im Geist der Versöhnung und der Solidarität für die betroffenen Frauen, versuchten deren Selbstbewußtsein zu stärken und waren in der Zusammenarbeit ein grundsätzlich allen Fortentwicklungen zustimmendes, aber auch konstruktiv-kritisches, vorwärtsdrängendes Element, dem ich viel verdanke. Sie übernahmen neben Gottesdienst und Seelsorge auch ganz weltliche Aufgaben. Zum Beispiel brachten sie jahrelang einmal in der Woche Frauen mit langen Strafen in ein Haus in der Umgebung, dessen Besitzerin uns ihr Schwimmbad zur Benutzung angeboten hatte. Dieselbe Gruppe führten sie mehrfach zu Festen und Frauenkreis-Diskussionen der umliegenden Kirchengemeinden aus, zu Begegnungen also, die das Zueinanderfinden »unserer« Frauen und der Frauen »draußen« fördern sollten und förderten. Das Ausscheiden einer dieser jungen Pfarrerinnen, das zugleich mit meinem geschah, war eine besonders schmerzliche Angelegenheit, die aber in einen anderen Zusammenhang gehört und dort dargestellt werden soll.

Die Frauen, die nicht den beiden christlichen Konfessionen angehörten, zum Beispiel freikirchlich engagiert oder moslemischen Glaubens waren, konnten nach den Bestimmungen von Vertretern ihres Glaubens seelsorgerisch betreut werden, doch wurde von dieser Möglichkeit so gut wie kein Gebrauch gemacht.

Die Personalsituation

Ich bin weit vorausgeeilt und muß zurückfinden zu den Verhältnissen, die ich bei meinem Arbeitsbeginn antraf. Dazu gehörte neben den materiellen Lebensbedingungen jener Zeit vor allem die sogenannte »Personalsituation«. Im Rahmen des damals noch »Aufsichtsdienst« genannten Vollzugsdienstes arbeiteten ausschließlich Frauen, von denen einige neu waren, andere schon in der Ära des Nationalsozialismus angestellt waren. Auch aus dieser Gruppe hatten offenbar relativ viele den damals geltenden Praktiken der Gefangenenbehandlung nicht zugestimmt, obwohl das System selbst wohl nicht von sehr vielen abgelehnt wurde. Ich gewann den Eindruck, daß es, abgesehen von der grundsätzlich verächtlichen Einstellung gegenüber kriminellem Verhalten, anders als in Arbeits- und Konzentrationslagern wirklich bewußte Quälerei von Gefangenen nicht gegeben hatte. Aber wenn Gefangene der »Meuterei« bezichtigt wurden, dann wußte man, daß darauf die Todesstrafe stand. Und sie wurde auch vollstreckt.

Von einem offenen Aufbegehren gegen die Gebote des damaligen Regimes konnte sicher keine Rede sein. So waren die zahlreichen Todesurteile – die nahegelegene Männeranstalt war Hinrichtungsort – zum Teil zwar stark mitleidend, aber passiv und ohne Widerstand hingenommen worden. Ich erfuhr zum Beispiel durch eine Untersuchung, die später einmal der Hessische Rundfunk erarbeitet hatte, daß eine junge Russin wegen »Fundunterschlagung« (eines kleinen Stückchens Hemdenstoff im Anschluß an ein Luftbombardement) hingerichtet worden war. Im Verlauf dieser Untersuchung berichteten einige damalige Beamtinnen in meinem Beisein von ihrem Entsetzen über diesen »Fall«.

In dem Haus, in dem ich zu arbeiten anfing, dem sogenannten »Kleinen Haus«, das verwaltungsmäßig an die Männeranstalt angeschlossen und nun selbständig geworden war, hatte sich während des Krieges ein Jugendgefängnis für Mädchen befunden. Nach dem Krieg wurden alle erwachsenen weiblichen Gefangenen Südhessens dort untergebracht, während die Jugendlichen in das Gerichtsgefängnis einer nahegelegenen Kleinstadt verlegt wurden. Die Leiterin der Frankfurter Frauenanstalt blieb zunächst dieselbe. Als Grund für ihre Entfernung aus dem Dienst, die ja eine Nachfolge notwendig gemacht hatte, wurde mir berichtet, sie habe die Begnadigung zweier Mädchen, die wegen Meuterei zum Tode verurteilt worden waren, abgelehnt. Die beiden hatten nachts eine Beamtin in ihre Zelle gerufen und niedergeschlagen, ihr die Schlüssel abgenommen und dann – allerdings erfolglos – versucht, aus dem Haus zu fliehen. Soweit ich weiß, sind die Mädchen nicht hingerichtet worden, doch die Ablehnung der Begnadigung von Jugendlichen wurde nach dem Krieg wohl zum Entlassungsgrund. So jedenfalls die Berichte, die aber sparsam gegeben wurden. Niemand sprach gerne darüber. Und ein Teil der Mitarbeiterinnen hielt die Beziehungen zu der Vorgängerin, die vor der Anstalt in einer Dienstwohnung lebte, aufrecht. Übrigens dauerte es lange, bis auch ich eine Dienstwohnung erhielt.

Die genaue Anzahl der damaligen Aufsichtsbeamtinnen ist mir nicht mehr erinnerlich; sie lag zwischen dreißig und vierzig. Die Frage, ob jemand im technischen Sinne Beamtin oder Angestellte war, erscheint in diesem Zusammenhang bedeutungslos. Damals war es üblich, die Diensttuenden durchweg Beamtinnen zu nennen. Ihre Zahl war ohne Zweifel zu gering. Und das blieb so, gemessen an den Bedürfnissen, bis zum Ende meiner Dienstjahre und darüber hinaus. Von Anfang an wünschten wir, daß in den einzelnen Abteilungen des Hauses wenig Wechsel notwendig wäre, damit eine gewisse Kontinuität im Umgang mit den Gefangenen erreicht werden könnte. Das war aber wegen des Schichtdienstes, wegen Krankheiten, Urlaub und »freien Tagen«, mit denen Sonntagsarbeit abgegolten wurde, nie möglich. Als ich anfing, galt die 48-Stunden-Woche. Es wurde in jeweils drei Schichten gearbeitet, auch samstags und sonntags. Die Urlaubszeit beschränkte sich meines Erachtens auf 18 Arbeitstage.

Die Zahl der Beamtinnen also, aber auch ihre Ausbildungsqualität genügte kaum für die Vielfalt der Aufgaben im Umgang mit ganz verschiedenen Gefangenengruppen und unterschiedlichen Haftbedingungen. Da waren Untersuchungsgefangene, von den amerikanischen Militärgerichten Verurteilte, Frauen mit einfachen und erschwerten Haftstrafen (sogenannte Arbeitsscheue, Prostituierte u. a.), Zivilhaft-Eingewiesene und zu Freiheitsstrafen Verurteilte, die später noch differenziert wurden in Gefängnis- und Zuchthausgefangene und Sicherungsverwahrte. Schließlich kamen nach einigen Jahren auch die Jugendlichen in die Hauptanstalt zurück. Die im Hause notwendigerweise an wechselnden Stellen eingesetzten Mitarbeiterinnen mußten schon sehr viele unterschiedliche Rechtsvorschriften für den Umgang mit den verschiedenen Haftformen im Kopf haben. Hinzu kamen aber von Anfang an die erheblichen individuellen sozialen und psychologischen Unterschiede der einzelnen Inhaftierten. Hier liegt eine der starken Belastungen des Frauenstrafvollzugs, die ihn vom Männerstrafvollzug unterscheidet. Wegen der weit größeren Zahl strafgefangener Männer (von hundert Gefangenen sind 96 Männer und nur vier Frauen) kann viel besser in verschiedenen Anstalten nach unterschiedlichen Haft-, Alters-, Straf- und Persönlichkeitsarten differenziert werden. Es wurde zwar später versucht, Frauen mit Zuchthausstrafen in den Anstalten in Kassel und Ziegenhain zu sammeln, doch brachte das andere, noch darzustellende Schwierigkeiten mit sich. Für unser Haus bedeutete es, daß sich der Charakter eines Taubenschlags noch verstärkte – vor allem Frauen mit kurzen Strafen liefen zu Hunderten durchs Haus.

Ein anderes Problem der Personalausstattung, das Frauenanstalten stärker betrifft als Männerhäuser, hängt mit der noch immer vorherrschenden Rolle von Frauen in der Familie zusammen. Durch sie sind Frauen weit mehr belastet als Männer. Kaum eine hat neben der beruflichen Aufgabe nicht auch noch Familienangehörige zu versorgen und zu pflegen, seien es Mann und Kinder, seien es nahe Verwandte, für die sie oft die Alterspflege übernehmen. In einem Schichtdienst ist es besonders schwierig, organisatorisch mit beiden Belastungen fertigzuwerden. Selbst in der »intakten« Vollfamilie, in der die Väter die Sorge für die Kinder mitübernehmen, obliegt es noch immer im wesentlichen der Frau, die Sonderlasten auf sich zu nehmen, die Sorge für den regelmäßigen Schulalltag der Kinder, ihre Pflege bei Krankheiten. Auch sind es für gewöhnlich die Frauen, die sich für die gemeinsamen Ferien auf die Urlaubszeiten der Männer einzustellen haben. Unter all diesen Problemen hat die Dienstplangestaltung bei uns immer erheblich gelitten; bei der Personalzuteilung für einen fast reinen Frauenbetrieb wurden sie aber nicht berücksichtigt.

Fachkräfte gab es zunächst nur sehr wenige. Außer dem »Verwaltungsdienst« mit Sekretärs- und Inspektorenausbildung (sechs Beschäftigte) und einer ebenfalls kaum ausreichenden Zahl an Mitarbeiterinnen in den Werkstätten (einer Wäscherei und einem Industriebetrieb) gab es die bereits erwähnten Pfarrer, eine Sozialarbeiterin, eine Ärztin und zwei Krankenschwestern, die fast ganz mit der Diagnose und der Therapie der vielen Geschlechtskrankheiten ausgelastet waren.

Die Zahl der Syphilis- und Gonorrhoekranken war sehr hoch. Der Krieg hatte diese vor 1938 in Deutschland fast ausgestorbenen Krankheiten wieder rasant zunehmen lassen. Als Anstaltsärztin war aus diesem Grund eine Fachärztin für Haut- und Geschlechtskrankheiten eingestellt worden. Die Hälfte aller bei Razzien aufgegriffenen Frauen – ein Hauptteil der Bewohnerschaft unseres Hauses – war krank. Schwere Lebererkrankungen als Folge der damals noch ausschließlich angewendeten Salvarsanbehandlung traten auf, die infektiöse Gelbsucht kam hinzu, es gab auch Todesfälle. So machten uns die Krankheiten oft mehr zu schaffen als die sonstigen Belastungen. Entsetzen und Aggressivität gegen uns ergriff viele, wenn eine Geschlechtskrankheit festgestellt wurde. Ehemänner schrieben mir Drohbriefe. Es kam aber auch vor, daß Frauen dankbar waren, daß ihre Krankheit hier entdeckt wurde und die sich über Jahre hinziehende Behandlung angefangen werden konnte. Einige Frauen waren nach dem Gesetz zur Bekämpfung der Geschlechtskrankheiten auch wegen Ansteckung eines Partners verurteilt worden. An einem meiner ersten Diensttage ergab ein negativer Befund, daß die Verurteilte nicht angesteckt haben konnte. Das löste meine erste Intervention bei Gericht aus, und sie endete mit der Freilassung der Frau. – Die Problematik erinnert an das zahlenmäßig zwar nicht ganz so gewichtige, dafür aber als individuelle Katastrophe bedeutsamere AIDS-Problem, das ebenfalls prozentual in den Frauenanstalten eine größere Rolle spielt als in den Männeranstalten. Was den späteren Rückgang der Geschlechtskrankheiten angeht, so war die Behandlung mit Penizillin zwar wesentlich verträglicher als die Salvarsanbehandlung, doch trat dann das Problem einer Resistenzentwicklung auf mit der Notwendigkeit, die Behandlungsdosen ständig zu erhöhen oder andere geeignete Antibiotika zu finden.

Für alle diese Probleme war die Personalausstattung von Anfang an zu gering. Außerdem wurde mir schon bald deutlich, daß es mit der Unterstützung »von oben« für unsere Anliegen nicht weit her sein würde. Wir würden uns vor allem selbst helfen müssen. Das galt in besonderer Weise natürlich für alle Sonderwünsche, die ich im Interesse einer guten Arbeit für die Frauen glaubte anmelden zu müssen. Die Verfahrensweisen, die meine Mitarbeiterinnen und ich für notwendig hielten, mußten wir allein entwickeln und möglichst in den Nischen, die Vorschriften ja immer auch lassen, aufbauen. Ich muß hinzufügen, daß wir uns extrem – wenn auch oft mit Zähneknirschen – darum bemühten, das immer absolut korrekt, also den Bestimmungen entsprechend zu tun. Manchmal bemühten wir uns auch, mit überzeugenden Begründungen Sonderzustimmungen zu erlangen, meist mit dem zutreffenden Hinweis, daß die Situation der Frauen eine andere sei als die der Männer. Manchmal hatten wir Glück, manchmal mußten wir uns fügen. Die Einrichtung eines Hauses für Mütter und Kinder bildete eine Ausnahme. Davon wird später noch die Rede sein.

Um so wichtiger war es in jeder Beziehung, die erwähnte unmittelbare Zusammenarbeit mit allen, besonders mit den ähnlich denkenden Mitarbeiterinnen zu intensivieren – vor allem mit der Sozialarbeiterin und der Ärztin, die mir damals »jung, lebendig und menschlich« entgegenkam. Ich unterhielt mich gerne mit ihr über die Probleme der Frauen, die sie sehr klar, wenn auch pessimistischer als ich sah. Später wurde sie zunehmend von den schwierigen Problemen ihres eigenen Lebens in Anspruch genommen, doch die gute Zusammenarbeit blieb auch dann erhalten. Eine Psychologin hatten wir jahrelang nicht. Manchmal konnte ich eine junge, unseren Gedanken nahestehende Psychologin von außen heranziehen. Die erste kontinuierliche Zusammenarbeit mit einer psychologisch ausgebildeten Psychoanalytikerin habe ich zunächst aus einer Spende bezahlt. Nach einigen Jahren konnte sie die freigewordene Stelle einer Pädagogin in der Jugendabteilung übernehmen. Und wieder erst nach Jahren erhielten wir dann für sie eine Stelle als Psychologin. Wir haben lange eng zusammengearbeitet, ich habe dabei viel gelernt, und sie bezeichnete noch viele Jahre nach ihrem Ausscheiden aus Altersgründen diese Zeit als die schönste ihres Berufslebens.

Ungemein wichtig war für uns die Mitarbeit von Außenstehenden, seien es Praktikantinnen, Rechtsreferendarinnen oder ehrenamtliche und freie Mitarbeiter und Mitarbeiterinnen. Wir haben damit so früh wie möglich angefangen und sie in unsere regelmäßigen Teamgespräche einbezogen. Dadurch erhielten wir uns den Kontakt mit Entwicklungen und Vorstellungen, die außerhalb unseres Hauses entstanden, und bekamen vor allem Kritik, die nicht von Betriebsblindheit verstellt war. Ich glaube, daß uns auch das vor einer Verengung unseres Horizontes bewahrt hat. Diese Mitarbeiter von außen verfaßten auch eine nicht geringe Zahl von Berichten über die Arbeit und Untersuchungen zu bestimmten Einzelfragen, zum Beispiel Herkunft der Gefangenen, ihre Beziehungen zu den Eltern, Arten von Tatbegehung, angerichtete Schäden usw., die uns ebenfalls kritische Einblicke ermöglichten.

Diese nach allen Seiten enge Zusammenarbeit, besonders natürlich mit der Gruppe der festen, einander gedanklich nahestehenden, zum »Team« zusammenwachsenden Mitarbeiterinnen, war der eine Jungbrunnen, aus dem ich bis zum Schluß fast ohne ernstliche Störungen schöpfen konnte. Der andere waren die Gefangenen selbst. Über sie muß vor allen Dingen berichtet werden, wenn auch zunächst in erster Linie über das Gesamtbild, das sie abgaben. Berichte über einzelne Menschen und ihre bestürzenden Probleme folgen später.

»Strandgut des Krieges« – Die Bewohnerinnen

Von einem »Taubenschlag« habe ich gesprochen. Anders kann man es kaum bezeichnen, wenn in einem Haus mit kaum über 100 Plätzen bis zu 250 und mehr Personen untergebracht werden müssen und diese so oft wechseln, daß – wie ich es einmal überprüft habe – 1000 Personen im Jahr kamen und gingen.

Es gab im Haus eine kleine Zahl von winzigen »Schlafzellen«, in denen unter keinen Umständen mehr als eine Person übernachten konnte. Sie waren für Bewohner gedacht, die tagsüber in einer Außenarbeitsstelle eingesetzt waren und nur abends in die Anstalt zurückkamen. Alle anderen Räume waren zwar auch nur für eine Person gedacht, waren etwa zwei mal vier Meter groß, aber es konnten zur Not drei Personen darin untergebracht werden. Und so mußten sie wegen der Überfüllung auch genutzt werden. Es bestand damals ein striktes, heute überholtes, aber damals meines Wissens international akzeptiertes Verbot, zwei Personen zusammen in einem solchen Raum wohnen zu lassen, und sei es auch bloß für eine Nacht. Das bedeutete, daß jedesmal, wenn eine Frau aus einer solchen Zelle auszog und dadurch zwei Personen zurückließ, entweder eine dritte Person hinzu- oder eine Person weggebracht werden mußte. Also mußte an jedem Abend, wenn die »Transporte« der Polizei vom Gericht oder Polizeigefängnis kamen oder dorthin abfuhren, innerhalb des Hauses umgezogen oder neu verteilt werden. Was das an Zornesausbrüchen verursachte, läßt sich kaum beschreiben. Gerade war eine Frau in einem Raum und mit den Mitbewohnerinnen heimisch geworden, hieß es oft wieder aus- und umziehen. Renitenz, Tränen, Flüche begegneten der Dienstaufseherin, der die Aufgabe der Raumeinteilung oblag. Es bürgerte sich ein, daß ich zu zahllosen solcher Szenen geholt wurde, damit ich sie mit Autorität und Freundlichkeit auflöste. Ich kann mich nur an einen Fall erinnern, in dem wir kapitulieren mußten. Eine Frau, die »verlegt« werden sollte, hatte sich nackt ausgezogen und ins Bett gelegt. Schließlich erklärte sich die zweite, in der Zelle alteingesessene Bewohnerin bereit, ihrerseits auszuziehen. Da sich solche Kapitulationen ja immer vor den Augen vieler abspielten, wunderte ich mich, daß dieses Verfahren keine Nachfolge fand. Ein Beweis dafür, daß die gefürchteten »Präzedenzfälle« nicht immer so gefährlich sind, wie sie aussehen.

Mir ging es von Anfang an darum, so viel wie möglich vom äußeren und inneren Leben der Frauen, die durch unser Haus gingen, kennenzulernen. Am ersten Tag hatte ich die Hausbewohnerinnen in der abenteuerlichen Aufmachung der Anstaltskleidung gesehen. Vom dritten Tag an wollte ich sie so kennenlernen, wie sie von draußen zu uns ins Haus kamen, noch in ihrer eigenen, unveränderten Kleidung und Aufmachung. So war ich viele Monate lang jeden Abend beim Empfang der »Neuen« dabei, wenn sie aus dem Polizeiauto gestiegen hier ankamen, und sprach mit den einzelnen, noch ehe sie die Dusch- und Umkleideprozedur hinter sich gebracht hatten.

Das gab mir einen eindrucksvollen Einblick in diese mir damals fast fremde Lebenswelt. Und für die Frauen bedeutete es, daß sie von Anfang an den Menschen kannten, der vor allen Dingen für den Umgang der Institution mit ihnen verantwortlich war. Ich glaube, das hat mir in meiner Beziehung zu ihnen genützt. Als ich diese Praxis später aufgab, war ich unter den Frauen persönlich oder doch vom Hörensagen so bekannt, daß sie mir nicht mehr so notwendig erschien.

Mir fielen damals auf den ersten Blick verschiedene Gruppen auf: erst einmal eine Gruppe relativ bürgerlich wirkender, meist kleinbürgerlicher Frauen, die das »curfew«, das abendliche Ausgangsverbot, übertreten hatten oder beim Schwarzhandel erwischt worden waren. Einige andere, ebenfalls äußerlich gepflegt wirkende Frauen kamen aus den Euthanasieeinrichtungen der Nazis (sie wurden aus anderen Anstalten zu uns verlegt). Es waren eine Ärztin und einige Krankenschwestern. Aber die ganz große Mehrheit bildeten entwurzelte Frauen, Strandgut und Überbleibsel des Krieges, Flüchtlinge und ehemalige Wehrmachtshelferinnen, die nicht hatten Fuß fassen können. Sie bekamen keine Arbeit – wo hätten sie auch welche finden sollen? – in einer Gesellschaft, die eben erst wieder anfing, sich zu stabilisieren und sie dabei ausstieß. Ohne Arbeit bekamen sie keine »Zuzugsgenehmigung«, die sie zum Wohnen in Frankfurt berechtigt hätte. Arbeit aber konnten sie auch deshalb nicht bekommen, weil sie keine Zuzugsgenehmigung und also auch keine Wohnung in Frankfurt nachweisen konnten. Es war ein circulus vitiosus, der uns verzweifelte, vagabundierende, nicht selten auch von der Prostitution oder als »Ami-Fräulein« lebende Frauen ins Haus spülte. Viele von ihnen waren, wie bereits erwähnt, geschlechtskrank und mußten bis zum Ende der Ansteckungsgefahr von den anderen separiert werden. Im Ganzen also ein verzweifelter, meist, wenn auch nicht immer, auch äußerlich verwahrloster, unruhiger, zum Teil aber auch bunter und interessanter Haufen, mit vielen liebenswerten Menschen darunter.

Am unkompliziertesten traten mir einzelne Prostituierte entgegen, auch sie zum Teil durch den Krieg aus der Bahn geworfen, kameradschaftlich-gutmütige Frauen, oft sentimental und kurzfristig bindungsbereit, dann aber auch wieder nervös und aggressiv. In ihrer sehr widersprüchlichen Wesensart lernten wir sie dann im längeren Zusammenleben kennen, sei es, weil sie längere Strafen bekamen, sei es, weil sie häufig wiederkamen. Oft waren sie spontan solidarisch miteinander und halfen sich in Nöten aus. Ja, trotz der Bindungsschwäche, die die meisten kennzeichnete, hingen sie sogar an uns, kündigten uns allerdings meist die Freundschaft, wenn ihren Wünschen nicht entsprochen wurde. Gelegentlich waren sie jedoch in ihrer Zuwendungsbereitschaft auch treu und überraschend vertrauensvoll. So erschütterte mich eine Frau von etwa 30 Jahren. Sie war schon mehrfach bei uns gewesen. Dann erfuhr ich, sie sei aus einem »Arbeitshaus« in Nordrhein-Westfalen nach Frankfurt entwichen. Dort traf ich sie zufällig auf der Straße. Wir unterhielten uns, und ich riet ihr dringend, sich zu stellen. Verhaftet zu werden, was ihr sicher geschehen würde, könnte ihr nur neues Ungemach bringen. Als ich am nächsten Morgen in die Anstalt kam, erfuhr ich, daß sie in der Nacht zuvor verhaftet und zu uns gebracht worden war. Natürlich fürchtete ich, sie könnte meinen, ich hätte sie angezeigt. Als ich sie dann aber traf, war da nicht der Schatten von Mißtrauen. Vielleicht hätte sie eine Anzeige nicht einmal übelgenommen, hätte gedacht, sie sei zu ihrem Besten gemacht worden. Tatsache ist aber, daß ihr dieser Gedanke überhaupt nicht gekommen war.

Die Geschichte zweier Schwestern, die ich in meinen ersten Tagen kennenlernte, mag die Absurdität der damaligen Situation nicht weniger Frauen deutlich machen und auch, wie sehr damals Zufälle das Leben bestimmten, auch in bezug auf Kriminalität und deren Folgen. Diese beiden Schwestern stammten aus einem kleinen Dorf in der Eifel. Der trinkende Vater hatte die Familie früh sich selbst überlassen. Die Mutter schlug sich mit den Kindern kümmerlich durch. Die beiden ältesten Schwestern halfen ihr beim Holz- und Beerensammeln. Sie lebten äußerst armselig. Während des Krieges wurden sie als Nachrichtenhelferinnen eingezogen. Als der Krieg vorbei war, trafen sie einander in Frankfurt wieder. Es zwaren zwei hübsche, intelligente, lebhafte Mädchen, die man gern hatte. Beide hatten keine »Papiere«, also vor allem keine Zuzugsgenehmigung, und wurden deshalb als Herumtreiberinnen in Haft genommen. Nach der Entlassung fand A. eine Beziehung zu einem in Frankfurt lebenden Gemüsehändler. Das war zwar nichts Glänzendes, aber es verschaffte ihr die notwendigen Papiere, weil sie bei ihm arbeiten konnte. Die hübschere K. schloß sich einem amerikanischen Soldaten an, der ihr alles bot, was man sich damals wünschen konnte: Nachkriegs-Luxus wie New-

Look-Kleider und Ausgehvergnügen. Doch nachdem die Verbindung relativ lange und glücklich gedauert hatte, mußte der Freund zurück in die Staaten. Er reichte K. weiter an einen Freund. Und dieses Muster wiederholte sich dann immer wieder. Dazwischen gab es Zeiten, in denen sie niemanden hatte. Und vor allen Dingen kam sie mit diesem Leben nicht an die nötigen »Papiere«. So kam sie immer öfter auch zu uns zurück, schließlich auch noch, als sich die äußeren Umstände verbessert hatten. Da hatte sie sich inzwischen angewöhnt, zu trinken und wahllos die Männer zu wechseln, die sie dann schließlich auch suchen mußte. Als ihr erster und von ihr ernsthaft geliebter Freund für ein Natokommando nach Europa zurückkehrte und erneut in Frankfurt Station machte, war K. so heruntergekommen, daß er statt ihrer die Schwester heiratete. Der soll es dann sehr gut gegangen sein. K. trafen wir in immer schlechterer Verfassung. Und als wir sie dann nicht mehr trafen, erfuhren wir, daß sie sich irgendwo, verzweifelt, das Leben genommen hatte.

Das Klima des Hauses gestaltete sich entsprechend dem dauernden Wechsel der Bewohnerinnen. Am meisten wurde es damals von den unruhigen, entwurzelten Frauen geprägt, die sich schlugen und vertrugen, einander bestahlen und halfen, alles spontan aus dem Augenblick heraus. Ihren Problemen aber und den einfachsten Ansprüchen an den Umgang mit ihnen genügte das Haus in keiner Weise: Es gab keine Gliederung, keine Möglichkeit, auch nur für kurze Zeit randalierende, nicht selten betrunken ankommende oder auch psychotische Frauen von den anderen zu trennen. So verbrachten wir – die Bediensteten und auch ich – zuweilen ganze Nächte damit, Matratzen vor die Zellen der Schreierinnen zu bauen, anfangs sogar zu halten, damit nicht alle Frauen in ihrer Nachtruhe gestört und vielleicht gar selber rebellisch würden. Das wäre ja von gezwungenermaßen Eingeschlossenen, die nicht übersehen konnten, was draußen vor den Zellen vor sich ging, zu erwarten gewesen. Auch verging keine Woche, in der ich nicht nachts in die Anstalt gerufen wurde, um eine Schreierin zur Ruhe zu bringen, einer Selbstmordgefährdeten Mut zuzusprechen. Da alle sonstigen therapeutischen Hilfsmittel fehlten, mußte der persönliche Einsatz es bringen. Die Möglichkeit, jemanden auch einmal in eine psychiatrische Anstalt bringen zu können, bestand damals so gut wie nie, auch dann nicht, wenn es sich unseres Erachtens um Fälle echter Psychosen handelte. Alle diese Schwierigkeiten besserten sich naturgemäß in dem Ausmaß, in dem sich die äußeren Umstände zu konsolidieren begannen und auch wir Formen des Umgangs entwickelt hatten, die effektiv waren und sich nicht auf meinen persönlichen Einsatz stützen mußten. Später waren die Mitarbeiter des Vollzugsdienstes nur in Ausnahmefällen genötigt, die Anstaltsleiterin zu rufen. Als weitere Sozialarbeiterinnen angestellt wurden, übernahmen sie mehr und mehr Verantwortung, auch in Extremsituationen. Allerdings dauerte das alles einige Jahre. Und ich glaube, daß die erste, schwere Streßzeit trotz allem dazu beitrug, das Klima des Hauses, wenigstens grundsätzlich, mit einem gewissen Vertrauen zu durchsetzen.

Weihnachten im Gefängnis

Als das erste Weihnachtsfest herankam, machte ich mit den verschiedenen Gruppen der Bewohnerinnen eine interessante Erfahrung. Frauen aus allen Gruppen hatten von dem mühsam für das Haus besorgten Tannenschmuck Zweige für die eigenen Zellen entwendet. Viele hatten nichts mehr bekommen, und zum Schmuck des Hauses, der für alle gedacht gewesen war, reichte der Rest nun nicht mehr aus. Die »vorgesehene« Reaktion wäre eine Freizeitsperre gewesen. Zu der griffen wir nicht, sondern wir versammelten statt dessen die Frauen in Gruppen in unserem Mehrzweckraum. Ich hielt eine Rede über Gemeinschaftsverhalten. Da ich selbst erregt war und überzeugt von dem, was ich zu sagen hatte, habe ich sie offenbar mitgerissen. Jedenfalls spürte ich bei den ersten beiden Gruppen, daß sie zuhörten und berührt waren. Viele sahen mich zustimmend an, manche weinten. Dann kam aus der Krankenabteilung eine Gruppe von Freundinnen amerikanischer Soldaten, unsere »Wohlstands-Crew«. Es war, als ob ich gegen Watte redete, es gab keinerlei Reaktion; da stand nur eine sture Masse. Diese Gruppe von Frauen hatte ihre Lebendigkeit, ihre Bereitschaft, sich beeindrucken zu lassen, verloren. Das erschien mir damals als »das schlimmste Geschenk, das uns die Besatzung macht«.

Aus der ersten Gruppe kam – wie zum Zeichen, daß Menschen auch durch Forderungen gewonnen werden können – eine junge Frau mit dem Geständnis, etwas anderes »verbrochen« zu haben. Sie sagte, sie habe nicht mehr das Gefühl, in einem Gefängnis zu sein, sonst hätte sie nie daran gedacht, sich selbst anzuzeigen. Freundlichkeiten habe sie auch sonst schon erfahren, doch da habe sie nicht gespürt, daß das Herz dabei sei. Aus späteren Briefen erfuhren wir zum Beispiel, daß es als eine Wohltat empfunden wurde, sich »mit so einer Frau, wenn es gar nicht mehr geht, aussprechen zu können«.

In derselben Zeit jedoch erlebte ich einen anderen, ziemlich großen Schock. Kurz vor dem Weihnachtsabend fing es an, im Haus zu kriseln. Schmerz- und Trotzausbrüche mehrten sich und mußten zur Ruhe gebracht werden. Wir waren fast ohne Unterbrechung in den Wohnstockwerken der Anstalt. Alle Frauen warteten angespannt darauf, ob sie ein Päckchen bekommen würden oder auch nur eine Brief- oder Kartenbotschaft. Am 23. Dezember fingen wir an, das Haus zu schmük- ken. Das beschäftigte einige, andere regte es auf. Nun wurden auch die eingegangenen Päckchen nach Kontrolle ausgeteilt. Das geschah in einer Sonderabteilung im Untergeschoß. Ich nahm von Anfang bis Ende daran teil. Es war ja vorauszuse- hen, daß manche Frauen viel, andere wenig, wieder andere nichts bekommen würden.

Wir hatten vorgeschlagen, daß die reichlich Bedachten, vor allem auch die, deren Päckchen schwerer waren als zugelassen, denen abgeben sollten, die nichts bekamen. Dafür stand ein leerer Karton bereit. Der Anblick vieler Sendungen war erschütternd: ein Laib Brot, einige selbstgebackene Plätzchen... Doch andere Päckchen schwelgten: in Kaffee (für uns alle damals noch unerreichbar, aber nicht für die »Frauleins«), in Schinken und riesigen Dauerwürsten, mit denen die Schwarzhändlerinnen bedacht wurden. Ich bat herzlich, an die zu denken, die nichts bekommen würden. Die »Frauleins« und nicht wenige der selbst nur mittelmäßig Bedachten gaben ab, die mittelstandsbürgerlichen Schwarzhändlerinnen hielten sich bemerkenswert zurück. Einige von ihnen verlangten gar, daß wir die übergewichtigen Würste für den Tag ihrer Entlassung sachgerecht aufbewahren sollten. Es machte ihnen nichts aus, daß viele nichts hatten, um Weihnachten zu »feiern«, als die von der Anstalt beigesteuerten Weihnachtsstollen – für jede einen – und einige aus Spenden zusammengeschnorrte Plätzchen. Diese Erfahrung, noch zusätzlich zu den Zorn- und Verzweiflungsausbrüchen der letzten Tage, nahm mich so mit, daß die Ärztin mich zu sich bat, um mir eine Spritze zur Revitalisierung zu geben: »Sie sehen entsetzlich aus.« Für einige Minuten schloß ich mich in die »Beamtentoilette« ein, weil das der einzige Ort war, an dem man eine Weile allein sein konnte.

Dann kam der Weihnachtsabend – und siehe da: es war Ruhe eingekehrt. Das war eine Erfahrung, der wir damals noch nicht trauten, auf die wir uns aber später zu verlassen lernten. Das Haus bot einen schönen Anblick. Weil wir keinen Raum hatten, in dem alle zu einer Feier unterkommen konnten, fand diese im Lichthof des einflügeligen Gebäudes statt. Die Eisengeländer waren mit Tannenzweigen umwunden, Kerzen brannten zwischen dem Grün, die Frauen saßen auf ihren Hockern, die damals zum Zellenmobiliar gehörten, hinter dem Grün. Die Weihnachtsgeschichte wurde vorgelesen, wir sangen gemeinsam, eine Pfarrfrau aus der Umgebung mit einer wunderschönen Stimme sang Soli, ich hielt meine Ansprache. Beim gemeinsamen Singen begann es: Rechts und links fielen Frauen in Ohnmacht und mußten weggetragen werden. Die Ärztin ging durch die Flure und in die Zellen derer, die nicht hatten teilnehmen wollen, und versorgte die Bedürftigen.

Es war nicht leicht, in einer solchen Atmosphäre und mit mehrfachen Unterbrechungen eine Rede zu halten: über das Weihnachtsgeschehen und seine Beziehung zu unserem Haus, überhaupt über unser Haus in der Welt und über das, was wir darin verwirklichen wollten. Aber es war die Gelegenheit für die Anstaltsleiterin, einmal zur Gesamtheit der Bewohnerinnen zu sprechen.

Dabei vergaß ich völlig, daß wir ja Gäste hatten, sogar ziemlich viele, die gekommen waren, um die »Neue« kennenzulernen – vom Ministerium, der örtlichen Justiz, der städtischen Sozialverwaltung und von freien Organisationen, mit denen wir zusammenarbeiteten. Mit einigen von ihnen saßen wir anschließend an die Feier noch kurz zusammen, und dabei lernte ich sie persönlich kennen. Dann führte mich mein Weg durchs Haus in jede Zelle. Dort wünschte ich ein »ertragbares« Weihnachtsfest und übergab die Stolle des Hauses. Viele waren freundlich und gefaßt, doch bei anderen waren Schmerz und Einsamkeit sehr stark zu spüren. In einer der kleinen Schlafzellen übermannte mich die Situation dieses Eingesperrtseins in trostloser Enge, während ich und andere später das Gefängnis verlassen konnten, so daß ich rasch hinausgehen mußte. Später, in meinem eigenen kargen Stübchen, auch allein, brach dann der ganze Jammer voll über mich herein. Doch ich war zwar allein, aber nicht einsam, wie so viele der Eingesperrten. Obwohl am Ende alles gut gegangen war, klingt mir noch die helle Verzweiflung aus meinem abendlichen Tagebucheintrag entgegen, und der gibt wohl mehr von der Wirklichkeit wieder als der distanziertere Blick in die Vergangenheit:

»Ich weiß nicht, ob ich jemals in der Lage sein werde, niederzuschreiben, was ich heute an meinem ersten Weihnachten im Gefängnis erlebt habe. Es ist so durch alle Höhen und Tiefen gegangen, daß ich jetzt hier an meinem Tisch sitze, am ganzen Leibe zittere und nur noch weinen kann vor totaler Erschöpfung. Und mich retten kann mit einer Zigarette von Mr. B., die er hiergelassen hat. Alle, aber auch alle Teile meines Wesens sind bis zum Äußersten angespannt worden, Körper, Nerven und Herz. Wir arbeiteten wie die Pferde. Heute morgen haben wir Pakete ausgepackt, das hat mich innerlich so angestrengt, daß alle entsetzt waren über mein Aussehen und die Ärztin mir eine Koffeinspritze gab. Einige gaben mit Freuden ab, vor allem die hwG-Mädchen, andere hielten alles, aber auch alles fest. Einige zogen mit armselig zu Hause abgesparten Päckchen ab, andere mit reicher Beute vom schwarzen Markt. Daneben die Organisation des Hauses. Schmücken, tausend Wünsche der Frauen. Um 16 Uhr kamen die Gäste. K. (der Behördenchef) platzte sofort mit Überkorrektheit herein: kein Gebäck für die Gäste. Ich mußte empfangen und unterhalten. Dann die Feier, es klappte nicht alles, aber das Haus war stimmungsvoll, und ich weiß, daß es für die meisten Frauen schön war. Doch auch andere schienen das zu finden. Der Jugendrichter betonte die schöne, persönliche Note, so auch der katholische Geistliche. Ich spürte, daß die meisten Gäste und auch Frauen mich bejahten, ja sogar auch ein Teil der Mitarbeiter, das hätte mich glücklich machen sollen. Aber ich war wohl zu fertig, das überhaupt empfinden zu können. Es hat mich dann umgeworfen, daß K. – ohne ein Wort der Anerkennung – mich aufforderte, am gleichen Abend noch in das 20 Kilometer entfernte Jugendgefängnis zu fahren. Noch hatte ich 90 Zellen aufzusuchen, was heißt, die weinenden Raubtiere hinter den Gittern aufzumuntern. Das kann man nur mit einem Herzen, das nach einem Schema lebt, aushalten. Der Zellengang war dann wenigstens ein Erfolg. Vielleicht sollte das zur Freude genügen, doch ich bin zu müde zur Freude. So geht das nicht weiter. Ich bin auf dem besten Wege, mich zugrunde zu richten. Diese Arbeit reibt mich innerlich vollkommen auf, ich habe keine Vorbehalte und Reserven mehr, drei Nächte habe ich nicht mehr geschlafen. Von denen, die mir helfen könnten, bin ich – auf noch wie lange – abgetrennt!«

Weihnachten blieb viele Jahre hindurch eine immer wiederkehrende Herausforderung. Es ist ja in Deutschland das Fest mit der stärksten emotionalen Befrachtung. Die wirkt sich im

Gefängnis in nochmals erhöhtem Maß aus. Da wird das Abgeschnittensein von allem, was einem lieb ist, der Kontrast zu den (oft nie wirklich erlebten, sondern nur vorgestellten) strahlenden Kindheitserinnerungen besonders intensiv empfunden. Da kann man alle Verzweiflungen und Enttäuschungen des Lebens noch einmal zusammenziehen, um sich und andere für das Verlorene zu bestrafen. Hat sich das inzwischen geändert? Wir jedenfalls haben nach belastenden Anfangserfahrungen an der Gestaltung dieses Festes intensiv arbeiten müssen.

Noch einmal, im dritten Jahr, drohte eine Art emotionales Inferno. Darüber habe ich in dem schon zitierten Bericht wohl eindringlicher geschrieben, als ich das heute aus der Erinnerung noch könnte. In diesem Jahr »befand sich in der Anstalt eine Gruppe wildentschlossener Frauen, die unter keinen Umständen über Weihnachten im Gefängnis bleiben wollte. Alles, was an Weihnachtsseligkeit aufkommen sollte, würden sie mit lautem Protest stören. Wieder mußte die gemeinsame Feier im Lichthof der Anstalt stattfinden. Bei der guten Akustik würden Gesang und Instrumente voll und harmonisch erklingen. Ein Krippenspiel war geplant (M. Hausmann) und wie immer die Rede der Anstaltsleiterin. Gäste wurden erwartet, Richter, Staatsanwälte, Sozialarbeiter. Wieder würde die Gesamtstimmung labil sein, nahe an Explosionen, Ohnmachten, Tränenausbrüchen. Doch vorenthalten durften wir die Feier der Masse der sie wünschenden Frauen nicht. Auch unter ihnen gab es ja noch Unruhen, die aufgestachelt werden könnten, ja schon in Aussicht gestellt wurden. Aus den Paketen mußte dies oder das, vorschriftsgemäß, entfernt werden, manche enttäuschten Frauen meinten, andere seien bevorzugt behandelt worden. Und so waren wir ohnehin alle am Beginn der großen gemeinsamen Feier – wie immer – am Rand unserer Kräfte. Und nun diese vielversprechende Bande, die alles stören wollte und die wir an keinem Flecken des Hauses absondern konnten. Ein Vertreter des Generalstaatsanwalts hatte uns einen Polizeiwagen angeboten, der die renitenten Frauen einladen und während der Feier außer Haus fahren könnte.

Doch da schlug am 23.12. abends die Stimmung um. Die ›schlimmen‹ Frauen wurden weich und zugänglich. Und wider Erwarten verlief das Fest in relativer Ruhe, was hieß: nur mit den ›normalen‹ Ohnmachten und depressiven Anfällen, aber ohne renitenten Krach und Haß.«

Ich sollte vielleicht schon an dieser Stelle über den langen Prozeß unserer Bemühungen berichten, das Weihnachtsfest in einer versöhnenden und ruhevollen Stimmung zu gestalten, die auch noch in das nächste Jahr hinein ausstrahlte. Dazu mußte es entemotionalisiert werden, ohne daß zugleich die von ihm ausgehenden konstruktiven Kräfte blockiert würden. Wir begannen damit, möglichst viele Frauen an den Vorbereitungen zu beteiligen: am Schmücken des Hauses und der eigenen Räume, am Basteln von Schmuck und Geschenken. Auch die Gestaltung des Festes selbst wurde weitgehend in die Hände der Hausbewohnerinnen gelegt. Die Weihnachtsgeschichte, die anfangs von den Geistlichen und einige Male von meiner kleinen Tochter vorgetragen worden war, las nun eine von ihnen vor, neben anderen Erzählungen und Gedichten. Die Weihnachtsspiele mußten, ebenso wie meine Ansprache, alle Sentimentalitäten vermeiden und in der Sache »spannend« sein. Die zweite Sozialarbeiterin, die zu uns kam, erwies sich als besonders begabt für das Einüben solcher und später auch anderer Theateraufführungen. Darunter waren geistig anregende Sprechstücke, wie das des jungen Geistlichen über die Friedensbotschaften der Bibel, das ich schon erwähnt habe. Auch daran wurden so viele Frauen wie nur irgend möglich beteiligt. Noch später wurden die Weihnachts- und Silvesterfeiern weitgehend in die Verantwortung der beiden Konfessionsgemeinschaften gegeben.

Ich möchte hier eine Erinnerung an jenes Weihnachtsfest einflechten, bei dem die erste »terroristische« Gefangene, Gudrun Ensslin, im Hause war. Sie war 1968 nach dem sogenannten Kaufhausbrandprozeß in Haft gekommen. Gudrun Ensslin hatte damals Konflikte mit ihren Komplizen, die ihr vorwarfen, daß sie nicht versuche, die Ruhe unseres Hauses zu stören, wie sie es offenbar in den Männeranstalten taten. Sie war zu klug, als daß sie geglaubt hätte, sie könnte genügend Mitgefangene zu renitentem oder gar rebellischem Verhalten veranlassen. Sie war außerdem der Meinung, daß sie das den Mitgefangenen auch gar nicht antun dürfe, die schließlich zum Teil sehr lange in dieser Umgebung leben mußten, ohne irgendwo einen Rückhalt zu haben. Auch ihre Einstellung zu den Mitarbeitern des Vollzugsdienstes war eher von Verständnis für deren schwierige Situation geprägt. Von den Mitgefangenen hielt sie sich im ganzen eher fern, gab ihnen aber reichlich von den Paketen ab, die ihr zugesandt wurden. Das alles berichtete mir Jahre später eine ehemalige Mitgefangene von Gudrun Ensslin, mit der sie sich damals befreundet hatte. Sie berichtete auch von dem gemeinsamen Vorhaben, am Weihnachtsabend, an dem bekanntlich immer Gäste erwartet wurden, die Feier zu stören. Eine solche Störung hätte in der Öffentlichkeit bekannt werden und Wirkung nach außen zeigen können. Die beiden beschlossen, mit Zwischenrufen Unruhe zu stiften. Die Feier begann. Nach dem Eingangslied folgte die Ansprache der Anstaltsleiterin. Nichtsahnend begann ich sie mit einem Gedicht von Pablo Neruda. Die ehemalige Philologiestudentin Gudrun Ensslin erkannte das Gedicht wieder; sie soll daraufhin ihre Nachbarin angestoßen und gesagt haben: »Nun können wir hier nicht mehr stören.«

Um des Zusammenhangs willen erwähne ich ein weiteres bemerkenswertes Beispiel für das Verhalten dieser Terroristin der ersten Stunde. Jene Mitgefangene, mit der sie sich angefreundet hatte, war kurz zuvor zum wiederholten Mal in die Anstalt zurückgekommen, nachdem sie im Anschluß an eine längere Haft einen hoffnungsvollen und intensiv vorbereiteten neuen Anfang gemacht hatte. Sie litt außerordentlich stark unter ihrem Versagen und machte schließlich einen sehr ernsten Selbstmordversuch. Darauf sei Gudrun Ensslin, so erzählte sie später, völlig außer sich geraten und habe sie heftig zur Rede gestellt: »So etwas macht man nicht!«

Der oben angesprochene Weihnachtsabend war einer der letzten mit einer großen gemeinsamen Feier. Wir gingen schließlich zu Festen in kleineren Gruppen über. Wichtig war zuvor auch die Verlegung der Feiern in die helleren Tagesstunden gewesen – der Kerzenglanz in den dunklen Räumen sollte die Stimmungslabilität nicht fördern. Auch die Auswahl von Musik und Liedern spielte eine Rolle. Zum Beispiel ereigneten sich besonders viele Zusammenbrüche, wenn das Lied »Stille Nacht...« gesungen wurde. So vermieden wir dieses Lied, woraus dann die Legende entstand, die »Chefin« habe »Stille Nacht...« verboten.

So gelang nach und nach die Entkrampfung des Weihnachtsfestes. Schließlich gab es auch immer mehr Gruppenaktivitäten, vor allem in den von den Sozialarbeiterinnen geleiteten Wohngruppen. Zu den Festen der Wohngruppen wurden zunächst Gäste aus dem Haus, später auch von draußen eingeladen. Auch dabei lenkten die Festvorbereitung, das Schmükken der Räume vom Selbstmitleid ab. Aber am besten gelang die Bewältigung schmerzvoller Sentiments dadurch, daß die Frauen einander am Weihnachts- und Silvesterabend in ihre Wohnräume einladen durften. Man muß dazu wissen, daß bis in die sechziger Jahre die Zellen noch absolut geschlossen gehalten werden mußten. Für diese Einladungen mußte dann die Bewirtung vorbereitet werden, es wurden besondere Spezialitäten angeboten, die Zellen mit Tannen, Kerzen, Lametta geschmückt. Die Frauen sangen zusammen die an die Kindheit erinnernden Lieder, einschließlich »Stille Nacht«, und notfalls konnte gemeinsam ein bißchen geweint werden. Nun hatte Weihnachten seinen Schrecken fast verloren und doch etwas von seinem deutschen Zauber behalten. Und wenn ich – wie bis zum Ende meiner Tätigkeit im Strafvollzug – am 24. Dezember abends durch die Zellen ging, dann hörte ich oft, dies sei das schönste Weihnachtsfest des ganzen Lebens gewesen. Wie trostlos mußte dieses Leben gewesen sein! Es gab allerdings auch immer Frauen, und nicht nur solche, die erst kurz im Haus waren, die sich von allen diesen Festen ausschlossen.

Einzelschicksale inhaftierter Frauen

Ich möchte jetzt mehr und Zusammenhängenderes von den gefangenen Frauen erzählen und von der Atmosphäre, die sich mit ihnen im Lauf der Jahre im Haus entwickelte. Um der Gefangenen willen hatte ich ja diese Arbeit übernommen, an ihren Leiden, Schmerzen und Verzweiflungen hatte ich Anteil nehmen, ihnen vielleicht Hilfe für ihre Zukunft geben, freilich auch einen kleinen Bereich einer humaneren Gesellschaft aufbauen wollen.

In der ersten Zeit, als ich aus Mangel an weiterer Hilfe, besonders in den Nächten, nicht wenige Stunden an den Betten von Selbstmordgefährdeten, von betrunken randalierenden Neueingelieferten und anderen Verzweifelten verbringen mußte, kam ich ihnen besonders nahe. Da wurde wohl der Grund gelegt für eine gewisse, wenngleich immer auch brüchige Vertrauensbeziehung. Es blieb daneben ja immer auch das Mißtrauen gegen uns, die »Büttel des Staates«, erhalten. Trotzdem gab es erstaunliche Beweise von Vertrauen oder Zuneigung. Alles in verwirrendem und oft widersprüchlichem, nervenaufreibendem Wechsel.

Was ich damals erlebte und mir zum Teil auch aufgeschrieben habe – um es als Fallstudie zu verwenden oder auch einfach aus innerer Erschütterung –, das wirkt noch heute auf mich so stark, daß ich trotz der vieljährigen Erfahrungen mit diesen Frauen und ihren Schicksalen immer wieder erschauere. Vielleicht war die Zeit nach dem Krieg, der so vieles an Zuversicht, Hoffnung, Zusammengehörigkeit und gegenseitigem Verständnis vernichtet hatte, besonders belastend, so daß es nahezu unerträglich war, die Lebensläufe anzuhören, diese dramatischen Schicksale und Verstrickungen oft ohne jede eigene Schuld. Uns in der Geborgenheit unserer Mittelschichtsherkunft schienen diese Schicksale kaum aushaltbar. Da begegnete uns in der Verbindung des persönlichen Schicksals mit dem Schicksal der Zeit das jämmerliche Leben auf der Landstraße, für das die Menschen, die es ertragen mußten, verstoßen und verprügelt von Anbeginn an, keine Kräfte angelegt hatten. Oft, wenn ich die Geschichten anhörte, die Akten las, an Verhandlungen teilnahm, blieb mir nichts als das völlige Verstummen vor der Wucht solcher Lebensverhältnisse und Schicksalsschläge.

Es ist unmöglich, von all dem ausreichend Zeugnis zu geben. Doch eines wird mir heute im Rückblick klarer noch als damals: Es war Grund genug dafür, die Flinte nicht ins Korn zu werfen, sondern an der Arbeit festzuhalten, verstehend, ein wenig mildernd und jedenfalls nicht »strafend«.

Den ersten schweren Schock durch die Begegnung mit einem schlimmen Lebensschicksal erlebte ich bereits in den ersten drei Wochen. Am Tag danach schrieb ich: »Ich bin in Gefahr, völlig zu versinken (...). Ich glaube, das wird sich wieder geben, jetzt kann ich mich von den Erschütterungen noch nicht befreien. Die stärkste begegnete mir gestern. Ich ließ mir die ›Zugänge‹ bringen. Mit einem Mal kam eine Frau herein, mit großen, dunklen, tiefumschatteten, gramvollen und doch irgendwie starr-stumpfen Augen. Ich erschrak und warf einen Blick auf meine Akte: Mord. Lebenslange Strafe. Sie kam aus einer anderen Anstalt. Sie hatte vor elf Jahren ihren Mann umgebracht. Dann hat sie elf Jahre im Zuchthaus verbracht. Sie hat vier Kinder, das jüngste ist jetzt 15 Jahre alt. Nie in den elf Jahren hat sie Besuch bekommen. Elf Jahre, Tag für Tag, nie Herr seines Lebens, hinter Gitterstäben, nur noch mit und nur noch aufgrund der Tat lebend, etwas arbeitend und abends die Zelle. Ist das zu fassen? Ich kann mich aus diesem Gedankenkreis nicht mehr freimachen, das ist wie etwas, das dauernd im Hintergrund steht. Was immer ich tue, ich weiß diese Frau im Hause, die in ihrer Zelle sitzt, Strümpfe stopft und sich abends hinlegt. Ich fragte sie, ob sie lieber allein oder mit anderen zusammensein möchte. Es war ihr gleich. Man sah, es war ihr wirklich gleich. Das reichte gar nicht an sie heran. Trotzdem war sie nicht abgestumpft, nur erstarrt. Ich fühlte ganz deutlich, daß ich an ihre Tat nicht rühren durfte, an das, was allein noch Bedeutung für ihr Leben hatte, anstelle seiner früheren Vielfalt. Ich habe es ängstlich vermieden. Und trotzdem kamen in ihre Augen Tränen. Sie weinte nicht, das Wasser kam ganz still, stand dann in den großen starren Augen. Es war unbeschreiblich.«

Diese Frau hat dann noch über zwei Jahre bei uns gelebt. Sie arbeitete in der Küche, und sie verwandelte sich zusehends, sie nahm teil und wurde gelöst in ihrem Verhalten. Es war wie ein Wunder: Es gab niemanden, der sie nicht gern hatte, weder bei Gefangenen noch bei Mitarbeiterinnen. Als wir nach zwei Jahren ein Gnadengesuch befürworteten, stand das ganze Haus dahinter. Nicht wenige Mitarbeiterinnen des Vollzugsdienstes sagten mir, sie würden ein Monatsgehalt oder mehr dafür geben, wenn das ihr Gnadengesuch fördern könnte. War das Leben in unserem Haus anders als in anderen Anstalten? Eine Antwort auf diese Frage fand ich zum ersten Mal, als ich einige Jahre später ein paar Tage in der Anstalt war, aus der diese Frau gekommen war. Ich fand dort niemanden, der sich an sie erinnern konnte.

Doch auch bei unseren hessischen Justizbehörden stieß unser Bemühen um diese Frau zunächst auf Unverständnis. Wir hatten unserer Befürwortung des Gnadengesuchs ein Gutachten der gelegentlich bei uns aushelfenden Psychologin beigefügt, die mit ihr gearbeitet hatte. Es schilderte diesen Menschen als eine warmherzige Frau, die aus großer Liebe zu ihren Kindern (sie wurde als »Muttertier« beschrieben) den Mord begangen hatte, als sie den die Familie quälenden Vater, der nie für sie sorgte, tötete. Das als Charakterisierung einer Mörderin! Heute würde wohl niemand mehr an einer solchen Begutachtung Anstoß nehmen. Ganz anders damals: Ich war bald nach Absendung des Gesuches für etwa drei Monate auf einer »Expertenreise« in den USA. Als ich wiederkam, kochte der Kessel. Wegen des Gutachtens sollte das Gesuch abgelehnt werden. Erst nach sehr vielen Auseinandersetzungen, die eine ganze Weile dauerten, gelang es, die Entlassung trotzdem durchzusetzen. Ich denke, das lag an der Tatsache, daß die

Jahre der Strafverbüßung überwiegend in die Nazizeit gefallen waren. Denn in den folgenden Jahren wurde keine Frau mehr aus einer lebenslangen Strafe entlassen. Es galt die Devise, lebenslang müsse lebenslang sein, um dem Ruf nach der Todesstrafe entgegenzutreten.

Als diese Frau nun endlich begnadigt, aber noch nicht entlassen worden war, machte die Sozialarbeiterin einige Spaziergänge in die »Freiheit« mit ihr, zum Eingewöhnen, unter anderem in den städtischen Palmengarten. Als sie sich das erste Mal dafür umzog, weinte sie, weil sie mit der Privatkleidung nicht zurecht kam. Und abends kam sie vom Getriebe der Stadt völlig erschöpft zurück, glücklich, wieder »zu Hause« zu sein. Sie kehrte schließlich in ihren Heimatort zurück. Dort habe ich sie etwa zwei Jahre später an ihrem Arbeitsplatz besucht. Mit einem Aufschrei der Freude, aber auch der Erinnerung an ihre schwere Zeit stürzte sie mir in die Arme. Sie hat dann nicht mehr sehr lange gelebt, doch wenigstens in der Nähe ihrer Kinder. Sie starb mit nur wenig mehr als 50 Jahren an Herzversagen – wie wir alle meinten, eine Folge der langen Haft und des persönlichen Leidens an der Tat. Alle, die sie gekannt hatten, trauerten um sie.

Kaum später kam ein ganz anderes, in seiner Art aber ebenso eindrucksvolles Wesen in mein Zimmer. Ein junges Mädchen, das ebenfalls aus einer anderen Strafanstalt zu uns gekommen war, weil es dort aufgrund seines Auftretens nicht mehr tragbar gewesen sei. Eine hübsche Siebzehnjährige mit großen schwarzen Augen. Mit denen schaute sie mich ablehnend bis haßvoll, aber auch neugierig an. Ich versuchte, mit ihr zu sprechen. Doch sie reagierte nicht, sah mich nur unverwandt und böse an. Sie sprach nicht über die andere Anstalt und was da losgewesen war, sie redete nicht über ihre Familie und nicht über sich selber. Schließlich versuchte ich es damit, sie nach der Schule zu fragen. Und als ich das Gespräch auf das Fach Biologie brachte, von dem ich ja etwas Ahnung hatte, taute sie auf. Es kam ein Gespräch zustande, das das Eis ein wenig schmelzen ließ. Fortan kam ich mit ihr zurecht. Doch kam es auch immer wieder zu heftigen Stürmen und Ausbrüchen gegenüber der Institution. Meist gelang es mir, sie nach geraumer Zeit, wenn auch nicht ohne Härte, zu beruhigen. Einmal mußte sie sogar in die »Arrestzelle«, eine Einrichtung, in die sie in der Zeit, bevor sie zu uns kam, fast pausenlos eingesperrt gewesen war und die ich ihr gerne erspart hätte. Doch gerade beim Besuch in der Arrestzelle fand ich wieder Kontakt zu ihr. Sie hatte viele gute, allerdings fast unentwickelte Gaben, die sie neben ihrem ansprechenden Äußeren hätte einsetzen können. Vor allem malte und zeichnete sie begabt und gerne und hatte eine hübsche Singstimme, die beim Theaterspielen genutzt werden konnte.

Ihre Strafe wegen eines größeren Diebstahls war von unbestimmter Dauer. Sie wurde nach etwa eineinhalb Jahren ausgesetzt mit der Auflage, im Betrieb einer dem Haus nahestehenden Frau zu arbeiten, zu der sie sich hingezogen fühlte. Doch obwohl sie ganz offensichtlich gerne hinging, lief sie dort wegen einer Kränkung weg, derer ihr krankes Selbstbewußtsein nicht Herr wurde. Sie trieb sich dann eine Weile herum. Daß zwischen uns eine Beziehung entstanden war, zeigte sich daran, daß sie mich an jedem Abend anrief, immer vom Bahnhof einer anderen Stadt aus. Mal aus München, mal aus Hannover, Hamburg, Darmstadt oder Stuttgart. Schwarzfahren hatte sie offenbar gelernt. Jedesmal redete ich ihr gut zu, zurückzukommen. Eines Morgens, als ich zum Dienstbeginn kam, stand sie dann vor der Anstalt. Sie sah in keiner Weise verwahrlost aus. Sie hatte nur den einen Wunsch, nicht sofort in die Anstalt zu müssen, noch einen Tag frei sein zu dürfen. Vielleicht wollte sie damit prüfen, ob ich noch Vertrauen zu ihr hätte. Vielleicht war es der Ruf nach einer Mutter, die bereit war, ein Risiko für sie einzugehen. Eine solche Mutter hatte sie nie gehabt, der ihren war sie lästig gewesen.

Ein Risiko war es in der Tat. Wenn sie am Abend nicht käme, würde das eine ernste Angelegenheit werden. Aber mir schien, daß dieser Test im Augenblick lebensentscheidend für sie war. Deshalb sagte ich ihr, sie solle in meine Wohnung gehen, zu meiner etwa zehn Jahre jüngeren Tochter, die auch gerne zeichnete und malte, und sie solle um sechs Uhr abends zurück sein. Eigentlich hatte ich kaum Sorge, daß sie sich nicht an meinen Vorschlag halten würde. Warum wäre sie schließlich sonst vor der Anstalt erschienen? Und sie kam auch wirklich pünktlich um sechs Uhr zurück.

Es gelang dann, sie bald zu entlassen, und es gelang auch, eine für sie attraktive Arbeit in einem Modegeschäft zu finden. Damals wohnte meine Mutter für kurze Zeit bei mir. Und in den ersten Wochen kam die Frischentlassene nahezu an jedem Abend in mein Haus und sprach mit meiner Mutter.

Die Eingewöhnungsprobleme dauerten Jahre – mal arbeitete sie, mal nicht, mal gab es Schwierigkeiten mit jungen Männern. Immer wieder war Eingreifen nötig, bat sie selbst, bat ein Freund darum. Eines Tages – ich lag krank zu Hause im Bett – kam sie und sagte vor Glück strahlend: »Ich werde Ihnen doch noch Ehre machen. Ich habe nämlich die Maße des Pariser Starmannequins.« Und wirklich machte sie eine Kurzausbildung als Pelzmannequin und Fotomodell. Danach kam sie nur noch selten, hatte Beziehung zur städtischen Geschäftswelt gefunden. Gelegentlich besuchte sie mich in eleganter Aufmachung, doch ihre Berichte waren von überraschend überlegener Ironie über das Treiben »dieser Kreise«, in die sie da hineingekommen war und an deren Luxus sie teilnahm. Einen hellen Sommersonntag, Jahre später, den ich im Garten verbrachte, sehe ich noch deutlich vor mir: Sie kam, mit großer, aber einfacher Eleganz gekleidet, setzte sich zu mir und sagte: »Nun mache ich Ihnen wirklich noch Ehre. Ich werde einen reichen, aber seriösen Mann heiraten. Ich bin verlobt.«

Sie heiratete und entwickelte eine überraschende Tüchtigkeit als Hausfrau und Mutter von schließlich fünf Kindern. Auch ihre verschiedenen Begabungen konnte sie mit großem Erfolg ausbilden. Noch immer ruft sie mich in großen Zeitabständen an, Begegnungen sind noch seltener. Aber an einem nur wenig zurückliegenden Abend erzählte sie mir am Telefon, wie alles gekommen sei und warum sie bei unserer ersten Begegnung so widerborstig gewesen war. Ich erwähne das hier, weil dieses lange, manchmal fast lebenslange Fortwirken eines Gefängnisaufenthalts typisch ist und mir immer wieder begegnete.

Sie sagte – und es klang glaubwürdig –, daß sie damals unschuldig eingesperrt worden sei. Sie war, noch keine sechzehn, aus einem Erziehungsheim weggelaufen und von einem Mann aufgegriffen worden. Er wollte nichts Sexuelles von ihr, aber er nahm sie in das zur Zeit unbewohnte Haus von Bekannten mit, wo sie die Nacht verbrachten. Es war kalt, und er gab ihr einen Pelzmantel aus dem Schrank der Wohnungsbesitzerin, sagte, den könne sie behalten. Ob der Mann auch für sich etwas mitnahm, wußte sie nicht. Sie jedenfalls wollte den Mantel nicht behalten, sondern brachte ihn am nächsten Tag ihrem Vater mit der Bitte, ihn zurückzubringen. Er versprach es. Sie stellte sich wieder in dem Heim und wurde kurz darauf wegen Diebstahls verhaftet. Sie habe, sagte sie, doch nicht sagen können, daß der Vater den Mantel behalten und wahrscheinlich verkauft habe. Auch vom Heim erzählte sie bei diesem Telefongespräch mehr als früher. Damals hatte sie nur von Hunger und von Unfreundlichkeit gesprochen. Jetzt erzählte sie, der Leiter habe ihr nachgestellt, sei ihr immer an ihren Arbeitsplatz nachgekommen. Deshalb war seine Frau eifersüchtig und behandelte sie schlecht. Aber sie habe doch gewußt, sagte sie, daß ihr niemand glauben würde, wenn sie darüber ausgesagt hätte. Das Heim sei für sie die Hölle gewesen.

Bei den Jugendlichen, so erfuhr ich es damals, die noch über wenig reflektierte Lebenserfahrung verfügten, wirkte sich das Gefühl, zu Unrecht beschuldigt worden zu sein, anders als bei Erwachsenen aus: Sie meuterten, schlugen gegen die Wände und waren nur durch intensive persönliche Zuwendung zu bändigen.

Dazu fällt mir auch die Begegnung mit H. ein, die einige Jahre später stattfand. H. kam aus einem psychiatrischen Krankenhaus. Dort hatte sich dieses wilde, kraftstrotzende Mädchen so aufgeführt, daß alle Beteiligten froh waren, sie als »normal« und psychisch gesund in die Untersuchungshaft abschieben zu können. Ihr Name muß wohl überall bekannt gewesen sein, denn nie wieder war eine Klinik der näheren Umgebung bereit, sie während ihrer nicht seltenen »Ausnahmezustände« auch nur für eine kurze Zeit aufzunehmen. Wir mußten allein mit ihr fertig werden, bar aller entsprechenden technischen und personellen Hilfen. Da war sie nun, siebzehnjährig, berstend vor Lebenskraft, ungebremst durch disziplinierende oder liebevolle Erziehungserfahrungen. Im Haus hatten die meisten Angst vor ihren Ausbrüchen. Wir suchten verzweifelt Arbeiten für sie, die ihre Kräfte voll in Anspruch nahmen, wie zum Beispiel das Schrubben von Fluren, Treppen und Wänden. Ging ihr nämlich etwas gegen den Strich, dann wehe! Wir begriffen erst langsam, daß ihre wilden Attacken sich vornehmlich gegen sie selbst richteten, daß die große Angst der Außenstehenden kaum gerechtfertigt war. Doch konnten wir als Verantwortliche es hinnehmen, daß sie sich zum Beispiel einen Schädelbruch zuzog, wenn sie mit dem Kopf gegen die Zementwände schlug? Ich erinnere mich an eine Szene, als wir zu viert versuchten, sie an schwerer Selbstbeschädigung zu hindern. Sie war dabei wie ein hilflos sich selbst ausgeliefertes Kind. Beruhigungsmittel wirkten bei ihr konträr, das heißt, sie erhöhten nur ihre Unruhe. Neben allem anderen brüllte sie auch noch so markerschütternd, daß das ganze Haus rebellisch wurde und sie alle Aggressionen auf sich zog. Es gab nur einen abgelegenen Raum, aus dem wenigstens das Schreien nicht überall zu hören war. Dahin brachten wir sie, sie wurde rund um die Uhr bewacht. Sie hörte zwar schließlich auf zu schreien, aber sie verschmierte nun ihre Zelle mit Urin und Kot.

Als ich sie nach der ersten Nacht besuchte, erlebte ich ein unvergeßliches Bild. H. saß da mit starrem, unbewegtem Blick, zerzausten, herunterhängenden blond-feuchten Haarsträhnen inmitten des Durcheinanders, das sie angerichtet hatte: Schmutz an Wänden und Boden, darin eingeweicht Teile ihrer Wäsche. Ich dachte an die schwachen Beziehungsstränge zwischen uns und versuchte, sie anzusprechen. Ich sagte ihr, ich würde ihre Zelle säubern, da sie es zur Zeit ja wohl nicht könne. Sie nahm das ohne Reaktion hin. Angenehm war die Reinigungsarbeit nicht gerade, aber das wäre sie für die Mitgefangenen, die das Haus zu putzen hatten, auch nicht gewesen. H. war nicht bereit, aus der Zelle herauszukommen, und auch sprechen wollte sie nicht. Am nächsten Morgen bot sich das gleiche Bild. Als zwei der sogenannten »Hausarbeiterinnen« den Raum säubern wollten, sagte sie zu ihnen: »Das macht die Chefin.« Die tat es diesmal nicht, aber H.s Kraft schien gebrochen. Sie ließ sich widerstandslos in ihre Zelle führen. Ziemlich bald wurde sie aus der Untersuchungshaft entlassen.

Als sie zur Strafverbüßung wegen Diebstahl zurückkam, hatte sie in der Zwischenzeit einen farbigen amerikanischen Soldaten kennengelernt. Sie war verurteilt worden, obwohl sie die Tat heftig und für mein Empfinden glaubhaft bestritt. Und sie war bis zum Rande angefüllt vom Bild dieses Mannes. Wir gaben ihr eine kleine Katze in die Zelle. Die versorgte sie liebevoll, und sie fiel nicht wieder in ihre früheren Ausbrüche zurück. Was an Heftigkeit in ihr steckte, erlebte ich jedoch immer dann, wenn ich ihr die zärtlich-sensiblen Briefe des Freundes übersetzen mußte, da sie seine Sprache nicht beherrschte und er nicht die ihre. Da saß sie dann vor meinem Schreibtisch und zitterte so, daß das Mobiliar bis zu mir herüber bebte. Auf dieser Basis entstand dann eine gute Beziehung zwischen uns, und als sie relativ bald entlassen wurde, trennten wir uns einträchtig. Zwei oder drei Briefe bekam ich noch von ihr. Sie lebte mit ihrem Freund und war glücklich. Aus einer Rückfalluntersuchung, die ich Jahre später machte, entnehme ich, daß sie offenbar nicht wieder straffällig geworden ist.

Mit zwei anderen sehr jungen Frauen hatten wir weniger Glück, sowohl was den Aufbau ihres Lebens nach der Entlassung anging als auch im Hinblick auf die Beziehung zu ihnen.

Ihr Schicksal war nicht nur für uns eindrucksvoll, sondern es war besonders typisch für die damalige Situation in Deutschland. Aus diesem Grund schilderte ich ihren Prozeß in der (unveröffentlichten) Festschrift für Gustav Radbruch zu seinem 70. Geburtstag. Ich möchte diese Schilderung hier einfügen.

»›Mord auf Ehrenwort‹, so nannte es die Sensationspresse. Ich war bei dem Prozeß dabei. Auf der Anklagebank saßen vier jugendliche ›Mörder‹ im Alter von 19 bis 22 Jahren. Sie haben gemeinsam, in der Gegenwart von drei gleichaltrigen Mädchen, die hier nur als Zeuginnen auftreten, in der Hoffnung auf Beute eine alte Frau umgebracht. Sie sind ›Strandgut des Krieges‹, kommen aus zerstörten Elternhäusern, sind Flüchtlinge aus dem Osten, waren Soldaten, einer gehörte zu einem ›Bewährungsbatallion‹. In Frankfurt haben sie sich zusammengefunden, weil sie hier in der Zentrale des Schwarzen Marktes und einem Hauptstandort der amerikanischen Besatzung sich Leben und Gewinn versprechen. Moralische Maßstäbe sind ihnen fremd, denn sie waren damals, als das soziale Leben in Deutschland noch fast selbstverständlich durch solche Maßstäbe geregelt wurde, noch zu jung, um sie in ihr Bewußtsein aufzunehmen, und als sie es hätten tun können, da galten die Maßstäbe gemeinhin nicht mehr. Eine Zeitung schrieb: ›Die Untat im Hause in der D.-Straße ist wie ein greller Blitz über der düsteren Szenerie der Nachkriegszeit.‹

Wie war es zu der Tat gekommen? Heimatlos umherstreunend, von einem Bunker zum anderen, von einem Wartesaal zum anderen, hatten die sieben zuletzt im ›Knusperhäuschen‹ Zuflucht gefunden, einem kleinen, halbzerstörten Häuschen in der Altstadt, wo nach der Schilderung von Augenzeugen der Schmutz fußhoch den Boden bedeckte. Die ungeputzten Fenster ließen kaum Licht herein, Lampen gab es nicht, in den vier ›Betten‹, das heißt zerschlissenen Matratzen, nächtigten die ›Kunden‹ der alten Hausbesitzerin zu Paaren und bezahlten je Person und Nacht 20 Mark.

Keiner hatte ordentliche Arbeit. Drei der Burschen verdienten auf dem Schwarzen Markt, was die Gelegenheit ergab, der vierte mußte sich, weil er aus dem Gefängnis entlaufen war, verborgen halten. Die Mädchen wurden ausgehalten. Tagsüber trieben sich alle auf der Straße, in Kaffeehäusern oder Bahnhofshallen und Wartesälen herum, von neun Uhr abends an versammelten sie sich im ›Knusperhäuschen‹. Alle waren geschlechtskrank. Eine Flaute auf dem Schwarzen Markt und persönliches Pech waren die Ursache, daß plötzlich das Geld ausging. Verzweifelt überlegten die drei ›Ernährer‹ der Gruppe, was zu tun sei. Wahrscheinlich hat die ›alte Hexe‹ eine Menge Geld. Zuerst fallen ihnen 3000 Mark als Diebesbeute zu. Doch sie vermuten mehr. ›Wenn wir die Alte umbringen, finden wir sicher viel mehr.‹ So meint einer, sie haben ja im Kriege schon viele Menschen umgebracht, wahrscheinlich bessere als die ›Blutsaugerin‹. Doch wer soll es tun? Da ist Bruno, der jüngste, 19 Jahre alt, der ehrlichste, gradlinigste von ihnen, der ernstlich an seinem Mädchen, der blonden Hilde, hängt und ihr kaufen möchte, was sie sich wünscht. Er grämt sich, weil er nicht für voll genommen wird, und möchte beweisen, daß er ein rechter Kerl ist. Der kalte, berechnende Hans, der den Vorschlag gemacht hat, der die Alte aber nicht selbst umbringen will, hänselt den jungen, unfertigen Kameraden, er sei doch zu ›feige‹ zu so etwas, so lange, bis Bruno sein ›Ehrenwort‹ gibt, den Mord auszuführen. Im Gerichtssaal will Hans mit der Sache nichts zu tun gehabt, nicht einmal von ihr gewußt haben, während Bruno, offenbar tief erschüttert, von Anfang an sich zu der Tat bekennt. Er hat mit einer Bierflasche auf den Schädel der Alten eingeschlagen, ein anderer gab ihr mit dem Schrubber den Rest. Gefunden haben sie zweihundert Mark und ein für sie wertloses Sparbuch. Das Gericht verhängte über drei der Männer wegen gemeinsamen Mordes die Todesstrafe, für Bruno lautete das Urteil unter Berücksichtigung seiner kindlichen Entwicklungsstufe auf eine lebenslange Zuchthausstrafe. Die Mädchen erwarten ein späteres Verfahren.

Ich stehe völlig unter dem Eindruck der Verhandlung und

der Urteile. Ich lehne sie ab. ›Nicht der Mörder, sondern der Gemordete ist schuldig‹, dieser Satz wurde in einer Zeit geprägt, die, wenn auch nicht in ihrem Verlauf, so doch in ihrem Streben nach Wahrhaftigkeit und Gerechtigkeit zu den wertvollsten Epochen der neueren deutschen Geschichte gezählt werden muß. Er wurde in diesem Prozeß vor dem Frankfurter Schwurgericht zitiert, den keiner der Zuhörer ohne Erschütterung verließ. Nicht wegen der Verhandlungsführung. Sie war einwandfrei. Wohl aber wegen des Urteils und seiner Begründung. Sie gab Veranlassung, dem Anteil der Täter an der Schuld nachzusinnen. Ich meine nicht, daß die Täter der grausigen Tat juristisch oder moralisch unschuldig sind. Man kann auch nicht viel Sympathie für sie und die Mädchen empfinden. Trotzdem ist es unmöglich, die Hintergründe einer Tat so wenig zu berücksichtigen, wie die Urteilsbegründung es tat. Wie sich der Mordplan entwickelte, immer fester von den Hirnen und Seelen der Beteiligten Besitz ergriff, bis er endlich zur Verwirklichung kam, wurde vorbildlich aufgedeckt. Was nicht mit derselben Klarheit und Schärfe untersucht und ins Bewußtsein gehoben wurde, waren Grauen und Trostlosigkeit einer Zeit, die vieles zwar nicht billigen, aber verstehen lehren, gerade bei jungen Menschen. Tragen sie die Schuld dafür, daß der Krieg und die chaotischen Zustände der Nachkriegszeit sie aus ihrer Lebensordnung herausrissen und sie statt dessen im moralischen Nihilismus versinken ließen? Aus der Heimat vertrieben, hin- und hergejagt, der Familien beraubt, Tag um Tag zum Kampf für die nackte Existenz aufgerufen, vermochten sie sich nicht zu wehren, wollten es wohl schließlich auch nicht mehr. Einer der Täter war – der Verteidiger wies darauf hin – Angehöriger eines Bewährungsbatallions gewesen und hatte also den Krieg in seiner rohesten, abschreckendsten Form kennengelernt. Aber auch die anderen hatten genug gesehen und erlebt, um Menschenleben gering zu achten. Wer bot ihnen die Hand, versuchte es auch nur, fühlte sich verpflichtet? Und nun, da sie zu dem geworden waren, als das sie der Prozeß zum Schrecken aller ›Gutgesinnten‹ und in wohl-

geordneten Verhältnissen Lebenden zeigte, da ist es ›Pflicht‹ –
so hieß es in der mündlichen Urteilsbegründung –, durch die
Todesstrafe die Gesellschaft von solchen Elementen zu
befreien, weil das Leben ohne die so gewährte Sicherheit ›nicht
mehr lebenswert‹ ist.

In einem hat das Gericht recht: Wir dürfen nicht tatenlos vor
der das Gemeinschaftsleben mit Vernichtung bedrohenden
Auflösung kapitulieren, sondern wir müssen alles daran setzen, ihrer Herr zu werden. Doch nicht dadurch, daß wir die,
die meist selbst physisch und moralisch ihre Opfer sind, mit
erbarmungsloser Strenge – und sei die formal tausendmal im
Recht – austilgen, sondern so, daß wir ihnen die Möglichkeit
erhalten, sich wieder zu erheben, und daß wir ernsthaft mit
rücksichtsloser Energie Dämme aufwerfen gegen die Fluten, in
denen jene versanken und die immer aufs neue Menschen zu
verschlingen drohen.

Hätte das Gericht nach geltendem Recht statt auf Tod auf
Freiheitsstrafe erkennen können?

Die Verteidigung zeigte einen Weg, indem sie darauf hin-
wies, daß bei Ausnahmeverhältnissen wie den gegenwärtigen
sich Ausnahmemenschen im Sinne des Abweichens von der
sonst geltenden seelischen und sittlichen Norm herausbilden,
für die bei der Strafzumessung § 211 Abs. 3 berücksichtigt werden darf. Nicht ›darf‹. Er mußte berücksichtigt werden, wenn
wir nicht in dem quälenden Bewußtsein ersticken sollen, in
einem tieferen Sinne schuldig zu werden als die Mörder auf der
Anklagebank. Wenn Rechtsbrecher verwahrt werden, so ist
damit der Schutz der Gesellschaft gewährleistet. Darüber liegt
auf jedem Glied der Gesellschaft die Verpflichtung zu helfen
und zu heilen, an sich selbst, an den sozialen Voraussetzungen
derartiger Entwicklungen und bei denen, an denen alles gut zu
machen ist. Dies ist als die Last einer Sühne infolge eigener
Schuld aufgegeben, die fruchtbarer ist als die Sühne, von der in
den letzten Jahren Reden und Schriften erfüllt waren.«

Ich habe diese Schilderung hier eingefügt, weil sie vielleicht
schon relativ früh (1948) die Positionen angibt, die ich zu mei-

ner Arbeit einnehmen wollte. Was nun die hier Betroffenen angeht, so wurden die drei zum Tode Verurteilten zu lebenslanger Haft begnadigt. Aus Kontakten zu jemandem, der einen von ihnen ehrenamtlich betreute, weiß ich, daß wenigstens dieser eine vor Jahren aus der Haft entlassen worden ist, allerdings wohl kaum noch als ein lebenstüchtiger Mensch. Auch die Mädchen verbüßten verschieden lange Strafen wegen Teilnahme; die Älteste, am wenigsten Verwahrloste, die längste. Sie leistete tüchtige Arbeit in einem Anstaltsbüro und ging nach geraumer Zeit in offenbar guter Verfassung in eine bürgerliche Arbeit und Ehe, was den Kontakt zu uns beendete. Die Ehe jedoch beendete sie selbst, wie wir erfuhren, nach Jahren in dramatischer Weise. Die Jüngste ging in ein anderes Bundesland, zurück in ihr unruhiges Leben. Sie verschwand aus unserem Gesichtskreis. Die Dritte kam später nochmals in die Anstalt. Zu beiden hatte wegen der Kürze der Strafzeit keine Beziehung aufgebaut werden können.

In diesen frühen Blättern für Gustav Radbruch finde ich noch eine kurze Schilderung von einer Frau der Anfangszeit, die ich wegen ihrer trostlosen Nachgeschichte erwähnen möchte. »Da war die dreiundzwanzigjährige Frau. Sie liebte einen Mann, der ihr die Ehe zusagte, dann aber den Entschluß doch nicht fassen konnte, seine Ehe zu lösen, sie aber Monat um Monat hinhielt. So ging M. eines Nachts, als sie die Frau des Mannes allein daheim wußte, hin und zündete wie unter einem Zwang – ›ich mußte das tun, ich konnte nicht anders‹ – die mit Petroleum übergossene Tür der Wohnung an. Am Anfang der Haft war sie wie erstarrt, sprach kaum, schaute mit brennenden, rotgeränderten Augen vor sich hin. Nicht die Tat und nicht die Ungewißheit ihres Schicksals quälten sie am meisten, sondern die tiefe Enttäuschung über das Verhalten des nach wie vor geliebten Mannes: Er hatte, nachdem sie sich ihm anvertraut hatte, ihre Verhaftung herbeigeführt. Es waren viele Aussprachen notwendig im Verlaufe einer Reihe von Monaten (andere therapeutische Mittel standen uns ja nicht zur Verfügung), um die Verkrampfung zu lockern. Eine schwere Haftpsychose mit wochenlangem völligem Verstummen und Anfälligkeit des gesamten Nervensystems mußte überwunden werden. Die Lektüre einiger von uns ausgesuchter Bücher tat ihr wohl und half, langsam die Erstarrung zu lösen und sie aus der Bindung an den Mann zu befreien. Und als sie aus der Haft entlassen wurde, sagte sie, sie sei froh, in der Anstalt gewesen zu sein. Denn erst hier habe sie Abstand von dem Vergangenen gewonnen und sich von dem Mann freimachen können. Das wäre ihr ohne die Haft aus eigener Kraft nicht gelungen.«

Und doch hatte die wohl bis 1949 dauernde Haft ihr nicht wirklich geholfen. Sie meldete sich nicht mehr. Erst als ich längst im Ruhestand war, also mehr als 30 Jahre nach der Entlassung, rief sie mich an und fragte, ob ihre Strafe nun wohl verjährt sei. Es gehe ihr nicht schlecht, aber sie sei sehr unglücklich an dem Arbeitsplatz, den sie nach der Entlassung bekommen hatte. Sie würde ihn gerne wechseln, habe aber nie den Mut dazu gehabt, wegen des notwendigen Führungszeugnisses!

Aber den stärksten Eindruck der ersten Wochen hinterließen mir ein Prozeß und eine Frau, deren Schicksal ich danach neun Jahre lang in der Anstalt begleitete, mit Kämpfen gegeneinander ebenso wie in gegenseitiger Zuneigung. Noch heute treffen wir uns zu regelmäßigen freundschaftlichen Begegnungen. Ich gebe hier ihre Geschichte in etwa so wieder, wie ich sie damals festhielt, allerdings mit gewissen Verkürzungen, um die Erkennbarkeit auszuschließen, und mit Zustimmung der betroffenen Frau. Diese Geschichte gibt auch ein Zeitbild wieder, das uns schon heute als recht vergangen anmutet – dabei liegt alles doch erst vierzig Jahre zurück.

Ich wußte damals nicht, daß Frau V., noch bevor sie zu uns gekommen war, einen ernsthaften Selbstmordversuch unternommen hatte, als sie nämlich erfuhr, wie der Partner bei dieser Straftat aus Liebe sich selbst entlastet und sie mitleidlos ausgeliefert hatte. In der Untersuchungshaft hielt sie sich in scheinbar freundlicher Zugänglichkeit knapp drei Monate lang aufrecht. Dann verfiel sie in einen gefährlichen »kataleptischen Stupor«, mit dem sie in ein psychiatrisches Krankenhaus gebracht wurde. Erst im Anschluß an ihre Wiederherstellung, die, wie sich im Verfahren zeigte, noch nicht völlig gelungen war, konnte der Prozeß beginnen.

»Es bedürfte der Feder Dostojewskis«, so notierte ich damals, »um diesen Prozeß zu beschreiben, seine psychologischen Hintergründe, das Milieu und die beteiligten Menschen.

Der kalt berechnende Angeklagte, der seinen Verstand und sein Herz fest in der Hand hat, um keinen ungeschickten Zug, keine unvorherbedachte Äußerung zu tun: Was es ihn kostet, sich so in der Gewalt zu halten, sieht man ihm an, wie er da alt und verfallen, starr und bleich in der Ecke der Anklagebank sitzt und sich nur bewegt, wenn er gefragt und aufgerufen wird.

Die angeklagte Frau: ein etwas gedrungener Körper, schlanke Beine und ein Gesicht von hinreißendem Charme – eine hohe, leicht gewölbte Stirn, dunkelbraunes Haar zu klarer weißer Haut, eine gerade, etwas zu kräftige Nase, ein geschwungener weicher Mund, alles beherrscht durch große, blaugraue Augen von lebendig-warmem Glanz. Ein sensibles Gesicht, jetzt hysterisch wirkend und erregend.

Jeder nur etwas feinnervige Zuschauer muß die Spannung spüren, die noch immer zwischen den beiden Angeklagten herrscht. Verband sie ehemals leidenschaftliche Neigung, so ist es jetzt an Haß grenzende Abneigung, aber die Beziehung ist noch immer – zumindest für die Frau – der Halt, an dem sie sich während des Prozesses aufrecht hält.

Auf der Zeugenbank die Ehefrau des Angeklagten, die mit den Kindern die Vergiftung überstanden hat, prätentiös auftretend mit riesigem Hut, offensichtlich in dem Glauben, hier eine große Rolle spielen zu können. Sie ist die rechtmäßige Gattin mit dem Anspruch ehrbarer Bürgerlichkeit gegenüber der ›Nur-Geliebten‹, und sie kämpft mit dem peinlich oft wiederholten Hinweis auf ihre Liebe und ihr Familienglück der Legalität und Achtbarkeit, offensichtlich entschlossen, notfalls die innere Würde außer acht zu lassen, um die äußere Position der Gattin zu erhalten. Ein Kampf, der im Zuschauerraum und zweifellos auch vom Gericht mit Bewunderung als ein Ringen aus seelischer Größe angesehen wird.

Wenige Plätze von ihr entfernt sitzt eine alte Frau, die Mutter eines früheren Geliebten der Angeklagten, der im Krieg gefallen ist. Auch sie entstammt bürgerlich angesehenen Kreisen, doch sie ist ein anderer Mensch, für den die inneren Wirklichkeiten mehr zählen als die äußeren. Eine Frau mit liebevoll großzügigem Herzen, die zum Schluß nach der Urteilsverkündung mit Tränen in den Augen erschüttert sagt: ›Ich glaube nicht an die Schuld dieser Frau, denn sie ist so gut, daß sie keinem Tier etwas zuleide tun könnte. Und sollte sie es doch getan haben, so muß etwas so stark auf sie gewirkt haben, daß ich sie deshalb nicht zu verurteilen vermag.‹ Diese alte Frau ist wohl der einzige Mensch im Publikum, der auch nach der Urteilsbegründung innerlich nicht von der ›Giftmörderin‹ abrückt. Trotz ihres anziehenden Äußeren tun das – offensichtlich aus einer Art Solidarität mit dem Angeklagten – fast alle Männer. Sprecher für diese Haltung ist der ehemalige Chef der Angeklagten, ein zurückgewiesener, durch den Angeklagten verdrängter Liebhaber, dessen Aussagen über den unwürdigen Charakter dieser ›Hetäre‹ unfaßlicherweise vor dem Gericht Glauben und Aufnahme in die Urteilsbegründung finden.

Am heftigsten jedoch spürt man die Ablehnung aus den Reihen des weiblichen Geschlechts in Gestalt der Vertreterinnen des kleinen Ortes, in dem sich die Sache zugetragen hat. Korpulente Wirtinnen, eine ›Frau Doktor‹, voller Stolz auf den ehemännlichen Titel, mit erregt geröteten Gesichtern und mit Hüten, die empört tanzen, als das Gericht die unzulässig auffallende Aufmachung der Angeklagten – ›womöglich Augenbrauen nachgezogen, Lippen und Fingernägel gefärbt‹ – kritisiert. Außer sich sind diese Frauen über ihre Schwester, die den Männern die Köpfe verwirrte, und nun triumphieren sie über die Reizvollere, mit der es, wie erwartet, kein gutes Ende genommen hat.

Schließlich drängen sich ganz hinten im Zuschauerraum die Menschen aus jenem Milieu, in das sich die Angeklagte geflüchtet hatte und das menschlicher und rührender war als jenes, aus dem sie entwich. Doch vor Gericht empfiehlt es sich wenig: Es sind Wohnwagenleute, fahrendes Volk, ›Zigeuner‹, Menschen ohne bürgerlichen Hintergrund, die mit guten, hilfsbereiten Herzen die Lage der Angeklagten doch erst recht noch verfahrener machen, weil sie schon gar nicht als glaubwürdig gelten und der Sache auch in keiner Weise gewachsen sind.

So rollt denn der Film über die Ereignisse ab, die zu der Tat führten, die hier geklärt und ›gesühnt‹ werden soll.

Nach dem Kriege war der Angeklagte aus der Gefangenschaft zurückgekehrt. Zunächst wußte er nicht, wo sich seine geflüchtete Familie aufhielt; als er dann erfuhr, daß sie in Berlin sei, hatte er ›Bedenken wegen der Russen‹ und blieb im Westen. In einem kleinen Ort hatte er eine Stellung als Kaufmann bekommen. Im gleichen Werk war die Angeklagte als Dolmetscherin tätig. Zwischen beiden entwickelte sich sehr rasch ein intensives Liebesverhältnis, das auch noch andauerte, als der Angeklagte seine Familie wiederentdeckte und den Briefwechsel mit seiner Frau wieder aufnahm. Es dauerte von Ende 1945 bis zur Verhaftung 1947 an. Der Mann versprach, sich scheiden zu lassen und seine Geliebte zu heiraten, und diese scheint bis zuletzt an die Ernsthaftigkeit dieses Versprechens geglaubt zu haben, wohingegen der Mann den Wunsch nach Rückkehr in die bürgerliche Familie und besonders zu seinen Kindern hatte. Aber zugleich vermochte er sich nicht zu lösen. Er soll mehrfach geäußert haben: ›Meine Frau und die Kinder liebe ich, aber ohne dich kann ich nicht leben!‹

Eines Tages fährt die Angeklagte nach Berlin, angeblich um eine Tante zu besuchen. Sie sucht die Frau ihres Geliebten auf und bringt ihr und den Kindern Kuchen mit. Dann verläßt sie wieder die Stadt. Zwei Menschen, die von dem Kuchen gegessen haben, erkranken an einer Thalliumvergiftung; beide überleben. Die Angeklagte wird erst Monate später verhaftet, und der Mann, der weiß, was sich in Berlin abgespielt hat, setzt das

Verhältnis mit ihr trotzdem fort. Das bestreitet er zwar, aber sie beschwört es, absolut glaubwürdig, in einer unsagbar peinlichen Szene des Verfahrens, ihm ins Gesicht.

Soweit die beweisbaren Tatsachen. Alles andere bleibt im Dunkeln: Hat die Frau allein gehandelt, hat der Mann sie angestiftet, wie sie in einem früheren, jetzt widerrufenen Geständnis behauptet hat? Hat der Mann die Angeklagte selbst beseitigen wollen? Für alle Möglichkeiten gibt es Hinweise und Anhaltspunkte. Der Staatsanwalt beantragt 10 Jahre für den Mann, 8 Jahre für die Frau. Das Gericht erkennt auf Freispruch für den Mann, auf 12 Jahre Zuchthaus für die Frau.

Gegen sie hatte sich in diesem Prozeß alles verschworen. Da war zunächst die schwere Haftpsychose. Sie wurde mit Cardiazol-Schocks behandelt, unter denen das Gedächtnis leiden soll. Das wurde in dem psychiatrischen Gutachten nebenbei erwähnt; berücksichtigt wurde es nicht. Dabei machte es einen äußerst schlechten Eindruck, daß die Frau sich mehrmals widersprach und sich nicht erinnern konnte, während doch der Mann sich ruhig und kaltblütig an alles erinnerte, jede Antwort klar und durchdacht und ohne Widerspruch geben konnte, wobei man trotzdem nicht den Eindruck gewinnen konnte, daß er die lautere Wahrheit sprach.

Gegen sie sprach auch das Geständnis, das sie auf die Information hin gemacht hatte, daß der Mann mit der Sache nichts zu tun haben und von seinem Eheversprechen nichts mehr wissen wollte. Das war nun nicht mehr auszuräumen, auch nicht, als die Vernehmung ergab, das Verhör sei ›in barschem Ton‹ gehalten gewesen.

Gegen die Frau wirkte sich auch die Grundeinstellung des Gerichtes aus, das sicher um ein objektives Urteil bemüht war, ihr aber in der Urteilsbegründung eine frühe Ehescheidung, andere Liebesbeziehungen, ihre extravagante Aufmachung und das Milieu, in dem sie zuletzt gelebt hatte, vorwarf. Ebenso bedeutsam war der Mangel an psychologischem Verständnis. Wurde doch zum Beispiel die Tatsache, daß der Staatsanwalt ihr vor der Vernehmung eine Zigarette angeboten hatte, als Beweis dafür gewertet, daß von Unmenschlichkeit und von einem unter Druck zustandegekommenen Geständnis keine Rede sein könne. Als ob es nicht verschiedene Wege gäbe, ein Geständnis zu erreichen. Und als die wenig gute Verteidigung eine neue Theorie zur Aufklärung der Dunkelfelder anbot, daß nämlich der Mann die Frau habe aus seinem Leben räumen wollen, da ging der Vorsitzende Richter darüber mit der Bemerkung weg: ›Es ist nicht einzusehen, wieso ein Mann sich von einer Frau nicht trennen kann, mit der er doch nicht einmal verheiratet ist.‹ Glückliche Ahnungslosigkeit!

Und zuletzt noch wirkte sich die Schwäche der Verteidigung gegen die Frau aus. Während der Mann, der sich auch alleine schon weit besser helfen konnte, ausgezeichnet und unter Beachtung aller Schwächen der Anklage verteidigt wurde, stand der Frau nur ein Verteidiger zur Seite, der ruhig alle Unbegründetheiten der Anklage hinnahm, in dem Bewußtsein seiner nicht unplausiblen, aber doch nicht genügend fundierten Theorie, nach deren Ablehnung durch das Gericht alle anderen gegen die Angeklagte wirkenden Indizien unerschüttert dastanden. Dabei hätte ihre Erschütterung die Grundlage der Verteidigung sein müssen.

Aus alledem ergab sich das Bild, auf das das Gericht sein Urteil gründete: der Mann, dessen klare Argumentation nicht erschüttert werden konnte und für dessen Verurteilung die Indizien nicht ausreichten, und die belastete, als Mensch in zweideutigem Lichte erscheinende Frau, für deren Verurteilung die Indizien aber meines Erachtens ebenfalls nicht genügten.

Und wen hielt ich für schuldig? Mehr und mehr wurde mir aus dem Gefühl heraus klar: beide. Dem Mann mit seiner Herzenskälte und seiner sexuellen Heftigkeit, die der Prozeß immer wieder erwies, war die Tat zuzutrauen. Ein leichtes Zögern an schwachen Stellen erhärtete diesen Eindruck. Nachzuweisen war ihm die Tat nicht. Dieser Mann war nicht zu fangen, besonders nicht neben einer solchen Mitbeschuldigten.

Und wie war es mit der Frau? Wenn man mit ihr sprach, ihr klares Gesicht und ihre lebendigen Augen sah, glaubte man nicht an ihre Schuld. Wenn man sie während der Verhandlung dasitzen sah, mit einem leidenschaftlichen, fast dämonischen Ausdruck im Gesicht, das von Haß geprägt war, dann hielt man es für möglich, daß die Leidenschaft diese Frau zum Äußersten bringen und sie unter ihrem Zwang eine solche Tat aus Hinneigung zu diesem kalten, sie faszinierenden Mann begehen konnte.«

Was blieb nun für sie? Wir dachten damals darüber nach, wie so viele gute Anlagen und Kräfte in 12 Jahren des Eingesperrtseins verkümmern können, und fragten uns, ob es möglich sein würde, sie in fruchtbare Bahnen zu lenken. Nach dem Aufmarsch der staatlichen Autorität im Gerichtssaal kam nun das für sie Wichtigere, das sich zum Glück in der Stille und ohne Publikum vollziehen würde: der Neuaufbau des Lebens, im rechten Moment dann die Begnadigung als Anerkennung für die gewachsene Persönlichkeit und als Tor zur Freiheit, die allein vielleicht Begonnenes vollenden kann.

Am Ende des furchtbaren Prozesses stand neben dem freigesprochenen Mann die Ehefrau, eine Zukunft in der Sicherheit der Familie und der bürgerlichen Leistung. Neben der verurteilten Frau standen die Fürsorgerin und die Leiterin der Strafanstalt, in der sie die kommenden Jahre verbringen würde. Nach der Urteilsverkündung fiel die Frau in Ohnmacht. Später sagte sie, ohne die (weiß Gott schwache) Hilfe, die ihr von den beiden angeboten worden sei, hätte sie diese Stunden nicht überstanden. Es war wohl diese Erfahrung, auf die sich zunächst die unmittelbare Zukunft und später die lange anhaltende Beziehung aufbaute.

Und wie ging das Leben im »Vollzug« dann weiter? Bis die Frau die Vergangenheit überwinden konnte, war ihr innerer Halt der Haß auf den Mann. Ich kann an dieser Stelle einen Einblick in unsere oft geradezu naiven Einwirkungsversuche geben, die aber gelegentlich doch ein wenig weiterhalfen, weil die Ernsthaftigkeit der Anteilnahme empfunden wurde. So meinten wir, man müsse den destruktiven Haß, der aus einer schlimmen Erfahrung heraus auf alle Männer ausgeweitet worden war und der in seiner Rachsucht auch für die Zukunft gefährlich werden konnte, doch mildern. Das versuchten wir vor allem in den persönlichen Gesprächen. Aber darüber hinaus boten wir der Frau, die eine hervorragende Schauspielerin war, bei einer unserer Hausaufführungen die edle männliche Hauptrolle in Goethes »Geschwister« an. Sie spielte sie meisterhaft. Ob die Identifizierung ein wenig gelang, wußten wir nicht.

Nach und nach wurden dann ihre Begabungen eine tragende Säule unserer Gemeinschaftsveranstaltungen, die sie, auch wenn nicht Theater gespielt wurde, mit ihrem Witz und mitreißenden Komödiantentum erfüllte.

Dann allerdings kam eine Zeit, in der sie in ein das ganze Haus erschütterndes Intrigenspiel geriet und damit auch in eine heftige Auseinandersetzung mit mir. Da lernte ich nachdrücklich die Brüchigkeit von Vertrauensbeziehungen im Milieu einer Strafanstalt kennen.

Diese Zeit endete mit einem erneuten psychischen Zusammenbruch und einer neuen, nun entschlossenen Zuwendung. Einige Zeit später wurde sie (als Zuchthausgefangene) aus administrativen Gründen in eine andere Anstalt verlegt. An deren besonderen Bedingungen ging die offensichtlich übersensible Frau fast zugrunde. Doch ergab sich dort zu ihrem Glück eine therapeutische Beziehung zu dem Psychologen der benachbarten Männerstrafanstalt. Er verhalf ihr zur Rückkehr in unser Haus. Und dort verbrachte sie die letzten Jahre ihrer Strafzeit relativ ungestört, in einer etwas herausgehobenen Arbeit, die aber keinerlei ungerechtfertigte Bevorzugung, zu ihres und des Hauses Schaden, darstellte. Ich hatte noch einmal eine etwas heftigere Auseinandersetzung mit ihr, als ich vorschlug, sie solle doch vor einer eventuellen Begnadigung Maschine schreiben lernen. Das wollte die gelernte Buchhändlerin ohne Abschlußprüfung nicht. Sie verübelte mir wohl auch mein Insistieren auf diesem Vorschlag. Daß sie ihm dann aber schließlich doch folgte, half ihr bei der Berufsaufnahme nach der Entlassung.

Eine Begnadigung hatte sie bis zum neunten Jahr der Strafverbüßung selbst abgelehnt. Sie sei noch nicht soweit, noch
nicht »reif« dafür. Sie habe in einem Sumpf gelebt. Das sei
durch die Zäsur der Strafe beendet worden. Doch müsse jede
Gefahr des Zurücksinkens endgültig gebannt werden, ehe sie
sich dem Leben draußen wieder stellen könne. Im neunten
Jahr glaubte sie sich soweit und betrieb dann vehement und
erfolgreich die Beendigung der Haft. Und innerlich? Natürlich
ging es in unseren Gesprächen gelegentlich, vorsichtig und verdeckt, auch um die Frage der Schuld. Die Beziehung zu dieser
Frau hat mir – wie ich meine das einzige Mal – sehr intensiv
den Satz Foersters nahegebracht: »Niemand wird größer als
seine Schuld, der nicht zuvor seine Schuld durchlitten hat.« Ich
glaubte, daß sie nicht werde leben können, ohne wenigstens
vor sich selbst, wenn auch nicht vor mir, zu ihrem Schuldanteil
zu stehen. Das hatte sie vermutlich im Jahr vor dem Entlas-
sungsgesuch erreicht, zugleich damit, daß sie den Haß gegen
den Mann aufgegeben und statt dessen Gleichgültigkeit gewonnen hatte. Mir gegenüber hat sie sich nur in einer Andeutung
geäußert, die die Hauptschuld bei dem Mann beließ (meines
Erachtens glaubhaft), sie selbst aber nicht mehr freisprach.

So ging sie dann schließlich an die Bewältigung der Freiheit
mit solcher Konsequenz, wie ich sie ganz selten erlebt habe:
beherrscht, planvoll, überlegen auch im Aufbau wichtiger
Inhalte – eigener Kreativität durch das Malen, das sie in der
Anstalt begonnen hatte, Beschäftigung mit englischsprachiger
Literatur, zu der sie ebenfalls in der Haft im Unterricht einer
bekannten amerikanischen Schriftstellerin eine Beziehung entwickelt hatte, und dem Finden eines engen Freundeskreises, in
dem sie voll anerkannt ist.

Frauen in Haft

Wer den Druck nicht erlebt hat, unter dem Menschen »Kriminelle« werden, sollte nicht moralisierend über sie reden. Ein Besuch, den ich kürzlich hatte, als ich Unterlagen zusammensuchte, erinnerte mich daran, daß, wie so oft bei der Beschäftigung mit Straftaten, bisher zuwenig von den »Täterinnen« gesprochen wurde, um die es ja geht. Das muß auch eine junge Gefangene so gesehen haben, als sie – allerdings lachend – sagte: »Wie schön könnte alles sein, wenn nur wir nicht wären.«

Ein symptomatischer »Fall«

Ich beginne mit der Geschichte der Besucherin, deren Einzelheiten ich erst jetzt, nach jahrelangem Zusammenleben in der Strafanstalt und mehr als zehn Jahre andauernden Beziehungen seither, erfahren habe. Ich schildere ihren Weg durch die Gefängnisse und die Zeit danach, weil er viel Typisches enthält.

G. kam schon in den fünfziger Jahren zum ersten Mal zu uns, und dann immer einmal wieder, doch in den letzten zehn Jahren kam sie nicht mehr. Da sie ständigen und nicht nur sporadischen Kontakt zu mir hielt, weiß ich, daß in diesen letzten Jahren auch nichts mehr »passiert« ist. Bei diesem Besuch nun fragte ich sie zum ersten Mal eingehend nach ihrer mir bis dahin nur halb bekannten Geschichte. Sie war inzwischen als Überlebende der Euthanasie anerkannt worden, was ihr vielleicht den Mut und den Impuls zu eingehenderer Darstellung gab.

G. war unehelich geboren worden. Die alleinstehende Mutter, die in ihrer Umgebung die »Schande« fürchten mußte, hatte das Kind ausgesetzt. Es wurde gefunden, doch auch die Mutter wurde entdeckt und mußte eine Strafe verbüßen. Später begegneten Mutter und Tochter einander, doch es entstand keine Sympathie zwischen ihnen.

G. lebte zunächst in einem Waisenhaus, dann bei Pflegeeltern. Dort hatte sie es gut, doch als sie sieben Jahre alt war, 1933, mußten die Pflegeeltern sie in einem Kinderheim abliefern. Warum, weiß sie nicht, sie vermutet, wegen einer – nur wenig auffallenden – Behinderung. Im Heim, erzählt sie, sei es kärglich, aber freundlich zugegangen. Nach einiger Zeit wurde sie in ein anderes Heim verlegt. Dorthin wurden – es war inzwischen 1939 – eines Tages alte Menschen gebracht, in Autos mit verhängten Fenstern. Eine Gruppe von Kindern mußte daraufhin in ein anderes Heim umziehen; sie blieb. Später nahm das Kinderheim auch noch ein Militärlazarett auf. Ab 1941 – sie weiß das Jahr noch, weil sie da 14 Jahre alt wurde – seien dann die alten Leute weggebracht worden, wieder in verhängten Wagen. In dieser Zeit, berichtet sie, sei sie mehrfach aus dem Heim weggelaufen, einmal dorthin, wohin die anderen Kinder aus dem Heim damals hingebracht worden waren. Dort kannte sie eine Betreuerin. Die war über ihr Kommen entsetzt und schickte sie ganz aufgeregt wieder weg, denn im Heim passiere Schreckliches. Kinder seien von dort weitergeschickt worden; sie nannte den Namen Ravensbrück.

Seit 1941 mußte sie zusammen mit gleichaltrigen Mädchen beim Abtransport der alten Leute helfen. Gerüchte gingen um, Genaues erfuhr man nicht. Doch ihre beste Freundin sagte einmal laut: »Ich weiß, was mit denen passiert.« Daraufhin wurde die Freundin gleich mit abtransportiert, und sie hörte nie wieder etwas von ihr. Nach und nach erfuhren die jungen Mädchen dann, daß die Alten getötet wurden. Später kamen die Kinder dran, erst die jüdischen, dann die schwer behinderten, später die mit leichteren Behinderungen. Auf einer solchen Liste habe sie auch gestanden. Doch ihre Gruppenbetreuerin hatte die Liste absichtlich »verloren«. So wurde sie gerettet, denn gegen Ende der Aktion ging es schon chaotisch zu, und man suchte nicht lange nach der Liste. Aber im Kinderkrankenhaus des Heimes ging das Töten weiter. Nach dem großen Luftangriff auf Hamburg kam ein Transport mit 200 Säuglingen an; am nächsten Tag lebte keiner mehr. Und als die amerikanischen Truppen das Heim besetzten, fanden sie noch 200 tote Kinder im Krankenhaus. Wie die zu Tode gekommen waren, weiß sie nicht. Die Ärztin des Krankenhauses, deren Namen sie mir nannte, habe ich bei meinem Arbeitsbeginn als Gefangene angetroffen. Sie war – meines Wissens von den Amerikanern – zum Tode verurteilt worden. Nach Wiederaufnahme des Verfahrens wurde sie zu nur drei Jahren Freiheitsstrafe verurteilt; diese Zeit hatte sie in der Untersuchungshaft verbüßt.

Erst 1947 wurde G. aus dem Heim entlassen. Die Pflegeeltern konnten sie nicht wieder aufnehmen. Sie bekamen einen Schock, als sie sie sahen, denn ihnen war G. als tot gemeldet worden. G. behauptet, von ungefähr tausend Kindern habe nur sie mit zehn anderen überlebt. Doch niemand kümmerte sich um sie. So begann ihre Wanderschaft zwischen Arbeitsstellen, in denen es sie meist nur kurze Zeit hielt, und Gefängnisaufenthalten wegen Diebstählen.

Erst bei ihrer letzten, längeren Strafe fand sie engeren Kontakt zu uns. Wir hatten gerade mit einer intensiven Entlassungsgruppenarbeit angefangen. G. schloß die Gruppenleiterin in ihr Herz. Zutrauen zu mir fand sie ausgerechnet in einer »Strafkonferenz«. In der Gruppe hatte es ein Vorkommnis gegeben, das sie zu verantworten hatte. Als sie bei der Strafkonferenz gewagt hatte, mich anzusehen, hätte ich sie so freundlich angeblickt, und sie habe den Eindruck gehabt, daß ich es gut mit ihr meine. Im nachfolgenden Gruppengespräch beschlossen wir, von einer Strafe des Hauses abzusehen und statt dessen die Regelung der Gruppe selbst zu überlassen. Die entschied sich dafür, daß G. für eine Woche nicht an Veranstaltungen teilnehmen sollte. Das bedeutete, daß sie ihre – damals in dieser Abteilung schon offene – Zelle nicht verlassen durfte. Doch die Zelle sollte nicht verschlossen werden, weil niemand im Haus, auch nicht die Beamtinnen, von der Sache erfahren sollte.

Beim Abschlußgespräch vor ihrer Entlassung sagte G. zu mir, keine der früheren Gerichtsverhandlungen habe sie so beeindruckt wie diese Solidarität der Gruppe. Nun werde sie bestimmt nicht wiederkommen. Bei ihrem kürzlichen Besuch bei mir erzählte sie mir zum ersten Mal noch von etwas anderem, das damals entscheidend für sie war. Ich selbst erinnerte mich nicht mehr daran. Ich hätte damals erfahren, daß sie zwei Kinder habe, eines in einer guten Pflegestelle, eines im Heim. Ich hätte darauf bestanden, daß sie zu dem Jungen im Heim Verbindung aufnahm. Das hatte sie dann getan und den Kontakt nach der Entlassung fortgesetzt. Als der Junge 15 Jahre alt war, wurde er zu ihr geschickt, da sie einer geregelten Arbeit nachging. Seither lebt sie für ihn und mit ihm, inzwischen in der Nähe seiner eigenen Familie und in enger Verbindung auch zu den Enkeln.

Und noch eine dritte Erfahrung, erzählte sie, habe ihr geholfen. Bald nach der letzten Entlassung »passierte« etwas, eigentlich eine Bagatelle, bedeutsam nur wegen der Vorstrafen. Sie kam ins Polizeigefängnis. Dort weinte sie so laut, daß man sie gesondert unterbringen mußte. Sie wollte unter keinen Umständen nochmals nach »Preungesheim«, lieber wollte sie sich das Leben nehmen. Doch am nächsten Tag rettete sie der Haftrichter. (Ich habe eine vage Erinnerung, daß er in der Anstalt anrief.) Auf ihre angstvolle Frage, ob sie jetzt wieder nach Preungesheim müsse, antwortete er: »Nein.« Sie sollte in einem von ihm benannten soliden Hotel arbeiten. Das Geld für die Straßenbahn gab er ihr aus seiner Tasche. Wieder kam die Rettung durch einen vernünftigen Menschen. Und »Rettung« war nun wirklich zum letzten Mal nötig gewesen. Gelegentlich brauchte sie noch Hilfen, beratende vermittelnde, finanzielle. Diese letzteren hat sie immer pünktlich zurückgezahlt.

Noch etwas war symptomatisch an diesem Leben (symptomatisch für Frauen?). G. begegnete immer wieder Menschen, denen sie sich zuwandte, Oberschwestern (einmal hatte sie eine Ausbildung als Hilfsschwester gemacht), Heimleiterinnen, Nonnen. Ich fragte, warum sie trotz dieser Beziehungen immer so rasch die Stellen gewechselt habe. Ihre Antwort: »Ich mochte diese Frauen, doch nach einiger Zeit habe ich jedesmal festgestellt, daß sie auch zu anderen freundlich waren. Ich wollte sie aber für mich allein. Deshalb ging ich wieder fort.« Dieses Verhalten, als Reaktion auf eine unselige Beziehung zur Mutter, begegnete uns immer wieder. Mütter gaben ihre Töchter für Männerbeziehungen auf oder akzeptierten sie aus anderen Gründen nicht. Und dann begann die jahrelange und hoffnungslose Suche nach einem Ersatz.

Nun ist G.s Leben einigermaßen zur Ruhe gekommen. Das Gefängnis bejaht sie als einen Teil dieses schwierigen Lebens, »weil ich Sie alle sonst ja nicht kennengelernt hätte«. Wirklich wichtig waren gelegentliche, rechtzeitige, gar nicht mal fundamentale Hilfen. Die Geschichte dieser Frau gehört gewiß nicht zu den eindrucksvollsten, aber sie gehört zu denen, bei denen durch Anhänglichkeit gelernt werden konnte.

Soziales Umfeld, Delikte, Verhaltensmuster

Ehe noch mehr von Einzelschicksalen die Rede sein soll, muß nun doch wohl einiges über die allgemeine Situation straffälliger Frauen, wie wir sie erlebten, gesagt werden.

Eine einfache, schlüssige Theorie der Entstehung von weiblicher »Kriminalität« hatten wir nicht. Es gab – und gibt auch heute noch – lediglich Ansätze und Teilerklärungen, die für begrenzte Bereiche plausibel sind. Und es gibt Merkmale, die in den Lebensläufen gehäuft auftreten und die uns in den Lebensgeschichten der Frauen, mit denen wir zu tun hatten, immer wieder begegneten, ohne daß es uns gelungen wäre, daraus eine allgemeine Theorie zu entwickeln. Es ist ja auch daran zu denken, daß uns aus der sich erst langsam entwickelnden kriminologischen Wissenschaft kaum Wissen zur Verfügung stand.

Längst ist bekannt, daß Frauen weit seltener straffällig werden als Männer. Erklärungen dafür zu versuchen, ist hier nicht der Raum. Unter den Inhaftierten machen Frauen – auch international – drei bis vier Prozent aus. Noch mehr als bei den Männern überwiegen bei ihnen die einfachen, leichten Vermögensdelikte; Einbruchdiebstähle sind ganz selten. Gewalttaten spielen – abgesehen von Kindesmißhandlungen und Körperverletzungen, vor allem im familiären Bereich – kaum eine Rolle. In den Strafanstalten allerdings sammeln sich die wegen Gewalt-, ja Kapitaldelikten inhaftierten Frauen wegen der Länge der entsprechenden Strafen an, was eine psychologische Belastung des Hausklimas bewirkt. Ein häufiges Problem sind, auch wegen der noch vorhandenen gesellschaftlichen Rolle der Frauen, Abhängigkeiten: von Personen, meist Männern, von Alkohol, Drogen und Medikamenten. Selten können die Frauen sich auf verläßliche menschliche Beziehungen stützen. Untersuchungen haben ergeben, daß nur bei zehn Prozent Ehen oder Partnerschaften bestehen. Kinder haben sie meist mehr als der Durchschnitt nicht bestrafter Frauen. Die Bedingungen ihrer Herkunft und Entwicklung waren meist bedrückend schlecht. Es fehlte an Bildungs-, Ausbildungs- und Berufschancen. Die Frauen sind überwiegend einsam und arm, nicht selten durch Kinder doppelt belastet. In ihren Lebensgeschichten spielt frühe, demütigende und persönlichkeitszerstörende sexuelle Gewalt eine oft erschütternde Rolle.

Über alle diese Tatsachen gibt es heute, anders als damals, Literatur. Mir schienen an dieser Stelle ein paar Andeutungen deshalb nötig, damit meine Aussagen über die Frauen, mit denen ich zu tun hatte, in ein allgemeines Bild eingeordnet werden können. Vielleicht erschließt sich aus diesen Andeutungen auch, wie wenig Freiheitsstrafen bei diesen Frauen im Grunde ausrichten können.

Aber wenn im folgenden von »den Frauen« die Rede sein wird, so geht es dabei nicht um kriminologische Wissenschaft oder Kritik, nicht um Sein oder Gewordensein, Wesen oder Umstände. Es geht um die Lebenssituation und -wirklichkeit von Frauen, die mit uns, in diesem Haus, zusammenlebten: wie sie uns erschienen und entgegentraten, wie wir einander Böses und Gutes antaten. Und es geht auch darum, daß unsere

Zuwendung zu ihnen uns wichtiger war als der reibungslose Ablauf des Hausbetriebes.

Ich hatte Glück. Ich mochte die Frauen, jedenfalls die meisten von ihnen. Sie und ihre Situation berührten mich fast in jedem Einzelfall. Sei es die bloß »dusselige« Frau, die aus Angst, ihr Manteldiebstahl könnte herauskommen, immer wieder den einen gestohlenen Mantel gegen einen anderen tauschte und dann mit dem einen gestohlenen Mantel in ihrem Besitz wegen zwanzig Diebstählen vor Gericht kam. Vor ihrem Versuch, sich selbst vor dem Richter zu verteidigen, schritt sie tagelang in ihrer Zelle auf und ab und und memorierte ihre für die Verhandlung angefertigte Rede. Oder sei es die Frau, die nach vieljährigem Martyrium, das auch die Kinder betraf, den Ehemann tötete und damit für immer belastet blieb.

Es gab nur wenige, auf die einzugehen mir schwer fiel. Ich wußte natürlich, daß es vor allem auch ihre Lage war, die sie liebenswert machte, ihre Ohnmacht, ihr Angewiesensein. Sie kamen ja überwiegend aus schlechten sozialen und familiären Verhältnissen. Da uns wissenschaftliches Material nicht zur Verfügung stand, suchten wir aus Gesprächen, Vorakten, anderen Aufzeichnungen und aus Verhaltensweisen abzuleiten, wo die Ursachen für ihre Probleme liegen könnten, woher sie kamen und was sie brauchten.

Darauf aufbauend, versuchte ich dann, Erfahrungen zusammenzufassen und vorsichtig zu deuten, und zwar in einem Artikel für die Monatsschrift für Kriminologie und Strafrechtsreform (1968, Heft 1/2 und 7/8). Damit erfüllte ich mir zunächst nur einen eigenen Wunsch: eine Statistik darüber zu erstellen, woher und mit welchen Vorgeschichten die Frauen in unser Haus kamen. Da ich ebenfalls wissen wollte, wer und wie viele von ihnen innerhalb von sechs bis sieben Jahren »rückfällig« geworden waren, überprüfte ich, unterstützt von einer Mitarbeiterin, die Frauen auch unter diesem Aspekt. Und ich versuchte, sie nach unserem Erkenntnisstand in etwa zu gruppieren. Das war wenig wissenschaftlich und diente vor allem der Befriedigung des eigenen Wissensdurstes.

Die Population von Frauenstrafanstalten hat sich seither wohl geändert, ich denke vor allem in bezug auf zwei Merkmale: Die große Anzahl der »Verwahrlosten«, das heißt, der damals mit Haft bestraften Prostituierten und »Herumtreiberinnen«, hat aufgrund veränderter rechtlicher und gesellschaftlicher Bewertungen abgenommen. Die sozialen Herkunftsbedingungen haben sich, statistisch gesehen, etwas angehoben; insbesondere durch das Hinzukommen der Drogenabhängigen hat sich der durchschnittliche Bildungsstand erhöht. Bei einer »Momentaufnahme« zu Anfang meiner Tätigkeit fand ich den Gesamteindruck des Hauses dadurch bestimmt, daß mit Haft bestrafte Frauen jeweils nur sehr kurz, jedoch mit häufigen Wiederholungen ins Haus kamen. Ich will die Verhältnisse von 313 in jenen ersten Jahren entlassenen Frauen, sehr verkürzt, einblenden.

Es kamen aus der sozialen Unterschicht 45 Prozent, aus der unteren Mittelschicht 30 Prozent und aus der gehobenen Schicht zwei Prozent, der Rest machte keine Angaben. Da durchweg aus Selbstdarstellungen abgeleitet werden mußte, kann man von subjektiven Überhöhungen ausgehen.

Aus schlechten familiären Verhältnissen (Voll- und Halbwaise, zerrüttete Elternbeziehungen, Heime, wechselnde Erziehungssituationen) kamen 45 Prozent, aus äußerlich scheinbar geordneten Verhältnissen 39 Prozent. Diese letzten Angaben fielen, wie gelegentlich überprüft werden konnte, noch häufiger als die über die soziale Situation zu positiv aus. Dabei waren die Familienbedingungen der »verwahrlosten« Frauen noch wesentlich schlechter als die der »kriminell« auffälligen. (Heute würde man Prostituierte nicht mehr als »Verwahrloste« bezeichnen. Auch ihr Erscheinungsbild hat sich verändert.)

An der Spitze der Straftaten standen damals wie heute einfache Vermögensdelikte (Diebstahl, Unterschlagung, Betrug, Hehlerei u. ä.) mit 60 Prozent. Knapp vier Prozent hatten Gewaltdelikte begangen, 3,2 Prozent Fremdabtreibungen. Diese Aufstellung gibt natürlich kein getreues Abbild der Situation im Hause wieder. Da Strafen für Gewaltdelikte ja länger ausfallen, war der prozentuale Anteil der deshalb bestraften Frauen an manchen Stichtagen sogar höher als in den Männeranstalten.

Zu den Eigentumsdelikten muß noch angemerkt werden, daß sie wegen ihres Bagatellcharakters Frauen nahezu nur wegen häufiger Wiederholung in Haft brachten. Einbruchdiebstähle spielen – anders als bei den Männern – so gut wie keine Rolle. Und zu den schweren Gewaltdelikten ist zu sagen, daß es sich durchweg um einmalige Konflikttaten ohne allgemeine soziale Gefährlichkeit handelt. Nicht einmal die häufigsten Straftaten, wie Warenhausdiebstähle, sind sozial gefährlich. Sie belaufen sich selten auf größere Werte; auch im Privatbereich stellen sich die Vermögensdelikte, wenn sie auch zweifellos lästig sind, doch selten als wirklich gefährlich heraus.

Was ihre persönliche Situation betraf, so war von den untersuchten Frauen etwa ein Drittel verheiratet; dieser Anteil blieb auch bei späteren Untersuchungen konstant. Doch nur etwa zehn Prozent dieser Beziehungen überdauerten die Haft. Damals hatten die Frauen durchschnittlich 2,8 Kinder, mehr als der Durchschnitt der Frauen in der Gesamtbevölkerung mit damals 1,8 Kindern.

Als auffallende Probleme in den Herkunftsfamilien beeindruckten uns überstrenge Väter und indifferente Mütter, die ihre Töchter oft um eines Partners willen aufgaben. Daß viele Frauen früh sexuell mißbraucht worden waren, mit oder ohne Wissen und Duldung der Mütter, und darauf mit schweren Schuld- und Haßgefühlen reagierten, lernten wir erst nach und nach. Es wurde meist lange verschwiegen. Mangel an Selbstwertgefühl kennzeichnete die meisten, so laut und fordernd sie auch auftreten mochten.

Den meisten fehlten Bildung und Ausbildung. Manche verhielten sich stumpf und unbeweglich, doch nicht wenige waren voller Leben, spontan, vital und gefühlvoll, dabei allerdings auch chaotisch und ungebremst. Andere hingegen waren klar und reif, doch schwach in ihren Abhängigkeiten. Nicht selten erschütterten uns ihre Treue und ihr Zutrauen. Doch beides war auch brüchig und zerbrach, wenngleich kaum je endgültig, bei Enttäuschungen. Dann fühlten sie sich wieder einmal »verkauft«, und es konnte sogar unkontrollierter Haß ausbrechen. Doch darauf folgte meist bald wieder Reue, aus den Schuldgefühlen heraus, die uns oft bedeutender erschienen, als es das Fehlverhalten verdient hätte. Es wurde mit aggressiver Abwehr oder passiver Resignation überkompensiert. In der Strafanstalt wurden die äußeren Verhaltensmuster beibehalten, die sich draußen schon ausgebildet hatten.

Uns erschien es oberflächlich, wenn Praktikantinnen oder sich für progressiv haltende ehrenamtliche Helferinnen meinten, bei den bestraften Frauen handele es sich um ein mehr oder weniger zufälliges, umweltbedingtes Versagen. Nein, es hatte meist tiefere Gründe. Neben sozialen Defiziten lagen ihm auf Disposition und vor allem auf Lebensgeschichte beruhende, belastende Schädigungen zugrunde. Sie machten die Frauen ihrem Schicksal gegenüber unflexibel und hilflos und veranlaßten sie, nach falschen Auswegen zu suchen. Es fiel ihnen schwer, Lebensschritte zu planen und dann an ihnen festzuhalten. Die innerlich und äußerlich zur Verfügung stehenden Spielräume waren zu klein, sogar in bezug auf die Hilfen, die wir geben konnten, die aber nur selten angenommen wurden. Das gelang eher, wenn die Beziehung über die Entlassung hinaus anhielt.

Und so bestätigte die Nachuntersuchung, daß 45 Prozent der Frauen innerhalb von sechs bis sieben Jahren »rückfällig« wurden, wobei bloßes Bagatell-Versagen noch nicht einmal mitgezählt wurde.

Wie schwer es fiel – vielleicht vor allem in dieser tristen Umgebung –, zunächst freudig Geplantes auch durchzuführen, erfuhr ich schon 1949: Als die Frauen und wir gemeinsam beschlossen, in das damals noch ganz ungegliederte, planlose Zusammenleben eine Art modifizierende Gliederung einzuführen, war der Jubel groß. Es sollte eine Art Wohngemeinschaft für die Frauen mit längeren Strafen geschaffen werden. In dieser sollten sie mittags gemeinsam essen, sollten weitere Aktivitäten entwickelt werden. Doch bei der Durchführung, die mit einzelnen Zellenumzügen verbunden war, ging es nervenaufreibend hysterisch und zänkisch zu. Da zeigte sich ein großer Mangel an Anpassungsfähigkeit, Toleranz, Großzügigkeit und Flexibilität. Erschöpft schrieb ich mir abends auf: »Es sind doch arme Wesen, unfähig vernünftig zu handeln, auch zum Teil böse und hemmungslos und undankbar, aber eben doch vor allem unfähig aus Hilflosigkeit.«

An eine junge Frau erinnere ich mich noch besonders: Sie tobte so sehr, daß man sie absondern mußte. Sie schlug noch lange gegen Tür und Wände. Dann ließ sie mich rufen. Ich erwartete, daß sie mir etwas an den Kopf werfen würde. Doch – da stand sie mit großen Augen an der Heizung, tief erschrocken über sich selbst. Schluchzen schüttelte sie; sagen konnte sie nichts. Mir schoß das Blut zum Herzen. Ich mußte sie am Arm festhalten, bis sie sich beruhigt hatte. Und ich begriff wieder einmal: Solches Benehmen ist vor allem eine Bitte um Beachtung und Hilfe.

Bei der Mehrzahl der Frauen fiel also vor allem ihre Störbarkeit auf, die das Zusammenleben schwierig gestaltete. Vielleicht vermittelt die Schilderung eines Tages aus der Anfangszeit einen Eindruck vom »normalen« Leben in einem solchen Haus, vor allem, bevor es uns gelang, sein Klima »in den Griff« zu bekommen. An einem Abend des ersten Jahres schrieb ich auf: »Ein keineswegs besonderer Tag: Zwei Frauen haben Gegenstände (Nadeln, Glassplitter, Besteckteile) verschluckt und mußten im Anstaltskrankenhaus behandelt werden. Eine Operation ist hoffentlich nicht erforderlich, doch auch nicht ausgeschlossen. Eine Frau tobte, weil sie ihre Zelle mit einer anderen tauschen sollte. Ich gab ihr schließlich nach und brachte damit fast das ganze Haus, wegen der Inkonsequenz, gegen mich auf. Eine andere tobte aus einem ganz persönlichen Grund und schlug ihr Zelleninventar kurz und klein. Eine Frau bat dringend, auf dem Hof arbeiten zu dürfen. Sie bat um diesen ›Vertrauensbeweis‹, obwohl sie einmal – vor meiner Zeit – entwichen war und das Außenarbeit eigentlich ausschließt. Sie wollte mit einem ›Ehrenwort‹ beweisen, daß sie vertrauenswürdig sei. Ich gab ihr dieses Vertrauen, und wieder schüttelten fast alle den Kopf. Und eine mußte schließlich abgesondert werden. Sie hatte erwartete Post nicht bekommen, und in ihrem Verlassensein geriet sie völlig außer sich. Sie schrie, schlug gegen die Holztür der Zelle, brachte das ganze Haus außer Rand und Band. In der Absonderung habe ich dann lange mit ihr gesprochen.

Zu einer anderen wurde ich gerufen, weil sie, statt wie erwartet, entlassen zu werden, erneut in Untersuchungshaft genommen worden war.«

Zwar wurden alle meine Entscheidungen hart kritisiert, doch wurde ich bei allen Schwierigkeiten gerufen, weil es mir dann doch – und keineswegs nur durch Nachgeben – gelang, die Frauen zu beruhigen. Eine Frau, die um sich schlagend mit männlicher Hilfe von ihrem Arbeitsplatz in ihre Zelle gebracht werden mußte, weil sie die Mitgefangenen gefährlich angegriffen hatte, tobte in meiner Gegenwart laut, obszön grölend und schimpfend weiter. Ich stand, ohne etwas zu sagen, innen an der Zellentür, hinter ihrem Rücken. Mit einem Mal drehte sie sich herum und sagte: »Naja, Sie sind ja sowieso meine Medizin.« Und wir hatten ein langes Gespräch miteinander, das die Verzweifelte schließlich beruhigte.

Täterinnengruppen und »kriminelle Karrieren« – Versuch einer Typologie

Ich möchte gerne einige Frauen so schildern, wie wir sie erlebten. Da waren die »Verwahrlosten und Herumtreiberinnen«, die anfangs größte Gruppe im Haus, die später stark zurücktrat, als ihre »Taten« durch die Strafrechtsreform nur noch unter Ordnungswidrigkeiten eingestuft wurden. Diese Gruppe war oft eine Quelle der Verzweiflung: »Unser Publikum ist so unglaublich, unsere Möglichkeiten, es mit ihm ›richtig‹ zu machen, sind so gering. Wir haben mehr Haft- als Gefängnisstrafen. Die ersteren verbüßen vor allem wild chaotische, unbeherrschte, wenig differenzierte und auch ordinäre Frauen. Viele von ihnen sind einfach kindlich-unreif. Doch neben ihnen gehen die differenzierteren zugrunde. Und ich habe ständig ein schlechtes Gewissen ihnen gegenüber. Wir müßten getrennte Häuser schaffen. Sonst kann aus ›Preungesheim‹ nichts werden.« Dabei waren ja gerade die »Verwahrlosten« für den wachen Beobachter die lebendigen, spontanen, anziehenden, aber nicht selten im Jähzorn auch die gewalttätigen Menschen.

Da war ein Tag im Mai 1950: »Ich war zum ersten Mal seit Tagen zwei Stunden außer Haus. Als ich zurückkam, stand das Haus Kopf. Die kleine L. tobt, schlägt mit einem vom Bett abmontierten Eisenstab gegen die Türe. In der anderen Hand hält sie einen Blumentopf, mit dem sie den empfangen will, der die Türe öffnet. Ich habe außer der Stationsbeamtin Herrn M. aus der Verwaltung hergebeten. Wir stehen noch vor der Türe. In der einen Hand hat die Tobende das Eisen, in der anderen den Blumentopf. Meine Vertreterin geistert durch das Haus: Sie werde sich krank melden, sie mache das nicht mehr mit. Ich öffne die Tür im Gefühl, gleich saust das Eisen auf dich nieder, oder der Topf fliegt dir an den Kopf. Doch L. bleibt auf dem Bett sitzen. Ich stehe vor ihr: ›Geben Sie mir das Eisen.‹ Sie tut es nicht: ›Rühr mich nicht an.‹ Die Situation ist nicht schön. Schließlich schnappe ich mir das Eisen, einen Augenblick ringen wir darum. Die anderen stehen vor der Tür. Wäre es schief gegangen, hätte ich erstmal einen Schlag über den Kopf bekommen. Doch ich siege, und wir bringen L. in die Absonderung. Dort tobt sie weiter. Wir haben keinen sicheren Raum im Hause, niemanden für Hilfestellungen, wie wir sie in solchen Augenblicken brauchten. Man läßt uns die Arbeit tun ohne trainiertes Personal. Und man selbst ist eben so leichtsinnig, die Verantwortung unter solchen Bedingungen auf sich zu nehmen. Dann ist Nacht, L. schreit und tobt weiter. Dagegen ist man machtlos. Die anderen Frauen sind äußerst gereizt, weil sie schlafen wollen. Wann fangen auch sie an?«

Da waren aber auch die Leichtherzigen, Verträglichen. »Eben kam eine in mein Büro gelaufen, etwa 50 Jahre alt. Sie machte einen Knicks und sagte ganz ernsthaft: ›Können Sie mir nicht ein bißchen weniger geben?‹ Als ich erklärte, daß ich das nicht könne, sagte sie: ›Auch gut, die Zeit wird schon herumgehen‹, knickste wieder und ging.«

Und da waren die Gefährlich-Gewalttätigen, die schwer zu Bändigenden, die aber nicht selten durch Bindung zur Ruhe kommen konnten. Da war die Frau, die mich schonte, als ich sie im »Schwitzkasten« hielt, und sich nicht freimachte, um mich nicht zu blamieren. Da war eine andere, die etwa 30jährige K., die im Zorn ausrief, sie werde mich »zerkrümeln«, und die mich dann zu lieben begann, weil da wohl vorher nie jemand war, den sie hätte lieben können. Nun hielt sie still, wenn ich sie nur gelegentlich ansprach. Das geschah zum Beispiel einmal, als wir Angst hatten, sie werde einer anderen, die sie (mit Grund) haßte, etwas antun. »Aber Frau Direktorin, haben Sie doch nicht solche Angst wegen mir. Wie werd ich mich denn mit sowas beschmutzen. Die ist ja gleich tot, wenn ich sie nur anrühre. Sowas fasse ich doch nicht an.« Ein anderes Mal ging es um das Rauchen, das ja »von oben« verboten war. Sie erklärte vor einem großen Kreis: »Wenn ich eine Kippe find, da wird die geraucht, da könnese mache, wasse wolle, da kann ich net anders.« Ich: »Wie wäre es, wenn Sie gleich, wenn Sie die Kippe finden, sie abgeben, noch ehe die Gier ganz groß geworden ist?« Da wurde sie ganz verzweifelt: »Nee, nee, e Kippe abgebe, Frau Dokter, ich?, nee, des is ganz unmöglich, nee, des kann ich net.« Sie war ganz erschrocken über eine solche Zumutung. Aber am nächsten Tag kam sie angerannt: »Frau Dokter, ich habs mir überlegt. Ich rauch net mehr, nee, ich tus net.« Ich weiß, sie wird sich bemühen und wird es mir mitteilen, wenn sie wieder schwach geworden ist, was bestimmt kommen wird. Ehrlichkeit ist ja die letzte Rückzugsbastion ihrer Moral.

Unter denen, die sich nur schwer zurechtfanden, waren die, die wir mit voller Achtung vor ihrem Schicksal »Strandgut des Krieges« nannten. Die beiden Schwestern, deren Lebenswege aufgrund von Zufällen so verschieden verliefen, habe ich erwähnt. 1948 schrieb ich über drei andere auf: »Drei kamen, soeben entlassen, nach wenigen Tagen wieder zurück. Eine brach aus: ›Ich bin ja so froh, daß ich wieder da bin. Wo soll ich denn sonst hin? Ich habe doch nicht umsonst meine Urkundenfälschung angegeben. Und ich werde hier drin was anstellen, daß ich nicht wieder rauskomme. In die Ostzone kann ich nicht wieder zurück, und hier in der Westzone kann ich auch nicht unterkommen. Wohin soll ich denn bloß? Arbeit finde ich in meinem Alter (sie war eben über dreißig) kaum noch, die Bauern wollen junge Mädchen ... und wir?‹«

So kommt es, daß Frauen »von sich aus« hierherkommen, oder sie werden zu den »Herumtreiberinnen«, die wieder und wieder aufgegriffen werden und schließlich den Weg zurück nicht mehr finden. E. kam in einem der ersten Jahre zum ersten Mal, und später immer wieder. Ein damals hübsches, schlankes Mädchen, begabt fürs Singen und Tanzen, auch fürs Arbeiten, wenn jemand sie dazu anhielt. Draußen aber wanderte sie durch die Gaststätten, von einem amerikanischen Freund zum anderen. Als ich sie einmal fragte, warum sie denn nie einen von denen geheiratet habe, um mit ihm in die Staaten zu gehen, wie es damals der Ausweg für viele war, brach es aus ihr heraus: Das hätte sie gerne getan, doch habe sie keinen Mann länger als ein paar Wochen binden können. Und dann erzählte sie ihre bisher verschwiegene Geschichte: Der Vater war im Krieg, die Mutter war zur Trinkerin geworden; einmal hatte sie sie als Kind aus dem Dorfteich herausgefischt. E. war dann ins Heim gesteckt worden und kam mit diesem 1944 aus Ostpreußen auf die Landstraße. Wir versuchten viel mit ihr. Vor allem fanden wir eine liebevolle Helferin, die sie bei sich aufnehmen wollte und sie lange vor der Entlassung regelmäßig in der Anstalt besuchte. Nach dem zweiten Besuch kam E. glückselig zu mir gelaufen: »Sie hat mir zum Abschied einen

Kuß gegeben.« Sie ging dann tatsächlich in diesen Haushalt, doch nach wenigen Wochen verschwand sie aus dem Haus, in dem man gut zu ihr gewesen war, das sie aber wohl als zu fremdgeordnet erlebt hatte. Die Helferin war fassungslos traurig, aber auch fast verständnislos. Auch wir lernten erst langsam, wie Bindungsunfähigkeit entsteht und wie sie ein solches Leben zerstört.

Ganz wenige Frauen gingen den Weg durch Strafe und Strafvollzug auch aus Lust am bunten Leben und am Abenteuer. Doch auch bei ihnen steht am Anfang fast immer eine graue Herkunft, die nicht gelehrt hat, wie »Lust« auch legal erfüllt werden kann. Hier nur ein Beispiel: »P. ist ein schwieriger, anspruchsvoller, nervtötender Teufel mit blinkenden braunen Augen und voller Leben. Nun ist sie schon über ein Jahr hier und erwartet noch eine langwierige Anschlußstrafe. Heute sagte sie zu mir: ›So kommt man von einer Sache in die andere. Da wäre es doch besser, kleiner Gehaltsempfänger zu sein und ein spießbürgerliches Dasein zu führen. Aber nee, das ist auch nicht interessant, lieber doch nicht.‹ Und dabei glimmert es in den Augen voller Teufelei und Lebenslust.«

Weniger lebensvoll, doch in ihrer Problematik durchweg schwieriger waren die Frauen, denen schwere Konflikte psychische Belastungen und damit eine schwerwiegende oder eine Kette kleinerer Straftaten auferlegt hatten. Bei ihnen fiel neben ihrer Realitätsferne oft eine überdurchschnittliche Egozentrik auf, die gelegentlich mit guter Intelligenz gekoppelt war.

Eindrucksvoll für uns war eine unscheinbare, auch für uns schwer zu begreifende junge Frau, die mit einem Mann zusammen ein Mordkomplott gegen dessen Frau geschmiedet hatte, das nicht erfolgreich gewesen war. Sie kam aus sehr geordneten – vielleicht zu geordneten –, doch wohl auch liebevollen kleinbürgerlichen, religiös engagierten Verhältnissen, als verwöhntes, aber engstirnig und unselbständig gehaltenes Kind.

In ihrem Büroberuf leistete sie verantwortungsvolle, hervorragende Arbeit. Im dritten Lebensjahrzehnt traf sie auf diesen Mann, vielleicht war er der erste in ihrem Leben. Eine unbezwingbare Leidenschaft erfaßte sie. Teilte er sie? Er sprach von seiner auf den Tod kranken Frau, bei der es nur geringer Nachhilfe bedürfe, damit sie füreinander frei werden könnten. Wollte er diese Freiheit überhaupt? Sie besorgte ein langsam, in niedriger Dosierung wirkendes Gift. Er bewahrte es in seinem Schreibtisch auf, verwendete es aber nicht. Doch sie schrieben einander Briefe, daß sie es »schaffen« und dann glücklich sein würden. Sie führten lange Telefongespräche über ihre Pläne – über die Diensttelefone. So wurden sie entdeckt.

Sie stellt erst in der Gerichtsverhandlung fest, daß die Ehefrau vollkommen gesund und keineswegs vergiftet worden ist. Keiner der Zuhörer entwickelt Antipathien gegen sie. Diese getäuschte Frau stößt nicht ab, sogar die Ehefrau des Geliebten zeigt Verständnis für sie, die ihren freien Willen offenbar eingebüßt hat. Die Strafe beträgt fünf Jahre Zuchthaus. Vier Jahre lebt sie in unserem Haus, unscheinbar, als zuverlässige Bürohilfe. Dann geht sie zu den Eltern zurück und lebt dort offenbar ihr stilles, einsames, unauffälliges Leben weiter. Einmal war sie von einem Blitz getroffen worden, gegen den wohl keiner hätte helfen können. Die Strafe hätte sie für ein danach straffreies Leben nicht gebraucht.

Kaum anders war es ja bei dem schon erwähnten jungen Mädchen gewesen, das sich als Spielball des geliebten Mannes empfinden mußte, der es nahm und fortwarf, und das vor der Wohnungstür seiner Ehefrau Feuer gelegt hatte und dann ein Leben lang daran tragen mußte.

Ich erinnere mich an eine andere Frau, die aus Verzweiflung über eine leere, unselige Ehe das jüngste Kind hatte sterben lassen, als es ein Spielzeugkügelchen verschluckt hatte. Nach sechs Monaten vollkommenen Verstummens lernte sie es in den nächsten drei Jahren, wieder zu sprechen; nun suchte und fand sie Rat. Nachdem sie entlassen worden war, machte sie mir bei einem Besuch Vorwürfe: Sie habe nun gelernt, über die Schwierigkeiten zu sprechen, aber der Mann könne es immer noch nicht. Da lag ein schweres Problem unserer isolierten Arbeit. Nur einmal hatte ich mit dem Ehemann reden können. Es gelang uns wenigstens, für die Frau eine Arbeitsstelle zu besorgen, in der sie sich notfalls aussprechen konnte.

Unerträgliche Kälte, oft auch in den Familien, führte also zu ernsten Straftaten oder »kriminellen Karrieren«.

Da war F., die von ihrer Mutter neben der kranken Schwester nicht wahrgenommen worden war. Als die Schwester starb, schrie die Mutter: »Warum bist du nicht gestorben?« Die Mutter blieb kalt und war außerdem von einer bigotten Frömmigkeit, die – so nahm es die Tochter wahr – nur noch für ihre Bibelgruppe, aber nie für Mann und Kind Zeit und Liebe hatte. Väter gleichen solche Mängel nur selten aus. Das junge Mädchen kompensierte durch beträchtliche Betrügereien, die sie eigenartigerweise immer an Männern beging. Doch immer war sie auf der Suche nach Menschen, bei denen sie nicht mehr hätte kompensieren müssen. Um sie haben wir mit viel Einsatz gekämpft, ihre Bindungsunfähigkeit zu überwinden, im Haus und in den jeweiligen Zwischenzeiten »draußen«. Auch aus entfernten Städten rief sie an, wenn sie versuchte, ihren Depressionen zu entrinnen.

Ihre vorletzte Straftat war eine Tötung. Sie glaubte, endlich den Mann gefunden zu haben, für den sie sich endgültig entscheiden konnte. Doch er erfuhr, daß sie zur Zeit von Prostitution lebte, und äußerte seine offenbar tiefe Enttäuschung in hemmungslosen Beschimpfungen und Demütigungen. Als er sie im Auto nach Hause fuhr, schlug er sie noch dazu, wollte sie nicht aussteigen lassen. Sie erstach ihn mit dem »Prostituierten-Schutzmesser«.

Unvergeßlich ist mir, wie sie damals in die Anstalt zurückkam. Völlig starr, ganz still. »Es ging ganz leicht. Ich hätte nicht gedacht, daß es so leicht geht. Ich konnte nicht anders.« Sie suchte Versöhnung mit der Frau des Geliebten, von deren

Existenz sie erst jetzt erfuhr, wurde aber abgewiesen. Ein Gutachten rettete sie vor der lebenslangen Strafe. Als sie schließlich entlassen worden war, folgten wieder die langen Telefongespräche.

Dann verschwand sie. Die nächste Nachricht kam aus der Strafanstalt eines anderen Landes. Wieder ein Großbetrug an einem Mann. Sie hätte zu uns zurückkommen, vielleicht eine Therapie machen können. Doch sie lehnte ab und verstummte nach einem kurzen Briefwechsel. Als sie dann wieder entlassen worden war, fand sie einen Mann, der uns als problematische Persönlichkeit bekannt war. Doch bei ihm blieb sie bis zu seinem Tod. Hatte sie die relativ enge Bindung an mich und an eine Sozialarbeiterin des Hauses nicht ausgehalten? Auch das gibt es.

Nicht nur Männer waren die Opfer solcher schweren Beziehungskonflikte, die aus Enge und Verkrampfung zu katastrophalen Ausbrüchen führten. Auch aus einschränkender Verwöhnung heraus sind derartige Eruptionen möglich. Das war bei einer schönen, großen, schlanken, blonden Frau der Fall, die beruflich erfolgreich war und der man auch sonst alle Lebenserfolge zugetraut hätte. Von Mutter und Großmutter umhegt, hatte sie sich – obwohl inzwischen Ende zwanzig – nie von ihrem Zuhause lösen können. In dem Dreifrauenhaushalt gab es keine Bewegungsfreiheit. Nicht einmal ein eigenes Zimmer hatte die fast Dreißigjährige. Alles wurde besprochen, verwaltet. Als ihr einmal von der Großmutter ein Stück Seife verwehrt wurde, weil doch gerade noch eins dagewesen sei, erschlug sie diese mit einem Leuchter, und danach beinahe auch noch die Mutter. Während der Haft besuchte die Mutter sie dann regelmäßig. Die nun zu beobachtende Zweiersymbiose hielt an – auch über die Haftzeit hinaus.

Plötzliche Ausbrüche aus hilflos-abhängiger Enge und Überforderung lagen auch den meisten Kindesmißhandlungen und Kleinkindtötungen zugrunde. Dabei spielten allerdings äußere Umstände eine noch größere Rolle als frühe psychische Verformungen. Nicht selten waren auch wir erschüttert und abgestoßen von dem, was die Presse über solche Frauen berichtet hatte. Und fast immer sah dann die Wirklichkeit, die hinter einer solchen Schreckenstat stand, anders aus. Das waren nicht harte, egoistische, gar sadistische Menschen, sondern fast immer hilflose, überforderte Frauen, für die ihre Partner oder die Kindesväter nicht aufkamen, Mütter von drei bis fünf Kindern, Frauen, deren trinkende Ehemänner sie sexuell und materiell übermäßig beanspruchten; auch Abhängigkeiten und Unkenntnis spielten eine Rolle. Zwei solche Frauen seien hier geschildert.

Die erste war ausgebildete Kindergärtnerin, tüchtig, lebensfroh, freundlich und warmherzig. Zu Bindungen war sie fähig und bereit – unsere Beziehung zu ihr dauerte nach der Entlassung über 30 Jahre an, bis zu ihrem Krebstod. Sie hatte schnell hintereinander drei Kinder bekommen. Als das jüngste schwer krank wurde, unterließ sie es, die bis dahin gut für die Kinder gesorgt hatte, auf Befehl des Ehemannes, einen Arzt zu verständigen. Nachbarn taten das schließlich, und das Kind konnte gerettet werden. Erst wenige Jahre vor ihrem Tod konnte ich sie nach dem Grund für ihr Verhalten fragen. Ihre Antwort: »Bei uns zu Hause wurde alles vom Vater entschieden. Niemand hätte gewagt, gegen ihn zu handeln.« Warum hatte ihr Mann ihr untersagt, den Arzt zu rufen? »Er wollte wohl nicht, daß jemand sah, wie es bei uns zuging.« Er trank und schlug sie und die Kinder. Als sie nach der Entlassung dann neben einer Halbtagsarbeit allein für mittlerweile vier Kinder sorgen mußte, leistete sie das hervorragend.

Die zweite Frau war, wie auch ihr Partner, ein Heimkind. Beide waren sie aus dem Heim entlaufen, lebten zusammen und hatten drei Kinder. Erst nach Jahren, als sie volljährig – damals über 21 – geworden waren, konnten sie heiraten. Alle drei Kinder waren in Heimen gewesen und wurden ihnen nun anvertraut. Das jüngste war noch ein Säugling. Beide Eltern waren absolut unreif, hatten selbst eine Familienerziehung nie erfahren. Sie waren mit den drei kleinen Kindern restlos überfordert. Als das kleinste Kind seinen Kot auf dem Boden verschmierte, war die junge Mutter zutiefst erschrocken, hielt das Kind für abartig und schlug es hart; vielleicht provozierte sie damit erst recht Wiederholungen. An den weiteren Schlägen starb das Kind. Als sie damals zu uns kam, war sie wieder schwanger. Das Kind wurde bei uns geboren und lebte mit der Mutter zusammen, im provisorischen Kinderheim. In diesem Zusammenleben vollzog sich eine erstaunliche Reifung der jungen Frau, so daß sie nach der Entlassung ein nicht nur rückfallfreies, sondern auch tüchtiges Leben führen konnte.

Es war eine kaum übersehbar große Zahl von Frauen, die wir begleiteten. Nahezu alle waren ohne jeden sozialen Rückhalt, einige deutlich unterbegabt, einige nach Gutachten zu schließen möglicherweise hirnorganisch geschädigt, viele auch durch die Flucht in die Drogen für ein gesundes Leben fast verloren, trotz aller unserer Versuche, wenigstens diese Krankheit zu heilen. Jede war eine Person für sich, und manche waren so, daß einem alles wehtat, wenn man sie ansah und ihre Möglichkeiten mit ihrer Wirklichkeit verglich. Das galt besonders für die ganz jungen, denen wir uns besonders intensiv zuwandten.

Da kam eine nach Jahren zu Besuch, die einstmals blühend und voller Leben gewesen war. Nun war sie ein verzweifeltes Wrack, bat noch einmal um Hilfe, die nichts mehr bewirken konnte. Die nächste Nachricht: Tod durch eine Überdosis. Gerade sie hatte so viele unentwickelte, auch musische Begabungen gehabt. Doch den schweren Belastungen, unter denen sie von der Kindheit an gelitten hatte, und den weiteren Bürden, die später hinzukamen, waren diese Begabungen nicht gewachsen gewesen, vor allem auch nicht dem im Unglück erworbenen Haß auf das eigene Leben.

Gelegentlich allerdings gelang es doch einigen differenzierteren, wenngleich mit schweren Straftaten belasteten Mädchen, die von ihnen selbst gesuchte Identität zu finden. Dann konnten wir Hilfe anbieten, die auch angenommen wurde, oft im weit über die Haftzeit anhaltenden Kontakt. Den hielten gerade die Jugendlichen zu ihrer Sozialarbeiterin (und über sie auch zu mir) nicht selten 20 Jahre lang und mehr.

Am problematischsten waren die »notorischen Betrügerinnen«, zu denen freilich Jugendliche nur selten gehörten. Das Problem bei ihnen ist, daß sie gutes Kapital für ihr Verhalten mitbringen: Überzeugungsfähigkeit und Glaubwürdigkeit, nicht selten hinter einem spießig wirkenden Äußeren verborgen. Daran, diese Fähigkeiten skrupellos einzusetzen, gewöhnen sich auch diejenigen, die im Grunde aus der »Verstrikkung« herausstreben, so sehr, daß sie in Notzeiten nahezu mechanisch nach immer den gleichen Auswegen greifen. Dabei nehmen sie »Not« relativ rasch als gegeben an und sind in ihren Methoden denkbar einfach, einfallslos und gleichförmig, selbst bei offensichtlich guter Intelligenz.

Solche Frauen brachten uns oft fast zur Verzweiflung; wir erlebten auch ohnmächtigen Zorn, wenn sie Ärmere, als sie selbst es waren, schädigten. Der einzige Trost: Die verursachten Schäden waren, bis auf Ausnahmefälle, nicht allzu groß. Und die Opfer waren, statistisch gesehen, meist Versandgeschäfte und nicht Einzelpersonen. Ich habe mich oft gefragt, warum diese Frauen so wenig bindungsfähig waren. Oder war nur der »dunkle Drang« nach Besitz und Konsum stärker als ihre Bindungsfähigkeit? Manchmal hatten wir auch den Eindruck, daß diese Frauen selbst nicht mehr aus dem Gespinst herausfanden, das sie um sich gewoben hatten.

P. war hinreißend – ein lebendiges, bildhübsches, biegsames, gepflegtes junges Ding. Sie kam als Amerikanerin mit einem Sack voll Betrügereien in Untersuchungshaft, zu einer Zeit, als noch das US-Militärgericht für solche Fälle zuständig war. Es bestanden allerdings Zweifel an ihrer Staatsangehörigkeit. Die sollten, wegen der Zuständigkeitsfrage, zunächst geklärt werden. P. sprach, auch nach Gutachteraussagen, ein absolut akzentfreies Amerikanisch. Ihre Handschrift entsprach nach Schriftgutachten der amerikanischer Schüler. Ich sprach englisch mit ihr. Verstand sie überhaupt deutsch? Wenn ja, dann war sie unglaublich beherrscht. Deutsche Unterhaltungen bewegten ihr Mienenspiel nicht, was immer sie ansprachen. Ihr Auftreten im Haus war – als Angehörige der Siegermacht – so arrogant und fordernd, daß ich die Mitarbeiterinnen vor ihr bewahren und den Umgang ganz auf mich nehmen mußte, unter dem Vorwand des Sprachproblems. Mir gegenüber nahm sie sich zusammen. An der Verhandlung vor dem Militärgericht nahm ich teil. P. schwor, in den USA geboren zu sein, und gab einen Ort an, den der Richter zufällig kannte. Sie beschrieb diesen Ort zutreffend. Dann aber kam der Staatsanwalt mit der Nachricht, ihre Mutter, eine Wienerin, sei auf dem Weg nach Frankfurt. P. bat, die Verhandlung zu unterbrechen, damit sie sich· mit mir besprechen könne. »Was soll ich nun machen?« – »P., das ist doch ganz einfach. Sagen Sie die Wahrheit, ist sie Ihre Mutter oder nicht?« – »Diese Frau wird behaupten, meine Mutter zu sein. Irgendwer hat ihr das eingeredet.« Doch die Mutter kommt nicht über die Grenze, die Verhandlung wird nicht beendet.

Ich reise für Wochen in die Vereinigten Staaten. Bald nach meiner Rückkehr kommt P. aus einer anderen Anstalt, in der sie eine Strafe eines deutschen Gerichts verbüßt hat, wieder in unser Haus. Von hier soll sie entlassen werden. Sie spricht und versteht wieder nur englisch. Aber nun ist sie total gelähmt. Die Transportpolizei trägt sie uns ins Haus und ebenso, für den Transport nach Österreich, auch wieder hinaus. P. protestiert schreiend, dorthin gehöre sie nicht. Doch sie kann sich, gelähmt wie sie ist, nicht wehren. Der Transport geht über die Autobahn. In Salzburg soll die österreichische Polizei sie in Empfang nehmen. Als die deutsche Polizei von der kurzen Verhandlung mit dieser zurückkommt, ist P. verschwunden. Wenige Tage später erfahren wir, daß sie wieder in Frankfurt ist, nun nicht mehr gelähmt. Es war ihr in Salzburg gelungen, zu Fuß zu entkommen. Irgendwie hatte sie es dann geschafft, über Telefon einen amerikanischen Militärwagen in Marsch zu setzen, der sie zurückbrachte.

Doch sie war ja nun frei, und wir vergaßen das überzeugungsstarke junge Mädchen. Eines Abends, ich war in der Stadt, bog ich um eine Straßenecke und stieß fast mit einem Irrwisch von jungem Ding zusammen, der aufschrie: »Oh mei!« Es war P. Nun klärte es sich: P. hatte einige Schuljahre bei ihrem Vater in den USA zugebracht. Doch als uneheliches Kind war sie keine Amerikanerin, was ihr möglicherweise zeitweilig selbst aus dem Bewußtsein geraten war.

Die Frauen, die geringfügige, aber immer wiederholte Straftaten begingen, glichen nicht selten denen, die wenige, aber schwere Delikte verübten, besonders dann, wenn ernstliche Fehlentwicklungen nicht ohne weiteres sichtbar waren. Auch unter ihnen fanden wir anscheinend weniger belastete, nicht so ans Herz greifende, dafür aber oft besonders anziehende und hoffnungsvolle Persönlichkeiten.

Da war die junge Frau, die sich mit einem gewissen Stolz als »Zigeunerin« bezeichnete und strahlend von ihren Raubzügen erzählen konnte, die sich zum Beispiel hinten in einem Zimmer abspielten, während die Wohnungsbesitzerin vorne zum Fenster hinausschaute. Sie war relativ lange bei uns, weil sie »es nicht lassen konnte«. Sie kam mit zwei Kindern, das heißt, das ältere kam nach, weil es während der Untersuchungshaft in einem anderen Bundesland im Kinderheim untergebracht werden mußte. Es kam mit einem schweren Hospitalismus-Schaden. Der konnte im Zusammensein mit der warmherzigen Mutter geheilt werden. Alle drei gediehen während der zwei Jahre bei uns gut. Die Mutter hielt dann noch viele Jahre, in denen »um der Kinder willen« nichts mehr passierte, die Beziehung zu uns aufrecht. Zu Hause hatte sie noch einen »blonden« Jungen, auf den die ganze Sippe stolz war.

Hierher gehört auch die bereits erwähnte junge Frau, die wegen einer Kette von Manteldiebstählen bestraft wurde, während sie doch beim ständigen Tauschen aus Angst vor Entdeckung immer nur einen Mantel in Besitz hatte. Sie war hinreißend, wegen ihres Witzes, ihrer intelligenten Selbstironie und ihrer zugetanen Vitalität. Doch auch sie kam aus unseligen Verhältnissen. Der Vater mußte in die Nervenklinik, als sie noch ganz klein war. Die Mutter, mit Erwerbsarbeit neben der Kindererziehung überfordert, verunglückte früh tödlich. E. wuchs im chaotischen Haushalt eines trinkenden Großvaters und schließlich im Waisenhaus auf. Daß sie nicht schlimmer gestört war, erschien uns als Rätsel. »Das einzig Gute an mir war, daß ich in der Schule meine Sache immer gut machte. Aber im Grunde war das auch schlecht. Wenn ich mich mehr hätte anstrengen müssen, hätte ich nicht so viel Zeit für Dummheiten gehabt.«

Und so stürzt sie wie ein Gießbach über einen her, wirbelt alles durcheinander, so originell in ihrer Darstellung und so hemmungslos in ihrem manischen Redeschwall, daß man aus dem Lachen kaum herauskommt. Man empfindet die Tragik dieses verfahrenen Lebens, das mit soviel Begabung, aber noch mehr Versagen beladen ist, nur halb. Diese Mimik, diese lachenden, viel zu hellen Augen, dieses unzerstörte, grübchenbewehrte Gesicht, diese wunderschönen Hände! Vom Staatsanwalt wurde sie gefragt, ob sie denn ihr übervoll mit Straftaten belastetes Leben gar nicht bereue. Darauf erwidert sie, daß sie es natürlich bereue, aber wenn sie das tue, müsse sie jetzt weinen und könne nicht sprechen, und das sei im Augenblick vordringlich. Einmal berichtet sie von einer Strafverbüßung in München. Da habe sie sich nicht mehr mit den vielen Namen zurechtgefunden, die sie sich gegeben hatte. »Ich bin fast wahnsinnig geworden vor lauter Namen.« Und das alles ist keine Schau, sondern echte Verzweiflung. So geht es ohne Ende, vital, verrückt. Ich habe überhaupt keine Hoffnung, daß sie bei aller Intelligenz und Begabung je einen normalen Weg gehen kann. Ehe sie sich umsieht, hat sie schon wieder etwas angestellt. Auch wenn sie »mit Männern fast gar nichts« hat, was bei ihrem Äußeren kaum glaubhaft ist. Wie ein Wirbelwind rast sie durch ihr Leben, gelegentlich zu uns, gelegentlich anderswohin.

Als sie einmal wiederkam, fragte ich, das Gespräch nur anstoßend: »Nun erzählen Sie, was war, seit Sie zum letzten

Mal von uns fortgegangen sind?« Ein Ausbruch der Ratlosigkeit: »Ich bin nicht schlecht, gewiß nicht, das spüre ich doch. Aber ich bin so verdorben, ach, ich weiß gar nicht, was ich für ein Mensch bin. Ich kann mich nirgends einfügen. Nie war ich in einer ordentlichen Familie, die meiste Zeit in einem Waisenhaus, immer bei fremden Leuten, in großen Gruppen von 200 bis 300 Menschen. Und dann setzt mit einem Male alles aus bei mir. Rasch habe ich etwas getan, und hinterher merke ich erst, daß ich wieder etwas fortgenommen habe. Und dann muß ich weiter und weiter. Ich bin herumgeflogen, von einer Arbeit zur anderen. Mit Männern habe ich mich nicht sehr viel herumgetrieben, obwohl ich auch da Enttäuschungen erlitten habe. Sie haben mir versprochen, für mich zu sorgen, und dann waren sie verheiratet, und es war alles nicht wahr. Und dann bin ich weitergefahren mit den Sachen, die ich ihnen fortgenommen habe. In B. habe ich gestohlen, und das ist dann herausgekommen. In K. wurde ich eingesperrt, da bin ich fortgelaufen. Da mußte ich einen falschen Namen haben. Auf den habe ich immer wieder gearbeitet. Ich bin ja nicht dumm, und ich bin auch geschickt. Aber es kam immer wieder was dazwischen, daß ich Angst haben mußte. So bin ich immer fortgelaufen und habe nichts gehabt und wieder stehlen müssen. Furchtbar war das, und ich möchte anders werden. Ich habe mir das fest vorgenommen... Wenn ich doch jemanden hätte, der zu mir gehört, dann könnte ich vielleicht anders sein. Mein Vater war in einer Nervenanstalt. Ich bin bestimmt nicht verrückt, doch zweimal habe ich Anfälle gehabt. Nun habe ich der Polizei alles angegeben, auch das, was sie noch nicht wußten, damit ich Ruhe bekomme...«

So geht es eine halbe Stunde, wild, ungehemmt, verworren und festgefahren. Kann man ein solches Leben besser darstellen? Wir haben nun viele Jahre nichts mehr von ihr gehört. Hat sie sich noch herausreißen können? Doch welche Chancen hatte sie denn eigentlich für ein erfülltes Leben, ein vitaler, lebensfroher junger Mensch mit dieser Herkunft und Geschichte, ohne jede berufliche Qualifikation?

Dann war da M., scheinbar noch hoffnungsloser verstrickt, die dann doch noch in einem »geordneten Leben« landete. Sie war ebenfalls eine junge Frau, doch zart, blaß, mit sanften Augen. Auch sie kam wieder und wieder, wegen eines Diebstahls nach dem anderen, war nicht dumm, doch pathologisch verlogen und kleptoman, auch bei den relativ geringen Versuchungen hier im Haus nicht in der Lage, sich auch nur für kurze Zeit zusammenzunehmen.

Wir haben viel mit ihr versucht. Eine Zeitlang hatten sie und ich eine Vereinbarung, daß sie an jedem Tag, an dem sie niemanden angelogen hatte, einen Strich in ihren Kalender machen sollte. Wir besprachen das dann miteinander. Manchmal nahm sie Dinge, von denen sie keinerlei Nutzen hatte, manchmal war ihre Begehrlichkeit verständlich. So zum Beispiel nach der Spitzenwäsche, die ihr in die Hände fiel, als wir in der Wäscherei zu Ausbildungszwecken auch für private Kunden wuschen.

Einmal schrieb ich in mein Tagebuch: »Heute hatte ich eines der erschütterndsten Erlebnisse bisher. Wenn ich so etwas nur eindrucksvoll darstellen könnte! M. kam vor die Strafkonferenz. Sie hatte eine Altarkerze genommen und eine Photographie, die einer Mitgefangenen zugeschickt worden war. Sie gab diese Photographie mit einer Widmung als eine von sich selbst weiter. Und aus einer Zelle hatte sie Seife entwendet. Bei der Verhandlung wegen der Seife gab sie an, die Besitzerin habe sie ihr in Gegenwart der Frau Z. versprochen. Diese, eine selbst schwer belastete ältere Frau, wird geholt und sagt, daß das nicht stimme. M. ruhig und bestimmt: ›Doch, auf dem Flur hat sie das gesagt. Sie waren dabei.‹ Frau Z., blaß, mit riesigen Augen, in Untersuchungshaft wegen Mordverdachtes, nimmt M. an der Hand und redet eindringlich auf sie ein: ›Aber du darfst doch nicht lügen, das ist doch gelogen.‹ M. besteht darauf, daß es so nicht sei. Mir wird die Sache peinlich, weil ich glaube, Frau Z.s Gedächtnis stimme nicht richtig, und daß sie nicht so mit M. reden solle. Doch sie sagt noch einmal, die Augen fest auf M. gerichtet: ›M., nimm dein Herz fest zusammen. Du darfst nicht lügen. Sag doch die Wahrheit.‹ Wir sitzen in qualvoller Spannung. Dann geht ein unbeschreibliches Zucken über das Gesicht des Mädchens. Völlig hilflos steht sie da und sieht mich an: ›Ja, Frau Doktor, es stimmt, die E. hat mir die Seife nicht zugesagt. Ich habe das nur behauptet.‹ Ich muß die beiden Frauen rasch aus dem Zimmer führen, denn mir stürzen die Tränen in die Augen. Die Lösung der Spannung und diese Hilflosigkeit sind so erschütternd, daß ich ins Zimmer zurückgehe und angesichts der Konferenz mich eine Weile an der Heizung festhalte und meine Augen bedecke. Als ich sie wieder öffne, sehe ich, daß auch die der anderen feucht sind. In meinem ganzen Leben werde ich das Bild der beiden Frauen, die beide Theater spielen, von denen die eine mit allen Mitteln um die Vertuschung ihrer Tat kämpft und die andere ebenso Spielball ihrer Unfähigkeit ist, nie vergessen. Die theatralisch-dunklen Augen der ›Mörderin‹, das blasse, zuckende Gesicht des Mädchens, und die unsagbare Spannung aller.«

Nach dieser Zeit kam M. noch einmal, nun mit einer Strafe von fünf Jahren. Da hatte sie inzwischen einen kleinen Jungen bekommen, an dem hing ihr ganzes Herz. Um seinetwillen machte sie eine Lehre in der Wäscherei. In dieser Zeit änderten wir – auch um ihretwillen – die Besuchsbedingungen für Kinder, durch verlängerte Zeiten, häufigere Termine und Veränderungen des Ortes, an dem die Besuche stattfanden und den wir so kindgerecht wie möglich gestalteten. Noch immer gab es schwierige Szenen mit M., doch sie waren den früheren nicht vergleichbar. Sie wurde vor Beendigung der Lehre entlassen, doch es gelang uns, draußen eine Lehrstelle für sie zu finden, in der sie ihren Abschluß machen konnte. Sie arbeitete und besuchte uns einige Male mit dem Kind. Dann hörte ich viele Jahre nichts mehr von ihr. Vor einigen Jahren bekam ich eine Ansichtskarte, dann weitere zu Weihnachten, Ostern und zu meinem Geburtstag, unter einem mir zunächst fremden Namen. Vor zwei Jahren besuchte sie mich. Ihr Leben war in Ordnung gekommen. Mann und Sohn lebten mit ihr zusammen. Der Sohn ist längst erwachsen. Und – M. kümmert sich um einige alte, einsame Frauen in ihrer Wohngegend.

Es ist nicht Raum für noch mehr der erschütternden Erlebnisse und Schicksale, die einem begegnen, der sich, wie es ein solches Haus verlangt, auf Menschen einläßt. Es scheint, daß doch nicht so wenige der Jungen noch zu einem erfüllten Leben finden. So erlebten wir es etwa bei einer jungen Frau, die als Jugendliche zum ersten Mal zu uns gekommen war und dann, nach dem unseligen 12. Mal, mit drei Kindern aus dem Haus ging und in der Tat nur noch zu Besuchen kam, um uns zu zeigen, daß es den Kindern gut ging, und uns von ihrem armen, doch ausgefüllten Leben zu berichten.

Bedrückender für uns waren die Frauen, die sich allem Anschein nach relativ skrupellos darauf eingerichtet hatten, ihr Leben auf Kosten anderer zu fristen, sei es ausschließlich, sei es, um ihr Bedürfnis nach zusätzlichem Luxus zu stillen. Gewalttäter, wie es sie unter Männern gibt, die Leben und Gesundheit ihrer Mitmenschen planvoll aufs Spiel setzen, waren nicht darunter. Es gab sie nicht einmal in der Gruppe der Frauen mit lebenslanger Strafe. Große Wirtschaftsdelinquentinnen, die die Gemeinschaft ernsthaft gefährdet hätten, gab es ebenfalls nicht. Und auch heute noch spielen Frauen in der Bandenkriminalität, wie im Drogen-, Waffen- und Menschenhandel, fast keine Rolle. Weibliche Drogenkuriere sind heute häufiger als damals, doch sie sind eher Opfer als Täter. Aufgrund extremer Armut sind sie bereit, Drogen aus den Erzeugerländern in die reichen Industrienationen zu transportieren, um ihre darbenden Familien zu unterstützen. Und sie büßen dafür.

Das Delikt der Frauen, die ihr Leben auf Kosten anderer planen, ist der Betrug, unter Umständen verbunden mit Diebstahl, Unterschlagung und Untreue. Sie begehen diese Delikte auch zum Schaden von Ärmeren, als sie selbst es sind. Und es ist nicht leicht, sie davon abzubringen. Dazu sind sie zu egoistisch, zu gemütsarm, sich selbst und anderen gegenüber zu unehrlich und zu leicht bereit, sich mit schwachen Argumenten zu entschuldigen. Sie haben ihren Weg oft lange eingeübt. Unter äußerem, auch innerem Druck geben sie sich gelegentlich eine Weile Mühe, ihn aufzugeben. Doch rutschen sie rasch in das alte Verhalten zurück. Bei ihrer durchweg nicht schlechten Intelligenz ist, wie bereits gesagt, die Phantasielosigkeit und Eintönigkeit ihres betrügerischen Handelns erstaunlich. Offenbar wird da die Intelligenz völlig von den emotionalen Bedürfnissen überlagert. Oft gelang es uns nicht, zu ergründen, was diese Frauen zu ihrem spezifischen Lebensweg mit den vielen, gelegentlich bis zu 20 Strafverbüßungen gebracht hatte. Einfühlsame Gutachten lagen auch bei langfristigen Karrieren nur ganz selten vor. Uns selbst fehlten die Fachkräfte, diesen Mangel auszugleichen.

In meiner Erinnerung sind mir fünf dieser Frauen besonders präsent. Alle sind inzwischen alt, aber alle haben bis ins vorgerückte Alter an ihren Handlungsweisen festgehalten. Nur von einer weiß ich, daß sie nach einem schließlich friedlichen, von ihr selbst bejahten Leben mit jetzt 80 Jahren bei der Sozialhilfe gelandet ist. Sie war die amüsanteste. Sie war umgetrieben von einer nicht endenden Abenteuer- und Lebenslust, immer unterwegs, mit dem Fahrrad oder mit Taxi oder Eisenbahn, die sie nicht bezahlen konnte, immer irgendwo neu anfangend, wenn das alte Terrain abgegrast war. Am Anfang auch ihres Lebens hatten schwere Mängel und Armut gestanden. Doch ihren Geschichten – auch von Arbeitsstellen, die sie gelegentlich annahm – zuzuhören, war ungemein unterhaltend, soviel Spaß hatte sie selbst an ihren Erinnerungen. Auch Männer spielten eine Rolle, betrogene Hoffnungen, für die sie sich immer rasch rächte. Sie war bei uns als Vorletzte in der später abgeschafften Sicherungsverwahrung. Deshalb rechneten wir einmal die aktenkundige Gesamtsumme der von ihr verursachten Schäden zusammen. Es waren kaum über 1000 Mark. Ihr Verhalten in der Anstalt schwankte stark. Bei aller leichtherzigen Fröhlichkeit machten uns doch auch Verstimmungen, manchmal mit boshaften Ausfällen, zu schaffen – mir durch haltlose Beschwerden, anderen durch stänkernde Nachreden. Als wir eine besondere Abteilung für Sicherungsverwahrte eingerichtet hatten, mit einem Gemeinschaftswohnraum neben der Einzelzelle, war sie dort die einzige Bewohnerin. Wir boten ihr an, in ihrer alten Gruppe zu bleiben und weiter an deren Aktivitäten teilzunehmen, um nicht allein zu sein. Doch sie bestand auf ihrem »Recht«. Und da saß sie dann, auch tagsüber allein, da sie wegen ihres Alters nicht mehr arbeiten mußte, in ihrem »Gemeinschaftswohnraum« mit Fernseher. Gelegentlich besuchte ich sie und saß ihr dann eine Weile gegenüber, sie in ihrem geblümten Ohrensessel, den wir aufgetrieben hatten.

Nach ihr kam nur noch eine Frau in Sicherungsverwahrung, die aber dann, bei der Veränderung der gesetzlichen Grundlagen, ausgesetzt wurde. Auch sie hatte zwar zahlreiche, doch relativ geringfügige Betrugs- und Diebstahlsdelikte begangen – die höchste Schadenssumme in einem Einzelfall waren 700 Mark. Diese Frau empfand ihr Leben als tragisch. Es lag ihm wohl eine krankhafte Neigung zu depressiver Verstimmung zugrunde. Sie hat – anders als ihre lebenslustige Vorgängerin – mehrfach ernsthaft versucht, den ständigen Rückfällen, die sie psychisch belasteten, zu entkommen. Doch die Bindung an ungeeignete Männer, Überempfindlichkeit an Arbeitsplätzen vereitelten ihre Bemühungen. Ihr Intelligenzquotient lag um einiges unter 100. Ihre zahlreichen, insgesamt mindestens 16 Straftaten begannen im Jugendalter und dauerten bis vor wenigen Jahren an. Die einzelnen Strafen waren lang, nach heutiger Bewertung überlang. Die Zwischenzeiten waren kurz. E. war hochgradig störbar und beging einige ihrer Straftaten auch aus Gekränktsein. Da zeigte es sich dann, daß es ihr – vielleicht auch aus Mangel an Intelligenz – nicht gelungen war, erwachsen zu werden. Dabei war sie gutmütig und tüchtig in der Anstalt, abgesehen von gelegentlichen Mißstimmungen ein guter Kamerad, besonders wenn sie Anerkennung fand. Ein Anstaltsgutachten notierte: »Paranoisch-aggressive Eigenschaften und das Fehlen von tiefer angelegtem Reagieren«, statt dessen »klagsames Selbstmitleid und depressive Intelligenzhemmung«, eine »narzißtische, sozial uneinsichtige, passiv-willensschwache Persönlichkeit, ohne Ansätze für Veränderungen, eher zu resignierenden Selbstmordneigungen.« Schon früh war ihr eine schlechte Prognose gestellt worden.

Zu den Frauen, zu deren tiefer liegenden Eigenarten wir nicht durchdrangen, gehörte A., obwohl sie lange und oft im Haus war und viel von sich reden machte – auch heute höre ich noch allerlei Bedenkliches über sie. Bei ihr wirkte alles als hochstaplerisch-kaltes Handeln, mit – wenigstens in ihrer Jugend – einer gewissen Freude am Spiel mit Menschen und Situationen, die sie vor Gericht und im Leben ausagierte. So gab sie einmal in einer Verhandlung an, sie stehe dicht vor ihrer Entbindung. Sie war nicht einmal schwanger, aber sie produzierte vom Gerichtsarzt festgestellte »kindliche Herztöne«.

Sie kam mehr als zehnmal, mehrfach auch mit langen Strafen, in die Anstalt, durchweg wegen kombinierter Betrugs- und Diebstahlsdelikte. Als sie selber einmal in der Anstalt bestohlen wurde, wollte sie zum ersten Mal bemerkt haben, wie das ist, besonders wenn man arm ist. Doch das hinderte sie nicht daran, sich auch hier weiterhin alles anzueignen, wonach ihr der Sinn stand. In ihrer Umgebung fehlte dauernd etwas – Kosmetika, Geld, Kleidungsstücke, auch Eßwaren. Der Nachweis, daß sie die Dinge genommen hatte, gelang nur ganz selten. Ihr Hauptproblem war wahrscheinlich ihre geringe Arbeitsfreude. Sie war neben ihrer Unwahrhaftigkeit und Gemütskälte auch träge und suchte durch Betrügereien Auswege aus materiellen Engpässen. Eine kurze Zeit konnte sie sich straffrei halten, als in einer zweiten Ehe für ihren relativ anspruchsvollen Lebensstil gesorgt wurde. Doch als der Mann starb, war wieder alles beim alten. Dann, vor etwa 17 Jahren, wurde sie zum letzten Mal aus der Haft entlassen und seither nicht mehr bestraft. Am Ende lebte sie wohl von einer kleinen Rente; ihre Lust an Abenteuern, die ihr früheres Leben auch mit bestimmte, hatte sie verloren.

Es war vor allem ihre Freude an übler Nachrede, die ihre Umgebung daran hinderte, sie zu mögen. Doch ich meine, daß selbst bei den Frauen, die gern zu haben wegen ihrer scheinbaren egoistischen Kälte nicht leicht fiel, meist schwere Mängel und Lasten an der Wurzel ihres Verhaltens liegen. Sie sind bloß, auch aufgrund mißtrauischer Verschlossenheit, nicht leicht aufzuspüren. Es ist ja oft so, daß diese Frauen aus ökonomisch und auch in sonstiger Hinsicht scheinbar geordneten bürgerlichen Verhältnissen kommen. Aber gerade bei ihnen zeigt sich oft, wieviel tiefer hinter der Fassade die Verheerungen sind, die ja meist im emotionalen Bereich liegen, als die Verheerungen, die sich aus offener sozialer Not ergeben.

Eine der Frauen, bei der ich, allerdings auch aus Mangel an Informationen, lange vergebens nach den Gründen für ihre häufige Rückfälligkeit suchte und bei der sich erst spät das Dunkel ein wenig lichtete, war E. K. Ich lernte sie schon in einem meiner ersten Jahre kennen und traf sie dann immer wieder, zuletzt noch vor zwei Jahren bei einem Besuch in der Strafanstalt. In der Anfangszeit war sie ein auffallend hübsches, intelligentes, relativ gut ausgebildetes Mädchen mit viel Charme und Grazie, auch Tüchtigkeit. Hinter ihrem Äußeren und ihren Fähigkeiten blieb ihr Selbstbewußtsein weit zurück, was fast krankhaft wirkte. E. klammerte sich an ihre Umgebung, ging auch immer wieder in ihre Familie zurück. Da es sich um eine gut beleumundete Familie handelte und da es auch immer gut dotierte Arbeitsplätze für E. gab, verstanden wir ihr häufig wiederholtes Versagen nicht. Zu diesem gehörten auch Schäbigkeiten, wie das Ausnutzen von Vertrauensbeziehungen, was sich oft als Merkmal für ernsthafte seelische Verstörungen erwies.

Erst sehr spät versuchte ein eingehendes Gutachten diese Rätsel aufzuhellen, was uns nie gelungen war. Danach hatte E. nie inneren Halt bei ihrer Mutter gefunden. Für diese blieb sie als uneheliches Kind ein dauernder moralischer Vorwurf. Die Schuld, die die Mutter empfand, projizierte sie auf das Kind. Es wurde vernachlässigt und später, vor den nachkommenden ehelichen Kindern, gedemütigt. Und dieses verstoßene Kind hat ein Leben lang um Liebe und Anerkennung der Mutter gekämpft. Weder eine von ihr bald aufgekündigte Ehe noch die Existenz eines eigenen Kindes konnten sie befreien. Vor dem Eingeständnis des eigenen Versagens flüchtete sie in eine illusionäre Vorstellung von sich selbst, die sie auch nicht retten konnte, die Vorstellung, ein guter, vom Leben schlecht behandelter Mensch zu sein, der immer an seiner »Gutheit« scheiterte.

Das Gutachten bestätigte eine »depressive Grundbefindlichkeit mit neurotischen Konflikten«. E. versuchte, sich Beziehungen zu Menschen zu erkaufen, auch das ein nicht selten erfahrenes Syndrom bei Frauen mit beschädigtem Selbstwertgefühl. Gelegentlich griff sie auch zu absurden Machenschaften, um Mitleid zu erregen, ohne dabei auf materiellen Gewinn zu zielen. Diese Verhaltensweisen behielt sie ein Leben lang bei, ohne daß ernstlich eingegriffen wurde (auch von uns nicht). In unserem letzten Gespräch meinte sie, sich selbst nun begriffen zu haben und die letzte Strecke des Lebens ohne Katastrophen bewältigen zu können. Inzwischen war sie eine alte Frau ohne Erwartungen ans Leben geworden.

Zum Schluß noch ein Musterbeispiel dafür, wie eine Frau mit ähnlichen Deformationen, die das spätere Leben nicht ausglich, sondern verstärkte, trotz hoher Intelligenz immer wieder in dürftige betrügerische Machenschaften zurückfallen konnte. Ihr Leben habe ich innerhalb und außerhalb der Strafanstalt länger als zwanzig Jahre aus relativ großer Nähe begleitet.

Zunächst waren wir der Meinung, die Probleme dieser Frau seien allein auf die Auswirkungen politischer Verfolgung zurückzuführen. Dann dämmerte es uns, daß die schweren Störungen einer von den Begabungen her reich ausgestatteten Psyche früher und deshalb wirksamer angelegt sein müßten.

N. entstammte einer wohlhabenden Familie der Oberschicht. Ihr Intelligenzquotient lag einem Test zufolge bei 130, im Handlungsbereich jedoch nur bei 101. Das wurde als Zeichen neurotischer Störungen gedeutet. Ihre Intelligenz zeigte sich unter anderem darin, daß ihr halbüberzeugende Unwahrhaftigkeiten in prekären Situationen stets sofort zur Verfügung standen. N. erhielt eine gute Schulbildung, konnte jedoch, infolge früher Emigration, keine entsprechende Berufsausbildung anschließen. Ob sie, wie sie selbst angab, einige Semester im Ausland studiert hat, bleibe dahingestellt. Die beiden anderen Frauen in ihrer sechsköpfigen Familie waren auffallende Schönheiten. Sie selbst war das vierte Kind, ein ungewollter Nachkömmling, der nach dem Willen des Vaters wenigstens ein Junge hätte sein sollen. Seiner Meinung nach, die objektiv unzutreffend ist, war N. für eine Frau unverzeihlich häßlich. Entsprechend wurde sie, ihrer Darstellung nach, von ihm behandelt, wurde mißachtet und gedemütigt. Und ihr Selbstwertgefühl wurde dabei trotz einer liebevollen, jedoch schwachen Mutter stark beeinträchtigt. Bis zum 16. Lebensjahr litt sie an einer starken Sprachstörung. Den größeren Teil ihrer Schulzeit verbrachte sie in einem teuren Internat. Noch jung wurde sie – allein, was sie bis heute nicht versteht – in die Emigration geschickt. Dort will sie gearbeitet haben.

Ihre erste außerfamiliäre Beziehung zu einem (verheirateten) Mann, mit dem sie zusammenlebte, endete durch dessen Tod. Ihre eigene Familie kam in einem deutschen Konzentrationslager um (das konnten wir nachprüfen). Nach dem Krieg kam sie nach Deutschland zurück und fand keinen festen Boden mehr unter den Füßen. Die Männer, denen sie begegnete, hielt sie mit betrügerisch erworbenen Mitteln aus. Dabei setzte sie ihre Intelligenz mit großem Erfolg ein. Erste Haftstrafen verbüßte sie in einem anderen Bundesland.

Schließlich kam sie zu uns. Von diesen vier Jahren behauptet sie heute – nicht nur mir gegenüber –, sie seien die besten ihres Lebens gewesen. Tatsächlich war ihr Verhalten anfangs voller Unruhe, Ansprüche und Schwierigkeiten. Später fühlte sie sich als Sprecherin ihrer Gruppe bestätigt, und diese Aufgabe erfüllte sie mit großer Korrektheit. Außerdem nutzte sie die geistigen Angebote des Hauses. Es gelang, ihr einen anfangs großen Wunsch zu erfüllen und eine psychoanalytische Behandlung für sie zu erwirken, für die wir die Mittel privat aufbringen konnten. Doch auch die half ihr nicht, wohl weil sie sich nicht zu Offenheit und Ehrlichkeit entschließen konnte. So konnten ihre Konflikte nicht aufgeklärt und nicht gelöst werden. Und auch die Entlassung wurde kein Erfolg, obwohl sie durch einen scheinbar besonders guten, angemessen erscheinenden Arbeitsplatz vorbereitet war.

Eine neue, während der Haft gefundene Beziehung führte zu geradezu dramatischen Aktivitäten. Wie schon früher stand in deren Mittelpunkt auch jetzt wieder die Lebenslüge, selbst in einem Vernichtungslager gewesen zu sein, und die daraus resultierende Erwartung großer Entschädigungsleistungen, für die keinerlei Aussicht bestand. Ein Arbeitsverhältnis, das ihren Lebensunterhalt hätte sichern können, kam zunächst zustande, wurde aber nicht durchgehalten, sondern ging völlig im neuen Beziehungswirbel unter. So kam es zu der zweiten Inhaftierung bei uns. Doch nun wurde N. so krank, daß sie als haft- und verhandlungsunfähig charakterisiert und in die »Freiheit« entlassen wurde. Die dramatische Beziehung ging irgendwann zu Ende, und danach nahmen ihre strafbaren Handlungen nach Zahl und Ausmaß zwar ab, hörten aber nicht auf, trotz immer wiederholter Beteuerungen und eines beträchtlichen Nachsorge-Einsatzes. Die Mechanismen sind ähnlich geblieben: Noch immer »kauft« sie Menschen, wobei es zwar auch um die Erfüllung materieller Ansprüche geht, aber heute vor allem auch darum, das eindrucksvolle Bild einer einflußreichen und wohlhabenden alten Dame zu vermitteln. N. lebt nun von Sozialhilfe.

Die Testuntersuchungen in der Anstalt hatten eine hohe, gegen sich selbst gerichtete Aggressivität ergeben, und daß ihr Verhalten weitgehend durch unbearbeitete Schuldgefühle bestimmt werde. N. hatte als einzige der Familie den Holocaust überlebt. Dabei muß sich in bezug auf die eigene Situation und Aussicht auf Entschädigung ihr Realitätssinn gelegentlich verwirrt haben.

165

Gerade an diesem Beispiel zeigt sich, wie unter starken, meist emotional begründeten Streßsituationen früh angelegte Persönlichkeitsbelastungen den Verstand nahezu ausschalten können. Die eingeübten Mechanismen beginnen offenbar fast automatisch zu wirken, die eingesetzten Mittel sind so dürftig und leicht aufdeckbar, daß das Vorgehen geradezu hirnlos wirkt.

Wie geht man selbst als hilfloser Helfer mit so etwas um? Mit gespaltenen Gefühlen. Ein solches Leben und seine fast hoffnungslose Lage – eine schlimme und schmerzhafte Krankheit kommt dazu – macht das Ausüben von Druck schwer. Mit welchem Recht hat man selbst ein so anderes Leben haben können? Aber daneben bleibt auch der Zorn über das oft skrupellose Verhalten. Man kann nicht aufgeben, aber man muß den Zorn auch spüren und zu einem gewissen Druck werden lassen. Doch ob der noch wirksam werden kann, um Rückfälligkeit wirklich zu verhindern, muß wohl fraglich bleiben.

Eine Gruppe, die ich nicht vergessen möchte, sind die Frauen, die wegen »politischer« Straftaten kamen. Bis dieser Straftatbestand durch die Strafrechtsreform in den fünfziger Jahren beseitigt wurde, waren das vor allem moralisch absolut integre, überzeugte Altkommunistinnen, die zur Organisation der »deutschrussischen Gesellschaft« gehörten. Es waren die angenehmsten, auch im bürgerlichen Sinne eindrucksvollsten Gefangenen, die je das Haus bevölkerten. Hinzu kamen einige, die Nachrichten in die DDR geliefert hatten, durchweg Bagatellnachrichten, deren Bedeutung in der politischen Hysterie jener Jahre des Korea-Krieges weit überschätzt wurde. Jene Frauen, die sich später, zu Zeiten der RAF, als »politische« Gefangene fühlten, waren es im Sinne des Gesetzes nicht. Es waren politisch motivierte Gefangene, die die gleichen Tatbestände erfüllten wie die »normalen« Kriminellen auch. Über sie wird später noch zu sprechen sein.

Eine kleine Gruppe könnte man als »abartig Aggressive« bezeichnen. Das ist nicht fach-psychiatrisch gemeint. Es waren

Frauen, die so sehr aus dem Rahmen fielen, daß man geneigt war, sie als besondere Gruppe zu betrachten. Einzelne stellten sich als krank heraus. Sie kamen dann zeitweilig oder ganz in psychiatrische Krankenhäuser. Bei einigen machte ich eine eigenartige Erfahrung: Wenn sie bei mir vor dem Schreibtisch saßen, bei der ersten Begegnung, als ich Näheres über sie noch nicht wußte – Akten las ich vor der ersten Begegnung nur selten –, erfaßte mich Unbehagen. Sonst hatte ich vor drohenden, gewalttätigen Frauen im Grunde keine Angst. Hier aber regte sich etwas der Angst Ähnliches, so, als ob es unmöglich wäre, Kontakt zu bekommen. An andere kamen wir nicht wegen ihrer Verschlossenheit überhaupt nicht heran, sondern weil sie uns in ihrem Verhalten absolut fremd blieben.

Ich erwähne drei Frauen, um zu zeigen, was ich meine.

Da war die äußerlich heruntergekommene Frau eines, wie sie angab, hohen ehemaligen ungarischen Generals. Name, Auftreten und die verblühte Schönheit machten das glaubhaft. Sie irrte allein und verloren durch die Welt und kam immer wieder in Strafanstalten, zu uns nur einmal. Das geschah wegen des immer gleichen, abwegigen Deliktes; trotzdem wurde sie nie begutachtet. Sie stahl alte Männerschuhe aus Schumacherwerkstätten, indem sie sie in ihren weiten Hosenbund schob. Da sie, obwohl eigentlich attraktiv, sich aus Selbsthaß nicht pflegte, sondern die Unreinheiten ihres Gesichtes willentlich aufkratzte, war es schwer, sie sympathisch zu finden. Sie hatte von Anfang an ihr Augenmerk auf mich gerichtet; wie übrigens auch sonst gelegentlich Frauen aus gehobenen Schichten, suchte sie sich an mir zu messen. Wann immer sie konnte, kam sie in mein damals frei zugängliches Büro, vor allem gegen Abend nach der Arbeit. Dann stand sie innen an der Zimmertür und griff mich – politisch – an. Wie ich nach ihrer Entlassung erfuhr, hatte sie im Hause erzählt, ich habe sie jeden Abend zu einer homosexuellen Beziehung geholt. Als sie freigekommen war, schickte sie mir weißen Flieder und schrieb mir zahlreiche Briefe und Karten unter wechselnden Absendern. Meine Antworten kamen sämtlich als unzustellbar zurück. Erst nach Jahren endete dieser seltsame, latent aggressive Kontakt.

Mit einer offener aggressiven Frau stehe ich auch heute noch in Verbindung. Vor etwa 20 Jahren verließ sie das Haus zum letzten Mal. Ihren verbal ausgedrückten Haß auf die Menschen führte sie – darüber sprach sie eingehend bei späteren Besuchen – darauf zurück, daß sie als Säugling von der Mutter ausgesetzt und in Naziheimen aufgezogen worden sei, hart, grausam, geprügelt und in ständig wechselnder Umgebung. Da sie intelligent und wissensdurstig war, quälte es sie besonders, daß sie nichts lernen durfte. Nach dem Krieg landete sie auf der Straße, hinausgeworfen aus dem letzten Heim in Schlesien. Sie bekam zwei uneheliche Kinder. Daraus bezog sie Schuldgefühle und haßte »alle Männer«. Mehrfach griff sie diese tätlich an, auch zahlte sie für die Kinder keinen Unterhalt. Aus beiden Gründen kam sie immer wieder in Haft. Weil sie aber damals eben deshalb auch die Kinder haßte, kämpften wir – erfolgreich, zu deren Schutz – darum, daß sie keinen Unterhalt mehr bezahlen mußte. Später fand sie doch noch lose, in Aufs und Abs wechselnde Beziehungen zu ihnen. In der Haftanstalt schloß sie sich ab, schrieb jedoch stilistisch gute, feinfühlige Aufsätze. Einmal schien sie auch mich tätlich angreifen zu wollen. Erst spät verstand ich, daß sie sich verbal abreagieren mußte, und das tut sie auch heute noch – in sehr regelmäßigen Briefen und Karten, mit fast immer gleichem Inhalt: Haß auf die Menschen, immer begleitet von Aufnahmen von Tieren. Tiere und Pflanzen liebt sie. Daß sie nun straflos leben kann, verdankt sie zum Teil wohl solchen Abreaktionen und der Hilfe des Sozialstaates. Berufsarbeit hat sie so gut wie nie geleistet.

Die bei weitem schwierigste, vielleicht auch interessanteste Persönlichkeit war I. Sie hatte wegen eines Mordes, begangen in einem psychiatrischen Krankenhaus im Zustand eingeschränkter Zurechnungsfähigkeit, eine Strafe von sechs Jahren bekommen. Alle Beteiligten hielten das psychiatrische Gutachten damals für ein Gefälligkeitsgutachten zugunsten der Nervenklinik, die sie unter keinen Umständen zurückhaben wollte. Da hieß es dann, I. brauche die »sozialpädagogischen Maßnahmen« des Strafvollzuges.

Sechs Jahre lang war sie der Schrecken aller im Haus. Da sie ihre Gefährlichkeit ja bewiesen hatte, nahmen alle ihre Drohungen ernst. Die Vollzugsbeamtinnen baten der Reihe nach um Ablösung von der Abteilung. Die Gefangenen mieden sie, waren jedoch kaum betroffen, da I. ihre Zelle – ebenso wie ihr Bett – so gut wie nie verließ. Es kam so weit, daß die zuständige Sozialarbeiterin, eine leitende Vollzugsbeamtin und ich den Umgang mit ihr fast ganz übernehmen mußten; jedenfalls wurden für jeden Schritt konkrete Anweisungen eingefordert. Das war auch schon deshalb notwendig, weil nur absolute Einheitlichkeit des Umgangs überhaupt eine gewisse Beruhigung bewirkte, insbesondere was die tägliche Flut an Beschwerden anging. I. saß im Bett und schrieb Beschwerden und Anfragen an alle nur denkbaren Instanzen. Das machte sie so geschickt, daß es notwendig war, fast zu jedem Schreiben eine eigene Stellungnahme abzugeben. Ich habe einmal berechnet, daß ich sechs Jahre lang zehn Prozent meiner regulären Arbeitszeit mit der Beschäftigung mit ihr verbracht habe.

Zwischendurch amüsierte sie sich mit zweifelhaften Drohungen: Es werde ihr gelingen, die hochschwangere Ärztin, die naturgemäß mit ihr zu tun hatte, so in den Bauch zu treten, daß sie ihr Kind verlieren werde. Mir riet sie, schon einmal die Blindenschrift zu lernen, da sie mir gelegentlich mit ihrem Kugelschreiber die Augen ausstechen werde. Einmal rief sie mich in ihre Zelle, weil sie mir dort dringend etwas zeigen müsse. Ich sollte unter den Tisch sehen. Als ich dabei, mich exponierend, eine Rasierklinge entdeckte, fand sie das köstlich, bekam aber offensichtlich ein wenig Respekt vor meinem Mut, während ich selbst dabei begriff, daß sie wirklich gefährlich nicht war.

Es gibt im Strafvollzug kaum Ereignisketten ohne stimulierende, oft sogar beide Seiten amüsierende Wirkungen. I. hatte Humor, und sie merkte, daß sie damit trotz allem hier ankam.

So trat sie einmal gravitätisch, als Hitler verkleidet, aus ihrer Zelle hervor, mit täuschend nachgemachter Bart- und Haartracht, im Braunhemd. Eigentlich hatte sie sich selbst immer als Opfer des deutschen Faschismus bezeichnet, den wir ihrer Ansicht nach vertraten. Und nun diese Umkehrung.

Den unvergleichlichen Gipfel ihrer Inszenierungen bildete eine Szene, die sie aufführte, als das Vormundschaftsgericht einen Termin in der Anstalt anberaumt hatte, um sie zu ihrem Antrag anzuhören, eine einst wegen Alkoholismus verhängte Entmündigung wieder aufzuheben. I. wurde von einem männlichen Mitarbeiter »vorgeführt«. Sie lief auf den Gutachter zu, den sie von ihrem Strafverfahren her haßte, und gab ihm eine Ohrfeige. Rasch wurde sie wieder abgeführt. Dann wurde sie erneut, nun von zwei Personen, ins Zimmer begleitet. Diesmal griff sie blitzschnell in ihre Kleidertasche und streute Gutachter, Richter und einer dritten Person eine Mischung von feinem Scheuersand und Mehl ins Gesicht. Nun erst wurde ich gerufen – und fand die drei Männer mit weißgepuderten Gesichtern, aus denen erschreckte schwarze Augen mit unbeschreiblichem Ausdruck herausschauten. Diese für uns höchst peinliche Situation war so, daß ihre Komik alles andere überwog. Die Entmündigung wurde nicht aufgehoben.

Nach sechs Jahren mußte I. entlassen werden. Würde sie mit ihren vielen Vorstrafen – einige wegen Unzucht mit Jugendlichen – und ohne familiären Rückhalt eine weitere Gefahr sein? Dies war der einzige Fall, in dem wir nicht den Mut aufbrachten, das zu verneinen. I. kam in ein psychiatrisches Krankenhaus, in dem sie unbekannt war. Von dort wurde sie ziemlich bald entlassen. Am gleichen Tag schickte sie mir ein Päckchen mit Strohblumen und lud mich, zusammen mit der Sozialarbeiterin, zum Kaffee in ihre neue Wohnung ein. Die Sozialarbeiterin ging mit einer Vollzugsbeamtin hin. Es war ein gutes Zusammentreffen. Später habe auch ich sie besucht.

Am Tag, als ein hessischer Anstaltsleiter in seiner Anstalt ermordet wurde, rief sie mich an, Entsetzen in der Stimme: »Das habe ich doch auch gemacht.«

Nur kurze Zeit nach ihrer Entlassung aus der psychiatrischen Anstalt ist sie gestorben.

Die »Lebenslänglichen«

Am Ende dieses Kapitels möchte ich über die Frauen mit lebenslanger Strafe sprechen. Kriminologisch gesehen unterscheiden sie sich von den anderen im wesentlichen dadurch, daß ihre Schicksale noch heilloser waren, das heißt, daß die Probleme von Herkunft und persönlicher Belastung sich noch intensiver stellten, und daß sie in einer extremen Situation noch hilfloser, sich selbst preisgegeben, reagierten. Der Unterschied war eher quantitativer als qualitativer Natur: noch größerer sozialer Druck und noch extremeres psychisches Verfallensein. Die Situation, in der sie »mordeten«, stellte sich ihnen als ausweglos dar. Wenn ich mich an sie zurückerinnere, so finde ich keine Frau, deren Handlungsweise nicht die Folge eines schweren Konfliktes war, dem sie sich in ihrer Schwäche als nicht gewachsen erwies. Auch wenn solche Handlungen unverzeihlich sind und oft für die Täterinnen selbst fast unbegreiflich waren, so lagen doch an der Wurzel kaum je Planung oder Habgier. Plötzlich ausbrechender Haß, auch Ekel (zum Beispiel gegenüber sexuellen Anforderungen), Hilflosigkeit gegen einen kaum bremsbaren Gewaltausbruch waren da, denen man hätte vorbeugen müssen, den sie in diesem Augenblick kaum noch dämmen konnten, nicht selten gekoppelt mit Selbstmordversuchen oder Selbstmordphantasien. Der größte Mangel der Frauen, ihre äußere und verinnerlichte Abhängigkeit, verhinderte sozial starke, vernünftige Lösungen.

Von den zwanzig Frauen, mit denen wir viele Jahre zusammenlebten, hatten vierzehn den Partner getötet, eine ein Kind, eine mit dem Geliebten zusammen dessen Frau, vier andere Personen. Vier handelten zusammen mit einem Mann, drei unter dessen übergewichtigem Einfluß. Alle anderen handelten allein.

Die soziale Herkunft der Frauen, von denen einige auch aus besonders engen ländlichen Verhältnissen stammten, war im Durchschnitt noch schlechter als bei den anderen Anstaltsinsassinnen. Nur eine von ihnen hatte aufgrund ihrer Ausbildung eine berufliche Chance gehabt. Alle anderen hatten in Haushalten oder Fabriken gearbeitet. Fast alle hatten früh geheiratet, zum Teil, um aus unglücklichen häuslichen Verhältnissen herauszukommen, aber auch wegen bestehender Schwangerschaften. Alle Ehen, auch die, die nicht mit der Tötung des Ehemanns endeten, waren unglücklich. Die letzte zerbrach – trotz Mittäterschaft – noch während der Haft.

Die Haft war für alle am Anfang kaum erträglich. Dazu trugen das Entsetzen über die Tat und die Ausweglosigkeit der Lage bei. Einigen Frauen drohte anfangs sogar noch die Todesstrafe, die erst 1949 abgeschafft und durch die »Begnadigung« zu lebenslanger Haft ersetzt wurde. Dann aber hieß es, bis 1968, dem Jahr, in dem die ersten Begnadigungen ausgesprochen wurden, »lebenslänglich heißt lebenslänglich«, weil sonst die Gefahr bestehe, daß die Wiedereinführung der Todesstrafe massiv verlangt werde. Erst nach 1968 breitete sich langsam Hoffnung aus; da hatten die ersten Frauen bereits 20 Jahre Haft hinter sich.

Nach den ersten – meist vier – Jahren der langsamen Einstellung auf das neue Schicksal kam es in einer Reihe von Fällen zu einer eindrucksvollen menschlichen Entwicklung, in der das Gewesene verarbeitet werden konnte, auch die schweren Schuldgefühle, von denen alle, außer zweien, bedrückt waren. Belastet waren viele der Frauen ja auch zusätzlich durch Schuldgefühle gegenüber zurückgelassenen Kindern. Auch die Beziehungen zu den Kindern zerbrachen nicht selten. Am stabilsten blieben die zu den Töchtern, aber auch diese zogen sich oft im Interesse eigener Partnerschaften zurück. Doch dann kam bei fast allen der Zeitpunkt, an dem weiteres »Sühnen«, zu dem die meisten bereit gewesen waren, kaum noch möglich war. Der Zeitpunkt, an dem die Frauen den Eindruck bekamen, daß es nun genug sein müsse, daß sie von nun an innerlich nur noch sterben, aber nicht mehr »sühnen« konnten. Er trat nach ungefähr zehn bis zwölf Jahren ein, in Einzelfällen spätestens nach 15 Jahren.

Wie wir versucht haben, mit den Problemen auch dieser Frauen umzugehen, soll später dargestellt werden. Hier sei nur noch angemerkt: Alle 20 Frauen sind inzwischen entlassen. Fünf von ihnen sind gestorben, einige kurz nach der Entlassung. Von drei Frauen weiß ich nichts mehr, von fünf Frauen weiß ich, habe jedoch seit einigen Jahren keinen persönlichen Kontakt mehr. Zu sieben Frauen besteht er noch, mehr oder weniger eng. Vier leben einsam und in schlechter bis sehr schlechter Verfassung. Einige Frauen haben bald nach der Entlassung geheiratet, doch meist zerbrachen die Ehen schnell wieder. Einzelne leben heute in später geschlossenen Partnerschaften.

Eine Frau allerdings konnte ihr Leben wirklich neu aufbauen. Sie war relativ jung, wurde relativ früh entlassen, nachdem sie längere Zeit im offenen Vollzug gelebt hatte. Und für sie war unsere Prognose am wenigsten gut gewesen. So habe ich gerade an diesem Fall gelernt, den eigenen Prognosen nicht zu trauen. Über das weitere Leben entscheiden eben doch vor allem die Umstände, die sich dann anbieten.

In dieselbe Gruppe gehören im Grunde auch die Frauen mit gleichem Tatansatz, die aber aus rechtlichen Gründen heute anders als in den Anfangsjahren keine lebenslange Strafe mehr bekommen. Ihr Handeln wird als Mordversuch, Beihilfe, Totschlag oder Handeln bei verminderter Schuldfähigkeit definiert. In bezug auf Motive und Situation unterscheiden sie sich wenig von den »Mörderinnen« der ersten Jahre. Sie alle waren in etwas hineingeraten, das im Augenblick stärker war als sie. Das Anschauen ihrer Situation greift wie das Entsetzen über das Schicksal des Opfers jedem lebendigen Menschen als Schrecken ans Herz.

Da war die Frau, die viele Jahre lang von einem weit älteren Mann mit seinen Launen, seiner Herrsch- und Eifersucht gequält wurde, auch körperlich. Eine stille, sanfte Frau. Eines

Tages fiel sie mit dem Brotmesser über ihn her. Der Mann war gelähmt und kam in eine Klinik. Sie erhielt nur ein Jahr Strafe, die sie aber verbüßen mußte. Man hatte sich, nach der Versöhnung des Paares, vergebens darum bemüht, daß sie zu Hause bleiben und ihn pflegen könne. In die Anstalt kamen viele Liebesbriefe von ihm, voller Heimweh und dem Wunsch, daß die Zeit »hinterher« alles gutmachen möge, was sie einander im Lauf des Zusammenlebens angetan hätten.

Ähnliche Erschütterungen gab es auch bei anderen Frauen, die sich tief und heillos verstrickt hatten und die niemanden hatten, der ihnen verzieh.

Wenn hier über den Vollzug von Freiheitsstrafe einmal nicht, wie üblich, wissenschaftlich gearbeitet, sondern in persönlicher Weise geschrieben wird, dann können die Erschütterungen, die der Begleiter dieses Strafvollzugs dabei erlebt, nicht ausgespart werden. Meine Schilderung einzelner Frauen und ihrer Lebensläufe klang oft wohl relativ distanziert und beobachtend. Doch ich sollte mich nicht vorbeimogeln, sollte ruhig bekennen, was diese Begegnungen auch – nicht immer – für mich bedeuteten. Oft eröffneten sie mir einen Blick in schwindelerregende Abgründe, den zu ertragen meine Kräfte kaum ausreichten. Doch das zu tun, ist wohl die einzige Rechtfertigung, die diese Arbeit haben kann.

Wenn man also wahrheitsgemäß Bericht geben will über das Leben der vielen verschiedenen Frauen in der absurden Institution Gefängnis, in der sich Tragik ballt, dann kann man das nicht distanziert tun. Dann muß man nicht nur offen auch von der Verzweiflung über eigenes Versagen sprechen, man muß auch in wenigstens einige der Erschütterungen Einblick geben, die einen oft bis zum Grunde aufwühlten. Doch da dies in den Bereich unseres eigenen Verhaltens, unseres Umgangs miteinander hineinreicht, will ich es aufschieben bis zu dem entsprechenden Kapitel über dieses besonders wichtige Thema meines Berichts.

Was aber meines Erachtens noch hierhergehört, ist, wenigstens kurz die Treue zu erwähnen, die viele dieser Frauen offenbarten. Noch heute, oft nach weit mehr als 20 Jahren, kommen und melden sich nicht nur die, die gelegentlich auch Bitten um Hilfe vortragen möchten. Offenbar kann die in einer Strafanstalt verbrachte Zeit nur schwer vergessen werden, im Bösen wie auch im Guten. Und dabei denkt man gelegentlich sogar dankbar auch an die Menschen, die »auf der anderen Seite« standen, als man diese Zeit durchleben mußte. Und so gab und gibt es Zuneigung und Erinnern, und es kommt viel zurück von dem, was wir zu geben versuchten, im Augenblick und noch lange später. Hier möchte ich aus einem Brief zitieren, den ich nach den ersten vier Jahren schrieb. Anlaß war mein Geburtstag, zu dem fast immer Gruppen von Insassen kamen und mir meine vermeintlichen Lieblingslieder als Ständchen darbrachten, in den Händen die in den Gärten selbstgezogenen Rosen.

»Als ich in die Anstalt kam, regnete es in Strömen. Die Frauen mit langen Strafen standen draußen vor dem Fenster in ihren nassen Kleidern. Frau K. (die Sozialarbeiterin) sagte, sie hätten auch noch zwei Stunden so gestanden, sie wären um keinen Preis dazu zu bewegen gewesen, ins Haus zu gehen. Jede hatte einen Rosenstrauß in der Hand. Und sie sangen: Geh aus, mein Herz, und suche Freud. Dann sagte M. ein selbstgemachtes Gedicht auf:

Mit guten Wünschen und vielen Gaben
möchte jeder vor deiner Tür heut stehn.
Nur arm, wie wir sind, nur wenig wir haben,
drum laß dieses Verslein vor dir bestehn.
Wir wünschen dir alles Gute im Leben,
und daß dein Werk gesegnet sei.
Möge unser Herrgott die Kraft dazu geben,
und wir, wir wollen dir helfen dabei.
Laß deine Hände in Liebe walten,
vergiß, wenn einmal wir böse sind.
Wir haben ja niemand, der uns kann halten,
wir sind ja so hilflos wie ein Kind.

Laß heute zu deinem Wiegenfeste
ein kleines Versprechen dich erfreun:
Wir wollen erstreben das allerbeste
und stets dich mit guten Taten erfreun.
So nimm dieses Lied, das wir dir singen,
als unsere Gabe gnädig an.
Es soll dir soviel Schönes bringen,
was nur ein Herz dir wünschen kann.

M. war eine der Frauen, die mich bestohlen hatten, und war dafür bestraft worden. Und nichts kann so wie solche Verse erläutern, was der Satz heißt: Wieder werden wie die Kinder. Und so ist dieser Weg nochmals zurück in die Kindheit nicht nur katastrophal.

Hier ging es dann weiter: Dann sangen drei ein einstimmiges Lied. Hinter der Gruppe der Frauen standen die Beamtinnen, alle hatten Tränen in den Augen, auch ich. Es war sentimental, trotzdem – diese Menschen, denen alle Freude auf Jahre weggenommen wurde und die ihrem Kerkermeister alles Schöne wünschen, stehen zu sehen, ist melodramatisch und hat etwas aufwühlend Pathetisches. Und dann gaben sie mir alle ihre Rosen, bis ich sie nicht mehr fassen konnte, und obenauf lagen die kleinen selbstgebastelten Geschenke: Scherenschnitt-Buchhüllen u. ä. Und wieder schäme ich mich des eigenen Reichtums.«

Und heute? Vor einiger Zeit rief mich eine ehemalige Insassin der Jugendabteilung an – nach etwa 40 Jahren:»Eben habe ich mit meiner Nichte für die Schule ›Die Glocke‹ gelesen und mich dankbar daran erinnert, wie ich sie für unseren Leseabend bei Ihnen damals in einer Woche auswendig gelernt habe. Das war eine schöne Zeit.«

Und kürzlich traf ich mich mit einer Frau, die vor 35 Jahren entlassen wurde und die dann ihr gefährdetes Leben völlig in den Griff bekam. Wie damals schon wiederholte sie auch diesmal, das Gefängnis habe ihr im Grunde Gutes gebracht:»Wo hätte ich Sie alle kennenlernen können und wo hätte ich in soviel Ruhe lernen können, was heute mein Leben reich macht – die englischen Studien, die ich damals im Unterricht bei Kay Boyle anfing und die ich dann bis heute fortgesetzt habe, in der Literatur und bei Besuchen in England, und das Malen, das mich noch immer begleitet (sie machte kürzlich eine Ausstellung) und das mich besonders über den schweren Anfang hinweggebracht hat. Ich habe gelernt, zwischen Richtig und Falsch, Wichtig und Unwichtig zu unterscheiden. Das alles kam zur rechten Zeit. Ohne das hätte ich nur an Rache gedacht, und wo wäre ich damit heute?«

Der Umzug ins »Große Haus»

In jenen frühen Jahren herrschte die Ansicht vor, Anstalten müßten zu größeren Häusern zusammengefaßt werden, damit sich dort das Angebot von unterstützenden Maßnahmen auch lohne. Der Frauenvollzug kranke daran, daß die Anstalten in den einzelnen Bundesländern relativ klein seien und deshalb der Einsatz der nötigen Fachkräfte, Bildungs- und Ausbildungsgänge usw. nicht möglich sei. Heute nimmt man die Gefahren durch die Massierung belasteter Menschen ernster und strebt eher zu den kleineren Einrichtungen zurück.

Damals jedoch, als ich mit meiner Arbeit anfing, sah man vor allem die Schwächen kleiner Anstalten und wollte deshalb die drei regionalen Frauenanstalten zu einer großen Anstalt in Frankfurt am Main zusammenlegen. Ich hielt das damals auch für richtig. Die heute mögliche Öffnung nach außen, bei der man auch Angebote aus dem Umfeld mit einbeziehen kann, sahen wir noch kaum als realistische Möglichkeit, so sehr wir sie gewünscht hätten.

Unerträgliche Arbeitsbedingungen im »Kleinen Haus«

Als ich 1947 mit meiner Arbeit anfing, gab es also neben der Anstalt in Frankfurt zwei weitere in Nordhessen. Zu dem »Kleinen Haus« in Frankfurt gehörte die winzige Anstalt für jugendliche Frauen in einem kleinen, 20 Kilometer entfernten Ort. Die Vollzugsgestaltung war hier mit kaum je mehr als zwölf Bewohnerinnen besonders ungenügend. Für die Betreuung standen nur drei Personen zur Verfügung, die leitende Lehrerin und zwei Vollzugsbeamtinnen, die rund um die Uhr Dienst taten. Von bildenden und behandelnden Angeboten konnte keine Rede sein. Nicht einmal Elementarunterricht konnte regelmäßig erteilt werden.

Ich besuchte das Haus wöchentlich einmal und versuchte, den Mädchen dann eigene Angebote zu machen. Einige Entweichungen belasteten einerseits das zahlenmäßig nicht ausreichende Personal und wirkten sich andererseits für die dann von der Polizei gesuchten und wieder eingefangenen Mädchen ungünstig aus. Deshalb wurde ein Flügel an die Frankfurter Anstalt angebaut, in dem die Mädchen, getrennt von den Erwachsenen, leben und von den wenngleich ebenfalls zu geringen Angeboten des Haupthauses profitieren konnten. Befriedigend war auch dieser Anbau nicht. Er hatte aus Raummangel kein eigenes Treppenhaus. Deshalb liefen die Jugendlichen ständig durch das Haupthaus. Daß eine wirkliche Trennung also nicht möglich war, lieferte uns den gelegentlich durchaus erwünschten Vorwand, die Trennung auch von uns aus nicht zu ernst zu nehmen. Wenn es uns richtig schien, bauten wir auf Kontakte zwischen den Mädchen und ihnen mütterlich zugetanen, geeigneten älteren Frauen, und wir hatten eigentlich immer Erfolg damit.

In diesem Anbau konnten wir als einzige geplante Maßnahme mit amerikanischen Spenden wenigstens eine Anlernküche einrichten. Die mit den Jugendlichen mit umgezogene Lehrerin war als Gewerbelehrerin ausgebildet. Im Vergleich zu dem, was notwendig gewesen wäre, war es wenigstens ein Anfang für spätere Entwicklungen. Von Zeit zu Zeit konnte außerdem auch eine Jugendliche in dem ebenfalls mit Hilfe amerikanischer Spenden eingerichteten »Frisiersalon« angelernt werden.

Diese amerikanische Hilfe kam unerwartet und unterstützte uns in mehreren Beziehungen. Sie entwickelte sich so: Eine Gruppe amerikanischer Frauen hatte beschlossen, Mittel, die sie durch Spenden und Beiträge aufbrachten, auch für deutsche weibliche Bedürftige zu geben. Ich hatte nach meiner Rückkehr aus den USA mehrfach in dieser Gruppe über die

Reiseergebnisse und dann auch über deutschen Frauenstrafvollzug referiert. Und so wurden wir zu einem ihrer Spendenempfänger. 4500 Mark waren damals ein Vermögen. Gemeinsam stellten wir einen Verwendungsplan auf: Außer für einzelne kleinere Anliegen planten wir eine dreifache Hilfe. Sie bestand in dem Honorar für eine an unserer Arbeit interessierte Psychologin, bis uns vielleicht einmal eine Planstelle zugeteilt würde (was dann noch Jahre dauerte), der Einrichtung eines »Schönheitssalons«, vor allem mit Haube für Dauerwellen, wo geschickte oder auch entsprechend ausgebildete Bewohnerinnen arbeiten konnten, und drittens einer »Lehrküche«, die natürlich nicht Ausbildungsanforderungen entsprach, jedoch Hilfskräfte für Hauswirtschaft anlernen konnte.

Wie bei fast allen Entwicklungsversuchen blieben mir auch hier bittere Erfahrungen nicht erspart. Soll ich diese als »adiaphora« verschweigen? Die Planungen gingen in einer angenehm vertrauensvollen Zusammenarbeit mit den Vereinsvorsitzenden vonstatten. Doch meine Gesprächspartnerinnen gingen zurück in die Staaten, der Vorstand veränderte sich. Und eines Tages, als das Geld bereits den Plänen entsprechend ausgegeben worden war, kam eine neue Vorsitzende »zur Kontrolle« in die Anstalt. Ich übergab ihr meine Unterlagen. Und sie stellte fest, daß wir zum Beispiel für die Frisierhaube weniger Geld ausgegeben hatten, als ursprünglich vorgesehen. Wir hatten preiswert eine gute gebrauchte Haube bekommen können und das Geld für weitere Einrichtungsgegenstände verwendet, was durch Quittungen belegt war. Doch wegen dieser »Eigenmächtigkeit« erfolgten heftige Vorwürfe. Zunächst begriff ich gar nicht, daß mir hier Herrschaftsarroganz entgegentrat. Ich erklärte unser Handeln harmlos und vertrauensvoll. Doch eine Mitarbeiterin im Raum beschrieb mir später, daß von meinem Hals aus eine zunehmende heftige Rötung in mein Gesicht gestiegen sei. Jedenfalls muß ich dann, als mir der Charakter der Szene bewußt wurde, ziemlich hochfahrend reagiert haben. Und so endete diese schön begonnene Freundschaft mit dem amerikanischen Verein.

Sie wurde später durch die zu anderen Gruppen ersetzt, so zum Beispiel zu einer Tanzgruppe, die jahrelang regelmäßig zu amerikanischem Folkdance kam und unseren jungen Frauen die Begegnung mit jungen, integren Männern möglich machte. Was jenen Auftritt mit der »neuen Vorsitzenden« anging, so erhielt ich etwa zwanzig Jahre später einen Anruf: »Hier Mrs. X. kurzfristig auf einer Weltreise in Frankfurt.« Ob sie mich aufsuchen könne. Da traf ich eine völlig veränderte Frau, die sich »für damals« entschuldigte und nun aus eigener Berufstätigkeit Interesse an unserer Arbeit zeigte.

Im selben Jahr, in dem wir die Jugendlichen zu uns holen konnten, mußten wir alle Zuchthausgefangenen an eine der nordhessischen Anstalten abgeben, wodurch unser Haus noch stärker den Charakter eines Taubenschlags bekam. Die Zeit, in der die amerikanische Militärregierung den Strafvollzug bestimmt hatte, war zu Ende. Jetzt galt wieder die nach deutschem Recht überkommene Trennung zwischen Zuchthaus und Gefängnis. Sie wurde erst viel später durch die »Freiheitsstrafe« der Strafrechtsreform ersetzt. Die Trennung von den langjährigen Hausgenossinnen brachte auf beiden Seiten beträchtliche Schmerzen mit sich, bei den Bewohnerinnen der Anstalt vor allem auch durch die Lösung von der Stadt, in der viele persönliche Kontakte hatten. Ein Besuch nach einigen Jahren in der nun als »Zuchthaus« ausgewiesenen Anstalt, in der von einem »echten« Zuchthausvollzug indes auch keine Rede sein konnte, zeigte mir, daß das »Heimweh« noch keineswegs abgeklungen war. Eine Frau hielt die neue Umgebung so wenig aus, daß ein eingeschalteter Psychologe dringend die Rückverlegung empfahl. Dieser Empfehlung wurde damals nachgegeben, ein Zeichen für die in Hessen herrschende Liberalität. Nicht sehr viel später allerdings kamen alle Frauen aus Nordhessen, also aus dem Zuchthaus, zu uns zurück in das dann eingerichtete »Große Haus« für alle bestraften Frauen Hessens und die weiblichen Untersuchungsgefangenen Südhessens.

Ein schwerer Mangel des alten Frankfurter Hauses war auch das Fehlen eines Raumes, groß genug, um alle Bewohnerinnen und Mitarbeiterinnen darin versammeln zu können. Feste mußten im störanfälligen Lichthof stattfinden. Und es gab auch keine Möglichkeit, die Masse der Frauen vor den Störungen durch das Randalieren einzelner zu schützen. Solchen Lärm, gewollt oder durch psychisch kranke »Störerinnen« auch ungewollt verursacht, gab es häufig. Dadurch wurde zwar die Notwendigkeit verstärkt, Störungen durch verständigen Umgang zu vermeiden, aber manchmal konnten sie eben nicht vermieden werden.

Alle diese Arbeitsbedingungen, die nur durch überlange Arbeitszeiten ausgeglichen werden konnten, vor allem die Problematik besonders belasteter Bewohnerinnen und schwieriger Mitarbeiterinnen und Mitarbeiter, brachten mich nicht selten an die Grenzen meiner Kräfte und führten vor allem in den Jahren 1953 bis 1955 zu gelegentlichen Ermüdungserscheinungen. Dann schien mir, daß wir ohne entscheidende äußere Veränderungen keine Auswege aus unseren Problemen und keine Wege zum weiteren Ausbau dessen, was wir tun wollten, finden würden und daß ich ohne sie kapitulieren müßte.

Wie sollten wir viel zu wenigen Helfer die katastrophalen Probleme so vieler belasteter Frauen lösen, ja nur mildern? Da stürzte sich zum Beispiel eine junge Frau, die wir alle besonders gern hatten, im Dezember 1954 vom vierten Stock des Hauses in den Lichthof, und wir ahnten nicht, weshalb. Sie kam querschnittsgelähmt in ein nahes Krankenhaus. Ihr späterer Tod verursachte eine tiefe Erschütterung und Verunsicherung bei mir. Mühten wir uns immer noch zu wenig? Wußte sie selbst überhaupt, warum sie diesen Sprung getan hatte? Viel später erfuhren wir, daß ihr Bruder, der einzige Gefährte einer trostlosen, mutterlosen und vom Vater gewaltsam unterdrückten Jugend, ihr geschrieben hatte, er gehe zur Fremdenlegion. Über mich hatte sie geklagt, ich könne sie offenbar nicht leiden. Denn als ihr beim Putzen meines Arbeitszimmers das Telefon vom Schreibtisch fiel, hätte ich sie nur getröstet, das sei doch nicht so schlimm. Zuletzt erfuhren wir noch, daß sie eine Enttäuschung in einer homoerotisch angelegten Beziehung gehabt hatte; auch das wußten wir nicht.

Wir quälten sie nun nicht mehr mit Fragen, denn dieses eine Jahr bis zu ihrem Tod erlebte sie offensichtlich, so grotesk das scheinen mag, als glücklichste Zeit ihres Lebens. Grotesk war ja so vieles bei uns. Die im Krankenhaus pflegenden Nonnen schlossen das zarte, liebesbedürftige Mädchen in ihr Herz und taten ihr alles Denkbare zuliebe. Von uns wurde sie abwechselnd, anfangs täglich, später häufig besucht. Zum ersten Mal wohl fühlte sie sich als Mensch, als Mädchen L., wichtig genommen, erfuhr Aufmerksamkeit. Einmal, ziemlich kurz vor dem Ende, holten wir sie, um ihr das inzwischen bezogene neue Haus zu zeigen. Der Anstaltswagen transportierte sie im Rollstuhl. Eine Kaffeetafel, an der Sozialarbeiterinnen, ihre Vollzugsbediensteten, ein paar Gefangene und ich saßen, war für sie vorbereitet. Dort thronte sie, nach ihrem Aschenputteldasein, als Königin. Bald danach schickte sie Blumen: »Lassen Sie mich mit dem Blumengruß sagen, was ich mit Worten nicht aussprechen kann.«

In anderen Fällen aber gab es diese Chance, der Verzweiflung doch noch ein wenig Versöhnliches abzugewinnen, nicht. In der Silvesternacht desselben Jahres erhängte sich eine Untersuchungsgefangene, deren Probleme wir noch nicht kannten.

Wir mußten ein anderes Haus finden, das wenigstens unsere schweren räumlichen Probleme lösen konnte. Noch ehe es soweit kam, erfuhr ich durch eine bedrückende Bloßstellung, wie wenig Verständnis ich von meiner Behörde damals erwarten konnte. Wir hatten mit den Jugendlichen Fasching gefeiert. Eine Referendarin, die einen Teil ihrer Ausbildung bei uns absolvierte, hatte das in ihrem eingeforderten Bericht positiv vermerkt; so wurde es publik. Bei einer folgenden Konferenz der Anstaltsleiter Hessens wurde ich dafür vor allen Kollegen vom Behördenleiter angegriffen. Das habe mit Strafvollzug nichts zu tun. Keiner der Kollegen versuchte mir beizustehen. Ich hielt eine kleine Rede zur Begründung: Wir versuchten, Beziehungen zu den Mädchen zu entwickeln, wo immer sie dafür bereit sein könnten, und wir versuchten, mit ihnen Feste anders, als sie es gewohnt waren, zu feiern. Ich hielte das nach wie vor für richtig, müsse es aber natürlich einstellen, falls dies angeordnet werde. Am nächsten Tag wurde ich dann wenigstens wegen meiner »mutigen Verteidigung« gelobt. Und in Zukunft erkundigte sich niemand mehr nach unseren Festen; später nahmen Leute aus der vorgesetzten Behörde sogar gelegentlich daran teil.

Es ging also nicht alles immer so schlecht aus, wie es begann, doch die Probleme zerrten an unseren Nerven, angesichts der sich erhärtenden Erfahrungen, wie gering unter den bestehenden Bedingungen unsere Handlungsspielräume für das, was wir für richtig hielten, waren. Es zeigte sich immer deutlicher, daß wir an den Grenzen unserer Möglichkeiten angekommen waren, daß etwas Besseres kommen müsse.

Pläne für eine zentrale Frauenhaftanstalt

Das hieß zunächst, ein besser ausgestattetes Haus für alle Frauen zu finden. Nachdem zu Anfang das »Kleine Haus« mit bis zu 250 Bewohnerinnen allein aus Frankfurt überfüllt gewesen war, reduzierte sich nach und nach die Gesamtzahl der in Betracht kommenden Frauen aus Hessen auf 300 bis 350. Es mußte also ein Haus für diese Größenordnung gesucht werden.

Vage Pläne dafür waren schon seit 1948 ventiliert worden, allerdings mit der Maßgabe, daß für die Leitung dieser Zentralanstalt die Direktorin der einen nordhessischen Anstalt vorgesehen sei. Als aber dann diese Aspirantin aus der Arbeit ausschied, bestand kein Zweifel daran, daß ich die Leitung übernehmen würde. Ein 1950 von mir verfaßtes »Memorandum« zum Frauenstrafvollzug hatte mich offenbar qualifiziert. Und so wurde ich nun in die Planungen einbezogen. Ja, vom Leiter der Ministerialabteilung wurde mir aufgetragen, für die Durchsetzung der Pläne Aktive in Politik und Landtag zu mobilisieren. So wurde ich von Anfang an quasi mitverantwortlich. Aber ich hatte schon bald schwerwiegende Bedenken gegen gewisse sich von »oben« her konkretisierende Vorstellungen. Zwei nacheinander ausgewählte Plätze lagen irgendwo auf dem flachen Land; im einen Fall hätte ein vorhandenes Haus umgebaut, im anderen ein Neubau errichtet werden müssen. Inzwischen hatte ich mich in der ausländischen, vor allem der nordamerikanischen Literatur über Strukturprobleme des Frauenvollzugs kundig gemacht. Danach war man längst von Vorstellungen über idyllisch auf dem Lande gelegene Farmen für Frauen abgekommen. Vor allem aber widersprachen meine eigenen Vorstellungen von einem zeitgemäßen Eingliederungsvollzug diesen Plänen. Und ich benutzte die ausländischen Erfahrungen zur Unterstützung meiner Argumente.

Sinnvolle Zusammenarbeit mit Frauen mit dem Ziel ihrer Wiedereingliederung in das freie Leben bedurfte vor allen Dingen der Öffnung nach außen, also eines städtischen Umfeldes. Nur dort konnten ehrenamtliche freie Helfer für persönliche Kontakte, konnte Eingliederung in Arbeits- und Ausbildungsplätze, konnte Unterstützung von außen für Bildung und Ausbildung im Hause selbst und für die gesundheitliche Betreuung gewonnen werden. Auch würden verheiratete Mitarbeiterinnen mit Kindern, die wir haben wollten, kaum auf dem Land zu halten sein.

Der erste Plan einer Anstalt auf dem Land nahm 1952 konkrete Gestalt an. Ich wurde gedrängt, ihm zuzustimmen. Im Kampf dagegen traten Politikerinnen auf meine Seite und ließen ihn scheitern. Ich hatte ihn so absurd gefunden, daß ich entschlossen war, sollte er verwirklicht werden, mein Amt aufzugeben.

Der zweite Plan für einen der Stadt etwas näher gelegenen Standort scheiterte allerdings auch daran, daß die Gemeinde ein Gefängnis nicht in ihren heiligen Mauern haben wollte.

Neben allen diesen Vorbehalten hatte ich auch schon den

Traum, die große benachbarte Männeranstalt könne für uns umgebaut werden, wenn sie einmal von der amerikanischen Militärverwaltung freigegeben würde, was zu erwarten war. Zusammen mit dem relativ großen, zwischen uns gelegenen Gartengelände, das wir bereits bearbeiteten, würde Platz genug für den gewünschten Umbau und spätere Erweiterungen oder Veränderungen vorhanden sein.

1953 kam tatsächlich die Nachricht, das Militärgefängnis solle verlegt werden. Ich meldete sofort meine Wünsche an. Es war nicht einfach, die Aufsichtsbehörde von der Priorität dieses Anspruchs der Frauen zu überzeugen. Schließlich gelang es. Vorher erlebte ich noch ein schönes Beispiel männlicher Konkurrenz. Einige Kollegen wendeten sich gegen unseren Wunsch nach der neuen Behausung mit der bekannten Methode, die Leitungsfähigkeit von Frauen anzuzweifeln. Wenn uns die Verantwortung für alle weiblichen Gefangenen Hessens übertragen würde, so sagten sie, dann sei zu erwarten, daß dauernd Männer eingreifen müßten. Einer der fürsorglichen Gerüchteköche wollte die Leitung des Hauses gerne selbst übernehmen. Die Zweifel an unserer Kompetenz bewahrheiteten sich nicht, und auch der Leitungsanspruch des Kollegen wurde nicht realisiert. Ich erinnere mich überhaupt nur an einen Fall, in dem Unterstützung gegen eine gewalttätige Frau durch einen zufällig anwesenden männlichen Anstaltsleiter nötig wurde. Ich war damals abwesend; wir hausten noch in der unzureichenden »kleinen« Anstalt.

Ähnliche Diffamierungen gab es immer wieder einmal. Sie zielten auf weibliches Unvermögen generell, auf Versagen in der Verwaltung, auf die lediglich »fürsorgerischen Leistungen«, womit gemeint war, daß wir der Bemühung um die Menschen den Vorrang vor einem »glattlaufenden« Betrieb gaben. Immerhin jedoch war unsere Anstalt eine der nicht eben vielen in Hessen, in der es zu ernstlichen »Pannen« nicht kam und deren Leiterin bis zu ihrer Pensionierung im 65. Lebensjahr beibehalten werden konnte.

Kurz vor dem Bezug der neuen Anstalt verbreitete mein

186

unmittelbarer Vorgesetzter in der Mittelbehörde, er habe mir
eine brauchbare Verwaltungskraft zur Seite stellen müssen.
Als diese wenige Jahre später schwer erkrankte und dann
starb, habe ich die Leitung auch der inneren, technischen Verwaltung zwei Jahre lang allein bewältigen müssen. Später
erfuhr ich nicht selten, daß man mir, die ich die Personalver-
hältnisse in den Männeranstalten nicht kannte, männliches
Ersatzpersonal überstellte, das man dort gerne loswerden
wollte. Bis auf zwei ganz unmögliche Fälle sind wir auch mit
diesen Männern ganz gut fertig geworden. Nur um die Ablösung eines wegen obszöner Neigungen für eine Frauenanstalt
absolut ungeeigneten Mitarbeiters mußte ich einen schwierigen, fünf Jahre währenden Kampf führen. Den zweiten mit
ähnlichen Neigungen wurde ich dann schneller los. Im übrigen
aber hielt sich das Verhalten der männlichen Mitarbeiter in
durchaus erträglichen Grenzen, war oft sogar positiv zu bewerten.

Farben für die Zellen! – Umbau und Innengestaltung
des neuen Hauses

Nach 1953 kamen zwei Jahre der Raumplanungen und Besprechungen mit dem staatlichen Bauamt. Beim Anbau des Flügels
für die Jugendlichen hatte ich gelernt, daß Abweichungen vom
einmal festgelegten Bauplan kaum zu erreichen waren, und
handele es sich nur um die Verlegung einer Tür. So waren wir
sehr vorsichtig und gründlich bei unseren Vorschlägen. Die sollten auch geeignete Arbeitsbetriebe, vor allem eine modern eingerichtete Lohnwäscherei mit chemischer Reinigung, auch für
Ausbildungszwecke, und ein gut eingerichtetes Krankenhaus
umfassen.
    Den Traum von einer Möbeltischlerei, wobei besonderer
Geschmack eine Hauptrolle spielen konnte, mußte ich wie
schon einmal bei meinem Arbeitsanfang aufgeben. Eine
Zusammenarbeit mit der Innung kam damals nicht zustande.

Im neuen Haus sollte es außer im Krankenhaus nur Einzelwohnräume geben, daneben in allen Stockwerken Gemeinschaftsräume für Gruppenarbeit und Unterricht, Räume für
die Mitarbeiterinnen des Vollzuges und des Sozialdienstes, in
einem Flügel Verwaltungs- und Besprechungsräume, eine
Bibliothek und einen Kirchen- bzw. Mehrzweckraum. Es würden mehrere Freizeithöfe für gärtnerische Ausgestaltung durch
einzelne Gruppen dasein, ein eigener Hof für Jugendliche und
einer für Kranke. Ich freute mich sehr auf die Möglichkeiten,
die »unser Haus« uns für die nun wirkliche Vollzugs»gestaltung« geben würde.

Während der Planungszeit konnte ich zwei süddeutsche Frauen-
vollzugsanstalten besuchen, die von Baden-Württemberg und
die von Bayern. Wirklich befriedigt war ich jedoch bei diesen
mehrtägigen Besuchen nicht. Wir hatten andere Vorstellungen
entwickelt.

Die Leiterinnen beider Häuser kamen aus dem Vollzugsver-
waltungsdienst. Die Leiterin in Schwäbisch Gmünd war ungemein engagiert und hatte ihr Haus mit den damaligen knappen
Mitteln freundlich und liebevoll eingerichtet. Der alte Kloster-
bau trug mit seinen tiefen Fensternischen und mit den hohen
Bäumen in seinem Park zu einer anheimelnden Atmosphäre
persönlicher Freundlichkeit bei. Doch gerade dieses Klima war
für meine Vorstellungen zu heimartig, und von den Städten, in
die die Frauen hauptsächlich entlassen werden würden, war
der Bau zu weit entfernt.

Die Leiterin der bayerischen Anstalt traf ich nicht an,
obwohl ich mich frühzeitig angemeldet hatte. Es war Samstag.
Im Haus herrschte eine kühle Atmosphäre. Eine Freizeitveranstaltung, an der ich teilnehmen konnte, verlief in großer Disziplin. Flure und Zellen strahlten in makellosem Glanz. Alles
erinnerte an den Primat von Sauberkeit und Ordnung. (Als
ich mich jedoch nach einer Frau mit lebenslanger Strafe erkundigte, die inzwischen bei uns war, jedoch zuvor elf Jahre
lang in dieser Anstalt gelebt hatte, und die bei uns so beliebt

geworden war, daß alle für eine baldige Begnadigung sammeln wollten, traf ich niemanden, der sich ihrer erinnerte.) Alle Flure waren weiß gestrichen, so daß kühle Sauberkeit zum beherrschenden Eindruck wurde. Diesen Anstrich besorgte eine hauseigene »Anstreicherkolonne«, und das beeindruckte mich positiv. Doch gerade dieser weiße Eindruck war es, der mich für die Neuplanung auf einen scheinbaren Nebenschauplatz trieb.

Auf diesem Schauplatz gelang es, eine glückliche, für die Zukunft fruchtbare Übereinstimmung mit dem Leiter der Baubehörde zu erreichen. Auch von unserer Behörde war vorgesehen worden, die Innenwände des Hauses und der Zellen weiß zu streichen. Aber waren wir denn ein Krankenhaus? So wandte ich mich an den Chef der Baubehörde und bat um andere Vorschläge. Diese Unabhängigkeit und der Wunsch nach Farbigkeit gefielen ihm, und so wurde gemeinsam eine ästhetisch befriedigende Farbgebung durchdacht.

Zunächst wurde sogar ein Farbpsychologe eingeschaltet, und ich vertiefte mich in Goethes Farbenlehre. Der Psychologe wählte »aggressive« Farben. Ich ließ mich eine Weile in eine Zelle mit einem solchen Probeanstrich einschließen. Heraus kam ich mit dem Bemerken, da drinnen würde ich nach kurzer Zeit wahnsinnig werden. Wir fanden dann drei verschiedene Zellenanstriche – gelb, rötlich, grün. Die Frauen sollten möglichst wählen können. Die Flure sollten in einem wie mir schien besonders schönen Nebeneinander von Graublau und warmem Gelb gestrichen werden.

Das größte Problem war der architektonisch unruhige Mehrzweckraum. Auch er erhielt mehrere Farben und besonderen Charme durch eine von beiden Konfessionen gespendete Orgel, auf der nun auch Orgelkonzerte stattfinden konnten. Freilich, mit unserem früheren Kirchenraum konnte sich der neue an Schönheit nicht messen. An dem hatten wir lange und angestrengt mitgearbeitet. Das Ergebnis hatte mich bei jedem Betreten des Raumes beglückt. Ein junger Maler, den ich kennengelernt hatte, hatte den Anstrich mit immer neuen Farbversuchen entwickelt. Zu mattgrünlichem Holzgetäfel im unteren Raumdrittel kam ein rauchiges Lila von zarter Wärme. Auf eine Wand hatte er in kunstvoller schwarzer Schrift einen Vers geschrieben, den ich vergessen habe. Beim Bemühen um diesen Anstrich hatte ich gemerkt, wie wichtig Farben für die Entwicklung des Klimas in einem solchen Hause sind. So hatte ich zum Beispiel zum allgemeinen Entsetzen mein eigenes, recht kleines Büro im »Kleinen Haus« in einem warmen Rostrot anstreichen lassen und mich sehr wohl dabei gefühlt.

Da schon von Bauen und Umbauen die Rede ist, füge ich hier auch gleich an, welche baulichen Veränderungen wir später noch vornahmen. Gegen Ende der fünfziger Jahre gelang es, Geld für den Neubau des halb zerstörten, halb verfallenen Pfortengebäudes zu bekommen. So wurde eine neue Pforte gebaut, damals noch ohne die späteren massiven Sicherungen. In denselben Bau kam ein von außen zugänglicher Warteraum für Besucher, kamen Umkleide- und Aufenthaltsräume für die Mitarbeiter. Im ersten Stock wurde eine Abteilung für jugendliche Freigängerinnen eingerichtet. Seit 1959 wurde – soviel ich weiß, nur in Hessen – diese Behandlungsform aus dem Jugendgerichtsgesetz abgeleitet. Die Abteilung enthielt sechs Wohnräume für Jugendliche, einen Gemeinschaftsraum und ein Appartement für die Abteilungsleiterin, die dort auch wohnte. Im Gebäudeteil auf der anderen Seite des Haupteingangs wurde eine Lehrküche für Jugendliche mit Nebenräumen und einem großen Eßraum eingerichtet, in dem die Mitarbeiterinnen und Mitarbeiter auf eigene Kosten das von den Jugendlichen in der Ausbildung zubereitete Mittagessen bekommen konnten. Dort feierten sie von nun auch ihre Feste.

Vor der Pforte lagen einige Parkplätze und ein großer Rasenplatz mit zwei Kastanien. Dort wurde einige Jahre später ein von Karl Hartung gestaltetes Denkmal aufgestellt, mit einem in Stein gemeißelten Vers von Ricarda Huch, zur Erinnerung an die in der Anstalt während der Nazizeit benutzte Hinrichtungsstätte, in der »Kriminelle«, Widerstandskämpfer, Ausländer und wohl auch Juden umgebracht worden waren. Ursprünglich war darüber nachgedacht worden, dieses Denkmal an der Hinrichtungsstätte selbst, innerhalb der Mauern, aufzustellen. Dagegen hatte ich mich gewehrt. Ich dachte, diese tägliche Erinnerung sollte man den Frauen, die in diesem Haus ja »leben« sollten, ersparen. Später sagte der Generalstaatsanwalt Fritz Bauer, auf den die Errichtung des Denkmals zurückging, man hätte es mitten auf die Fahrbahn setzen sollen, damit es jeden Vorbeifahrenden »anschreie«. Das sagte er während des ebenfalls von ihm in Gang gebrachten ersten Auschwitzprozesses, als er die ablehnende Reaktion auf diese erzwungene Erinnerung bitter erfuhr. Das Denkmal wurde in seiner Gegenwart und der des Ministerpräsidenten und der Vertreter der Stadt eingeweiht.

Noch zweimal hatten wir Baupläne. Allerdings muß ich da weit vorgreifen, denn erst in späteren Jahren wurde uns klar, daß auf lange Sicht auch das 1955 bezogene Haus den wachsenden Ansprüchen eines modernen Vollzuges nicht entsprach. Nachteile waren ja geblieben: eine nachlassende Bausubstanz (zum Beispiel Feuchtigkeit in den bewohnten Untergeschossen), die Unmöglichkeit, einen differenzierten Gruppenvollzug mit Wohngruppen einzurichten, das Fehlen ausreichender, modern ausgestatteter Arbeits- und Wirtschaftsbetriebe und schließlich noch das weiterbestehende »Kübelsystem«. 1955 waren wir glücklich über den Fortschritt vom »Kleinen« zum »Großen Haus«. Doch zehn bis fünfzehn Jahre später empfanden wir, daß wir hinter der Entwicklung anderer Frauen- wie Männeranstalten zurückblieben. Im Bezug auf die äußeren Bedingungen fühlten wir uns zunehmend als »Schlußlicht«. Das wurde schließlich auch von der Aufsichtsbehörde so gesehen. Und so entstanden neue Pläne für eine »moderne« Frauenanstalt.

Wieder jedoch bezogen sie sich auf Bauplätze in ländlicher Umgebung, ohne Anbindung an Arbeits-, Bildungs- und Versorgungseinrichtungen einer größeren Stadt. Unsere schon früher vorgebrachten Gegenargumente wurden durch unsere inzwischen gesammelten Erfahrungen mit den Vorteilen städtischer Nähe noch verstärkt. Sie wären allerdings kaum akzeptiert worden, wäre nicht eines Tages der Justizminister selbst zu einem Gespräch gekommen. Er war über die hohen Kosten der Bauvorschläge entsetzt, die seiner Meinung nach alles Durchsetzbare überstiegen. Seine Frage war, ob es denn überhaupt keinen anderen Weg für die Erfüllung unserer Bedürfnisse gebe. Ich sagte ehrlichen Herzens, den gebe es. Zwischen unserem Haus und der offenen Männeranstalt lag das große Gelände, das wir als Gärtnerei nutzten. Und hinter unserem Haus lag das ehemalige »Kleine Haus«. Wenn das abgerissen und unser jetzt überbautes Areal freigeräumt würde, entstünde reichlich Raum für eine reorganisierte moderne Anstalt im Pavillonsystem. Der kostspielige Geländekauf und der Bau von Wohnungen für Mitarbeiterinnen und Mitarbeiter würden wegfallen und eine beträchtliche Kostenersparnis bringen.

Diese ehrliche und auch nach meinem späteren Urteil realistische Antwort brachte mir fortan bei jedem Hinweis auf unhaltbare Zustände in unserem Haus – zum Beispiel das Kübelsystem – die Bemerkung ein: »Sie hätten es ja anders haben können. Nun müssen Sie mit dem Vorhandenen auskommen.« Das war unzutreffend und unfair. Noch heute allerdings sage ich: Ich bin von der Sachdienlichkeit der damaligen Entscheidung überzeugt geblieben. Der bauliche Rahmen einer Vollzugsanstalt ist zwar eminent wichtig – wir haben das jahrelang erlebt und erlitten –, doch die immateriellen Angebote sind für einen sinnvollen Vollzug noch wichtiger, vor allem die Kontakte zu einer freien Umwelt.

Noch einmal bewährte sich unsere Freundschaft mit dem Leiter der Baubehörde. Schon 1968 hatte er seine Solidarität bewiesen, als er mir mitteilte, es bestünden Baupläne, die Untersuchungshaftanstalt für Männer auf dem hinter uns liegenden Gelände, das wir gerne für unsere Pläne genutzt hätten, zu errichten. Damals erlitt ich einen Schock und sah mein »Lebenswerk« als gescheitert an. Diese Pläne nahmen auf unsere so oft geäußerten Wünsche keine Rücksicht, wir wurden nicht einmal informiert. So ging man über den Frauenvollzug der Zukunft aus dem »Geist humaner Hilfsbereitschaft« hinweg. Es herrschten wieder »Sachzwänge«, obwohl andere Lösungen gewiß zur Verfügung gestanden hätten. Ich litt nun lange unter dem Selbstzweifel, ob ich denn überhaupt etwas durchsetzen könne.

Und noch einmal, nachdem so viel Gelände für uns verloren, sogar das ehemalige »Kleine Haus« vom Männervollzug übernommen worden war, hielt uns der Mann von der Bauverwaltung die Treue. Er hinterließ mir bei seinem Ausscheiden einen Plan, die alten Baukörper unseres Hauses abzureißen und auf dem dadurch freigeräumten Gelände ausreichend neu zu bauen. Dieser Plan wurde allerdings zunächst nicht ins Kalkül gezogen, immer war anderes wichtiger, und wir blieben Schlußlicht mit Kübelsystem.

Am Anfang das Chaos – Der Umzug und seine Folgen

Doch zurück ins Jahr 1955: Nach der Räumung des uns zugesprochenen Hauses durch die Amerikaner, und noch ehe der Umbau begann, wanderte ich eines Tages lange durch das leere Gebäude. Dieser Gang ist mir unvergeßlich. Da begegneten mir auf den langen, dunklen, durch eine Meuterei der amerikanischen Gefangenen zum Teil zerstörten Fluren die Geister der Gefangenen, die vor uns nach 1933 hier gelebt hatten. Viele von ihnen hatten durch die Guillotine draußen in einem Vorgebäude, vor allem gegen Kriegsende, ihr Leben verloren. Würde man in einem solchen Haus leben und arbeiten können? Würde nun dieses große, schwere Haus die Entscheidung für den Rest meines Berufslebens werden?

Sie wurde es. Und wir haben in diesem Hause »gelebt«.

Ab 18. August sollte das Haus bezogen werden. Nacheinander sollten die Gruppen aus den drei Anstalten bei uns einziehen. Doch vorher gab es noch dramatische Szenen. Mehrfach wurden wir gedrängt, in das noch unfertige Haus einzuziehen.

Die Zeit arbeite gegen uns. Man werde das Haus nicht für uns freihalten können. Auch die Männeranstalten stellten Ansprüche. Das war zermürbend. Wir wollten dieses Haus, brauchten es dringend. Doch mit mehr als 300 Frauen in ein halbfertiges Haus einzuziehen, war völlig unmöglich. Schließlich konnten wir auch diese Klippe einigermaßen erfolgreich umschiffen.

Ein anderes Ereignis traf mich persönlich hart. Die langjährige engste Mitarbeiterin erklärte Ende 1953, sie wolle in die damals neu aufgebaute Bewährungshilfe überwechseln. Ich habe das natürlich verstanden, hatte doch auch ich nicht selten von einer Arbeit ohne Gitter geträumt. Und ich wußte auch, daß sie wegen ihrer familiären Aufgaben eine Entlastung brauchte. Doch es bedeutete, daß ich mit dem Neuanfang einer noch komplizierteren Arbeit allein sein, daß die langjährige Gesprächspartnerin fehlen würde. 1954 schied sie aus. Aber dann kamen Nachfolgerinnen, und es entwickelte sich eine Zusammenarbeit in so guter und beglückender Weise, daß in ihr das Herzstück dessen, was nach und nach in unserem Haus entstand, gesehen werden muß.

Vor dem Einzug der ersten Gruppe von Bewohnerinnen und Mitarbeitern aus dem »Kleinen Haus« feierten wir, alle Mitarbeiterinnen und Mitarbeiter, ein »Einstandsfest«. Auf dem Flur des späteren Verwaltungstraktes aßen und tranken wir zusammen, sprachen über das Kommende, faßten Pläne und Vorsätze und machten zum Schluß eine Polonaise durch das ganze Haus über alle Flure und durch alle Nebengebäude. Damit nahmen wir gemeinsam Besitz von unserem zukünftigen Arbeitsplatz.

Mit dem allerdings, was dann mit und nach dem Umzug auf uns zukam, hatte niemand gerechnet. Es war für lange Zeit eine Art von Hölle. Und ich habe mich oft gefragt, ob wir das überleben würden. Einige Zitate aus Briefen geben Auskunft darüber:

8. 7. 1955: »Hier geht jetzt alles drunter und drüber. Es glaubt kein Mensch, was das für Arbeit macht. Wir sind schon

jetzt im Umzug. Die Gefangenen sollen ab 18. 8. in das neue Haus transportiert werden. Jetzt gehen Matratzen und Geräte und Büroeinrichtungen hinüber. Einen Teil der Sachen brauchen wir aber noch bis zum letzten Tag. Das Haus selbst ist weit von fertig, wir werden noch jahrelang männliche Gefangene als Handwerker zwischen den Frauen haben. Was das bedeutet, kann man sich nur schwach vorstellen. Wir haben längst nicht genug Personal. Ich kämpfe um Stellen, Mittel. Wir haben große Versprechungen für Außenarbeit gemacht, allein 50 Frauen für eine Konservenfabrik, die sich mit Unterkünften darauf eingestellt hat, aber wir haben die Frauen noch nicht. Ab 5. 8. haben wir einen Fabrikbetrieb im eigenen Haus. Dafür werden große Montagearbeiten durchgeführt, ein Lastwagen und zwei Geschäftsführer werden dafür stationiert. Dafür brauchen wir 70 Frauen, die wir auch nicht haben. Man kann es überhaupt nicht sagen, wo alles hängt und was für Schläge es täglich gibt. Man hat immer das Gefühl, über eine dünne Eisdecke zu laufen. Dazu die Schwierigkeiten mit den Mitarbeitern, die mit nichts zufrieden sind, nicht mit der neuen Arbeitseinteilung, nicht mit den zugedachten Büros. Herzzusammenbrüche ringsumher, aber sie machen mir nur noch geringen Eindruck, ich bin ziemlich hart geworden. Es gibt Anweisungen und Verweigerungen – basta. Nur geht es eben doch sehr an die Nerven. Ich hoffe nur, daß wir den nächsten Monat noch irgendwie überstehen. Hilfe von oben haben wir so gut wie keine. 14 Kräfte, die wir unbedingt brauchen, haben wir angefordert. Sieben werden wir bestenfalls bekommen. Für die mitkommenden Mitarbeiterinnen haben wir keine Wohnungen bekommen, obwohl wir seit zwei Jahren reden, es müsse gebaut werden. Du kannst Dir die Arbeitsfreudigkeit vorstellen, mit der die Leute hierherkommen. Na, es wird überstanden werden.«

Hin und Her. Parole: Der Umzug muß vierzehn Tage vorverlegt werden. Und dann:

14. 7. 1955: »...gestern die Parole, der Umzug wird doch um 14 Tage verschoben. Zuerst verlor ich etwas die Balance. Man

ist wie ein aufgeblasener Gummiball, in den eine Stecknadel gestochen wird, wenn man mitten aus dem auf die Minute festgelegten Stundenplan herausgerissen wird. Es hängt ja in einem solchen Betrieb soviel von allem ab. Wir hatten eine Urlaubssperre verhängt, wir hatten Besuche für die Gefangenen abgesagt, wir hatten die Gefangenen aus den anderen Anstalten bereits herdirigiert – mit Transportmitteln. Und man übersieht im ersten Augenblick selbst nicht so recht, was beim Abstoppen einer so großen Maschine alles schief gehen wird. Wir hatten unser Personal noch nicht zusammen, werden es auch nicht bekommen, weil vom Ministerium überhaupt nichts vorbereitet worden ist. Man hat uns in grandioser Weise hängen lassen. Aber wir sind es gewöhnt, auf eigene Rechnung und Gefahr zu leben. Die Vorwürfe kommen hinterher so und so. Überdies bin ich seit heute ›Beamtin auf Lebenszeit‹. Was kann da noch passieren?«

2. 8. 1955: »Zweiter Tag nach dem großen Umzug aus der Frankfurter Anstalt. Langsam beginnen wir, uns wieder zu erholen. Was wir da überstanden und durchgehalten haben, das ist schon allerhand. Dabei sind wir noch mittendrin und keineswegs über den Berg. Ich glaube, daß nur wenige Männer das gewagt hätten, was wir auf uns genommen haben. Mit 206 Menschen in ein halbfertiges Haus zu ziehen, nur halb eingerichtet, oft noch ohne Licht, mit nur einem Satz Schlüsseln, mit viel zu wenig Personal, überall im Hause noch männliche Handwerker. Wir sind einfach losgesprungen, weil wir nicht länger warten konnten. Niemand hat uns Richtlinien oder Anweisungen gegeben. Eine Woche lang haben wir Tag für Tag mit den Lastwagen, die wir erobern konnten, unsere Sachen hinübergefahren. Am Montag morgen gab es dann den Marschbefehl: Los. Um halb acht wußte ich noch nicht, ob wir es wagen könnten, da die fest versprochenen Schlüssel nicht kamen, wir haben sie noch nicht. Aber ich hatte am Vor-Nachmittag mit allen Gruppen gesprochen und ihnen genaue Verläufe angegeben. Die Sachen waren alle weg, also mußten wir los. (Und fast immer kann man sich in solchen Fällen auch auf Loyalität ver-

lassen.) Der Organisationsplan war gar nicht schlecht, wie sie abrückten, ihre Sachen verstauten. Aber es ist unglaublich, was da dauernd für Probleme auftauchten. Den ganzen Vormittag haben wir die Frauen mit ihren Bündeln gefahren und in den Zellen verstaut. Alle waren mit ihrer Gruppenzugehörigkeit im Plan eingezeichnet worden.

Aber sie waren schwierig: In solchen Situationen zeigt sich die Lebensuntüchtigkeit der meisten. Sie können sich nicht umstellen, anpassen, selbst wenn sie wollen, nicht mit sich fertig werden. Ich hatte sie darauf vorbereitet, daß manches noch nicht in Ordnung sei, die Zellen nicht geputzt, daß wir uns aber Mühe gegeben hätten, es so schön und hell wie möglich zu machen, daß sie sich daran freuen sollten und dabei das noch nicht Gute übersehen. Aber als sie dann hineinkamen: da war es nicht geputzt, da fehlte eine Bürste ... das ging bis zur Selbstmorddrohung. Da störte man sich am wieder beschmutzten Fenster, da ertrug man die Einzelzelle nicht. Da wurde geschrien, geschimpft, geweint. Einige waren in Ordnung und halfen den anderen. Es war ein maßloses Durcheinander, die Mitarbeiterinnen gaben sich große Mühe, aber mit der Zeit verloren auch sie die Nerven, gestern abend dachte ich, wir würden es nie schaffen. Die Mitarbeiterinnen riefen durchs Haus, so daß ich nur von Station zu Station lief und um Ruhe bat, selbst bis zum Flüstern ruhig. Zwischendurch gab es noch etliche Rohrkatastrophen. Es stellte sich heraus, daß in einigen Siphonen Zement eingegossen war, wahrscheinlich Sabotage der männlichen Gefangenen, weil man ihnen kein Richtfest genehmigt hatte. Die Folge sind vollgelaufene Büros, Zellen sind feucht, bei einigen schließt das Schloß nicht. Auf allen Fluren, mitten im Durcheinander, arbeiten Handwerker, gefangene und freie. Beide sind gleichermaßen hinter den Frauen her. Dann überraschte man mich mit der Nachricht, daß man das ganze Haus mit einem Gerüst umgeben müsse, um die Gitter zu streichen. So haben wir die Männer nicht nur im Haus, sondern auch noch vor allen Zellenfenstern. Ebenso auf den Höfen, in Augenhöhe der Erdgeschoßfenster. Mitarbeiter auf den Höfen haben wir nicht. So bin ich selbst immer mal wieder ringsum gegangen. Es muß ja fast etwas geschehen. Gott sei Dank sind die Untersuchungsgefangenen oben, so daß sie keine Briefe schmuggeln können. Usw., usw. Das Geld hat nicht gereicht, so haben wir das alte Haus fast abmontiert, um alles noch hier zu verwenden, während wir eigentlich überhaupt nichts mitnehmen wollten. Nur die Akten sind noch dort – so daß wir mit denen nicht arbeiten können. Aber die haben wir gestern gegen Kakerlaken begast. Und nun ist es endlich ruhig im Hause, schon finden einige es schön, allein zu sein. Und schon beginne ich Mut zu bekommen, daß wir es doch noch schaffen.«

Noch stand uns die Ankunft von mehr als 100 Frauen aus den nordhessischen Anstalten bevor. Und hier noch einmal ein brieflicher Ausklang:

5. 12. 1955: »Die letzte Zeit war schlimm. Es geht Tag für Tag, zwischen 13 und 14 Stunden Arbeitszeit, und was für Arbeitszeit, auch an Wochenenden. Alles miteinander ist so, daß ich immer nur bitte: es möge kein Nervenzusammenbruch kommen, ich könne wenigstens bis Weihnachten noch durchhalten. Man hat uns wieder Stellen gestrichen. Ich spüre die Uninteressiertheit oben so deutlich: richtet sie sich gegen die Frauen? Die tausend Schwierigkeiten des Eingewöhnens, des Zusammenschweißens sind ja noch keineswegs behoben. Dazu Weihnachten vor der Tür, was ja sonst schon über die Kräfte ging. Eine teils feindliche Front der Gefangenen, was ich noch nie erlebt habe. Auch alle Beamtinnen gegeneinander, entsprechend gestimmt, da noch immer nicht in anständigen Wohnungen, sondern in Massenquartieren untergebracht. Ach, man kann das alles gar nicht schildern. Und dazu heute morgen noch die Jahresrevision. Schon, daß sie jetzt kam, ist im Grunde unfaßlich. Jedermann weiß doch, daß wir noch gar nicht fertig sein können mit unseren fehlenden Kräften. Das Erste, das sie taten: Sie gingen in die Küche und nahmen uns die Ersparnisse für die Weihnachtsbäckerei fort, die wir ein Jahr lang gespart hatten. Wir dürfen das nicht, doch alle tun es,

weil es die einzige Rettung ist. Wir bekommen für die ganzen Weihnachtsveranstaltungen pro Gefangene 1 DM. Ein Pfund Mehl kostet 0,65 DM. Es wäre wichtig für uns gewesen, durch eine gute Weihnachtsbescherung die Gemüter bei unseren Schwierigkeiten jetzt zu besänftigen. Man meint fast, es mache Spaß, uns vollends kaputt zu machen, um hinterher sagen zu können, die Frauen schaffen es eben doch nicht. Und wir schuften und schuften und sind ganz am Rande unserer Kräfte. Aber nicht ein einziger ist interessiert an unseren Nöten. Manchmal bin ich todmüde. Aber was hilft es. Man muß doch weitermachen, und wenn man eines Tages als entseelter Körper umfällt. So ähnlich sagte es wohl Pierre Curie zu seiner Frau.«

Eine kurze, allerdings geschönte Zusammenfassung dieser Vorgänge und des Fortgangs habe ich zwei Jahre später in einem Bericht zur Festschrift für Albert Krebs, den damaligen Leiter des hessischen Strafvollzugs, geschrieben. Ich gebe ihn hier wieder, stellenweise ergänzt: »Etwa zwei Jahre brauchten wir zur Eingewöhnung. Die Gruppen der Gefangenen und Mitarbeiter aus den drei hessischen Anstalten fanden zunächst nicht zueinander. Alle hatten Sehnsucht nach der Umgebung, aus der sie kamen. Hinzu kamen belastende Schwierigkeiten: Beim Umzug gab es nur wenige passende Schlüssel für die Zellen. Das verhinderte notwendiges, rasches Aufschließen. Vor den Zellenfenstern befanden sich Gerüste, auf denen die Angestellten der Baufirma die Zellenfenster anstrichen. Männer vor jedem Fenster, mit Reparaturarbeiten auf allen Fluren. Ein Flügel war noch nicht ausgebaut. Wie sich das bei den verwirrten Frauen auswirkte, zeigte ein Vorgang der ersten Tage. Als eine Hausarbeiterin im zärtlichen Spiel mit einem der Arbeiter angetroffen wurde, löste die Aufsichtsbeamtin sie von der Arbeit ab und brachte sie in ihre Zelle. Wenig später fanden wir sie dort mit aufgeschnittenen Pulsadern, jedoch lebend. Ein anderes Erlebnis hatte ich selbst. Ich sah, aus einer gewissen Sorge heraus, durch den ›Spion‹ (Guckloch) in den Raum einer schwierigen Frau (die sich später anderswo das Leben nahm). Sie stand

mitten im Zimmer, hatte sich den Arm in der Armbeuge aufgeschnitten und pumpte einen dünnen Blutstrahl gegen die
Wand. Es dauerte eine Weile, bis wir einen passenden Schlüssel herbeigeholt hatten.

Sonderräume wurden erst nach Monaten fertig, also konnten wir gegen die vielen aus den Aufregungen stammenden Verzweiflungshandlungen kaum etwas Wirksames unternehmen.
Die Probleme nahmen überhand. Und nachdem sich der Bazillus erst einmal eingenistet hatte, blieb er im Hause hängen.
Die Mittel, damit fertig zu werden, persönliche Verbindung
und Bindung, hatten sich noch nicht entwickeln können. Es verging anfangs kein Tag ohne ernsthafte Zwischenfälle, Aggressionen, Schlägereien, Selbstmordversuche, die deshalb so auf
die Nerven gingen, weil wir ihnen gegenüber machtlos waren.
Die Erschöpfung der Mitarbeiterinnen war allgemein und
trennte, statt daß sie zusammenschweißte. Hinzu kam die Ver-
ärgerung der von auswärts Kommenden, die anfangs keine
Wohnungen hatten und in Notquartieren untergebracht werden mußten.«

Hier sei hinzugefügt: Hilfe von der Aufsichtsbehörde bekamen wir so gut wie nicht. Weder eine vorübergehende Personalvermehrung noch auch nur einen Besuch oder einen Anruf, um
festzustellen, wie es uns gehe. Zunächst frustrierte uns das
sehr, später waren wir froh darüber, daß man uns in unserer
Nische gelassen hatte und daß wir es allein geschafft hatten.

»Etwa zwei Jahre dauerte dieser Zustand einer Kette von
Disziplinlosigkeiten, hysterischen Verzweiflungsausbrüchen,
Selbstmordversuchen. Er vermittelte tiefe Einblicke in den
Mechanismus menschlicher Reaktionen. Dann war er fast
ebenso plötzlich, wie er entstanden war, überwunden. Unsichtbar und kaum merklich waren Vertrauen, Zugehörigkeit und
Wohlwollen gewachsen. Ein Klima breitete sich aus, in dem
sich leben und arbeiten ließ. Das Verhältnis zwischen Mitarbeiterinnen und Gefangenen besserte sich ständig. Heute ist es
durchweg gut, ›von eigenartiger Dichte menschlicher Beziehungen‹, wie eine Rechtsreferendarin sich kürzlich ausdrückte.

Die anfangs schier nicht abreißende Kette von Selbstmordversuchen endete schlagartig... Die Gefangenen gewannen ein inneres Verhältnis zu ihrer Umgebung und gaben es an ihre Nachfolgerinnen weiter. Sie versuchten, ihre Umwelt durch Ausgestaltung der Zellen und Gemeinschaftsräume innerlich zu erobern... Schwierig sind nur die Jugendlichen geblieben, die in ihrer Unruhe und Vitalität in dieser Umgebung nicht auf ihre Kosten kommen und sich unbewußt dafür rächen.«

In der Tat ereignete sich in den folgenden zehn Jahren nicht ein Selbstmord mehr, nachdem wir noch einen besonders schlimmen in der Unruhezeit hatten erleben müssen. Eine Frau, die nach einer geradezu grauenhaften Vergangenheit kontinuierlicher Gewalterfahrungen unüberwindbaren Haß in sich aufgehäuft hatte, unterließ nichts, womit sie ihre Umgebung verbal, agierend und mit Gewaltangriffen quälen konnte. Aus der gemeinsamen Feier des ersten Weihnachtsfestes im neuen Haus rannte sie davon und stürzte sich vom dritten Stock in den Lichthof. Unmittelbar anschließend kamen alle anderen Frauen ebenfalls aus der Feier und sahen sie liegen. Es entstand eine absolut gefährliche Situation, bis wir jede einzelne von ihnen in ihre Zelle bringen konnten. Wir alle waren bei den Frauen und versuchten, sie zu beruhigen. Und wir waren überzeugt, daß diese gequälte Frau in ihrem nach außen drängenden Haß eben diese Situation gewollt hatte. Sie wollte uns etwas Schreckliches antun, auch als Folge unserer Reaktionen auf vorangegangene Angriffe gegen ihre Umgebung.

Nun hatten wir einen neuen Bazillus im Haus: Jeder verbale Angriff begann mit »Ihr habt die A. in den Tod getrieben« und endete oft mit der Drohung: »Wenn ihr das und das nicht tut, dann springe ich.« Man kann sich wohl vorstellen, was das für die Nerven der Mitarbeiterinnen bedeutete. Dieser Drohungen wurden wir erst langsam Herr, als wir anfingen, jeder, die sie äußerte, umgehend einen Wohnraum im Souterrain zuzuweisen.

Demonstrative, Zuwendung fordernde Selbstmordversuche folgten natürlich auch weiterhin, immer mit der Gefahr des

Gelingens. Erwähnen muß ich jedoch eine eigenartige Symbol-
handlung, die einen Neuanfang kennzeichnete. Kurz vor dem
zweiten Weihnachten im neuen Haus, als wir noch von den
schweren Problemen erfüllt waren, baten Abgesandte der Frau-
engruppe mit langen oder lebenslangen Strafen die zuständige
Sozialarbeiterin und mich in ihren Gemeinschaftsraum. Vor
diesem verbanden sie uns die Augen und führten uns hinein.
Wortlos und erst nach geraumer Zeit machten sie uns die
Augen wieder frei. Vor uns stand ein kleiner Holztisch mit
brennenden Kerzen. Das war ein Geschenk für uns, von einem
auf dem Hof arbeitenden männlichen Gefangenen aus herum-
liegenden Bauabfällen gefertigt. Er vertrat die Friedenspfeife.
Von nun an ging es bergauf. Freilich – ein Wechselbad blieb
das Leben in der Anstalt immer!

Interne Reformen

Die äußeren Strukturen im »Großen Haus«

In dem panoptisch, das heißt sternförmig angelegten, von einer Stelle aus zu übersehenden Haus befanden sich in maximal 14 Abteilungen 328 Plätze, fast alle in Einzelzellen. Nicht alle wurden immer gebraucht; doch zu Zeiten kam es auch zu »Überbelegungen« mit bis zu 350 Bewohnerinnen. Da waren wir froh, daß eine Gruppe von zwanzig Frauen außerhalb in einer Marmeladenfabrik arbeiten konnte. Sie wohnte während der Woche bei der Fabrik und kam nur am Wochenende in die Anstalt zurück, mußte dort allerdings in einem großen Gemeinschaftsraum untergebracht werden. Als die Überbelegung abgebaut werden konnte, war das glücklicherweise nicht mehr nötig.

Meist lebten etwa 250 Frauen im Haus. Als Folge der Strafrechtsreform ging die Zahl zeitweilig bis auf 100 zurück. Dann allerdings nahmen wir die Frauen von Rheinland-Pfalz und aus dem Saarland auf. Für den Rückgang der Belegung spielte auch eine Rolle, daß sich die Strafpraxis milderte. Anfangs hatten wir zum Beispiel eine Frau, die wegen des Diebstahls von einem Paar Handschuhe und eines Fahrrades, allerdings im Wiederholungsfall, fünf Jahre Zuchthaus und Sicherungsverwahrung verbüßen mußte. Auch lebenslange Strafen wurden zunehmend seltener verhängt. Zeitweilig sank auch die Zahl der Untersuchungsgefangenen im Zuge eines Reformansatzes. Doch dabei blieb es nicht lange. Meist lag ihr Anteil bei ca. 25 bis 35 Prozent.

Die Verringerung der Zahlen entlastete die Arbeit jedoch nicht. Denn nun erst konnten wir uns den einzelnen Frauen intensiver zuwenden, konnten wir versuchen, näher an die tiefer liegenden Probleme heranzukommen. Bis zu meinem Ausscheiden war der Anteil der Frauen mit »Ersatzfreiheitsstrafen« hoch. Zu den vielen Frauen mit Haftstrafen, den »normalen« Strafgefangenen mit Zuchthaus und Gefängnis, den sehr wenigen Sicherheitsverwahrten kamen Ende der sechziger Jahre noch die »Arbeitshäuslerinnen«, Frauen, die nach Verbüßung mehrerer Haftstrafen für unbestimmte Zeit untergebracht, bis dahin aber von Nordrhein-Westfalen aufgenommen worden waren.

Das war ein sehr buntes Gemisch, das sowohl rechtlich wie psychologisch ganz verschieden behandelt werden mußte. Die Arbeitshäuslerinnen zum Beispiel prägten, solange sie da waren, das Haus eindrucksvoll. Sie waren ein unruhiges, doch lebendiges Element, gefühlsbetont, das Ganze auflockernd. Da wurde zu Fasching geschunkelt, zu Weihnachten geweint. Da wurde gestritten und versöhnt, geliebt und gehaßt, manchmal nicht ungefährlich, da sehr spontan. Diese Spontaneität erwies sich aber auch als kreativ, besonders bei den Festen. Aus dieser Gruppe stammten auch die meisten »komischen« Äußerungen, die ich mir gelegentlich aufschrieb. Über sie wie über vieles andere haben wir – auch gemeinsam – viel gelacht, wie überhaupt Lachen in diesem Haus nicht selten war:

»Ich wurde zu hoch bestraft, weil man mich für intelligent hielt. Denn was ich dem Gericht geantwortet habe, gnädige Frau, das sagt eine ›Nur-Hausfrau‹ nicht.« – »Im allgemeinen schwankt mein Leben zwischen guten und schlechten Tagen. Von meinem Vater erbte ich die Vogelstraußpolitik, von meiner Mutter das polnische Blut.« – »Ich lebte mit Storch in einem eheähnlichen Verhältnis, aus dem ein Haß gegen mich hervorgegangen ist.« – »War in der Kirche, aber nicht bei der Beichte. Tue ja meine Fehler, wo ich gemacht habe, verbüßen.« – »Eine Frau kann im Beruf untergestellt sein, denn eine Frau muß in dieser Beziehung Rücksicht nehmen, da nicht sie der Mann ist, sondern er.« – »Wenn ich so durch den Busen der Natur wandele...« – »So ist der Juli ins Meer der Ewigkeit versunken, seit ich die Erdbeeren aß. Grenzenloses menschliches Empfinden wird mir zuteil, die Tage laufen durch die Ewigkeit, eine rote Nelke steht auf meinem Tischlein, das sind die Stunden des Schicksals.« – »So möchte ich Ihnen vieles sagen, aber es geht nicht immer aufs Papier. Es ist so, daß es im öffentlichen Leben Dinge gibt, wenn man diese an die Luft setzt, verlieren sie ihren süßen Duft und Wert.« – »Mein Mann ist den Voraussetzungen eines Ehemannes nicht gewachsen. Was meinen zweiten Sohn angeht, den ich in der Zwischenzeit bekommen habe, so lasse ich über diesen Punkt der Schuld das Gericht entscheiden. Ansonsten kann mir mein Mann nichts nachsagen.« – »...schämen sollte sich das Gericht, pfui..., jeder Mensch hat schon mal einen Fehler gemacht in sein Leben, auch Sie, Herr Gerichtsrat, er ist nur nicht aufgefallen.« – »Frau Direktorin, wenn Sie etwas Grütze im Kopf haben, wie ich mir das denke – ich bitte Sie höflichst, zu meinem Gnadengesuch ein gutes Wort zu schreiben. Mein Anwalt ist der Meinung, Sie möchten schreiben, ich hätte Reue gezeigt.«

Anfangs war vor allem wichtig, daß endlich jede Frau ihren eigenen Raum hatte, allerdings mit unverändert hochliegenden, vergitterten, relativ kleinen Fenstern. Das Alleinsein hatte bei einigen Ängste zur Folge, besonders bei denen, deren ethnische Zugehörigkeit sie an enges Zusammenleben gewöhnt hatte. Doch die meisten fanden sich mit der neuen Lage zurecht, als ihnen die Sicherung in den Zellen durch Alarmanlagen erklärt wurde. Immer mal allerdings tönten nachts Schreie durch das Haus. Doch die hörten auf, wenn dann eine Stimme vor der Tür zur Beruhigung kam. Wünsche nach gemeinsamer Unterbringung aus physischen und psychischen Gründen konnten nur in den großen Zimmern des Krankenhauses erfüllt werden. Dann aber ging der Einzelraum im Zellenhaus verloren, und es wurde verzichtet, wenn es nicht wirklich dringend war. Denn die Ausstattung des eigenen Raumes gewann zunehmend an Bedeutung. Viele Frauen wollten sich eine Art Zuhause schaffen. Die Räume konnten, wie schon im »Kleinen Haus«, vom verdienten Geld in den gegebenen Möglichkeiten nach eigenem Geschmack gestaltet werden. Nur Überladungen mußten im Interesse der Übersichtlichkeit eingeschränkt werden. Das ergab Reibungsflächen zwischen dem Sozial- und dem Vollzugsdienst. Dieser war für die Ordnung verantwortlich und reagierte zeitweilig resigniert, wenn die Fachdienste zu »liberal« waren. Dann übernahm der Sozialdienst eine Weile die Grenzsetzung. Doch zunehmend fand der Vollzugsdienst Verständnis für die Wünsche der Frauen. Der Wunsch nach zahlreichen Fan-Fotos und Posters war natürlich bei den Jugendlichen besonders groß. Deshalb gab die Gruppenleiterin ihnen Bastmatten, auf denen sie viele Bilder befestigen konnten. An Leisten an der Decke konnten weitere Bilder aufgehängt werden. Verstöße gegen diese Begrenzungen wurden dann Anlaß zur Diskussion über Rücksichtnahme auf die später in die Zellen Einziehenden. Dem Außenstehenden mag die Wichtigkeit dieser Thematik wenig einleuchten. Wenn er sich aber in die triste, eintönige Landschaft eines solchen Hauses hineindenkt, wird er verstehen, wie groß der Wunsch nach etwas Eigenem wird.

Neben den Wohnräumen gab es genügend Räume für Gruppenarbeit. Auch die wurden nach eigenem Geschmack ausgestattet. Dazu spendeten die Mitarbeiterinnen. Besonders bunt ging es auch da in der Jugendabteilung zu. Auch die einmal gewünschte Ausstattung mit Matratzen im Gemeinschaftsraum wurde von den Mitarbeiterinnen unterstützt. Ferner gab es eine große Bibliothek, in der eine ehrenamtlich mitarbeitende Buchhändlerin eine Freihandausleihe einrichten konnte. Auch erreichte sie die Einbeziehung des Hauses in die ambulante Ausleihe der Stadtbücherei. Ein großer Raum diente vielfachen Freizeitveranstaltungen, der Ausbildung und dem Fernsehen. Fernsehen in den Zellen war damals noch nicht gestattet. Und schließlich war da der Mehrzweckraum mit mehr als 300 Plätzen, ausreichend für ökumenische Gottesdienste und große säkulare Veranstaltungen, Theater und Konzerte.

Vorhanden war in einem Flügel ein gut ausgestattetes Krankenhaus für eine Ärztin und am Ende acht Krankenschwestern und zwei Laborantinnen, die auch für die Männeranstalten arbeiteten. Im Hause selbst wurde eine Tuberkuloseabteilung eingerichtet, weil Bayern die in der Anfangszeit dort übernommenen Kranken nach Hessen zurückschickte. Ab 1956 fanden im Krankenhaus der Anstalt auch Entbindungen statt. (Darüber später mehr.)

In Abteilungen des Hauses und eigenen Baukörpern gab es Betriebe mit Fließbandprogrammen und eine damals modern eingerichtete Wäscherei mit angeschlossener Näherei und chemischer Reinigung. Dort konnte, ebenso wie in der Gärtnerei, Ausbildung angeboten werden, weil ein Gärtnermeister und je eine Schneider- und eine Wäschereimeisterin zum Personal gehörten. Dabei half uns ein neuer, guter Kontakt zu den Innungen. Für die Jugendlichen wurde bald die schon erwähnte verbesserte Ausbildungsküche eingerichtet.

Das Personal: Innere Einstellung und Qualifikation

Nach den Eingewöhnungsbelastungen glaubten wir, trotz unserer Vorbehalte gegen die Freiheitsstrafe, den »humanen Strafvollzug« beginnen zu können. Drei Probleme schienen am dringlichsten:
– die Verbesserung der Personalsituation,
– die Schaffung eines Klimas, das Ansätze von Vertrauen ermöglichte,
– die Entwicklung eines Programmangebotes.

Mit dem Satz »Im Strafvollzug ist das Personal das wichtigste Element« hatte die Militärregierung nach 1945 die Richtlinien für die Reorganisation des Strafvollzuges begonnen. Jeder Vollzugspraktiker wird das unterschreiben. Aber er wird ebenso bestätigen, wie schwer die Erfüllung solcher Ansprüche ist. Als ich anfing, hatte die »Entnazifizierung« – außer bei der Leitung – nicht stattgefunden. Erst nach und nach konnte dieser Mangel durch Lernen und auslaufende Beschäftigungszeiten überwunden werden. Doch Vorurteile, ja die Diffamierung von »Kriminellen«, existierten ja nicht nur bei Faschisten. An diesem Problem mußte laufend gearbeitet werden. Auch quantitativ verbesserte sich die von Anfang an dargestellte Lage im Lauf der Zeit. Genug Mitarbeiter und Mitarbeiterinnen waren allerdings nie da, immer mußte um sie gekämpft werden.

Ab 1950 hatten wir zwei Fürsorgerinnen. Der Personalmangel in der Verwaltung ging gelegentlich bis an die Grenze des Hinnehmbaren. 1951 verband ich zum ersten Mal die Frage meiner Weiterarbeit an die Zuweisung einer zusätzlichen Verwaltungskraft. Schon damals schien mir, als werde unser Haus besonders stiefmütterlich behandelt. Über eine Lehrerin für Jugendliche und Erwachsene sind wir nie hinausgekommen.

Auch die Ausbildungsqualität im allgemeinen Vollzugsdienst genügte nicht für die vielfältigen Aufgaben mit ganz verschiedenen Haftformen und Menschengruppen. Viele Mitarbeiterinnen konnten ihre nur repressiven Vorstellungen gegenüber den gefangenen Frauen nicht oder nur sehr langsam überwinden. Jede Auflehnung im Haus, jedes Versagen nach der Entlassung wurde zur Rechtfertigung dieser Haltung. Bei jedem Regelverstoß, ja auch bei unbotmäßigem Verhalten in Form von Widerworten, das »frech« genannt wurde, waren harte Sanktionen zu erwarten. Selbstkritik gegenüber eigenem provozierenden Verhalten konnte sich da nicht entwickeln. Als »ordentlicher Bürger« hatte man allemal recht.

Gelegentlich stand dahinter auch eine Trotzhaltung gegen meine zu große Liberalität. »Ich mache keine Meldung, weil ja doch nichts geschieht, höchstens verwarnt wird.« Statt gemeinsamer Beobachtungen von Entwicklungen wurde daraus dann Apathie, Resignation und sogar Schlamperei. Doch auch bei durchaus positiv Eingestellten herrschten anfangs Angst und Unsicherheit mit Verzicht auf eigenes Handeln und Warten auf Anweisungen in jedem Einzelfall. Bis das überwunden werden konnte, dauerte es Jahre. Auch da kam es noch keineswegs zu einer einheitlichen Linie. Oft waren die selbständigen Entscheidungen so instinktlos und inkonsequent, daß auch von daher das Klima des Hauses belastet wurde und durch Eingreifen wieder in Ordnung gebracht werden mußte. Dabei waren persönliches Mitleid und Hilfsbereitschaft durchaus vorhanden, nur oft zu unfundiert, subjektiv und ohne grundsätzliche solidarische Mitmenschlichkeit. Nur ein planvolles Gesamtverhalten war ja für die Betroffenen durchschaubar und deshalb verständlich. So war die Zusammenarbeit das schwierigste Kapitel der Arbeit. Den Mitarbeitern gerecht zu werden und zu verhindern, daß den Gefangenen Unrecht geschah, das war ein ständiges Hindurchfahren zwischen Skylla und Charybdis. Anfangs erlebte ich es nicht selten, daß eine längere Abwesenheit dazu benutzt wurde, begonnene Liberalisierung wieder zurückzuschrauben.

Die Arbeit im Strafvollzug, mit der Massierung belasteter und widerstrebender Menschen im täglichen Umgang fertig zu werden, ist eine schwierige Aufgabe, der auch gute Ausbildung oft kaum gewachsen ist. Im heutigen Verständnis wird sie durch einen fast unerträglichen Zielkonflikt gekennzeichnet. Im täglichen Umgang soll gleichzeitig sanktionsbewehrte Ordnung aufrechterhalten und individuell zugewandte »Resozialisierung« erreicht werden. Welchem selbst hervorragend ausgebildeten Menschen kann das wirklich gelingen? Darüber hinaus gab und gibt es im Frauenvollzug noch zusätzliche Probleme für Mitarbeiterinnen:
– Nicht wenige planten nur einen Beruf auf Zeit, auch zum vorübergehenden Zweitverdienst. (Das hat sich wahrscheinlich geändert.) Da Bewerber nicht unmittelbar nach dem Schulabschluß zugelassen waren, machte es die inzwischen eingetretene Familienlage oft wegen kleiner Kinder unmöglich, während einer Ausbildung monatelang von zu Hause entfernt zu sein. Und so ließen sich Mitarbeiterinnen damals oft nur als Angestellte ohne Ausbildung einstellen und verzichteten auf den Beamtenstatus. Auf sie konnte während der Zeit der Vollbeschäftigung aber nicht verzichtet werden, als es schwer fiel, überhaupt Mitarbeiterinnen zu finden.

– Für fast alle Mitarbeiterinnen galt, daß sie, auch wenn sie vor der Ehe in den Beruf eintraten, familiär beträchtlich belastet waren. Ich sprach schon davon: Immer gingen die familiären Pflichten in Bewußtsein und Praxis vor. Darin spiegelte sich die Benachteiligung der doppelt belasteten Frauen.

– Und schließlich stellte die Arbeit in einem Haus, in dem alle Haftarten, Altersgruppen und psychologisch ganz verschiedenen Menschengruppen undifferenziert zusammen waren, ganz besondere Anforderungen.

Diesen Besonderheiten wurde und wird wohl auch heute nicht etwa in den Stellenzuweisungen Rechnung getragen. Die Folge war eine immer ungewöhnlich hohe Krankenziffer. Als anfangs auch noch die schlechte Ernährungslage hinzukam, schrieb ich verzweifelt: »Die Leute klappen einfach zusammen.« Psychische Reaktion und körperliche Erschöpfung förderten über die Resignation hinausgehendes Beleidigtsein. Daraus folgte dann der Vorwurf, ich kümmerte mich zwar sehr um die Gefangenen, aber zu wenig um die Mitarbeiter. Darunter habe ich gelitten, weil ich es als ungerecht empfand.

Schwer zu durchschauen, besonders anfangs, war, wo heimlicher und gar intriganter Widerstand praktiziert wurde. Dann konnte sehr Nachteiliges passieren, und es kostete viel Kraft, das wieder in Ordnung zu bringen. 1952 schrieb ich mir auf: »Ich komme langsam dahinter, wer für und wer gegen mich bzw. meinen Stil ist. Doch ich will versuchen, Unbefangenheit zu bewahren, das heißt, mir nicht anmerken zu lassen, was ich weiß... Es herrscht viel Intrige einer Gruppe gegen die andere und auch gegen mich. Doch niemand ist ehrlich, wagt es, zu seinen anderen Ansichten zu stehen. Da werden die Gefangenen mit hineingezogen. Das Schlimmste ist der Mangel an innerer Disziplin, die sich selbst Grenzen setzt. Es fordert eine harte Hand. Werde ich die je haben können? Ich begegne dauernd unsachlichen Argumenten mit bösen Folgen für Gefangene und sogar Mitarbeiter. Wenn man eine Frau nicht mag, dann wird sie in den Berichten als mies, faul, untüchtig dargestellt.

Ihnen gegenüber wird alles auf mich geschoben, und so wird die Atmosphäre vergiftet. Warum nur? Und warum mache ich doch immer weiter? – Weil immer von irgendwoher Ermutigung und Arbeitsfreude kommt, von den Ehrenamtlichen, Mitarbeitern, den Gefangenen. Und dann geht es wieder weiter.«
Nur – ich konnte oft nicht helfen. Da kommt die Gefangene X: »Ich halte es hier nicht mehr aus. Ich werde zerschlagen, ich möchte weg.« Ich habe äußerlich scheinbar Macht, muß mir aber meine absolute Ohnmacht eingestehen. Wie kann sie das begreifen? Ich bin doch der Chef hier. Versuche ich einzugreifen, dann wird es nur schlimmer, dann kommen die Beeinträchtigungen aus dem Hinterhalt. Und ich komme nicht hinter die Gründe. Anfangs kämpfte Frau X noch um sich. Nun gibt sie sich auf. Sie geht aus dem Zimmer – ich bleibe und möchte weinen.

Natürlich waren solche Enttäuschungen sehr schmerzlich. Natürlich hofft man insgeheim doch auf Rückerstattung der vielen Investitionen. Daß man das nicht hoffen darf, daß es ein Geschenk des Himmels ist, wenn jemand neben den eigenen auch noch die Interessen anderer wahrnimmt, das zu lernen gehört wohl in jedes Berufsleben. Vielleicht ist es in unserer Situation besonders zwiespältig. Ein Beispiel: Krach zwischen der Beamtin X und der Gefangenen Y. Meldung durch X, Y sei »frech« gewesen. Einige der Detailangaben bestreitet Y. Sie gibt aber zu, auch frech gewesen zu sein. Doch sei sie zuerst angeschrien worden. Weinend – was bei ihr etwas bedeutet –: »Sie können mich bestrafen, aber dann tun Sie mir wirklich unrecht. Wirklich frech war ich ja nicht.« Da sind nun diese beiden Menschen, beide für einander völlig uneinsichtig, beide nicht wertlos, X aber tief angefüllt mit dem Gefühl ihrer Überlegenheit über Gefangene, wogegen ich nun seit Jahren vergebens kämpfe. Strafe ich nicht, so verliere ich vollends ihren guten Willen, mit dem es ohnehin hapert, weil sie für meine Methode kein Verständnis hat, und ich habe eine neue Intrigantin gegen meinen Weg. Ich muß aber um Gottes willen Y gegenüber gerecht sein. Das muß man immer sein, doch hier hängt besonders viel davon ab. Sie ist ein leidenschaftlicher, ganz verbiesterter Mensch, hemmungslos-ordinär, wenn sie angegriffen wird. Bei ihrer letzten Inhaftierung habe ich lange mit ihr gesprochen, sie war maßlos ungebärdig. Sie wisse, daß ich sie nicht leiden könne – dabei waren ihre Augen voll Tränen. Als sie jetzt wiederkam, sprachen wir wieder miteinander. Wir hofften auf weniger Schwierigkeiten. Und sie hat sich für ihre Verhältnisse ungemein zusammengenommen. Eine Ungerechtigkeit würde viel zerstören. Das muß vermieden werden. Noch ein Versuch bei X? Der ist aber nie gelungen, und darunter hat die Arbeit auch mit anderen gelitten.

Doch immer gab es auch engagierte, der Arbeit und auch mir vertrauensvoll zugetane Mitarbeiter in allen Diensten, mit denen ich gern zusammenarbeitete. Und Korruption, worüber in anderen Strafanstalten oft geredet wurde, habe ich kaum erfahren. Fehlte der Mut, sind weibliche Mitarbeiter stärker verpflichtet? Jedenfalls mußten in allen Jahren nur zwei entfernt werden, weil sie heimlich von Gefangenen, entgegen klaren Regelungen, Handarbeiten für sich anfertigen ließen. Dabei muß erwähnt werden, daß in der allgemeinen Wohlstandsentwicklung der Vollzugsdienst lange Zeit sehr vernachlässigt wurde. So berichtete ich einmal, 1965, vor dem Landeszusammenschluß des Roten Kreuzes, dessen Vorsitzende die Prinzessin von Hessen, Patronin unserer Jugendanstalt, war: »Die Hauptgruppe der Mitarbeiterinnen im Strafvollzug besteht aus in der Arbeit erst angelernten Kräften, unter denen sich erstaunliche Naturtalente befinden, worauf man sich aber nicht verlassen darf. Ihre Ausbildung, zu der Frauen sich nur selten entschließen, dauert 18 Monate, davon 13 in Praxisbereichen, fünf in einer Vollzugsschule. Ihre Einkünfte liegen, ob ausgebildet oder nicht, anfangs weit unter DM 1000.«

Neue Formen der Zusammenarbeit: Fallbesprechungen, Hauskonferenzen, Teamarbeit im Sozialdienst

Wie versuchten wir nun, die schwierige Personallage zu verbessern? Den Kampf um den Stellenplan, die Gehaltserhöhungen und die offizielle Ausbildung schließe ich hier aus und beschränke mich auf die eigenen Anstaltsbemühungen. Da setzte ich zunächst auf Theorie: Ich bemühte mich um Referate Außenstehender, bezog die eigenen Fachdienste ein und referierte auch selbst relativ häufig, auch über Staatsbürgerkunde und Beamtenrecht. Einmal wurde außerhalb der Anstalt, doch in Frankfurt, für Frauen, die aus familiären Gründen nicht in die auswärtige Vollzugsschule gehen konnten, ein Vollkursus angeboten, an dem ich mich intensiv beteiligte.

Nach einigen Jahren wurde mir klar, daß die Entwicklung des gewünschten Umganges mit den Hausbewohnerinnen durch praktische Zusammenarbeit gefördert werden müsse. So führten wir im neuen Haus wöchentliche Fallbesprechungen ein, an denen alle anwesenden und vorübergehend abkömmlichen Vollzugsmitarbeiterinnen und die Fachdienste, auch aus den Arbeitsbetrieben, teilnahmen. Obligatorisch war die Teilnahme aller mit der betroffenen Frau Befaßten. Die »zuständige« Sozialarbeiterin berichtete über die Frau und ihre Geschichte. Jede andere Teilnehmerin trug bei, was sie wußte oder beobachtet hatte. Eingehend wurde mit der Psychologin, die sich um die Deutung des Verhaltens bemühte, der wünschenswerte Umgang besprochen und alles, was sonst noch unternommen werden solle. Eines Tages wurde uns klar, daß es problematisch sei, in einem so großen Kreis über private Verhältnisse der Frauen zu sprechen. (Vertrauliches war allerdings nie preisgegeben worden.) Ab dann wurde Grundlage der Besprechungen nur die Schilderung des Verhaltens im Haus und gegebenenfalls in freien »Zwischenzeiten« zwischen mehreren Inhaftierungen. Lebensdaten kamen nur gelegentlich zum notwendigen Verständnis hinzu. Ich gewann den Eindruck, daß damit ein Optimum für unser Ziel gefunden sei.

Diese Besprechungen wurden bis zu meinem Ausscheiden fortgesetzt.

Die entscheidende Ebene für die Verbesserung der Arbeit lag also vorrangig in der Zusammenarbeit. Grundsätzlich hatten sich mit der Zeit relativ gute Beziehungen zu allen Verantwortlichen im Haus entwickelt. Mit der Leiterin des Vollzugsdienstes und ihren schweren Sorgen um den Dienstplan wurde täglich, gleich morgens, gesprochen. Die übrigen Spitzen der Verwaltung und der Werkbetriebe suchte ich an ihren Arbeitsplätzen auf, oder sie kamen ohne Anmeldung zu mir. Meine regelmäßige Teilnahme am Wochenend-Inspektionsdienst und vor allem an den Festtagen, an denen ich so den Wunsch nach Dienstbefreiung erfüllen konnte, half sicher bei der Klimaverbesserung, ebenso wie die ständige Erreichbarkeit infolge der Wohnnähe sowie mein fast täglicher Aufenthalt in den Wohnbereichen der Gefangenen und bei den dort Diensttuenden.

Diese Zusammenarbeit war eher informell. Daneben stand natürlich das formell Notwendige: Nachtinspektionen, Teilnahme an den Personalversammlungen. Formale Konflikte waren da selten. Ich erinnere mich nur an einen relativ gravierenden bei einer Stellenanhebung, bei dem ich unterlag.

Hier geht es jedoch vor allem um das »Konferenzsystem«, das mir von Anfang an besonders wichtig war; es beruht auf den Prinzipien von Information und Diskussion und strebt Durchschaubarkeit und ein angenehmes Hausklima an. Das mußte damals langsam entwickelt werden. Doch dieser langsame, gemeinsame Aufbau war wahrscheinlich konstruktiver als die Einführung durch Gesetz. Als ich anfing, gab es nur die wöchentliche »Anstaltskonferenz«. Da wurden Gnadengesuche, Disziplinar- und Verwaltungsfragen behandelt. Teilnehmer waren außer der Anstaltsleiterin die Spitzen der Verwaltung, die Aufsichtsdienstleiterin, die Ärztin, die Sozialarbeiterin und der Pfarrer. Später kamen die zunehmenden Fachdienste und betroffene Vollzugsmitarbeiterinnen dazu. Zunächst wurde diese Konferenz auf Weisung der Militärregierung zur

»Klassifizierungskonferenz« erweitert, das heißt durch Vortrag der Zugangsgespräche mit den Frauen mit Strafen über drei Monate und durch Rudimente von Behandlungsvorschlägen, so eingeschränkt die anfangs auch nur möglich waren. Nach sechs Monaten sollten diese Berichte ergänzt werden. Hieraus wurde später die »Zugangskonferenz«, ein Vorbild für die Vollzugsplanungskonferenz des Vollzugsgesetzes. Seit 1953 wurden, mit Einführung dieser Rechtsform, die Besprechungen über vorzeitige Entlassungen zur Bewährung notwendig.

Daß ich mich anfangs, neben der einzigen Sozialarbeiterin, an den Zugangsgesprächen und -berichten beteiligte, verschaffte mir einen sehr persönlichen Einblick in die den Straftaten zugrunde liegenden Probleme. Es verhalf mir aber auch zu engeren Beziehungen. Deshalb habe ich es über den Umzug hinaus beibehalten.

Die Art der Hauskonferenz wandelte sich mit der Zeit. Sie nahm an Förmlichkeit und an Beteiligungen ab. So schrumpfte die Zugangskonferenz auf die unmittelbar Beteiligten. Die Geistlichen nahmen nur je nach Wunsch teil. Die Dauer dehnte sich fast über den ganzen Tag aus.

Für Veränderungen sorgte meist unser Erschrecken über die Mängel unserer Praxis. Irgendwann fanden wir es unmöglich, daß der Zugangsbericht vor einem großen Publikum in voller Breite vorgetragen wurde. Ebenso schockierte uns bei der Disziplinarkonferenz, daß wir jahrelang die Praxis beibehalten hatten, die Missetäter stehen zu lassen. Auch Umgangsformen bedürfen der ständigen Reflexion; das wurde zunehmend zu einer Richtschnur, ohne daß wir je den Idealzustand erreicht hätten.

Immerhin gab es auch Beispiele, daß unsere Art der Konferenzen Beziehungen nicht unmöglich machte. Ich nenne zwei: Eine Frau kam aus einer früheren, repressiveren Erfahrung zu uns. Sie hatte große Angst vor der Vorstellung in der Konferenz. Viele Jahre nach ihrer und meiner Entlassung berichtete sie darüber. Ihre Angst muß wohl bemerkbar gewesen sein, denn ich hätte bei ihrem Eintritt gesagt: »Sie müssen keine

Angst haben, wir wollen ja bloß…« Fortan habe sie sich fast geborgen gefühlt. Im zweiten Fall handelte es sich sogar um eine »Strafkonferenz«, in der ja vor allem meine Person als bedrohlich empfunden werden mußte. Dazu die Betroffene viele Jahre später: Sie habe beim Hereinkommen den Eindruck gehabt, daß ich es gut meine, ja, daß sie mir ein wenig leid tue. Da sei ihre Angst ganz abgefallen, und sie habe gerade da die Beziehung gefunden, die durch mehrere weitere Strafzeiten und noch manche Fährnisse anschließend anhielt und noch anhält.

Im neuen Haus versuchte ich eine wöchentliche, einstündige Besprechung mit dem Vollzugsdienst durchzuführen. Das scheiterte wegen der Dienstplanprobleme oft, so daß die Dienstaufsichtsleiterin das meist in kleineren ad-hoc-Besprechungen übernahm. Ebenso kam es – trotz vielfacher Versuche – zu den angestrebten Besprechungen zwischen Abteilungsvollzugsdienst und zuständiger Sozialarbeiterin nur ab und zu. Immer wirkte vor allem der Wechseldienst in den Abteilungen störend.

Von den wöchentlichen Fallbesprechungen war bereits die Rede. Das Herzstück jedoch, von dem ich glaube, daß es der Träger alles dessen war, was in diesem Haus an internen Reformen erreicht werden und ein relativ gutes Anstaltsklima schaffen konnte, war das Teamkonzept im Sozialdienst.

Das neue Haus machte es möglich, daß die Bewohnerinnen nicht nur einzeln wohnen, sondern wenigstens grob gruppiert werden konnten. Sie verteilten sich auf die bei Vollbelegung 14, sonst gelegentlich nur zehn Abteilungen des Hauses; jede hatte etwa 25, zwei nur je zwölf Plätze. Es waren: eine Jugendabteilung, zwei Abteilungen für Untersuchungsgefangene, eine für Frauen mit kurzen, eine für Frauen mit langen Strafen, eine für die Zugangsbehandlung, eine Krankenabteilung außerhalb des Krankenhauses (Tuberkulose, Pflege), eine für »Schwierige«. Der Rest war für Ersatz- oder spätere Sondergruppenbelegung. Darunter in späteren Jahren die für erwachsene Freigängerinnen. Die jugendlichen Freigängerinnen wohnten im Pfortengebäude.

Um den uns notwendig scheinenden engen persönlichen Umgang mit einzelnen und Gruppen herzustellen, übernahm je eine Sozialarbeiterin die Zuständigkeit für eine oder zwei bestimmte Gruppen. So hatte jede ins Haus kommende Frau vom ersten Tag an eine Ansprechpartnerin. Die konnte auf Antrag gewechselt werden, das wurde jedoch nur äußerst selten erbeten. Jede Sozialarbeiterin sollte die Frauen ihrer Gruppe möglichst genau kennen, ihre Probleme erfassen und bei der Bewältigung helfen oder andere Hilfen heranziehen. Denn für konkrete Probleme standen ja noch andere Personen zur Verfügung, außer Haus und im Hause: Ärztin, Pfarrer und Pfarrerinnen, Psychologin, Vollzugsbedienstete und Anstaltsleiterin. Die konnten direkt oder schriftlich angesprochen werden.

Nach jedem Mittagessen traf ich mit dem Sozialdienst zusammen. Andere Interessierte konnten nach Wunsch und besonderem Bedürfnis teilnehmen, vor allem auch Auszubildende, Ehrenamtliche, Vollzugsmitarbeiter. Das war die »Kaffeestunde«, die die Frauen »die Märchenstunde« nannten, meist mit Wohlwollen, gelegentlich mit spöttischer Abwehr. Hier wurden die jeweils auftretenden Probleme des Hauses, einzelner Frauen, Entwicklung neuer Gruppen und Methoden, Veranstaltungen von Festen, Individuelles und Allgemeines besprochen. Gelegentlich wurde heftig und auch kontrovers diskutiert. Hier wurden auch Konflikte untereinander ausgetragen. Hier erfuhr ich, was sich in den einzelnen Abteilungen abspielte, und hier wurde eine möglichst einheitliche Weise des Umgangs besprochen, so daß es möglichst gerecht zugehen könne und Bewohnerinnen nicht leicht verschiedene Mitarbeiter und Mitarbeiterinnen gegeneinander ausspielen konnten. Hier wurden Entscheidungen diskutiert, meine Vorschläge kritisch betrachtet oder auch offen kritisiert, oft so lange, bis ein Übereinkommen zustande kam. Die letzte Entscheidung blieb wie die Verantwortung natürlich bei mir.

Hier kamen oft die gelegentlich fast naiven Fragen der Praktikantinnen, Besucher und Mitarbeiter. Die erzwangen Erklärungen und Rechtfertigungen, und wir ertappten uns nicht selten auf dem »Holzweg«. Dieses Mittel offener Diskussion auch mit Außenstehenden rettet am ehesten vor Betriebsblindheit. Die Notwendigkeit zu reagieren erhält Flexibilität, die allerdings nicht in Entscheidungsschwankungen versinken darf. Entscheidungen von einer bestimmten Reichweite wurden erst nach eingehender Diskussion mit den betroffenen Bediensteten, von Fall zu Fall auch mit Gefangenen, getroffen. Nur so konnte vermieden werden, daß getroffene Entscheidungen zurückgenommen werden mußten. Das schafft unnötige Unsicherheit, Unzuverlässigkeit und latente Aggressivität.

Das mittägliche Zusammensein kostete jeweils eine Arbeitsstunde. Abgesehen davon, daß es die im Interesse der Arbeit wert war, da Probleme schon im Vorfeld erkannt und verhindert werden konnten, standen wir auch zu dieser »Vergeudung«. Arbeiteten wir doch alle weit über unsere Dienststunden hinaus. 60 bis 80 Wochenstunden waren keine Seltenheit, auch im Sozialdienst. Und so hatten wir auch kein schlechtes Gewissen, wenn gelegentlich auch allgemein über Zeitentwicklungen – wir verstanden uns ja auch als im weitesten Sinne politisch motiviert – »geschwätzt« wurde. Dabei erholten und stärkten wir uns. Ich jedenfalls habe mir aus der Solidarität dieser Mittagsstunden immer wieder Kräfte geholt. Fast ohne Unterbrechung herrschte in diesem Kreis eine nahezu harmonisch-arbeitsfreudige Stimmung. Nur wenige Male war jemand dabei, etwa eine Sozialarbeiterin, eine Praktikantin, die ihm fremd blieb. Überraschend schnell beendeten solche Fremdlinge ihre Zugehörigkeit von sich aus. Dabei wurde Opposition in Sachfragen positiv bewertet, weil gerade sie zu Aha-Erlebnissen führte und den Blick für echte Probleme und falsche Ansätze schärfte. Natürlich entstanden gelegentlich auch Spannungen. Sie ließen sich am besten in Einzelgesprächen überwinden. Auch die meines Erachtens schwierigste Klippe konnte umschifft werden. Das war der unerbetene und nur widerwillig akzeptierte Segen von zwei Aufstiegsstellen im Sozialdienst. Dessen Angehörige hatten sich zunächst gegen die Übernahme ins Beamtenverhältnis gewehrt. Dann hielten sie gleiche Bezahlung für richtig bei ihrer absolut gleichen Arbeitsleistung. Erst die Drohung, dann gingen die Stellen an die Männeranstalten, veranlaßte die Annahme der ersten. Bei der zweiten kam es dann doch zu einer Konkurrenz und längerer Verstimmung. Das hing aber auch mit der Art der Zuweisung zusammen.

Der letzte Schritt im Konferenzsystem war die Ausweitung der Besprechungen zwischen Anstaltsleiterin und Gefangenen-Mitverantwortung. Diese wurde schließlich zu einem Zusammentreffen auch mit Vollzugs- und Sozialdienst. Dort trugen die »Sprecherinnen« nun ihre Wünsche und Beschwerden vor. Und das gemeinsame Gespräch über Machbares und Illusionäres wurde, denke ich, ein wichtiges Lehrstück auf allen Seiten.

Ich habe diese verschiedenen Formen der Zusammenarbeit und ihre Intensität deshalb so eingehend beschrieben, weil ich glaube, daß unser Haus sich darin vielleicht von anderen unterschied und daß wir, die wir an Mitteln durchweg wenig gut ausgestattet waren, darin möglicherweise etwas voraus hatten. Von den Mitarbeiterinnen wurde da gelegentlich über Gebühr viel gefordert. Und doch haben nicht wenige von ihnen diese Zusammenarbeit als schönste Zeit ihres Berufslebens bezeichnet.

Kurz anmerken muß ich noch, daß die Bildung der dann gesetzlich vorgeschriebenen »Beiräte« in die letzten Jahre meiner Tätigkeit fiel. Sie spielte sich zunächst kaum anders ab als überall; das aber ist häufig in der Fachliteratur beschrieben worden, so daß ich hier nicht darauf einzugehen brauche.

Umgang mit den Bewohnerinnen:
Zuwendung, Vertrauensbildung,
Aufbau von Beziehungen

Wie versuchten wir nun, systematisch ein Klima in diesem Haus zu entwickeln, in dem ein angemessener Umgang mit den Frauen gestaltet werden konnte? Solange wir kaum Möglichkeiten hatten, Vollzug wirklich aufzubauen, mußte alle Kraft auf den Aufbau von Beziehungen zu den einzelnen Frauen gerichtet werden. So wenig befriedigend das war, so war es doch ein guter Anfang für mich, denn so konnte ich diese Begegnungen ohne jedes theoretische Beiwerk auf mich wirken, ja mich von ihnen überwältigen lassen, betroffen von der Fülle dieser verschiedenen Schicksale. Daraus konnte eine Grundlage für real brauchbare Hilfsangebote werden.

Zunehmend differenzierten sich die einzelnen Schicksale auch in meinem Bewußtsein, in leichtere, die den Frauen selbst nicht so tief gingen, ja ihnen selbst gelegentlich sogar spaßhaft vorkamen, und in die tatsächlich katastrophalen, von denen schon die Rede war und vor allem noch sein wird.

In Vorträgen und Aufsätzen habe ich versucht, Bemühungen um die Vollzugsentwicklung als einen wichtigen Bereich des gesellschaftlichen Zusammenlebens publik zu machen. Da lag auch eine gewisse Kontrolle unseres Handelns. Aber heute kann ich aus derartigen Niederschriften unsere Entwicklung ablesen und durch sie mehrfach zitierte, mehr emotionale Augenblicksäußerungen ergänzen. Eine frühe Erkenntnis war, daß alles, was zugleich auf Verhältnisse wie auf Menschen einwirken soll, in langsamen, kontinuierlichen Schritten vollzogen werden muß. Der Satz des Vollzugsreformers Hermann wurde mir zur Richtschnur: »Man muß seinen Mitarbeitern immer einen Schritt voraus sein, nicht mehr, das aber immer.« Und nochmals muß betont werden: Wir entwickelten unsere Schritte aus der Praxis, die wir gemeinsam mit den Gefangenen erlebten, also nicht aus wissenschaftlichen Überlieferungen, die es damals für uns so gut wie nicht gab.

Bei zunehmenden Erfahrungen wurde uns dann auch deutlich, daß es für die Arbeit in dieser hierarchischen Institution zwei Ansätze gibt, zwischen denen wir uns entscheiden mußten. Der eine hat vor allem das Funktionieren des Betriebes im Auge, auch im Interesse der betroffenen Personen und ihrer relativen Ruhe. Der andere geht von den Bedürfnissen des einzelnen Menschen aus und versucht, vor allem die zu berücksichtigen, natürlich auch unter Wahrung eines für alle tragbaren Umfeldes. Wir entschieden uns für die letztere Art des Umganges, wobei wir wußten, daß sie risikobelasteter ist und eines besonders großen Einsatzes bedarf. Sie ist im Grunde nur bei enger Zusammenarbeit und im ständigen Dialog auch mit den Gefangenen möglich. Die Gratwanderung zwischen Betriebsfrieden, besonders im Interesse der Mitarbeiter und Mitarbeiterinnen der verschiedenen Dienste, die zustimmen müssen, und der Hilfe für die einzelnen Frauen, die in jedem Fall deutlich gemacht werden muß, ist kompliziert. Aber wir setzten darauf, daß das Streben zu helfen von beiden, Mitarbeitern und Gefangenen, verstanden werden kann. Und wir gingen davon aus, daß rigide Entscheidungen unter dem Primat der Ordnung ihrerseits Widerstände hervorrufen, die den Betriebsfrieden stören, weil sie zu ernsthaften psychischen Belastungen und damit nur zur Scheinruhe des Gesamtklimas führen würden. Die Entscheidung für diesen Weg wurde mir auch durch den Besuch der Anstalt in Bayern bestätigt, von dem ich erzählt habe. Damals schrieb ich: »Das ist eine Anstalt, wie ich sie nicht will, weil sie ganz unpersönlich ist. Äußerlich ist alles tadellos, Ordnung, Organisation, Haus, Disziplin. Doch man spürt überhaupt kein Leben, nirgends ein wenig Herz. Es scheint mehr um die Arbeit als um die Frauen zu gehen. Und trotz des äußeren Glanzes gehe ich gerne nach Hessen zurück, wo wir versuchen müssen, ›to build up a good prison in a red old barn‹.«

Voraussetzung für unseren Weg war die Entwicklung möglichst enger Zusammenarbeit, auch mit den Gefangenen. Sie müssen mittragen, gegebenenfalls auch Mißerfolge hinzunehmen bereit sein. Es ist für alle Beteiligten ein anstrengender Weg. Wir haben ihn auch in prekären Situationen versucht, zum Beispiel als wir eine Frau gegen alle Interessen des Hauses nicht in eine andere Anstalt schickten. Wir sind nicht selten gescheitert, haben unser Ziel oft nicht erreicht, konnten ihm unter den obwaltenden Umständen allenfalls nahekommen. Das zwang uns zu Kompromissen, die wir als Niederlagen empfanden. Immerhin waren die Ansätze doch so stark, daß es aufs ganze gesehen meines Erachtens zu keinen Katastrophen kam, daß die Frauen unsere Methode positiv beurteilt haben. Bezahlen mußten oft freilich die Mitarbeiterinnen. Doch auch ihre Reaktion blieb im Rahmen des Tragbaren; es kam zu Irritationen, die ich schmerzlich empfand, doch nicht zum Aufstand.

Die Gefangenen hingegen reagierten offensichtlich mit einer Art Vertrauen, nicht nur zu Leitung und Sozialdienst, sondern auch zu den anderen Mitarbeiterinnen, wann immer sie Wohlwollen spürten. Freilich blieb immer auch alles kritikanfällig, und Vertrauen konnte jederzeit, wenigstens vorübergehend, wieder entzogen werden. Oft ließ es sich dann aber doch durch Hinweise, Aussprachen und den spezifischen Umgang mit hausinternen Beschwerden einigermaßen neu herstellen. Es entwickelte sich eine Außenstehenden schwer vermittelbare Vertrauensbeziehung im Haus. So jedenfalls erfuhr ich es oft von den relativ vielen Frauen, die mich nach ihrer Haftzeit noch aufsuchten oder die ich besuchte. Dabei kam immer auch eine zugetane Frage nach den »Beamtinnen«. Und in Fotoalben, die mir gezeigt wurden, sah ich Aufnahmen von lange nach der Haft verbrachten gemeinsamen Nachmittagen. Das bedeutete für viele »Entlassene«, die sich an keine Fremden anzuschließen wagten, Hilfe in ihrer großen Einsamkeit. Ich denke heute, daß gerade diese unsere Kräfte voll in Anspruch nehmenden Bemühungen nicht erfolglos blieben. Ob das auch in bezug auf Rückfallverhütung oder Verhinderung anderer Schäden galt, sei dahingestellt. Auch im Haus kam es ja immer wieder zu Brüchen, die zwar verdoppelte Anstrengungen forderten, dann aber auch oft so aufgearbeitet werden konnten, daß sie über den Augenblick hinaus hilfreich waren. Alles durfte allerdings nicht durch unvernünftige Nachgiebigkeit, sondern nur mit den notwendigen Forderungen gemeinsam mit den Betroffenen erreicht werden.

Die stärkste Belastung der relativ guten Entwicklung ergab sich durch den Einzug der Drogendelinquenz zu Anfang der siebziger Jahre. Da begannen Mißtrauen und Zwang zu Kontrollen das Klima einzuengen. Wie sehr sich das nach meinem Ausscheiden 1975 noch verschärfte, übersehe ich nur teilweise. Ich weiß nur, daß die Drogenproblematik zunehmend härter wurde.

Wichtig war uns auch, daß neben der notwendigen Strukturierung und Organisation von Zuständigkeiten Flexibilität erhalten blieb. Bürokratische Verfestigungen sollten soweit irgend möglich vermieden werden. So wurde unter anderem Wert darauf gelegt, daß ungewöhnliche Situationen beweglich aufgefangen wurden. Ein Beispiel: Bei Problemen an der Außenpforte – welcher Besucher darf, eventuell nach welchen Kontrollen, das Haus betreten – sollte nicht unter Hinweis auf »Vorschriften« die konkrete Befassung mit einem Einzelfall abgelehnt werden. Dann war der Weg über einen klärenden Anruf bei einem der Verantwortlichen und letztlich bei mir vorgesehen. Das minderte Anlässe für Beschwerden und zahlte sich also sogar in unserem Interesse aus. (Später konnte diese flexible Entscheidungsbefugnis nach unten verlagert werden.) Unser Tagesablauf wurde dadurch allerdings »zerklüftet«. Keiner konnte sich längere Zeit ungestört am Schreibtisch beschäftigen. Ich erwähne eine solche »ungewöhnliche« Situation an der Pforte. Es war am Anfang der »Terroristenzeit«. Einschränkung bei Anwaltsbesuchen begann. Aufgrund einer ministeriellen Anordnung sollten sich die Anwälte vor dem Betreten der Anstalt körperlich durchsuchen lassen. Eine Frau wartete verzweifelt auf ihren Anwalt, dieser verweigerte die Durchsuchung und wollte wieder abfahren. Ich wurde verständigt und rief im Ministerium an mit dem Hinweis, ich kennte den

Anwalt und könne für ihn garantieren. Auf die Durchsuchung wurde verzichtet. Später freilich war so etwas wohl nicht mehr möglich.

Damals führten wir auch ein – wohl noch unüblich –, daß Sozialarbeiterinnen, Pfarrerinnen, Psychologin und Lehrerin, ebenso wie Stationsbeamtinnen, ein zweites Büro in ihrem Zuständigkeitsbereich im Zellenhaus hatten, neben den Räumen im Verwaltungstrakt. Nach längeren Kämpfen wurde vom Ministerium auch zugestanden, daß die Sozialarbeiterinnen vertrauliche Aufzeichnungen in ihrem gemeinsamen Büro aufbewahren konnten, also ohne Abgabe an die Hauptakte. Übrigens wurde in diesem Kreis der Dienst selbstverständlich so eingeteilt, daß an beiden Wochenendtagen, auch wenn nichts »Besonderes los war«, mindestens eine Mitarbeiterin des Sozialdienstes im Haus war.

Ich selbst hatte mir seit dem Tag, an dem mein Büro aus dem Wohnbereich der Gefangenen in die Verwaltung verlegt worden war, angewöhnt, nahezu täglich nach Arbeitsschluß der Anstaltsbetriebe, also zwischen 17 und 19 Uhr, die Bewohnerinnen auf ihren Wunsch oder wenn es uns nötig schien in ihren Räumen aufzusuchen. Dabei entstand eine andere Gesprächsatmosphäre als dann, wenn ich die Frauen, wie es üblich war, in meinem Büro hätte »vorführen« lassen. Es entwickelte sich eine offene, doch keineswegs übervertrauliche Beziehung, die »Autorität« wurde nicht in Frage gestellt. Dieses Problem hatte ich am Anfang meiner Tätigkeit einmal mit einer Theoretikerin des »social case work«, das damals aufkam, diskutiert. Sie meinte, der Leiter einer Strafanstalt müsse seine Rolle in absoluter Distanz wahren und dürfe sich auf keine Beziehungen einlassen. Meine persönliche Einstellung und Erfahrung war anders, und ich weiß, zum Nutzen derer, die Hilfe suchten. Auch wurde ich nach wie vor von den Mitarbeiterinnen, auch bei persönlichen Problemen der Frauen, einbezogen, vor allem bei Erregungszuständen, Verzweiflungshandlungen, Selbstmordversuchen und Angriffen auf andere. »Disziplinarverstöße« blieben ohnehin meine Sache. Gespräche über sie und Vernehmungen führte ich und entschied auch, oft nach Beratung im »Team«, ob es ein Fall für die Konferenz war. Über notwendig erscheinende »Sanktionen« wurde dort entschieden. Besprochen wurde ohnehin nahezu jedes größere Problem im Team oder in einem anderen informellen Gremium.

Mit der weiteren Entwicklung wuchs die Entscheidungsbefugnis der verschiedenen Gruppen von Mitarbeitern. Nur – ich war, da ich unmittelbar neben der Anstalt wohnte, auch nachts und an den Wochenenden am ehesten abrufbar. Und so blieb es dabei, daß ich nicht nur an den offiziellen Wochenend- und Nachtinspektionen, sondern auch zu problematischen Einzelsituationen gerufen wurde. Nächtliches Sitzen am Bett einer verzweifelten Selbstmordkandidatin und ähnliches blieb mir bis zum Ausscheiden erhalten, wenngleich zunehmend weniger häufig. Aufs ganze gesehen, habe ich meine Hauptaufgabe darin gesehen, Hausbewohnerinnen ein gewisses Bewußtsein von Sicherheit zu geben, zu vermitteln, daß jemand zur Zuflucht da sei, handele es sich um persönliche Probleme oder auch um vermeintliches, im Hause erlittenes Unrecht. Im Verhältnis zu den Mitarbeitern und Mitarbeiterinnen war es dabei wichtig, daß Anordnungen – von ihnen oder von der Konferenz getroffen – nicht aufgrund von Vorstellungen der Frauen ohne Anhörung der sonst noch Beteiligten aufgehoben wurden. Auch Zusagen wurden ohne solche Anhörungen nicht gemacht. Das wurde den Antragstellerinnen von Anfang an mitgeteilt, wie ja überhaupt mit Versprechungen immer sehr vorsichtig umgegangen werden muß. Neben allen »Zuständigkeiten« mußte das Bewußtsein gestützt werden, daß die Anstaltsleiterin nahezu immer erreichbar, aber nicht alleinherrschend war.

Im Strafvollzug bei Frauen besteht nicht selten die Neigung, auch in anderen Ländern, mit den Inhaftierten moralisierender und repressiver umzugehen als im Männervollzug, obwohl gewaltbereite Gefährlichkeit der Frauen geringer ist. Jedenfalls wird von ihnen selten planvoll auf Widerstand gezielt, der sich vielmehr, dann allerdings auch massiv, spontan ergibt. Irreale oder falsche Wertvorstellungen über weibliches Rollenverhalten wurden auch uns erst nach und nach bewußt. Als wir soweit waren, planten wir dann gezielt, vor allem Selbständigkeit und Unabhängigkeit der Frauen zu fördern, denn in ihrer Neigung zu Enge und Unselbständigkeit, die unsere eigene Entwicklung ja nicht belastet hatte, begannen wir eine der Hauptursachen ihres Versagens zu erkennen. Freilich – in unserer kleinen, engen Anstalt waren entsprechende Pläne nur sehr eingeschränkt zu verwirklichen, eigentlich nur im persönlichen Umgangsstil. So bescheiden waren wir (1952): »Wenn sie nur wüßten, wie dankbar wir sind, wenn sie uns den Mut zu ihnen nicht nehmen, wenn man ihr Verhalten bejahen kann. Wirklich ›innen drin‹ ist den meisten wohl nicht zu helfen – oder doch nur mit einem Einsatz, zu dem kaum einer in der Lage ist.« Dann überlegten wir gelegentlich, ob wir nicht sichten und die heraussuchen müßten, bei denen »noch etwas zu machen« ist. Aber wo waren die nötigen Kriterien? Wir hatten ja schnell gelernt, daß sich Prognosen nicht stellen ließen. Und so nahmen wir – Gott sei Dank – Abstand von solchen Ketzereien. Wir mußten es eben einfach immer wieder versuchen.

Dabei waren bestimmte Gesichtspunkte immer neu zu bedenken: die Schwäche und Empfindlichkeit der vom Leben meist schwer mißhandelten Frauen, ihre Neigung, Unglück und Abwehr nur in Ausnahmesituationen aggressiv nach außen abzureagieren, also eher zu masochistischen Verhaltensweisen Zuflucht zu nehmen und dabei als wichtigste Kompensation ihre Mutterrolle illusionär zu überhöhen. Gruppen zur Bewältigung solcher sehr verschiedener Probleme zu bilden, dazu genügte auch das neue, nur grobe Gliederungen zulassende Haus nicht. Nach wie vor konnten wir nur intensive Zuwendung zu den einzelnen Personen anbieten. Und selbst das hätte größerer sozialpädagogischer und sozialtherapeutischer Kompetenz bedurft, als wir sie besaßen. Also suchten wir einen unseres Erachtens den Frauen angemessenen Umgangsstil. Dabei standen Gespräche und nochmals Gespräche mit einzelnen oder Gruppen im Mittelpunkt, offene Erörterungen von Problemen und Konflikten, auch unseren gegenseitigen. Da mußten Verbitterungen infolge früher Verwundungen aufgebrochen werden. Anfangs habe auch ich überkommene Vokabeln wie »Erziehen« und »Heilen« verwendet. Die kamen uns mit der Zeit abhanden zugunsten von Vokabeln wie »Schaden abwenden« und »miteinander umgehen«. Zeitmangel allerdings schnürte auch solche Bemühungen oft ein. Es erwies sich aber, daß sich, wenn Gespräche diskret, die Person achtend geführt wurden, Beziehungen als Grundlage der Zusammenarbeit entwickeln konnten. Dabei überraschte es mich, wie bereit die Mehrzahl der Frauen zu Gesprächen war und daß diese auch in prekären Situationen wirksam wurden, daß also auf sie auch reagiert werden konnte.

Schon früher war die Rede von einer außer sich geratenen Frau gewesen, die dann – in ihre Zelle zurückgebracht – ein langes Gespräch zuließ und darin endlich zur Ruhe kam. Noch deutlicher wurde die Möglichkeit, durch ein Gespräch am rechten Platz und vielleicht auch mit geeigneten Worten zum Nachdenken und damit zum vernünftigen Reagieren anregen zu können, in der folgenden Begebenheit, die wohl auch deshalb Eindruck machte, weil sie vom damals üblichen Vollzugsverhalten abwich: Eine junge Frau mußte in der Sakristei aushelfen, weil die zuständige Helferin krank geworden war. Sie benutzte die Gelegenheit, sich den restlichen Abendmahlswein anzueignen und in der Näherei zu verteilen. Das Zusammensein dort war – allerdings zu einem anderen Zweck – zugestanden worden. Die Vikarin war außer sich, die Frauen hätten sich am »Blut Christi« vergriffen. Das erschien den Frauen so absurd, daß sie die Sache überhaupt nicht ernst nahmen. Auch die Stationsbeamtin reagierte so extrem, daß alles dann offenbar gar keinen Eindruck mehr machte. So holte ich die Gruppe zu mir und sprach eindringlich mit ihr: Man müsse die Ansicht der Vikarin nicht teilen, man könne aber erwarten, daß die religiösen Gefühle von Menschen geachtet würden. Außerdem hätten sie auch noch in anderer Weise versagt. Man habe Frau X. vertraut, als man ihr Zugang zu den Kirchendingen einräumte. Dieses Vertrauen habe sie verletzt. Und sie alle hätten das Zusammensein über die übliche Zeit hinaus genehmigt bekommen. Wäre diese Genehmigung nicht gewesen, so hätten sie – bei den damals noch verschlossenen Zellen – keine Chance für ihre Dummheit gehabt. Bei diesem Satz spürten sie wohl, daß da für »Dummheiten« Verständnis war, doch nicht für Vertrauensbrüche. Ich hatte den Eindruck, daß unser Gespräch mehr wirkte als eine Hausstrafe, die sie wohl erwarteten. Und so war es wohl auch. Jedenfalls berichtete die Gruppen-Sozialarbeiterin, die betroffene Frau habe ihr gesagt: »Die Chefin hat nicht geschimpft. Aber sie kennt uns und weiß, wo es bei uns fehlt. Ich habe mich sehr geschämt.«

Die Grundvoraussetzung für einen differenzierten Umgang durch eine differenzierte Gliederung des Hauses in kleine, geschlossene Wohngruppen mit festem Personaleinsatz war, wie gesagt, bis 1955 gar nicht, doch auch danach kaum gegeben. Um so notwendiger war es dann, das Haus im ganzen relativ durchschaubar zu machen und also ein begreifbares, einheitlich anmutendes Umfeld zu schaffen, mit dem wenigstens die psychisch einigermaßen gesunden Frauen fertig werden konnten. Daß es zwei Jahre dauerte, bis damit überhaupt begonnen werden konnte, habe ich geschildert.

Die persönliche Zuordnung jeder Hausbewohnerin zu »ihrer« Sozialarbeiterin vom ersten Tage an halte ich, neben ernsthafter Teamarbeit im Entscheidungsbereich, für den wichtigsten Ansatz unserer Arbeit. Ich weiß von Systemen, in denen Fachbereiche über die Gliederung der Sozialarbeit entscheiden. Da kann es kaum zu einer individuellen Beziehung kommen. (Wechsel konnten auf Antrag vorgenommen werden, ergaben sich jedoch sehr selten.) »Sonderzuständigkeiten« haben wir dann zusätzlich unter den verschiedenen Sozialarbeiterinnen verteilt, je nach Interessen und Kompetenzen: Sozial-Kleiderkammer und Ausbesserungsstelle, Laienspiel, Mitverantwortung der Frauen, Gruppenpädagogik, Freigang.

Doch nur die persönliche Anbindung konnte, wie wir meinten, eine gewisse beruhigte Geborgenheit bei den einzelnen Frauen vermitteln. Und durch das Einbringen dieser persönlichen Verbindungen in das Entscheidungsteam wurde dann auch Einheitlichkeit des Gesamtbetriebes erreicht. Da in den Teambesprechungen immer wieder die Gefahren von Manipulation reflektiert wurden, möchte ich behaupten, daß gemeinsames Handeln ohne Gefahr sich dadurch einschleichender Repressionen und Infantilisierungen erreicht werden konnte und daß diese Tatsache vor allem das Klima des Hauses bestimmte. Keiner von uns traf riskante Entscheidungen, soweit sie nicht ganz individuell und vertraulich nur eine Frau angingen, ohne Bezug auf gemeinsam besprochene Vorgaben oder Abstimmung mit den anderen. Das tat auch ich nicht (Pannen eingeschlossen). Vor allen Zusagen von Sondergenehmigungen stand fast immer der Satz: »Das muß ich mir noch überlegen.« Die Frauen wußten, was das bedeutete, und es hinderte sie an dem Versuch, uns gegeneinander auszuspielen. Auch deshalb mußten einmal getroffene Entscheidungen auch nur selten abgeändert werden.

Die normale Eingliederung einer Frau in das Haus verlief so: Die für ihre Betreuungsgruppe zuständige Sozialarbeiterin sprach so früh wie möglich nach ihrer Ankunft mit ihr. Sie stellte fest, was umgehend und eventuell außerhalb des Hauses veranlaßt werden mußte (Sorge für Kinder, Katzen, Partner, Sachen, Wohnung, Informationen...). Nach der ersten Woche, in der die ärztliche Untersuchung stattfand, folgte das erste, lange Gespräch über Vorgeschichte und Probleme, wurde zusammen mit der Frau der erste Plan des Aufenthaltes im Haus und der Bericht für die »Zugangskonferenz« verfaßt. Dort wurde dann im Gespräch mit der Frau der Fortgang festgelegt – Unterkunft, Gruppenzugehörigkeit, Teilnahme an Bildungs- und Freizeitangeboten, Kontakte nach draußen und gegebenenfalls schon Entlassungsmodalitäten. An dieser Planung nahmen alle Abteilungsleiterinnen des Hauses teil. Später gewünschte oder notwendige Abänderungen, auch im Arbeitsbereich, wurden wieder zuerst an die Sozialarbeiterinnen herangetragen und der täglichen Teambesprechung vorgelegt, es sei denn, ein solcher Wechsel war völlig unproblematisch. Das war besonders wichtig, wenn sich irgendwo krisenhafte Entwicklungen abzeichneten. Dabei wurde respektiert, daß die Sozialarbeiterin vertraulich Mitgeteiltes grundsätzlich für sich behielt. Die Anstaltsleiterin allerdings wurde von den Frauen selten als Mitwisserin ausgeschlossen, so daß es kaum Kompetenzprobleme gab. Den Zwang, am einmal Festgelegten festzuhalten, indem man es zum Beispiel zur Voraussetzung einer vorzeitigen Entlassung machte, lehnten wir ab. Festhalten oder Abändern sollten sich aus Überzeugung, nicht aus Zwang ergeben.

Die Sozialarbeiterinnen arbeiteten, insbesondere im Hinblick auf die Entlassung, mit den Vertreterinnen caritativer Organisationen zusammen. Später bereiteten sie außerdem Urlaub und Freigang vor. Die Gespräche der Frauen mit den Sozialarbeiterinnen, der Psychologin und den Pfarrerinnen fanden in den Abteilungsbüros statt. Der Raum für Besucher von draußen, für Teambesprechungen und die besondere Aktenführung lag im Verwaltungsbereich, wo die »Sonderakten« jederzeit für die, für die sie geführt wurden, zugänglich waren. Die Hauptakten waren ja nicht jederzeit abrufbar. Die Sonderakten wurden auch nicht »abgelegt«, sondern konnten, da nicht sehr umfangreich, noch nach vielen Jahren zur Rekonstruktion früherer Vorgänge, Lebensläufe und dergleichen hervorgezogen werden. Wenn das nur zur Kontinuität des Umganges und nicht zu möglichen Sanktionen geschieht, halte ich dies für vertretbar.

Viele Vollzugsabläufe glichen denen in allen Vollzugsanstalten – Einkauf vom Arbeitsverdienst, Tauschgeschäfte untereinander und ähnliches. Darauf brauche ich nicht einzugehen, hier wird ja das Eigene dieses Hauses vorgestellt. Und da war es bedeutsam, daß sich wegen der Kleinheit der Anstalt, der Eigenart der Frauen und des spezifischen Umganges mit ihnen kaum so etwas wie Subkultur mit Erpressung, Unterdrückung und Abschottung entwickelt hat – Ausnahmen freilich gibt es immer.

Natürlich entfaltete die »totale Institution« ihre Bedrückungen, wenn etwa beliebte Bücher von den Bibliotheks-Arbeiterinnen nur gegen Ware (Kaffee, Zigaretten) ausgeliefert wurden. Dem versuchten wir dann durch Strukturveränderungen zu begegnen, zum Beispiel mit der Freihandausleihe oder Mitarbeit einer ehrenamtlichen Fachkraft. Natürlich gab es da auch den Handel mit männlichen Gefangenen, die unter der Wäsche, die sie brachten, eine Flasche Bier für »Bevorzugte« versteckten, das dann gefunden und »entsorgt« wurde. Und natürlich wurde auch »Fifi« gebraut, ein leicht alkoholisches Getränk aus Hefe, Pflaumen und Brot. Doch das waren Auswege aus dem trostlosen Einerlei der Tage und mußte nicht zu ernst genommen werden. Als Reaktion empfahl sich statt Strafe eine gewisse gemeinsam-humorvolle Eingrenzung solcher »Exzesse«. Anfangs hatten wir das alles viel zu ernst genommen. Dramatisieren macht alles nur um so interessanter, und das war nicht zum Nutzen des Hausklimas. Vernünftig war eine spätere größere Toleranz gegenüber den marginalen »Ausschweifungen«.

Ich erinnere mich an einige so zu nehmende Ereignisse: Ein ehrenamtlicher Helfer, über dessen mathematischen Unterricht in der Jugendabteilung wir sehr glücklich waren, brachte in der heißen Sommerzeit gelegentlich eine große Flasche Coca Cola mit. Einmal wollte er eine besondere Freude machen und addierte eine kleine Menge Rum. Die Jugendlichen waren begeistert und spielten »beschwipst«. Stations- und Zentralbeamtin waren außer sich. Der Mann müsse sofort das Haus verlassen, »er bringt Alkohol mit«. Ich kannte die fachliche und pädagogische Qualität des Helfers und sprach mit ihm. Er hatte sich die Situation des Hauses nicht klargemacht. Und so gab es nie wieder Probleme.

Einmal hatte eine Frau zuviel »Fifi« getrunken und wurde überfröhlich. Als ich in ihre Zelle gerufen wurde, wo schon andere angekommen waren, fiel sie mir begeistert um den Hals und rief, halb erschrocken und halb kichernd: »Ich habe die Direktorin geküßt, ich habe die Direktorin...« Auch das hatte keinen Autoritätsverlust zur Folge, nur eine spätere Entschuldigung. Es wiederholte sich nicht.

Und einmal kam ich eines Sonntags mittags ins Haus und hörte schon vom Eingang aus jubelnd schallendes Gelächter. Als ich hinlief, fand ich einen Pulk jüngerer Frauen, im Zentrum die jüngste mit lebenslanger Strafe. Ihr hatte man soeben die Hälfte ihrer sehr kurzen Haare abrasiert, als Folge einer Wette. Ich konnte die andere Hälfte retten. Mittlerweile begannen auch die Vollzugsbeamtinnen solche Ereignisse nicht mehr nur humorlos zu nehmen und unterschieden zwischen ernsthaften und leichter zu nehmenden »Disziplinverstößen«, was den dunklen Farbton des Hauses ein wenig aufhellte und keinerlei Schaden zufügte.

So etwas konnten sich Außenstehende, vor allem die ideologisch festgelegten Radikalkritiker der Freiheitsstrafe, nicht vorstellen. Ihnen konnte nicht vermittelt werden, daß bei aller Trostlosigkeit dieser Umwelt und der persönlichen Schicksale auch gelacht werden konnte und daß eine solche Art des Zusammenlebens notwendig für das Überleben war. Darin nur heuchlerische Verlogenheit sehen zu wollen, half den jetzt und hier Betroffenen nichts. Das hat nichts damit zu tun, daß die Freiheitsstrafe eine schwere Last mit geringem Nutzen bleibt und aus grundsätzlichen Erwägungen überwunden werden muß, was uns neben allem immer bewußt blieb.

Wichtig war, daß die Sozialarbeiterinnen bei allem Bestreben um gerechte Einheitlichkeit in ihren Gruppen je ihren eigenen Stil, nach Eigenart der Gruppe und dem eigenen Können, entwickeln konnten. So hatte jede Gruppe ihr Gesicht, das mir, die ich alle besuchte, auffiel: Sentimentalität, Gefühlsintensität und Tränen bei entsprechender Musik oft bei den Haft- und Arbeitshausuntergebrachten, Häuslichkeit und gemeinsame Kaffeestunden bei den älteren Frauen mit langen Strafen, dort besondere Pflege der Gruppenräume, Handarbeiten und

Glücksäußerungen, wenn für andere, zum Beispiel eine kinderreiche Familie oder ein Flüchtlingslager, gesorgt werden konnte. Die jüngeren Frauen, eher mit kürzeren Strafen, waren lebhaft und noch neugierig. Mit ihnen konnte man am besten über allgemeine Themen diskutieren.

Ein ganz eigener Stil entwickelte sich in der Jugendabteilung, als die von einer gruppenpädagogisch ausgebildeten Sozialarbeiterin geleitet wurde. Schon damals waren relativ viele drogenabhängige Mädchen darunter, nicht selten besonders phantasiebegabt. Vorsichtig wurde mit Gruppengesprächen begonnen, erst in einer kleinen, dann in der gesamten Gruppe. Nur selten mußte jemand davon vorübergehend ausgeschlossen werden. Da wurden nahezu alle Probleme der Abteilung und zunehmend auch die Probleme schwieriger einzelner Mädchen gemeinsam besprochen, mit Zustimmung aller auch mit den wenigstens hier fest einplanbaren Vollzugsmitarbeiterinnen. So entstand eine immer vertrauensvollere Gesamtatmosphäre, die durch gelöste Harmonie auffiel. Natürlich wurde auch das immer wieder einmal durch übliche Jugendexplosionen unterbrochen. Doch es war möglich geworden, daß auch diese sich nur verbal – statt wie anfangs viel häufiger brachial – abspielten. Ein die Jugendlichen ansprechender Musikunterricht (Orff-Orchester) unterstützte diese Entwicklung. Jugendliche, die sich zum Beispiel aus Schuldverstörungen gegen jeden Kontakt gesperrt hatten, wurden aufgeschlossen und ließen andere an sich herankommen. Einmal – und das beglückte uns sehr – entstand in einer Gruppe eine so enge Beziehung, auch zu uns, daß Mädchen sich nach der Entlassung an uns wandten, wenn andere in Schwierigkeiten gerieten, mit der Bitte, uns um sie zu kümmern. Es wurde dann auch möglich gemacht, mit Zustimmung der Aufsichtsbehörde, wie später auch bei den Erwachsenen, Entlassene an der Arbeit ihrer Gruppe, ja am gemeinsamen sonntäglichen Mittagessen, gelegentlich sogar mit einem neuen Kleinkind, teilnehmen zu lassen. Diese Art relativ freier Beziehungen spiegelte sich in tragikomischer Weise bei einer Ausführung durch die Gruppenleiterin: »B., es tut mir leid, aber ich muß jetzt gehen.« Sprach's, verschwand und war nicht mehr zu erreichen. Nach wenigen Tagen kam sie zurück, sie hatte das ihr notwendig Erscheinende erledigen können und nahm nun die Konsequenzen ihres Verhaltens (Absonderung) klaglos hin.

Das schwierigste Kapitel des Umganges war das von Gleichbehandlung und individueller Gerechtigkeit. Gegen das meist fehlende Verständnis für notwendige Sonderbehandlungen mußten zahllose Gespräche eingesetzt werden, bei denen dann aber vieles, intime Bereiche betreffend, nicht angesprochen werden konnte. Gegen das meist schon mitgebrachte, nahezu neurotische Mißtrauen ließ sich nur ein langsam gewonnener Vertrauensvorschuß einsetzen, wenn es gelungen war ihn aufzubauen. Nie waren trotzdem schwere Konflikte und eigene Hilflosigkeit zu vermeiden.

Mehr und mehr konzentrierte sich unser Handeln darauf, wenigstens keinen Schaden anzurichten. Doch auch dabei haben wir jede Menge Fehler gemacht. Noch klingen mir Sätze im Ohr wie: »So darf eine Frau sich nicht verhalten«, ein töricht-moralisierender Hinweis auf das alte weibliche Rollenverhalten. Andererseits mußte man bei schäbigem Verhalten gelegentlich auch ernsthaft empört sein dürfen und das auch offen zum Ausdruck bringen. Der Verzicht auf Spontaneität wirkt unwahrhaftig und verhindert dann die Entwicklung von Glaubwürdigkeit. Gerade die angestrebte situations-angemessene Partnerschaft verlangte es, sich gegenseitig menschlich zu sehen und zu verhalten. Doch auch eigene Taktlosigkeit gab es, Ungeduld und im Trubel verheddertes Unverständnis. Doch gerade dann war ich oft erschüttert, wie viele Fehler uns nachgesehen wurden, wohl weil das Grundanliegen trotz allem gespürt wurde. Das alles machte uns Mut zu einem relativ engen Zusammenleben, besonders mit denen, deren überlange Strafen sonst in Passivität und Depression geführt hätten.

Besondere Probleme:
Selbsttötungen, Selbstmordversuche, Ausbrüche, Gewalt

Am Ende dieses Kapitels über die Bemühungen um einen erträglichen Umgangsstil möchte ich noch einige besondere Situationen schildern, die zeigen, wie dieses Zusammenleben gelegentlich konkret trotz aller Aufhellungen auch aussah:

Ich denke weniger an die im Justizvollzug am häufigsten als Sonderlasten gesehenen Probleme von Selbstverstümmelungen, Selbstmordversuchen und aggressiven Auflehnungen. Die gab es natürlich auch, wenngleich zunehmend seltener. Das Schlucken von Fremdkörpern kam am Anfang und dann noch einmal während der Eingewöhnungsphase im »Großen Haus« vor, ehe das neue Klima dort entstanden war. Ich erinnere mich besonders an eine Frau, bei der sich eine Art Sucht entwickelt hatte, bei jedem Unbehagen »zu schlucken«, und die so oft operiert werden mußte, daß der Arzt eine nochmalige Wiederholung ausschloß. Gott sei Dank nahm sie das dann endlich ernst. In den letzten 15 Jahren meiner Dienstzeit kam so etwas nicht mehr vor, ebenso, wie sich 17 Jahre lang kein Selbstmord ereignete. Doch an den relativ wenigen Selbstmorden – es waren nach meiner Erinnerung sieben, die zuvor über uns gekommen waren, haben wir sehr gelitten, um der Menschen und unseres Versagens willen.

Der erste war der einer Untersuchungsgefangenen, die die Frau des Geliebten getötet hatte und nun schizophren war, vielleicht auch nur erscheinen wollte. Solche Szenen hatte sie auch mir dargeboten. Eines Mittags raste die Stationsbeamtin in mein Zimmer, man könne die Zelle nicht betreten. Ihr Körper behinderte die Tür, ich mußte die Frau abhängen. Sie war nicht mehr zu retten. Vielleicht hatte sie auf eine rechtzeitigere Verteilung des Mittagessens vertraut. Solche Demonstrationen waren sicher gelegentlich Anlaß zum »Erfolg«. Trotz einer gewissen Kühle gerade ihr gegenüber habe ich diese Frau nie vergessen.

Nun vermehrten wir unsere Vorsicht noch – bei jeder Andeutung, jedem Appell, der uns erreichte. Da war das junge Mädchen, das sich in den Lichthof stürzte und noch ein Jahr in enger Verbindung zu uns im Krankenhaus lebte. Furchtbar der schreckliche Selbstmord am Weihnachtsabend, der nacktestes Elend beendete. Anders der letzte Sprung in den Lichthof, 17 Jahre später. Ihn unternahm eine Frau, die soeben aus einer anderen Anstalt mit einer teilverbüßten lebenslangen Strafe gekommen war. In der Nacht, die sie noch durchlebte, erfuhr die Ärztin des Krankenhauses, in das sie gebracht worden war, daß diese Frau mit ihrer Straftat, der Ermordung ihres Ehemannes, nicht fertig wurde, es wohl nie hätte werden können. Deshalb wollte sie nicht mehr leben, und das neue Haus, in das sie nun gekommen war, wußte nichts von ihr und ihrer Angst.

In den ersten Jahren war es noch schwierig, einen Geistlichen für die Beerdigung einer Selbstmörderin zu finden. Doch es gelang uns immer. Und dann folgten meist nur wir zum offenen Grab. Manchmal kamen ein oder zwei Angehörige, manchmal auch eine Gefangene oder Entlassene. Am eindrucksvollsten lebt in mir die Erinnerung an die Beerdigung eines außerhalb unseres Hauses gestorbenen Säuglings, dessen Mutter von ihrem amerikanischen Geliebten verlassen worden war. Wieder stützten allein die Sozialarbeiterin und ich die junge Mutter. Unmittelbar hinter dem winzigen weißen Sarg schritt ein riesiger schwarzer Geistlicher.

Selbstmordversuche allerdings wiederholten sich immer wieder. Doch sie konnten als das aufgefangen werden, was sie meist waren: Bitten um Beachtung und Zuwendung. Und so war es weder Verwöhnung, noch wurde es ausgenutzt, wenn dann einer von uns – wer immer der Nächste war – Stunden, auch nächtliche, an einem solchen Bett verbrachte. Da entstanden oft die stützendsten Beziehungen. Und selbst wir fanden es erstaunlich, daß diese Angebote kaum ausgenutzt wurden. So erfuhren wir, daß, wenn human gewollte Freiheiten eingeräumt werden, sich meist bei einigermaßen normal reagierenden Frauen auch Rücksichtnahme entwickelt.

Entweichungen spielten kaum eine Rolle. Ich erinnere mich an eine gelungene und vier im Grunde nur versuchte. Kurze Zeit nach meiner Aufnahme der Arbeit (ich erzählte es schon) entwich eine Jugendliche aus der kleinen ländlichen Jugendstrafanstalt. Eine junge Frau entwich mit Hilfe einer vergessenen Leiter aus dem »Kleinen Haus«. Sie wurde am nächsten Tag von ihrem amerikanischen Verlobten zurückgebracht, bei dem sie nur eine kurze Eifersuchtskontrolle machen wollte. Eine Türkin kletterte über eine Mauer des Krankenhauses im »Großen Haus«. Als sie dann aber auf eine zweite Mauer traf, gab sie auf. Zwei Gartenarbeiterinnen entfernten sich aus der außerhalb der Mauern liegenden Gärtnerei. Sie wanderten mit Blumenstöcken über die Straßen, als sollten sie die ausliefern. Doch da sie Anstaltskleider trugen, brachte die Polizei sie zurück – und zwar gerade, als alle Frauen aus den Arbeitsbetrieben zum Mittagessen ins Haus strömten. Alles brach in helles Gelächter aus, und das war wahrscheinlich schlimmer für sie als Hausstrafen. Die bestanden dann in der Ablösung von ihrem schönen Arbeitsplatz.

Selbst die »bodenlosen Unverschämtheiten« nahmen ab, als die Sozialarbeiterinnen jeweils zur Stelle waren und ihr Umgangsstil mehr und mehr auch von anderen übernommen wurde. Natürlich kam es aber immer wieder auch zu schlimmen Verzweiflungsexplosionen und zu heftigen Aufsässigkeiten, doch diese vor allem als Reaktion auf unflexibles, humorloses Verhalten einzelner Mitarbeiter. Das führte dann zu Problemen, mit denen ich fertig zu werden hatte.

Eines der ernsthaftesten Probleme war das der Gewalt im Haus. Offenbar hat nie eine Frau einen ernsthaften Angriff geplant. Doch unerwartet ergaben sich gefährliche Situationen infolge spontanen Kontrollverlustes, die besonders bei starken, gewalttätigen Frauen Mitbewohnerinnen und Mitarbeiterinnen ängstigten. Was fängt man mit Frauen an, die auf andere losgehen und ihre Umgebung, für die ich ja verantwortlich war, gefährden? Man kann sie nicht gewähren lassen, aber zwingt man sie mit Gewalt, so steigert sich ihre Wut, gelegentlich bis zu Bärenkräften. Deshalb mußte man das Haus wenigstens vorübergehend vor ihnen sichern. Da war zum Beispiel eine Frau, die einmal in einem solchen Zustand mit Hilfe von zwei Männern vom vierten Stock ins Parterre gebracht werden mußte. (Heute lernen auch Frauen, mit Judo damit fertig zu werden.) Diese Frau wehrte sich so heftig, daß alle drei Personen bei dem Transport fast die vier Eisentreppen hinunterstürzten. Mir spuckte sie im Vorübergehen ins Gesicht. Unten zertrümmerte sie die wenigen Möbel des Sicherheitsbereiches. Anfangs mußten wir auch damit ohne männliche Hilfe und ohne entsprechende Ausbildung des Vollzugsdienstes umgehen.

Eine besonders wilde, starke Frau war wegen eines Angriffs auf eine Mitgefangene in der »Absonderung«. Diese durfte nur von zwei Beamtinnen gemeinsam geöffnet werden. Doppeltüren zum Schutz hatten wir auch nicht. Während alle anderen im sonntäglichen Gottesdienst waren, brachten zwei Beamtinnen ihr das Mittagessen. Sie stürmte aus dem Raum, warf eine Beamtin rechts, die andere links zu Boden und strebte in mein im Zellenhaus unabgetrennt liegendes Büro. Ohne mein Wissen beobachtete das eine Krankenschwester und verständigte die Polizei. H. landete inzwischen in meinem Büro, wutvoll erregt. Ich begann mit ihr zu sprechen in Erinnerung an Erzählungen von der russischen Besetzung Berlins: »Man muß mit ihnen sprechen, sprechen.« So sprach ich. Unmerklich ließ ich die große Papierschere von meinem Schreibtisch in der Schublade verschwinden. Redete, redete – redete sie ruhig. Doch dann kam das Überfallkommando der Polizei, zwölf riesige Männer holten sie ab. Unvergeßlich war nun das Bild der vierschrötigen, doch neben den Männern kleinen Frau. Sie gingen gut mit ihr um. Jahre später, als H. wieder einmal bei uns einkehrte, war sie die Frau, die eine Arbeitsgruppe außerhalb des Hauses aus Ärger verließ, dann aber über weite Felder zur Anstalt wanderte, am Tor klingelte und sich wieder einschließen ließ.

Einmal warf eine sich wild aufführende Untersuchungsgefangene die Dienstaufsichtsleiterin aus der Zelle. Als ich kam und sagte, daß sie in eine andere Zelle gehen müsse, lehnte sie schimpfend ab. Doch sie ging, als ich Gewaltanwendung in Aussicht stellte. Drei Tage lang beachteten wir sie nicht, dann holte ich sie zu mir: »Wollen wir versuchen, uns vernünftig zu unterhalten?« Da zeigte sich ein junger Mensch voller Abwehr und Verbitterung darüber, daß die Eltern ihn »hinauswarfen«. Nun traue sie keinem mehr. Wir vereinbarten, daß wir ihr nach der Entlassung helfen würden, jetzt müsse sie sich aber bei der Beamtin entschuldigen und eine Hausstrafe hinnehmen. Die würde ausgesetzt werden, wenn es ihr gelinge, sich anders zu verhalten. Das gelang ihr, zur allgemeinen Überraschung.

Gefährlicher war I., von der ich schon erzählt habe. Bei ihr flogen die Fetzen, wenn ihr irgend etwas nicht paßte. Mit Bestrafungen wurde alles nur schlimmer. »Ich kann nicht mehr, ich werde hier nur schikaniert.« Ich: »Wissen Sie, so kann man vor Ihrem Benehmen keinen Respekt bekommen. Wir könnten doch einmal versuchen, einander zu verstehen. Aber ein wenig Respekt müßte ich doch vor Ihnen vorher bekommen können.« Da fing sie an sich Mühe zu geben, und das gelang bis zur Entlassung.

Sch., die sich wegen einer ansteckenden Krankheit umziehen mußte, lehnte das rigoros ab. Sie habe sich im KZ fünf Jahre lang umziehen müssen, sie werde das nie wieder tun. Die Kammerbeamtin und die Ärztin hatten ihre Kräfte bereits erschöpft. Auch ich hatte nicht die geringste Hoffnung auf Erfolg. Sie saß auf ihrem Bett und nahm keine Notiz von mir. »Bitte, stehen Sie doch auf. Das tue ich auch, wenn mich jemand besucht. Warum wollen Sie denn nicht tun, was in jedem Krankenhaus verlangt wird?« Schon nach den ersten Worten fing sie an, bitterlich zu weinen. »Sehen Sie, nun weinen Sie. Kommen Sie, wir gehen, und Sie ziehen sich um.« Widerspruchslos ging sie mit in die Umkleidekammer, sagte ihren Namen und leistete keinen Widerstand. Auf dem Weg zurück traf ich die Dienstaufsichtsleiterin und sagte: »Sie ist unten und zieht sich um.« Die starrte mich ungläubig an: »Warum müssen wir Sie holen, warum klappt es dann?« – »Ich war ja immerhin die dritte, die es versuchte. Da war sie schon mürbe geworden.«

Das alles erscheint wie Kleinigkeiten. Aber weiß der Beurteiler, welche Kräfte und Konzentration solche Gespräche kosten? Immer waren es doch Situationen von großer Hilflosigkeit, in denen man oft auch Dinge sagt und tut, die man gar nicht sagen und tun wollte. Doch alle Beispiele zeigen, daß es sich vor allem um mitgebrachte Verstörungen handelt. Im geeigneten Moment und mit dem Versuch einer Kontaktaufnahme können sie am besten aufgebrochen werden.

Auf etwas habe ich mindestens 15 Jahre lang streng geachtet: Wann immer ich im Haus oder zu Hause war, nahm ich an allen Zwangsmaßnahmen teil. Nur dann konnte ich bestätigen, daß nur die allernotwendigste Gewalt angewendet worden war. Ich glaube zu wissen, daß auch das ein gewisses Vertrauen zum Haus förderte. Aber natürlich muß eingestanden werden: Ganz ohne Gewalt ging es nicht.

Homosexualität – Ein dramatischer »Fall«

Zum Schluß schildere ich noch eine Tragödie, die etwa dreieinhalb Jahre nach meinem Arbeitsbeginn anfing und sich über lange Zeit hinzog. Sie erschütterte das Haus zeitweilig in seinen Grundfesten, aber sie erschütterte auch mich, so sehr rührte sie an die Grenzen menschlicher Existenz. War ich damals nur noch nicht geübt im Blick für solche Abgründe? Jedenfalls habe ich damals für alle Zeit so viel über psychische Extremsituationen verstanden, daß eine berufliche Haltung daraus werden konnte, die ja der Sensibilität nicht entraten muß. Nur weiß ich nicht, ob ich diese Erfahrung so schildern kann, daß sie einen wirklichen Einblick in den möglichen Wust einer geschlossenen Anstalt, jedenfalls der unseren, geben kann. Mir ist – auch wegen einiger Aufzeichnungen – noch heute, als sei es gestern gewesen. So erfuhr ich früh, was »Strafvollzug«, den unsere Gesetze so leicht verhängen, sein, was er betroffenen Menschen, Betreuern und Betreuten, abverlangen kann.

Da waren drei Frauen. Zwei hatten einen Mord begangen oder versucht, die dritte bezichtigte sich dessen, ohne daß es jemand glauben konnte, denn es fehlte sogar der Tote. In zwei Gemeinschaftsunterkünften hatten sich unter den drei Frauen Liebesbeziehungen entwickelt. Es folgten dramatische Eifersuchtsszenen, die nicht nur aggressiv gefährlich wurden, sondern auch das damals noch sehr prüde Haus so in Aufruhr versetzten, daß uns das zum Eingreifen – durch Trennung – zwang. (Erst viel später konnte man auch damit zwangloser umgehen.)

Vielleicht muß hier in fast unzulässiger Verkürzung etwas über Homosexualität in geschlossenen Anstalten, also auch in unserem Haus damals, gesagt werden. Daß sie sich in einer so von Mangel geprägten Umgebung entwickelt, in der nicht abreagiert werden kann, muß nicht begründet werden. Wichtig ist, daß sie in einer solchen Umgebung, in der sie Ersatz für fast alle anderen Erlebnismöglichkeiten ist, eine besondere Heftigkeit erreicht und daß dieses Thema damals unter Frauen, noch lange vor der »sexuellen Revolution«, noch absolut tabu war. Es rief bei ihnen wie bei Mitarbeiterinnen gleichermaßen Ängste hervor. Wir versuchten deshalb, wenn es konkret wurde, es so weit wie möglich zu ignorieren. Es hätte damals einen Sturm gegeben, wenn wir das Problem als solches zur Diskussion gestellt hätten. Brachte es doch Mitarbeiterinnen und Bewohnerinnen in brodelnde Aufregung. Die Gefangenen ziehen uns offen der Unmoral und entzogen uns ihr Vertrauen, wenn wir »nichts unternahmen«. Erst viel später änderte sich das.

Zu allen drei Frauen mit langen Strafen hatte sich bereits eine vertrauensvolle Zusammenarbeit entwickelt, die ihnen, verzweifelt, verlassen und voller Schuldgefühle, etwas bedeutete, die aber unter dem Druck der neuen Gefühle und dem Zwang, sie zu verbergen, zerbrach. Zunächst noch wandten sich alle drei in großer Not an mich und zogen sich im Suchen nach Verbindung und Wahrheit fast nackt aus.

Da war L. Beim ersten Zusammentreffen fiel mir der Satz von Förster ein: »Niemand wird größer als seine Schuld, der nicht zuvor seine Schuld durchlitten hat.« Nie vorher oder später mehr habe ich an diesen Satz gedacht. L. stand nicht zu ihrer Schuld. Sie war klug und stark, und ich fragte mich, wie lange sie es hinter der Mauer von Unwahrhaftigkeit aushalten könne. Über vieles sprachen wir, von gleich zu gleich. Merkte sie, daß ich wartete? Dann kam der Sommer mit der Freundschaft zu A. Die war leicht zu verstehen. Doch es wurde daraus, so wie L. die Dinge auffaßte, eine Entscheidung zwischen A. und mir, zwischen Leidenschaft und Vernunft, da A. sich mit ihrem eigenen Schuldgefühl heftig gegen mich kehrte.

Lange verbarg sich L. vor mir. Ich wußte, was das für sie bedeutete, gab sie doch eine für sie notwendige geistige Beziehung für eine da nichts gebende Partnerin auf und litt schwer darunter. Schon einmal, anfangs, war sie in eine ernsthafte geistige Krankheit gefallen. Ich wußte, daß sie zu stolz war, von sich aus um Hilfe zu bitten, und suchte sie deshalb auf. Dieser kluge, lebensvolle Mensch hatte im Kampf zwischen körperlicher Liebe, die sie für unwürdig hielt, und der sie bis dahin tragenden Beziehung Selbstbewußtsein und Gleichgewicht verloren. Offenbar war die Homosexualität als etwas ihr Fremdes völlig unerwartet über sie hergefallen und hatte zu einer Vielzahl extrem unwürdiger Konkurrenzszenen mit der dritten Frau G. geführt, die ebenfalls um A. warb. Offenbar begriff sie das als neue Schuld neben ihrer eigentlichen. Dafür hatte sie in ihrem Bewußtsein »verraten«, was bis dahin ihre Überlebenshilfe gewesen war. »Da ist etwas, das mich zugrunde richtet, und Sie sollen es wissen.« »Aber ich weiß es doch.« Bei ihrem Aufschrei jetzt: »Frau Doktor, ich kann nicht mehr« konnte ich nur mit Mühe Tränen unterdrücken. »Bei meiner Mutter hätte ich das ertragen, aber daß ich Ihr Vertrauen verloren habe, ich habe Sie so verehrt. Dieses Vertrauen war doch das Einzige, das ich in diesen Jahren hier hatte.« Dabei faßte sie zitternd nach meiner Hand. Nur wer die stolze L. kennt, die fast kalt und hochmütig erscheint, kann ermessen, was das alles bedeutet. »Ich konnte nicht kommen, ich habe mich so geschämt. Ich habe vor Ihrer Türe gestanden und bin wieder weggegangen. Doch nun kann ich nicht mehr. Was kann ich denn mit A. reden?« – »Vielleicht ist es gut, daß Sie nicht gekommen sind. Vielleicht mußten Sie noch einmal etwas erfahren, das Ihnen bis auf den Grund Ihrer Seele geht.« Und dann habe ich ihr gesagt, worauf ich seit mehr als drei Jahren wartete, daß meines Erachtens die schlimmste Sünde die Unwahrhaftigkeit gegen sich selbst ist. Jetzt sei sie schwach, aber sie solle wissen, daß ich für sie nur diese Rettung sehe, daß sie wenigstens sich selbst eingestehe, was bei ihrer Straftat wirklich gewesen sei. Ihre Mauer um sich müsse sie selbst Stein für Stein abtragen. Wenn sie es brauche, würde ich ihr helfen. Aufgeben würde ich weder sie noch ihr Vertrauen. Zitterndes Aufatmen: »Ich glaube, nun werde ich es schaffen.«

Viele würden wohl sagen: Sie kämpfte darum, nicht in eine andere Anstalt geschickt zu werden. Sie würden auch fragen: Darf Strafvollzug so aussehen, so persönlich, mit so hohem Einsatz? Natürlich weiß ich das alles, frage es mich selbst. Aber kann Hilfe letzten Endes nicht doch nur so aussehen, wenn da sonst niemand ist? Sollte nicht lieber zu viel als zu wenig gegeben werden? Und ist es nicht auch so, daß es nichts Wichtigeres gibt als den immer wieder neuen Einsatz von Vertrauen?

Doch L. war noch lange nicht frei, sie hatte die Rivalität zu der dritten Frau, zu G., noch keineswegs überwunden. Nun floß alles ineinander, dieses und die Auseinandersetzung mit der anderen, der entscheidenden Schuld in dem Leben, aus dem sie gekommen war und zu dem sie nicht mehr stehen konnte. Langsam fing sie an, neue Lebenskräfte auch gegen dieses frühere Leben aufzubauen. Das aber hat viele Jahre gedauert. Im augenblicklichen Dreiergeflecht mit seinen unglaublichen Gefühlsexzessen, unter denen das ganze Haus litt, gab es nur eine Lösung: Trennung durch Umzug einer der Frauen in eine andere Anstalt. Davon später.

L. blieb noch viele Jahre bei uns, sie wollte das selbst, wollte um Gnade erst bitten, wenn sie selbst fühlen würde, »so weit« zu sein. Und so geschah es. Noch heute kann ich ihr Leben »nachher« beobachten. Es wurde das Leben eines freien und fast glücklichen Menschen, der jene Jahre nicht vergessen hat, aber nun sein Leben so bewältigt, daß ich es oft mit Bewunderung ansehe. Hatten jene Jahre also wirklich Sinn gehabt?

A. war die unreifste Frau der drei. Sie hatte die geringste Schuld zu tragen. Ihre Beziehung zu mir war die eines schwärmerischen, jungen Springinsfeld. Auch sie wuchs durch diese Erfahrung, die sie zunächst spielerisch begann. Ihre manchmal fast komische Schwärmerei fand immer wieder Ausdruck: Einmal ging sie wütend auf den Wirtschaftsinspektor los: »Seit Sie so schlecht kochen, wird unsere Direktorin von Tag zu Tag schmäler. Es ist ja ein Jammer, wie die Frau allmählich aussieht. Das kommt bloß von Ihrem schlechten Kochen. Haben Sie die Frau noch vor einem halben Jahr gekannt?« Und zu mir: »Wissen Sie, Sie müssen mich ja manchmal für bekloppt halten. Wenn ich mal gar nicht mehr weiter weiß, dann renne ich mal schnell zu Ihne nuff. Und dann denke ich, dere Fraa zulieb will ich mal wieder anständig sein. Und dann bin ich es.« Und einmal fragte sie mich: »Mache ich Ihnen jetzt Freude?« Und da tat sie es wirklich. Aus einer der schwierigsten, unangenehmsten Gefangenen war eine der zuverlässigsten geworden. Daß sie charakterlich im Grunde gut war, wußte ich von Anfang an, vielleicht als einzige im Haus. Aber ich hatte doch nicht erwartet, daß sie aus ihrer psychopathischen Unruhe und Gefährlichkeit herauskommen könne, wenn sie zum Beispiel, um anzugeben, Schauergeschichten erzählte, wie sie einen Amerikaner in ihrem Keller erschossen und begraben hätte...
Und einmal bekam sie eine Ohrfeige von einer Mitgefangenen, und sie mit ihrer lockeren Hand, vor der jeder Angst hatte,

schlug nicht zurück. Am Tag darauf erklärte sie mir, sie habe gebetet: Einsele, hilf mir, daß ich nicht zurückschlage. »Das war sicher die größte Anstrengung meines Lebens bisher.« Tatsächlich war sie totenblaß geworden.

Doch im Konflikt ihrer Beziehung zwischen L. und G. wandte sie sich gegen mich. In der Erwartung meiner Mißbilligung suchte sie die anderen gegen mich aufzuhetzen und hatte gerade deshalb ein um so schlechteres Gewissen. Doch jedes Nachgeben erschien ihr als Schwäche, die man ausnutzen würde. Dabei ging sie am Gefühl ihrer »Schlechtigkeit« fast zugrunde. Einmal versuchte sie, sich die Treppe hinunterzustürzen. Doch dann kam sie, nachdem alle drei getrennt wurden, sehr blaß, sich verzehrend: »Ich habe geglaubt, ich könne Sie hassen. Doch ich kann es nicht. Ich bin in zwei Teile zerrissen und werde mit der Enttäuschung über Sie nicht fertig. Ich habe einmal erlebt, daß eine Direktorin unseretwegen gehen mußte.« – »Liebe A., machen Sie Ihr Gewissen frei von Sorgen um mich. Sie brauchen keine Angst zu haben, ich bin ganz schön stark. Ihre unbegründeten Beschwerden« – sie hatte im Zorn mehrere abgeschickt – »werden mir nichts anhaben. Wenn Ihr Gewissen es nicht gut findet, wie Sie sich verhalten haben, dann hat es allerdings recht. Denn Sie haben sich falsch benommen. Doch darüber wollen wir jetzt nicht sprechen. Sie können im Augenblick nicht klar denken. Und wenn ich besser reden könnte als der Apostel Paulus, Sie würden nichts verstehen von dem, was ich sage. Wir wollen warten, haben ja noch viel Zeit, unser Verhältnis zu bereinigen.« – »Ja, wenn Sie meinen. Ich verspreche Ihnen, daß ich keine Dummheit machen werde.« (Das geht auf den Selbstmordversuch.) »Nehmen Sie noch einmal mein Wort an, das habe ich Ihnen gegenüber immer gehalten.« Das war der entscheidende Punkt. Noch einmal glauben und damit Selbstbewußtsein möglich machen. Die Augen standen voll Tränen. Natürlich habe ich ihr Wort angenommen, diese verzweifelte Frage nach dem Ernstgenommenwerden, Subjekt und nicht Objekt zu sein. Deshalb auch dieser hilflose Haß: Du anerkennst mich nicht. Doch sie hatte noch eine Frage: Ob ich gedacht hätte, Frau L. sei zu schade für eine Beziehung zu ihr. Das konnte ich ohne Wimpernzucken verneinen. Erst nun wurde sie wirklich still.

Doch nach diesem Gespräch rief mich abends die Abteilungsbeamtin an. A. sei nicht bei sich, sie habe sie nicht erkannt, habe nur immer vor sich hin geredet: »Frau Dr. Einsele, Frau Dr. Einsele, ich habe sie doch lieb, ich ertrage das nicht länger, was ich ihr angetan habe. Ich will ihr doch nichts Schlechtes.« Und nach einer Stunde wieder ein Anruf, A. weine nun heftig: »Ich liebe sie mehr als meine Mutter, sie soll mir doch vergeben, ich will weiter gar nichts...«

Am nächsten Tag hatte sie mehrere Herzanfälle. Als ich zu ihr gerufen wurde, sah sie mich eine Weile völlig versteinert an. Plötzlich stürzte sie auf mich zu: »Ich wußte ja gar nicht, wie lieb ich dich habe, nicht so, wie du vielleicht denkst, so wie eine Mutter. Ich habe doch nie eine Mutter gehabt.« Doch dann brach das andere wieder aus ihr heraus, war da nur die Idee, sie wollte die Zusammenlegung mit L. erzwingen. Es war unmöglich, ihr klarzumachen, daß das nun nicht mehr gehe, daß sie selbst diese Sache ja in ihrer Beschwerde einer höheren Instanz übergeben habe, und daß nun die entscheiden müsse. Daraus hörte sie nur Mißtrauen und Härte. »Du siehst, daß ich zugrunde gehe, ein einziges Ja könnte mich retten, aber du sagst es nicht, weil du hart bist und kein Herz hast. Ich will dir doch gar nichts, ich will nicht, daß das alles aufgebracht wird, denn es ist gefährlich...« Als ich sage, daß ich nicht die geringste Sorge vor Anschuldigungen hätte, wird sie ganz aufgeregt. »Du weißt doch gar nicht, in welcher Gefahr du dich befindest, glaub mir doch... Gib mir dieses eine Ja, jetzt gleich, ich ertrage es nicht länger, ich verliere den Verstand, nie wieder werde ich etwas erbitten, nur dieses gib mir. Mein Blut würde ich für dich hingeben, weil ich dann glauben könnte, daß du mir wieder vertraust und nicht die häßlichen Dinge über mich glaubst, die man über mich redet...« Es war zur fixen Idee geworden, daß nur mein Glaube an ihr Versprechen, trotz Zellennähe keine sexuellen Beziehungen zu L. haben zu wollen, ihr Selbstbewußtsein und ihre Glaubwürdigkeit wieder aufbauen könne. Es war dies das einzige Mal in meiner ganzen Dienstzeit, daß eine Gefangene mich geduzt hat. Es wäre aber völlig an der Situation vorbeigegangen, hätte ich es beanstandet, es war ihr offensichtlich nicht einmal bewußt. Doch Nachgeben war völlig unmöglich, vor dem Haus, vor der Beschwerdeinstanz. Andererseits: Ging hier ein Mensch an einer fixen Idee zugrunde?

Erschüttert schrieb ich mir damals auf: »Man möchte um Erleuchtung bitten, denn in solchen Stunden könnte es um Endgültiges gehen. Man kann nach allen Seiten alles verspielen. Für Männer wäre das vielleicht keine Frage, sie können leichter mit einem klaren Nein, ohne Rücksicht auf den Menschen, reagieren. Wenn man nur einmal zu sich sagen könnte: Du liebst die Menschen nicht, du hast es gut.« Und dann kam doch die Lösung, weder durch den deus ex machina noch durch die Beschwerdeinstanz, wie ich es eine Weile erhofft hatte. Sondern einfach durch die Intensität von Zuhören und Auseinandersetzung. A. beruhigte sich nach diesem Gespräch, von Zusammenlegen war keine Rede mehr. Es brachte nur noch Erleichterung, als ihre Beschwerden als unhaltbar zurückgewiesen wurden.

Auch diese Frau ging wie die meisten, mit denen es zu heftigen Auseinandersetzungen kam, in ein schwieriges, aber tüchtiges Leben zurück. Sie meisterte ihre Probleme schließlich erstaunlich gut. Sie heiratete einen Trinker, hatte Kinder. Der Mann vertrank die gemeinsamen Einkünfte, so daß sie Hunger litten, so sehr, daß die damalige Sozialarbeiterin und ich regelmäßig Lebensmittelpakete für die Kinder schickten. Geld hätte der Mann vertrunken. Nach geraumer Zeit erklärte sie das Schicken für überflüssig. Jahre später kam sie zu Besuch. Nun sei alles gut. Und sie erzählte verschmitzt lachend, wie sie es geschafft habe, daß der Mann nicht mehr trinke und nun der einzige Gastwirt des Ortes sei, der selbst nicht trinke. Sie habe ihm morgens eine halbe Tablette Antabous in den Kaffee gegeben und auf seine Magenkrankheit hingewiesen, wenn ihm dann abends beim Trinken schlecht geworden sei. Nun habe sie auch ihre eigenen Einkünfte aus ihrem Lastwagenbetrieb frei. Das war unsere letzte Begegnung.

Am heftigsten, ja fast dämonisch von Schuldgefühlen getrieben war G. (Es gibt nur wenige straffällige Frauen ohne Schuldgefühl.) Die Probleme mit ihr wurden trotz aller Versuche, sie zu dämpfen, immer wieder absolut zerstörerisch, so daß sie alles andere in den Hintergrund drängten. Ihren langsamen Untergang anzusehen, war grausig, ebenso wie dessen Begleitumstände. Altgriechische Vorstellungen vom Gehetztwerden durch die Erinnyen drängten sich mir auf. Wie kann man das aufhalten? Mit Liebe, die hier so schwer aufzubringen ist? Ich wußte, daß G. letztlich stark war, daß sie nur irgendwie zur Ruhe kommen müsse. Jetzt war sie nur noch ein Schatten ihrer selbst, von Haß und Eifersucht zusammengehalten. Und gelegentlich dann der Schrei: »Hilf mir doch!« Es war wie beginnender Irrsinn. Niederschrift: »Schläge gegen die Zellentüre aus Holz dröhnen durchs Haus. Zitternd kommen einige Vollzugsbeamtinnen. Sie fürchten sich einfach. Immerhin hat G. einen Mord begangen. Das verlieren sie nicht aus dem Bewußtsein. Angstvoll stehen sie neben mir, als ich die Türe aufschließe. G. steht hinten an der Wand. Ich gehe zu ihr, setze mich vor sie auf das Bett, endlich setzt auch sie sich. Wir sprechen miteinander, zunächst sie noch voll Verzweiflung: ›Die anderen, die anderen...‹ – ›Warum immer die anderen? Sie selbst finden keinen Frieden, hängen an dem üblen Tratsch, den auch Sie verbreiten. Sie müssen größer werden als das alles, müssen Ruhe geben.‹ Ein neuer, wilder Ausbruch. Da nehme ich einfach ihren Kopf und lege ihn in meinen Schoß. Ein furchtbares Schluchzen schüttelt den abgemagerten Körper, wie ein Kind. Ich streiche über sie hin. Von Ruhe zu Ruhe sie geleiten, mehr kann man im Augenblick nicht tun. Gott sei Dank verschafft es ihr ein wenig Linderung. Denke ich an unseren Mangel an Mitteln, dann verzweifle ich. Wir sind kein Krankenhaus, wir sind eine Strafanstalt. Und das sind unsere Mittel: eine kleine, verschlossene Zelle, unausgebildete Betreuer für den Umgang mit solchen Menschen und ihren Problemen. Arbeit soll da helfen. Doch sie kann ja nicht arbeiten, kann jetzt nichts leisten. Unsere Arbeitsbetriebe müssen dem Staat etwas einbringen, nachweisbare Leistungen müssen erzielt werden. Material darf nicht verdorben werden. Eine Leitung, die sich diesen Anforderungen beugt, schafft das vielleicht, aber sie heilt keine Irren, keinen Tropfen Leid. Sieh zu, wie du das auf andere Weise schaffst. Als ich aus der Zelle gehe, steht Frau U., die treueste der Treuen, noch davor. Sie hat Wache gehalten über mein Leben. ›Aber wissen Sie denn nicht, daß man um mich keine Angst haben muß, daß ich einen Schutzengel habe?‹ Dann besorgen wir Wolle, damit G. stricken kann. Das wird Irritationen geben, ich weiß ... Dann fällt mir immer ein, daß mein persönliches Leben so reich ist und mir Kräfte zuliefert, damit sie hier ausgegeben werden können. Die nehme ich gerne an, denn ich brauche sie zu einem guten Zweck.«

Natürlich war noch längst nicht alles zu Ende. So schnell geht das nicht. Wir lebten noch eine Weile wie unter Schmutzkübeln, die von dieser Affäre ausgingen. Ich hatte oft den Eindruck, daß G. einem sexuellen Wahnsinn entgegengehe. »G. brütet Wahngebilde aus, vor denen mir graust.« Daß die für sie zuständige Sozialarbeiterin das alles mittrug, schuf eine neue Mitarbeitspartnerschaft, die dann bis zum Ende mit hohem Stellenwert durchhielt. Auch sie begriff, daß das »Strafvollzug« ist, der zum Wahnsinn führen kann, besonders bei lebenslanger Strafe, daß diese Menschen Jahr um Jahr durchs Haus jagen, ohne Möglichkeit der Abreaktion und Entspannung, immer im gleichen Kreis, immer mit den gleichen Menschen. Die alles voneinander wissen, die absurdesten Kleinigkeiten riesengroß aufblähen. Die meisten gingen schon verloren, ehe sie zu uns kommen. Und hier sollen sie nun »gebessert« werden – mit Hilfe aller Unzulänglichkeiten unseres eigenen Versagens.

G. mußte dann doch »weggeschickt« werden. »Sie fiel wieder eine Frau an, mit der ganzen beängstigenden Wut, deren sie fähig ist.« Das Haus wäre wohl damals mit ihr nie zur Ruhe gekommen, sie brauchte eine neue Umgebung. So mußte sie »geopfert« werden. Vielleicht hätte das gleich am Anfang geschehen müssen. Aber wir hatten es doch mit ihr versuchen müssen. Vor Jahren hatte es mit ihr schon einmal eine ähnliche Situation gegeben. Damals beschlossen wir zum ersten Mal, sie »wegzuschicken«. Da war sie in mein Büro gestürzt, auf den Boden gefallen: »Schicken Sie mich nicht weg. So hat man es ein Leben lang mit mir gemacht. Immer bin ich verstoßen, weggeschickt worden...« Zufällig war damals die engste Mitarbeiterin bei mir gewesen. Wir sahen einander an und wußten, daß wir es nicht tun dürften, daß sie bleiben müsse. Gegen alles Verständnis der meisten Mitarbeiterinnen, die verlangten, in Ruhe arbeiten zu können.

Die drei Betroffenen zehrten sich an- und gegeneinander auf. Ich wollte G. in die Nervenklinik bringen. Doch das Ministerium verlangte die andere Strafanstalt. Wird das ihr Ende sein?«Mit brennenden Augen sah sie mich an. Sie hatte wieder wie wahnsinnig getobt, wurde aber zahm, als ich kam. Wie ein Lamm ging sie mit in ihre Zelle. Als heute morgen das Umkleiden geboten wurde, zitterte die Beamtin, ich müsse dabeibleiben. Ich holte G. dann allein aus der Zelle. Angstvoll sah man mir nach. G. lag im Bett mit dem Aussehen einer alten Frau, die Augen tief in den Höhlen, ein gehetzter, unseliger Mensch. ›Frau G., es ist soweit.‹ – ›Wohin komme ich denn?‹ ›Ich bekam die Genehmigung für die Nervenklinik nicht. Sie müssen nach X.‹ – ›Da halte ich die Zeit nicht durch.‹ Sie stand auf, abgezehrt stand sie da, elend, gebrochen mit 30 Jahren. Ich half ihr packen. Sie blieb ganz still. ›Darf ich nun nie wiederkommen nach hier?‹ Als sie so neben mir stand, nahm ich sie in den Arm: ›Armes, Liebes, Dummes.‹ Sie lehnte den Kopf an mich, erschöpft. Ruhe suchend, tränenlos. Dann ging sie aus dem Haus, ebenso still, ganz schmal, in dem alten Mantel. Ich dachte, das Herz müsse mir brechen. Doch ich wußte, wir hätten ihr nicht helfen können, nicht hier, nicht jetzt unter diesen Umständen. Wir machen sie ja vollends zu dem, was sie werden, können sie nicht schützen. Dieser Kampf zwischen Helfenwollen und Pflicht reibt auf die Dauer auch uns auf.«

G. wurde, wie man mir sagte, eine Zeitlang der böse Geist der Anstalt, in der sie nun war. Nach Jahren kam sie zu uns zurück. Schwierig blieb sie mit ihrer Dynamik, die sie im Guten wie im Bösen besaß. Es gab nun andere Konflikte, meist wegen ihrer Herrschsucht, ihrer Unruhe. Doch war sie auch unermüdlich in der Gruppenarbeit, die wir nun beginnen konnten und die endlich mehr Freiraum zuließ. Nach insgesamt mehr als 20 Jahren konnte sie entlassen werden. Sie ging in eine Altenpflege und suchte in ihr auch eine Form der Wiedergutmachung. Und was immer sie in ihrem Leben angerichtet hatte, hier war sie in liebevoller, unermüdlicher, sich selbst zurückstellender Hingabe tätig. Eine – wenngleich gelockerte – Verbindung besteht noch.

So trug jede Mitarbeiterin die ihr zuwachsenden Frauen durch die Zeit, wie ich die meinen, fort und fort.

Wir blieben damals mit dem Problem der Homosexualität zurück, das uns aus dieser Erfahrung heraus in den Griff genommen hatte. Es rannte, an sich so verständlich, wie brennendes Feuer durch das Haus. Damals konnten wir es nicht einfach hinnehmen: Griffen wir ein, so zerstörten wir Menschen; griffen wir nicht ein, so war das die Hölle, aus Angst und mißverstandenen Moralvorstellungen, auch bei den Gefangenen. Aber die allgemeine Entwicklung half uns. Sie brachte langsam Toleranz auch in unser Haus. Dann gab es zwar noch Liebeskummer, Eifersucht und Auseinandersetzungen zwischen Betroffenen, doch die unfruchtbaren Schuldgefühle fielen weg, die aufgezwungenen Tarnkappen, die Hatz nach Zusammentreffen, der Dauerkonflikt mit der Anstaltsleiterin, die den Dingen gern ihren Lauf lassen wollte und von Mitarbeiterinnen und Bewohnerinnen ständig der Unmoral und Inaktivität gezihen wurde.

Zweimal mußten wir uns von Mitarbeiterinnen trennen, die sich verstrickt hatten. So etwas bleibt unannehmbar. Sie verließen ohne stärkeren Druck von sich aus die Arbeit. Streng war von uns immer darauf zu achten, daß niemand erpreßbar wurde. Insgesamt aber profitierte das Haus von der Ruhe zunehmender Toleranz.

Das Leben im »Großen Haus«

Phantasie im Umgang mit Gesetzen und Verordnungen

Bei dieser Niederschrift von sachlicher Information und persönlichen Erlebnissen scheint es mir wichtig, für den Außenstehenden kurz zusammenzufassen, an welche Rechtsbestimmungen wir uns zu halten hatten und hielten.

Es waren nacheinander die »Direktive 19 des Alliierten Kontrollrates«, Verwaltungsanordnungen der einzelnen Länder (in Hessen OGH), die Dienst- und Vollzugsordnung (DVollzO) einheitlich im Bundesgebiet seit 1961. Diese wurde 1977 durch das Bundesstrafvollzugsgesetz abgelöst. Es wird auch für die neuen Bundesländer gelten. Ergänzungen kommen durch allgemeine und spezifische Anweisungen der Aufsichtsbehörden der Länder hinzu (der Strafvollzug ist Ländersache). Das Strafvollzugsgesetz habe ich vor meinem Ausscheiden 1975 nicht mehr anwenden können. Einige seiner Regelungen wurden jedoch schon vorweggenommen, in Hessen aufgrund der Hessischen Gnadenordnung. So konnten wir ab Anfang der siebziger Jahre Urlaub, Ausgang und Freigang praktizieren. Wie kritisch wir auch zu manchen gesetzlichen Regelungen standen, wir mußten sie anwenden, legten sie allerdings möglichst sachentsprechend, das heißt weit aus. Gelegentlich mahnten wir Änderungen an oder erkämpften sie. Außerdem gab es eine allgemeine und eine eigene Hausordnung. Die ergänzten wir später, zusammen mit den Frauen der Gefangenenmitverwaltung, durch unseren »Wegweiser«. In ihm versuchten wir, in gefälliger Aufmachung, die Frauen verständlich und persönlich anzusprechen. In Briefform – »Liebe Leserin« – führten wir in den Hausbrauch ein, stellten die Mitarbeiterinnen des Hauses und ihre Aufgaben mit dem Hinweis vor, wohin und an wen man sich mit welchen Mitteln wenden könne. Die Regeln des Hauses wurden nicht nur dargestellt, sondern auch begründet. Die Aufsichtsbehörde genehmigte unsere Form der Ansprache.

Bewußter noch als zuvor begannen wir nach dem Umzug, gewisse, damals noch unübliche Sonderwünsche für den Umgang mit Frauen anzumelden, etwa durch Hinweise auf sensiblere Wünsche und Bedürfnisse, wie zum Beispiel weiße Bettwäsche statt der karierten (heute sähe man das vielleicht anders), Porzellan statt Blech- und später Plastikgeschirr, Schränke statt Spinde, so daß die Frauen ihre Kleider sachgemäß aufheben und vor allem mit eigenen Schlüsseln einschließen konnten. Einschließen konnten sie auch ihre eigenen Briefe und Papiere, zu denen dann kein Fremder unkontrolliert Zugang hatte. Wir machten es möglich, daß die Frauen ihre Zellen insbesondere mit Kissen (bis zur Grenze der Unübersichtlichkeit) wohnlich ausstatten konnten, und wenn sie längere Strafen zu verbüßen hatten, konnten sie sich auch eigene Kleinmöbel kaufen. Es war ein großes Bedürfnis, besonders bei den Frauen, die sich vor allem als Hausfrauen sahen, ihre Einzelzellen als Heim nach eigenem Geschmack einzurichten. Wie schon geschildert, war ein bedeutsames Kapitel die Möglichkeit, eigene Bilder und Poster aufhängen zu können, wobei freilich die Zellenwände nicht beschädigt werden durften. Das war besonders den Jugendlichen wichtig.

Bei den Vollzugsinhalten führten wir nur zum Teil aus, was generell verlangt wurde, zum Teil suchten wir eigene, Frauen angemessene Wege und entwickelten sie weiter.

Neue Arbeits- und Ausbildungsmöglichkeiten

Unser Haus krankte wie alle Frauenanstalten daran, daß die Zahl weiblicher Gefangener zu klein ist, um eindrucksvolle Arbeits- und Ausbildungsangebote zu machen. 1947 war das schon gar nicht möglich, doch auch heute noch liegt dieses

Kapitel im argen. Die Gruppen befähigter und auch vorgebildeter Frauen mit ausreichend langen Strafen, denen man differenzierte Angebote hätte machen können, waren immer zu klein, als daß es »lohnte«, entsprechende Einrichtungen mit dem zugehörigen Personal zur Verfügung zu stellen. Hinzu kam, daß sich eine realistische Vorstellung von den Bedürfnissen von Frauen erst nach und nach entwickelte, so daß das Bewußtsein, auch Frauen müsse im Hinblick auf berufliche Arbeit geholfen werden, erst heute wenigstens in Ansätzen vorhanden ist. Solange auch der Frauenvollzug völlig in den Händen von Männern lag, wurde davon ausgegangen, daß der Platz der Frauen in der Familie sei und daß, wenn überhaupt, Frauen geholfen werden müsse, diesen Platz auszufüllen. Man hatte nicht realisiert, daß nur jede zehnte Frau nach der Strafanstalt in eine intakte Familie zurückkehren konnte und daß die meisten auch dann immer durch Berufstätigkeit zum Lebensunterhalt beitragen mußten.

Das Haus, in das ich kam, hatte – ich beschrieb das schon – kaum Platz für Ausbildungszwecke, es gab nur einen großen Raum für einfache Montagearbeiten. Die Mehrzahl der Frauen arbeitete in der Hauswirtschaft, in der Küche, im Garten, in der Heizanlage und in einer einfach ausgestatteten Wäscherei, außerdem wurden in den Zellen einfache manuelle Auftragsarbeiten ausgeführt. Meist arbeiteten zwei Gruppen von Frauen bei Bauern in der Umgebung, was für das damals größte Problem, die Ernährung, wichtig war. Später traten an diese Stelle gelegentliche Arbeiten in Lebensmittelbetrieben.

Im »Großen Haus« weiteten sich die Angebote etwas aus, zunächst durch mehr und größere Manufakturbetriebe, differenziertere Arbeit in der eigenen Gärtnerei und insbesondere in der neuen, mit chemischer Reinigung und Flickschneiderei angereicherten Großwäscherei. Dort, in einer Kleidernäherei und in der Gärtnerei konnten, da jeweils Handwerksmeister vorhanden waren, mit Hilfe der Innungen und mit eigenen oder angeworbenen Lehrkräften Ausbildungen durchgeführt und Gesellenprüfungen abgenommen werden. Auf solche Hilfen für »geeignete« Frauen hatte sich unser Augenmerk zunehmend gerichtet, wobei wir uns bemühten, der »Eignung« nachzuhelfen.

Besonders die dringend notwendige Bildung der Jugendlichen lag wegen der kleinen Zahl (meist je um 20 bis 25 Mädchen, einschließlich der Untersuchungsgefangenen) im argen. Zu Anfang gab es bei den außerhalb unseres Hauses untergebrachten Jugendlichen zwar eine Berufsschullehrerin, doch sie leitete das Haus und kam kaum zur schulischen Anleitung. Im Haupthaus gab es damals überhaupt keine Lehrerin, obwohl es viele junge Frauen zwischen 18 und 21 beherbergte.

Als wir 1953 die Jugendabteilung in unser Haus in Frankfurt übernommen hatten, konnte die Berufsschullehrerin wenigstens für eine provisorische Haushaltsausbildung in der provisorischen Lehrküche eingesetzt werden, die wir aus der schon erwähnten Spende eines amerikanischen Frauenvereins eingerichtet hatten. Das war eine sehr rudimentäre Ausbildung für Haushaltshilfen, gab aber den Mädchen ein gewisses Selbstbewußtsein, machte einer Reihe von ihnen Spaß und war damals auch bei der Arbeitsvermittlung nützlich.

Wie auch bei den Erwachsenen war der Bildungs- und Ausbildungsstand der Jugendlichen miserabel. Nach mehreren statistischen Untersuchungen hatte kaum eine der jungen Frauen mehr als die Volksschule besucht, viele nicht bis zur letzten Klasse. Doppelt so viele wie im Bevölkerungsdurchschnitt waren in der Sonderschule gewesen. Den Abschluß einer höheren Schule hatten weniger als ein Prozent. Fünfzehn Prozent der Erwachsenen und etwa zehn Prozent der Jugendlichen hatten eine Lehre angefangen, abgeschlossen hatte sie nur etwa die Hälfte von ihnen. Nur wenige hatten vor ihrer Inhaftierung gearbeitet, manche gelegentlich und dann in einem Haushalt. Wieder war die Situation der Jugendlichen noch schlechter als die der Erwachsenen. Diese Statistik sah in späteren Jahren etwas besser aus, besonders durch die Drogenabhängigen, die gelegentlich aus gehobenen Verhältnissen kamen.

Im neuen »Großen Haus« wurde 1957/58 das Pfortengebäude ausgebaut und in einem Teil davon eine wirkliche Lehrküche und ein Eßraum eingerichtet. Nun konnten die Jugendlichen in einem Halbjahreskurs bei einer neuen Gewerbelehrerin profesioneller kochen und servieren lernen. Außerdem Nähen, Säuglingspflege, Waschen und Bügeln. Dazu bekamen sie Berufsschulunterricht. Aus dem ersten Bericht der Gewerbelehrerin ist mir ein Satz über unsere spezifische Situation in Erinnerung geblieben:

»Erschütternd war die Scheu, mit der eine Jugendliche, die wegen Kindestötung hier war, sich erst im Kreise umsah und, als sie sich unbeobachtet glaubte, das ›Baby‹ (eine naturgetreue Puppe) aus dem Bett hob und es ganz zart auf den Arm legte.« Dieser Unterricht bedeutete also oft mehr als bloße Ausbildung. Nach dem Abschluß des Kursus bekamen die Mädchen ein Zertifikat ohne Nennung des Ausbildungsplatzes. Damit konnten sie bei der Entlassung mehr anfangen als mit dem vorherigen aus dem »Kleinen Haus«. Die Küche konnte später mit wenigen Veränderungen bei der vollfachlichen Köchinnenausbildung verwendet werden. Das von den Jugendlichen gekochte Essen wurde gegen Bezahlung von den Mitarbeiterinnen und Mitarbeitern des Hauses gegessen, und so wurden die Kosten des Kurses aufgebracht.

Ebenfalls ab 1959 gab es die Möglichkeit zu Sonderausbildungen im Freigang, zum Beispiel eine Fotografenlehre, und nach der Gärtnerlehre eine Endausbildung im Frankfurter Palmengarten. Lehrkräfte für die theoretische Bildung wurden ab 1955 je nach Bedarf für Mittlere Reife, Fernkurse und ähnliches angeworben. Jahrelang bildete eine Handelsschullehrerin eine kleine Gruppe von Mädchen und Frauen für einfache Bürotätigkeiten und Buchhaltung aus. Zunehmend wurden für solche Maßnahmen öffentliche Mittel der Justiz bereitgestellt. Durch persönliche Beziehungen konnten ehrenamtliche Helfer für besondere Bildungsmaßnahmen gewonnen werden: Unterricht für Analphabeten, Mathematik-, Physik- und Sprachunterricht. Dabei half uns das damals für Strafvollzugsreformen aufgeschlossene Klima in der Gesellschaft. Diese Form der Bildungsunterstützung hatte den Vorteil, daß sie zugleich zu stützenden persönlichen Beziehungen zwischen Lehrenden und »Schülern« führen konnte. Es entstanden Betreuungsverhältnisse, die weit über den Anstaltsaufenthalt hinaus reichten. Positiv ist mir auch ein mehrmonatiges Praktikum einer zur Sonderschulpädagogin ausgebildeten Lehrerin in Erinnerung, von der wir methodisch profitierten.

Die späteren systematischen Berufsausbildungen für Jugendliche und Erwachsene wurden am Ende der sechziger Jahre von außen an uns herangetragen. Wieder lagen die Ursprünge in einer persönlichen Beziehung aus den Neuanfängen der Frauenbewegung nach 1945. Die spätere Leiterin des »Seminars für politische Bildung«, Ulla Illing, hatte aufgrund dieser Beziehung mehrfach mit Laute und schöner Stimme in Hof und Haus mit den Frauen musiziert. Eines Tages kam sie mit der Frage: »Wollen wir hier zusammen etwas machen?« Daraus entstand nach der üblichen langen Vorlaufzeit das »Modell zur sozialen Rehabilitation und Berufsausbildung weiblicher Strafgefangener«. Es lief nach einer Einführungsphase von drei Monaten drei Jahre mit Unterstützung mehrerer hessischer Ministerien und wurde dann der Trägerschaft des Amtes für Volksbildung übergeben. 1979 wurde es mit demselben Ausbilderkreis zu einer Regeleinrichtung der hessischen Justiz – ein gutes Beispiel für die Entwicklung eines Pilotprojektes zu einer staatlichen Dauermaßnahme.

Inhaltlich handelte es sich im ersten Kurs um die Ausbildung für Floristinnen (mit Hilfe der eigenen Gärtnerei), für Tierpflegerinnen (in einem freien Betrieb, also für Freigängerinnen), für Köchinnen und Büroangestellte. Die Inhalte änderten sich später, je nach zeitgemäßen Angeboten. Zum Beispiel wurden nun zeitweilig auch Friseusen ausgebildet. Die Abschlußzeugnisse fielen immer überraschend gut aus, weil die Frauen sich, unabgelenkt, der Ausbildung mit großer Intensität zuwandten. Vor allem aber wurden sie sozialpädagogisch begleitet. Längst war die Notwendigkeit einer solchen Begleitung bei den oft sozial und psychisch belasteten »Schülerinnen« klar geworden. Ohne sie war die Zahl der vorzeitigen Abbrüche hoch, nicht nur bei uns. Ich freue mich noch immer darüber, wie viele der Frauen, die ich damals kennenlernte, Arbeit fanden und zum Teil noch heute in diesen Arbeitsverhältnissen und von ihnen leben.

Die gesamte Methodenentwicklung war bei so heterogenen und unterschiedlich vorgebildeten Menschen nicht einfach gewesen. Ich erinnere mich an allerlei Verzweiflung über die Schwierigkeiten zum Beispiel mit der Mathematik, die dann in Stützkursen behoben wurden, und daran, daß die Notwendigkeit von begleitender Allgemeinbildung nicht eingesehen wurde. Da gab es eine aufgeregte, dann aber ganz fröhliche Auseinandersetzung der ersten Gruppe mit mir, in der ich versuchte, zustimmendes Verständnis für den Sinn geschichtlichen Wissens zu wecken. »Wozu müssen wir denn was über die Französische Revolution wissen?« Da kam mir dann in der Argumentation mein besonderes Interesse an dieser Phase der Geschichte zustatten. Insgesamt konnte ein zunehmend positives Klima in den Kursen beobachtet werden, das sich in dem Maß verbesserte, wie die Kursleiter akzeptiert wurden. Und so gelang es dann, daß von 22 Frauen 17 ihre Kurse mit überdurchschnittlichen Ergebnissen abschlossen. Zu einigen habe ich heute noch Kontakt.

Eindrucksvoll war mir damals die Großzügigkeit der Arbeitsverwaltung auch solchen Frauen gegenüber, die dem Arbeitsmarkt erst in geraumer Zeit zur Verfügung stehen würden. Es waren immerhin vier noch keineswegs zur Entlassung anstehende Frauen unter den Auszubildenden, und sogar eine Frau von 56 Jahren. Die arbeitete später noch acht Jahre im entsprechenden Beruf, sogar an herausgehobener Stelle, bekam dann eine kleine Rente und fühlte sich nach einem schweren Leben noch einmal nützlich und glücklich. Damals war Verständnis dafür vorhanden, daß es im Frauenvollzug nicht um statistisch »relevante« Zahlen gehen kann.

Eine Frage, die wir auch diskutierten, war, ob gemeinsame

Ausbildungsgänge mit einer Männeranstalt, wegen der dort reichlicher vorhandenen Angebote, unser Problem lösen könnten. Zum Beispiel dachten wir daran, die Jugendlichen täglich in die relativ nahe Strafanstalt für männliche Jugendliche zu transportieren. Doch zu entsprechenden Entwicklungen kam es vor meinem Ausscheiden nicht.

Im Bezug auf die gesamte Diskussion über Koedukation machten mich Darstellungen von Erfahrungen in den USA nachdenklich. Dort, so wurde berichtet, seien Frauen in ihr traditionelles Rollenverhalten zurückgefallen, das heißt, statt psychischer und beruflicher Emanzipation suchten sie Anerkennung bei den männlichen Gefangenen. Außerdem stimmten mich die Zahlenverhältnisse – kaum mehr als zehn Prozent Frauen – bedenklich.

Erweiterte Bildungs- und Freizeitangebote

Neben Arbeit und Ausbildung wurde auch die Bemühung um allgemeine Bildung breiter. Während sie in der Jugendabteilung in die Arbeitszeit einbezogen werden konnte, mußte sie bei den Erwachsenen in die Freizeit fallen. Dankbar denke ich an eine Reihe von Mitarbeiterinnen des Verwaltungs- und Vollzugsdienstes zurück, die neben dem anstrengenden Verwaltungs-, Schreib- und Stationsdienst noch Zeit zur Mitarbeit in Freizeitaktivitäten fanden, und an die »freien« Helferinnen, die meist ehrenamtlich, später zum Teil gegen geringes Stundenhonorar, mit großem Engagement unsere Arbeit mittrugen. Noch vor dem Umzug schrieb ich eines Abends nach einem Gang durch das »Kleine Haus«: »Heute begegnete ich zwei Malgruppen, einer Musikgruppe, einer Spielgruppe, einem Stenokurs und zwei Lesegruppen.« Später war das Angebot zeitweilig kaum noch übersehbar: Es gab musische Beschäftigungen wie Musikunterricht (bei den Jugendlichen zum Teil auch mit Orffschen Instrumenten), Singen, Malen, Töpfern sogar mit Brennofen, Theaterspiel, Tanzen mit einer amerikanischen Volkstanzgruppe, dann Tischtennis, nachholenden Unterricht für Analphabeten und bei anderen Defiziten in Deutsch, Sprachen, Physik und Mathematik, auch zur Vorbereitung für die Mittlere Reife und als Begleitung von Fernkursen. Es gab auch Hilfen zur Sozialtüchtigkeit durch die Besprechung von Erziehungsproblemen, durch Anleitung zur Haushalts- und Finanzplanung, durch Gesundheitsunterricht und Kurse in Erster Hilfe, durch die Besprechung von juristischen Alltagsproblemen. Die beiden jungen Juristen, die sich diese Arbeit jahrelang machten, zeigten mit gleicher Regelmäßigkeit wertvolle Filme und diskutierten darüber in der Gruppe »Film im Knast«.

Eine relativ große Rolle spielte das Theater. Zum Teil kamen Angebote von außen, die wir aus einer von Fritz Bauer gegründeten Stiftung für den hessischen Vollzug finanzierten (die ihrerseits aus Lottomitteln stammte) und der ich eine Zeitlang vorstand, zum Teil ergaben sie sich auch aus persönlichen Beziehungen. Es war einfach so, daß wir, die Bediensteten, alle, die dazu bereit waren, ins Gefängnis schleppten, um den Frauen etwas zu bieten: Es kam der Pantomime Samy Molcho, es kam das Frankfurter Kabarett »Die Maininger«, es kamen in Frankfurt gastierende Schauspieler wie Richard Münch, Johanna Matz, Boris Rebroff. Auch Dichterlesungen fanden – wie in vielen Anstalten – bei uns statt: von Leonie Ossowski und Marie-Luise Kaschnitz zum Beispiel. Mehrfach spielte auch das Frankfurter Theater am Turm, dessen Schauspieler, wie auch einige der Schriftsteller, bereit waren, sich anschließend mit den Frauen über das Dargebotene auseinanderzusetzen. Da war ich gelegentlich überrascht über instinktsichere und reife Urteile, gelegentlich allerdings auch über das Gegenteil, besonders bei den Jugendlichen. Alice Herdan-Zuckmayer und andere Schriftstellerinnen holten sich Anregungen aus dieser »absurden Institution«. Für deren Bewohnerinnen war es wichtig, daß auch Künstler mit bekannten Namen sich nicht zu gut waren, zu ihnen zu kommen. Ich glaube nicht, daß das je als herablassendes Geschenk empfunden wurde. Besonders auch durch die anschließende Diskussion fühlten sich die Frauen als Publikum ernstgenommen. Und da spürte man, daß ihnen die Darbietungen auch inhaltlich viel bedeuteten.

Und schließlich wurden – unter großer Anteilnahme – nicht wenige Filme in unserem Haus gedreht. Es waren einige vollzugskritische Filme, vor allem für das Fernsehen, doch auch einige Spielfilme, davon einer von einem italienischen Team, dessen chaotischer Arbeitsstil uns nach einer Woche total erschöpft zurückließ, einer, der offenbar in der Schublade blieb, und ein Teil des berühmt gewordenen Streifens von Alexander Kluge »Abschied von gestern«.

Eigenartigerweise nahm die Bereitschaft zum Chorsingen, das anfangs gewünscht wurde, mit der Zeit ab. Statt dessen wurde mehr und mehr und auch von den Bewohnerinnen ein Flügel genutzt, den eine Sozialarbeiterin geerbt und der Anstalt geschenkt hatte.

Am längsten überdauerte eine schon Jahre vor meinem Ausscheiden begonnene und noch heute aktive Arbeitsgemeinschaft für Fotografie, deren hochkompetente Gruppenleiterin immer noch tätig ist. Sie wird finanziell von der Frankfurter Volkshochschule getragen. Erstaunlich ist, wie trotz des eingeschränkten Gesichtskreises Themen und Darstellungsweisen gefunden werden konnten, die auf breites Interesse stießen, was sich bei mehreren Ausstellungen in großem Andrang zeigte.

Wichtig schien uns immer, die angemessene Mischung von eigener Kreativität und Konsum zu finden, wobei auch die Mischung von einfachen und hochqualifizierten Angeboten zu bedenken war. Es gab bei uns Frauen mit einfacher Bildung, die glücklich waren, wenn sie bei »Wenn abends die Heide träumt« weinen konnten, und andere, die Ansprüche stellten und dankbar waren für ein eine Zeitlang regelmäßig kommendes Streichquartett einer Kirchengemeinde, Orgelkonzerte und die Konzerte des Frankfurter Jugendmusikorchesters. Daneben standen die zur eigenen Kreativität anregenden Angebote: So gab eine Zeitlang ein italienischer Maler, Sigfrido

Pfau, Unterricht in unserer Malgruppe, die von der ersten Psychologin geleitet wurde. Ich hatte ihn bei einer eindrucksvollen Ausstellung kennengelernt und ihn, um ihn für uns einzuheimsen, in meine Mansarde aufgenommen. Noch heute erzählen mir Frauen, was sie bei ihm gelernt haben.

Wie gesagt, das alles ergab sich auch aus einer dem Zeitgeist entsprechenden aufgeschlossenen Interessiertheit an der Veränderung des Strafvollzugs. Und wir empfanden »unser« Haus als eine kleine, in sich geschlossene Gesellschaft so, daß sie die draußen vorhandenen Strömungen und Ereignisse aufnehmen und für ihre Zwecke verarbeiten sollte. Für mich war nichts beglückender, als abends durch das Haus oder an Sommernachmittagen durch die Gärten gehen und an diesem bunten Leben teilnehmen zu können. Das glich dann das Arbeitsübermaß und den Ärger von vielen Seiten aus.

Besonders wichtig aber war für die allgemeine Auflockerung das eigene Theaterspiel der jeweiligen Laienspielgruppe. Sie wurde von einer hierfür begabten Sozialarbeiterin geleitet, zeitweilig kompetent unterstützt durch eine inhaftierte Schauspielerin und Regisseurin, auch über deren Entlassung hinaus. Ihr gelang sogar der Zugriff auf den Ausstattungsfundus des Frankfurter Schauspielhauses und das Anheuern eines Beleuchters von dort. Gespielt wurden anfangs nur »Laienspiele«, später aber auch klassische und moderne Stücke, so Goethes »Geschwister« und »Die Laune des Verliebten«, Tolstois »Wovon die Menschen leben«. Manches ist mir auch wegen der eindrucksvollen Spielweise besonders begabter Darstellerinnen unvergeßlich: »Jedermann«, »Aufruhr im Damenstift«, »Eine sonderbare Dame«. In einem solchen Haus sammeln sich echte schauspielerische Begabungen. Und es lohnt auch therapeutisch, sie einzusetzen.

In meiner Rückerinnerung an jene Jahre habe ich den Eindruck, daß immer viel »los« war, auch für uns Bedienstete – Ersatz für mancherlei Verzicht. Und in den Rückerinnerungen der »Ehemaligen«, die ich noch heute treffe, stehen ebenfalls solche Ereignisse fast an erster Stelle.

Verzicht: In alle diese Programme waren wir selbst ja vielfach einbezogen. Jede Sozialarbeiterin hatte wöchentlich einen Gruppenabend im Gemeinschaftsraum ihrer Station, daneben immer noch einen oder zwei weitere Abendtermine – Theatergruppe, Bildungsveranstaltungen, Ausbesserung der Entlassungskleidung und ähnliches. Die Lehrerin sprach mit Müttern über Erziehungs-, Gesundheits- und Haushaltsfragen, die erste Psychologin leitete die Garten-, eine Mal- und eine Schachgruppe, bis diese autark wurde. Ihre beiden Nachfolgerinnen konzentrierten sich mehr auf ihre Fachgespräche. Die letzte übernahm die noch zu schildernde Zugangsgruppe mit eigenem Behandlungsplan. Auch Mitarbeiterinnen des Vollzugsdienstes hatten eigene Gesprächs- oder Bastel- und Handwerksgruppen; eine Angestellte töpferte jahrelang mit jeweils einer Gruppe.

Ich selbst leitete während meiner gesamten Zeit die »Leseabende«, ab 1953 waren es wöchentlich zwei, weil ich mit Jugendlichen und Erwachsenen in getrennten Gruppen las. Später kam als drittes neben dem »großen Lesekreis« mit meist um 50 Frauen noch ein kleiner Kreis für anspruchsvollere Leserinnen hinzu. Hier befaßten wir uns etwa mit Thomas Mann, Jean Gireadoux, Heinrich Heine und anderen. Bei den Jugendlichen und im »großen Lesekreis« legte ich Wert auf Teilnahme am allgemeinen politischen Geschehen. Dort gab jeweils eine Teilnehmerin einen wöchentlichen Zeitungsüberblick, und wir diskutierten darüber. Gelegentlich nahmen wir uns auch besondere Themen vor: Geschichte des Judentums und Antisemitismus, Leben mit Ausländern, bei den Jugendlichen »allgemeine Sozialkunde«. Dabei wurde dann allerlei an die Oberfläche gespült, das diskutiert werden konnte. An diesen Diskussionen nahmen in späteren Jahren auch einige der ersten »Terroristinnen« teil, die sich durchweg einfügten und die dann, wenn sie ihre Themen wie Konsumgesellschaft, Demokratiedefizite etc. zu breit auswalzten, von den anderen Frauen gebremst wurden: »Nun ist es genug, mehr wollen wir nicht hören.« Es war ja damals so, daß diese kleine, kaum je mehr als drei Personen gleichzeitig umfassende Gruppe in den Normalvollzug eingegliedert war. Das machte keine Probleme, weil diese »Terroristinnen« klug die Situation der Mitgefangenen einschätzen konnten und ihre Kräfte bald zur Hilfe für die anderen Frauen einsetzten, wenn sie deren Hilfsbedürftigkeit erlebten.

Doch zurück zu den Leseabenden. In der Jugendabteilung bestand ich darauf, ohne auf Widerspruch zu stoßen, daß zu jedem Abend eines der Mädchen ein Gedicht nach eigener Wahl auswendig lernte. Dort geschah es dann auch, daß ein Mädchen die ganze »Glocke« in einer Woche auswendig lernte. Und die – ich erzählte es bereits – rief mich vor einigen Jahren an und sagte, daß sie noch immer für ihren aus dieser Verpflichtung stammenden Fundus dankbar sei.

Bei zunehmender Öffnung des Hauses wurden, wie gesagt, immer mehr Außenstehende wie etwa auszubildende Rechtsreferendarinnen, Sozialpraktikantinnen und Studentinnen, aber auch Gäste mit kürzerer Anwesenheit einbezogen. Unser Anliegen war es unter anderem auch, uns gegen Betriebsblindheit zu wappnen. Gelegentlich und besonders in der Zeit der Studentenbewegung mit ihren zum Teil maximalistischen Forderungen kam es dabei zu heftigen Auseinandersetzungen. Die letzte Stufe der Öffnungen war, daß wir »Ehemaligen« erlauben konnten, an Festen, Veranstaltungen und sogar am sonntäglichen Gruppenessen teilzunehmen. Da ich sonntags vormittags oft im Haus war, oblag es mir nicht selten, von meinem Zimmer aus die innere Tür des Hauses für solche Besucherinnen zu öffnen. In die Jugendabteilung zum Beispiel kam mehrfach eine junge Mutter, die den anderen ihr Kind zeigen wollte. So konnte ich auch daran teilnehmen. Und manchmal schloß ich mich den freiwillig Wiederkehrenden zu einer Gastgebergruppe an.

Der Kontakt zwischen entlassenen und noch im Hause lebenden Frauen war anfangs strikt untersagt. Wir begannen das sehr langsam aufzulockern, indem wir eine Weile die Entwicklung nach der Entlassung beobachteten und dann zensierten

Briefwechsel zuließen. Zunächst sollte sich die Festigkeit der Beziehung herausstellen, auch sollte es nicht gleich um die zugelassenen Mitbringsel bei Besuchen gehen.

Unsere Feste

Eine große Rolle spielten immer unsere Feste. Von der Entwicklung der Weihnachtsfeiern und dem Dilemma der ersten Faschingsfeier in der Jugendabteilung habe ich berichtet. Von Anfang an ebenfalls gefeiert wurden die anderen »großen Feste« wie Ostern, Pfingsten, 1. Mai, Erntedankfest. Am schönsten waren die Sommerfeste, wenn sie in den Gärten stattfinden konnten. Da machten sich Begabungen und Freude an Kreativität bemerkbar. Alles wurde aus eigenen Kräften arrangiert: selbstverfaßtes Kasperltheater, Laientheater, Musik und am Schluß auch Tanz. Davon konnte man lange zehren, und der Gemeinschaftsgeist wurde wenigstens in Ansätzen gefördert.

Zunehmend kamen Feste in den einzelnen Wohngruppen hinzu, auch ungeplante, spontane. Vor kurzem bekam ich einen Anruf von einer Frau, die sehr lange bei uns war: »Wie wunderschön waren doch unsere Faschingsfeste, die vergesse ich nie.«

Den 28. 2. 1965 habe ich selbst einmal so geschildert: »Faschings-Sonntag. Alle vier Gruppen mit längeren Strafen haben sich zusammengetan und das Fest vorbereitet. Der Schulraum ist geschmackvoll und einfallsreich geschmückt, mit Papierschlangen, Girlanden, Luftballons, Masken und selbstgemalten Bildern – Boote auf dem Wasser, ein Sektglas mit Masken, bunte Luftballons. Nirgends ist ein Ton zu laut, fällt etwas aus dem Rahmen. Ebenso die Kostüme. Die sechzigjährige Frau K. an meinem Tisch (lebenslang) als ›ewige Braut‹ mit weißem Brautschleier, Frau L. (auch lebenslang) als ›trauernde Witwe‹. Einige Herren im Frack aus der Theaterkiste, mit Bärtchen, Zylinder; irgendein lustiges Hütchen hat jeder auf. Auch wir, die Sozialarbeiterinnen, der Verwaltungsleiter und ich, wurden, geschmückt mit Kopfbedeckungen, abgeholt von der ›Garde‹ mit Funkenmariechen. Die in kurzen weißen Kleidchen, abstehenden Röckchen, roten Kappen, Stulpenstiefeln, mit wieviel Mühe aus dem Nichts hergestellt, aus ein paar Stoffrestchen gebastelt. So auch das Programm – nirgends war etwas geschmacklos, obwohl sich keiner von uns drum gekümmert hatte, die Witze waren wirklich Witze, die Darstellungen sämtlich geschmackvoll, sogar die Parodie eines Eiskunsttanzes, aufgeführt von Frau K. im Rüschenkleid, zwei Zentner schwer, und von Frau D. in Frackjacke und kurzer Turnhose und den umfangreichen Bemühungen, daherzuschweben. Selbst das Gelächter, obwohl schallend bei uns allen, wurde an keiner Stelle zum Gekreisch. Wohl nicht viele Faschingsveranstaltungen werden mit so viel Hingabe vorbereitet. Eine Bar, an der es Apfelsaft gab, Kaffee und Krapfen. Fröhliche Ausgelassenheit ohne jeden Bruch der Harmonie, angeblich ebenso bei den Vorbereitungen. Auch Rücksichtnahme auf die ›Schwierigen‹, von denen man weiß, daß man sie nicht reizen darf. So diese Szene am Nebentisch: Frau S. war als Dr. Faust erschienen, mit einem Teil der Wasserleitung aus der Küche als Hörrohr. In irgendeiner Szene war ein Arzt gefragt, Frau S. lief hin und hielt ihr Hörrohr hin. Da kam die etwas übersteigerte Frau L. zu ihr und forderte sie barsch auf, so etwas zu unterlassen, das passe nicht ins Programm, das störe. Ihr Ton war unbeherrscht und unschön, es wäre mir nicht leicht gefallen, gleichmütig auf ihn zu reagieren. Frau S. war dazu ohne weiteres in der Lage, sie wendete sich nicht einmal verletzt ab, sondern nahm das Verhalten schweigend und gutgelaunt hin. Und unter allen anderen tanzte die ›Prinzessin‹, I., 27 Jahre alt, seit sechs Jahren ist sie hier, lebenslang soll sie bleiben. Still, freundlich, hungrig nach Leben. Aus solchem Hunger – nach Liebe – beging sie ihre Straftat. Eine andere, die ›nur‹ acht Jahre hierbleiben muß, sagte: ›Wir haben geweint wegen der I. Wenn man sie tanzen sieht und denkt, daß man selbst doch eines Tages frei sein wird.‹«

Natürlich spielten auch in unserem Haus Sicherheitsgesichtspunkte eine Rolle. Immerhin lebten hier Menschen gegen ihren Willen und mußten festgehalten werden. Auch kam es zu spontanen, kaum geplanten Aufsässigkeiten, zu Gefährdungen untereinander und gegenüber dem Haus, die das Zusammenleben störten. Dem zu begegnen, war unser aller, vordringlich aber meine (unangenehmste) Aufgabe.

Es ging zunächst einmal um die Sicherung des Hauses selbst, das in panoptischer Bauweise errichtet war, umgeben von Mauern. Die wurden zweimal erfolglos zu übersteigen versucht. Die Einzelwohnräume mündeten auf voneinander nicht abgetrennte Flure, die um einen Lichthof angeordnet waren. Als ich anfing, herrschte strengstes Einschlußgebot. Das wurde als erstes gelockert. Gruppen hielten sich zu Freizeitveranstaltungen in Gruppenräumen auf, später auch ohne Aufsicht. In einem vorsichtigen Prozeß wurden im Lauf der Zeit Zellentüren offengelassen. Beim sonntäglichen Zusammensein in großen Gruppen in den Höfen waren mindestens eine Sozialarbeiterin und ein bis zwei Vollzugsbeamtinnen dabei. In 27 Jahren ereigneten sich meines Wissens fünf Entweichungen aus dem »geschlossenen Vollzug«, eine aus der damals noch abgelegenen Jugendanstalt, eine über die Mauer des »Kleinen Hauses«, zwei aus der offenen Gärtnerei. Eine Jugendliche entwich bei einer Ausführung. Drei Entwichene kamen von selbst zurück. Eine junge Gefangene wollte aus dem »Großen Haus« entweichen und hielt sich eine Nacht lang außerhalb ihrer Zelle versteckt, überlegte es sich dann aber doch anders. Sie hat mir das nach ihrer Entlassung gestanden. Nicht-Rückkehr vom Urlaub gab es später öfter, doch meist waren das nur Verspätungen. Ohne jede Sorge konnte ich in den späteren Jahren mit einer Gruppe von bis zu zwölf Frauen mit langen, ja lebenslangen Strafen allein in den nahe gelegenen Wald fahren. Die entstandenen Beziehungen waren der sicherste Halt.

Problematisch waren gelegentliche spontane Ausbrüche verzweifelter, der Selbstkontrolle nicht mehr mächtiger Frauen, die es im Ausnahmezustand auch darauf anlegten, Unruhe im Haus zu stiften oder Mitgefangene körperlich anzugreifen. Nur einmal richtete sich ein Angriff gegen eine Mitarbeiterin. So sehr ich wegen so einer gefährlich tobenden Frau mit »Bärenkräften« manchmal auch besorgt war, auch Angst hatte, ernstlich passiert ist im Grunde nichts. Am häufigsten mußte man bei Suizidgefährdungen und schweren Depressionen eingreifen. Viele Jahre lang hatten wir für solche Fälle keinen Schutzraum, auch nicht in den schwierigen Übergangsjahren im »Großen Haus«. Lange fanden wir auch kaum Hilfe in psychiatrischen Krankenhäusern; für Einweisungen mußte die einwandfreie Diagnose einer psychischen Erkrankung vorliegen. Ab 1956 hatten wir dann endlich zwei »Beruhigungszellen«, das waren Räume ohne Mobiliar und notfalls mit einer unzerreißbaren Schlafdecke. Die größte Gefahr bei den außer sich geratenen Frauen bestand darin, daß sie Kleidung oder Bettwäsche zerrissen und versuchten, sich damit aufzuhängen oder sich mit nassen Tüchern zu erdrosseln. Das konnte auch passieren, wenn Frauen sich ungerecht behandelt fühlten, über eine neue Strafe verzweifelt waren oder schlechte Nachrichten bekommen hatten. Um solche Frauen vor dem Selbstmord zu bewahren, konnten wir sie fesseln oder unbekleidet in einer jener Zellen lassen. Ihnen Tag und Nacht eine Aufsicht beizugeben, war nach unserem Personalschlüssel nicht möglich. Zuletzt gab es ein spezielles Bett, das trotz der Fesselung Bewegungsspielraum ließ, was die Beeinträchtigung stark minderte. Verwendet werden mußte das alles zum Glück nur sehr selten. Wie häufig, das hing durchweg – außer in Fällen schwerster Abartigkeit oder bei Psychosen – vom Gesamtklima des Hauses ab, also eigentlich von uns selbst. Jede Frau in einer Beruhigungszelle wurde täglich von der Ärztin und von mir aufgesucht; die Beendigung der Unterbringung besprachen wir gemeinsam. Ich habe zwischen 1961 und 1971 für mich selbst über die Zahl derartiger Unterbringungen Buch geführt, und diese Unterlagen habe ich noch. 1961 handelte es sich noch um fünfzehn

Unterbringungen von elf Frauen, jeweils für Stunden. 1968 waren es nur noch zwei, 1969 fünf, 1970 keine und 1971 eine. Die Ausnahmezustände nahmen also eindrucksvoll ab, als die Freizügigkeit im Hause wuchs. Nur Frauen, die schwer gewalttätig gegen Mitgefangene wurden, mußten länger als einige Stunden abgesondert werden. Gerade mit ihnen führte ich, wenn sie es – wie meist – zuließen, lange Gespräche. Sie konnten auch Lesestoff bekommen. Ich erinnere mich an eine Jugendliche, die »Das Kapital« von Karl Marx lesen wollte, dann aber doch nichts Rechtes damit anfangen konnte.

Ein anderes Problem waren die Disziplinverletzungen, die Sorge vor Präzedenzfällen und um die psychische Verletzlichkeit von Mitarbeiterinnen. Aber auch die Bewohnerinnen selbst legten Wert auf »Ordnung« im Haus (anfangs lehnten sie zum Beispiel auch Homosexualität ab). Doch auch die Zahl der Disziplinverletzungen blieb immer relativ niedrig. Im Jahr 1970 etwa hatte ich nur 27 Disziplinverstöße zu behandeln (das meiste regelten die Sozialarbeiterinnen und Vollzugsbeamtinnen in den Wohnbereichen selbst). Auch bei »meinen« Fällen handelte es sich meist um kleinere Unkorrektheiten, oft der immer gleichen »schwarzen Schafe«. Fünfmal kam es zu Gesprächen nur zwischen uns oder mit der Gruppenleiterin, dreimal fanden sie in Gegenwart der Gruppe statt. Sieben Frauen wurden verwarnt, drei erhielten eine Sperre des Einkaufs, drei mußten auf eine Freizeitveranstaltung, eine auf einen Besuch verzichten, drei wurden vorübergehend vom Arbeitsplatz abgelöst, zweien der Kopfhörer vorübergehend entzogen. In vier Fällen wurde die gefürchtete »Arreststrafe« in einer abgesonderten Zelle verhängt – dabei handelte es sich in drei Fällen um Jugendliche, die aus dem Freigang entwichen waren. Aus dem Freigang der Erwachsenen entwich zwischen 1972 und 1975 niemand. Von der Veränderung des Prozedere vor der Konferenz wurde schon berichtet. Den aufrechten Gang, auch im Gefängnis, begriffen auch wir erst spät. Einmal versuchten wir herauszufinden, ob eine Beteiligung der Mitbewohnerinnen an Hausstrafenverfahren sinnvoll sein könnte.

Das erwies sich als eine Überforderung. Die Frauen hatten es im Rahmen der »Mitverantwortung« für möglich gehalten und darum gebeten. Sie selbst aber baten dann um Absetzung dieses Experimentes.

Seit 1968 hatten wir »Terroristinnen« im Haus. Ich erinnere mich an insgesamt acht Frauen der »ersten Generation«, die zum Teil nacheinander, zum Teil gleichzeitig da waren. Wir bezogen sie in den Gesamt-Umgangsplan ein und hatten damit keine Probleme. Man hat uns nicht zu einem Sonderumgang mit ihnen gezwungen. Das ist dem Hause gut bekommen. Sie und die anderen Frauen rieben sich zunächst aneinander, besonders wegen des ungewohnten Vokabulars. Bald aber hatten sie sich aneinander gewöhnt. Eine aus der zunächst fremdartigen Gruppe wurde sogar zur Sprecherin der Gesamtgruppe gewählt. Mitgefangene und eine Mitarbeiterin riefen mich entsetzt in den Wahlraum. Dort fand ich eine aufgeregte Situation vor. Aber ich war nicht der Meinung, daß es etwas zu entscheiden gab. Ich kannte die gewählte Frau aus einigen Gesprächen, und sie war gewählt worden. Es passierte überhaupt nichts Aufregendes während ihrer Wahlperiode, eher das Gegenteil.

Einzelne »Terroristinnen« übten Druck aus: »Mit Bullen spricht man nicht.« Offenbar versuchten sie auch, daß Leute aus ihrer Schar Kontakte zu Verwandten aufgaben. Da es uns gelang, das alles mit relativem Gleichmut hinzunehmen, gab es keine ernstlichen Störungen. Die Mehrzahl dieser politisch motivierten Frauen fing bald an, sich der anderen Frauen anzunehmen, ihnen den Rücken zu stärken, was ihre Strafverfahren und auch, was uns anging. Auch das wurde in keinem Fall gefährlich. Nur einmal kam es zu einem Eklat, der mir noch heute Gewissensbisse bereitet, weil ich ihn verschuldet hatte. Eine Untersuchungsgefangene der politischen Szene mußte wegen Verdunkelungsgefahr isoliert gehalten werden, zwar nicht in einem Isoliertrakt, denn wir hatten keinen, aber doch ohne jeden Kontakt zu anderen Frauen. Ich fragte bei unserer

Teambesprechung, wer sich ihrer besonders annehmen könnte, da wir so mit niemandem umgehen mochten. Die Pfarrerin übernahm es, sie persönlich aufzusuchen. Und sie wurde, als ich schon aus dem Dienst geschieden war, einer zu nahen und sorglosen Verbindung bezichtigt und mußte gegen meine Bitten den Arbeitsplatz verlassen. Da schlug auch in unserem Haus, von »oben« verursacht, die damals verbreitete »Terrorismushysterie« durch.

Bereits zu Anfang der siebziger Jahre begann die Drogenabhängigkeit eine größerer Rolle zu spielen. Der Alkoholismus hatte uns schon immer belastet; er war sehr verbreitet. Dagegen hatte uns der Marihuanakonsum der fünfziger Jahre wenig betroffen. Er führte nicht zu Abhängigkeitssymptomen und hatte sich weder durch starke Verhaltensstörungen noch durch Einschmuggeln in größerem Maßstab bemerkbar gemacht. Nun aber wurde es ernst: die Haschischabhängigkeit der Jugendlichen in Verbindung mit dem Hippie-Lebensstil, Suchtneigung durch Medikamenten- und Schnüffelsucht zunächst, dazu kamen dann die wirklich problematischen Drogen – LSD und Heroin, noch nicht Kokain. Davon waren nun auch die Erwachsenen betroffen, zu etwa zehn bis zwanzig Prozent; die Jugendlichen bis zu etwa dreißig Prozent. Das machte Einschränkungen durch vermehrte Kontrollen erforderlich, förderte Mißtrauen (wir lernten, daß man Abhängigen weniger trauen kann) und formte auch die Art des engagierten Umgangs, der sich mehr und mehr, besonders bei den Jugendlichen, auf den Kampf gegen die Drogenabhängigkeit richtete. Erste Drogengruppen kamen zu Gesprächen ins Haus, besonders engagiert damals eine Studentengruppe der Gießener Universität (es waren Studenten von Horst Eberhard Richter). Mit ihnen gab es gelegentlich auch Auseinandersetzungen. Allerdings war das alles kaum vergleichbar mit der Rolle, die die Drogenabhängigkeit in der zweiten Hälfte der siebziger Jahre spielte, als zeitweilig bis zu fünfzig Prozent der Frauen abhängig waren.

Nie starb uns eine Frau im Haus. Doch es starben junge Frauen nach der Entlassung, um die wir uns besonders bemüht hatten und zu denen Beziehungen fast bis zu ihrem Tod bestanden, die uns aufsuchten und die wir in der Entzugsklinik besuchten. Einigen gelang es, sich zu retten, nach unserem Eindruck am ehesten, wenn sie es allein oder mit einem Partner versuchten. Allerdings verloren wir die Frauen in den Langzeittherapien oft aus den Augen und konnten ihren Weg nicht mehr verfolgen.

Mitverantwortung der Frauen in Haft

In den sechziger Jahren hatten wir uns in der Teamarbeit systematischer daran gemacht, unsere Methoden zu sichten und weiter zu entwickeln, wie alles andere auch das schrittweise. Das Grundkonzept war uns ja längst bekannt: Einzelfallhilfe, Gruppenarbeit und Demokratisierung des Umgangs mit den Frauen.

Der Gedanke, daß den Gefangenen Teilhabe am Geschehen im Haus – dem sie persönlich betreffenden und dem allgemeinen – gegeben werden müsse, war mir nicht neu. Das war zu Anfang des Jahrhunderts bereits in den Vereinigten Staaten praktiziert worden, beispielsweise in Sing-Sing. Reste solcher Praxis hatte ich 1949 noch in einer Frauenanstalt angetroffen. Auch in der Reform der Weimarer Zeit spielte Teilhabe als Thema eine Rolle. Wir fragten uns nun, wie sich so etwas in den repressiven Strafvollzug einbauen ließe. Dabei schien uns die Frage besonders wichtig, wie die zur Passivität neigenden Frauen zum Nachdenken und Handeln angeregt werden könnten. Deshalb fingen wir schon früh damit an, das, was im Haus vorging, in den Gruppen zu diskutieren. Denn zuerst mußte nach meiner Ansicht eine Atmosphäre relativer Offenheit und grundsätzlicher Bereitschaft zur Zusammenarbeit statt des überwiegenden Zwangs geschaffen werden. Erst dann lasse sich, dozierte ich damals, »der demokratische Gedanke der Mitverwaltung, die Beziehung zu den Gefangenen vom ersten

Tage an so zu formen, daß diese bei allem, was über sie beschlossen werden soll, einbezogen werden«, in die Tat umsetzen. Das war natürlich eine zu enge Sicht, als ob es nur um Behandlungsgesichtspunkte ginge. Vielmehr mußte man zu einer Art normierter Mitverwaltung kommen, in dem Sinne, daß Gefangene an der Gestaltung des Lebens in der Anstalt so teilhaben sollten, daß es zu einer gemeinsamen Sache von Gefangenen und Mitarbeiterinnen werden könnte. Das würde einer Art von Verfassung bedürfen, die auch zu einer späteren Mitarbeit in der freien Gesellschaft führen könnte. Noch vermochten wir das nur als ferne, gleichwohl anzustrebende Utopie zu sehen.

Ende der fünfziger, Anfang der sechziger Jahre machten wir uns daran, erste Formen von Mitsprache zu entwickeln. Wir nannten das zuerst »Mitverwaltung«, später dann bescheidener »Mitverantwortung« und bauten es in unseren erst rudimentär vorhandenen Stufenvollzug ein. Das heißt, Teilhabe an der »Mitverantwortung« begann erst nach einer gewissen Haftzeit und setzte längere Strafen voraus. Später wurden alle Gruppen, auch die Untersuchungsgefangenen und die Zugangsabteilung, einbezogen. Hauptproblem war es, Ansatzpunkte für die Beteiligung in einem grundsätzlich stark hierarchisch strukturierten Betrieb zu finden.

Wir fanden diesen Weg: In den verschiedenen Gruppen wurde je eine Frau für eine von drei verschiedenen Funktionen gewählt: 1. Pflege von Station und Gruppenräumen (den Frauen sehr wichtig), 2. Vorbereitung von Festen, Gruppenaktivitäten, Auswahl der Filme, 3. Verwaltung der Umlaufzeitschriften und Hilfe bei den Festen. Später kam die Mitsprache bei den Speiseplänen und die Anhörung bei Arbeitsplatzwechseln hinzu. Eine Weile experimentierten wir, wie gesagt erfolglos, damit, die »Mitverantwortung« in den Umgang mit Verhaltensverstößen einzubeziehen. Erfolgreicher war die Wahl von Vertreterinnen in den Arbeitsbetrieben, die sich einmal wöchentlich mit den Betriebsleitern auseinandersetzen sollten. Einmal wöchentlich auch sprachen die Gewählten mit der

Sozialarbeiterin der Gruppe. Eine von allen Gruppen gemeinsam gewählte Sprecherin vertrat, wenn möglich, die Anstalt nach außen, zum Beispiel bei der Begrüßung von Gästen. Wichtig war, daß alle sechs Monate neu gewählt wurde und daß Wiederwahl nicht zugelassen war. So sollte Ämterpatronage vermieden und die Aktivität auf möglichst viele verteilt werden.

1965 entstand aus diesen Gruppen heraus unsere Hauszeitung »Der kleine Spiegel«, in einfacher hektographierter Aufmachung, wie wir sie uns leisten konnten. Die Männeranstalt half dabei mit ihrem Hektographiergerät. Die Hauszeitung erschien einmal im Monat, ab 1972 ohne Zensur. Bewohnerinnen und Mitarbeiterinnen setzten sich in ihr, gelegentlich auch kontrovers, auseinander. Auch hier hatten wir das Prinzip der Rotation, bei jeder Wahl wechselte die Hälfte der Redaktion. Das war für die Qualität der Zeitung nicht vernünftig, erschien uns aber wichtig, weil sich möglichst viele in dieser Tätigkeit versuchen sollten. Die für die Aktivitäten der Mitverantwortung verantwortliche Sozialarbeiterin traf sich einmal in der Woche mit den Sprecherinnen der Gruppen und einmal mit der Redaktion der Hauszeitung. Sonst tagten die Gremien allein, obwohl damals die Zellen ansonsten noch verschlossen waren.
    Konflikte gab es natürlich auch hier genug. Vor allem war es nötig, die Passivität zu überwinden. Es war wie halt auch sonst im Leben: Gelegentlich waren aktive Frauen da, die die anderen mitrissen, und gelegentlich fehlten sie. Zu Konflikten kam es auch, wenn kritische Äußerungen die Mitarbeiterinnen verletzten. Und einmal gerieten wir alle in Schwierigkeiten. Nach den damals geltenden Bestimmungen, die das Strafvollzugsgesetz dann änderte, war jeder Warenaustausch, waren auch kleine Geschenke der Bewohnerinnen untereinander strikt untersagt. Das war eine Quelle ständiger Verstöße, auf die wir reagieren mußten, obwohl wir diese rigide Regelung (die auch bei Geburtstagen und zu Weihnachten galt) unsinnig fanden. So machten wir mit den Frauen einen »Deal« und schrieben

darüber in der Hauszeitung: Der Austausch kleiner, vom »Hausgeld« (das sonst für den Einkauf zum Eigenbedarf verwendet wurde) erworbener Geschenke zu Geburtstagen und dergleichen wurde zugelassen und geregelt. Das war als Experiment gedacht, um herauszufinden, ob dadurch das Klima verbessert und der heimliche Handel verringert werden könnte. Doch die Veröffentlichung dieses Falls von »zivilem Ungehorsam« gelangte zur Kenntnis der Aufsichtsbehörde und führte zu einer »kleinen Anfrage«. Wir erklärten und rechtfertigten uns und erhielten dann die Erlaubnis, das für sechs Monate geplante »Experiment« zu Ende zu führen. Es erwies sich als gelungen, mußte dann aber doch, da den Vorschriften widersprechend, eingestellt werden, bis das Gesetz diese änderte. Ich erinnere mich an die keineswegs einfache Diskussion zu diesem Thema in der Strafvollzugskommission, in der es um möglicherweise entstehende Abhängigkeiten unter Gefangenen, vielleicht gar über die Haftzeit hinaus, und sogar um das Sozialgefälle ging.

Bei den Gruppendiskussionen kam es natürlich nicht selten zu heftigen Auseinandersetzungen. Eindrucksvoll war, wie einmal einige Gewählte deswegen zurücktreten wollten, es dann aber ließen, als eine selbstbewußte Wählerin ihnen zurief: »Das geht nicht, schließlich haben wir euch gewählt.« Natürlich spielten auch egoistische Gründe ihre Rolle, wurden Freiheiten auch ausgenutzt. Aber gerade deswegen war dieses System ein wichtiger Ansatz für das Einüben von Verantwortung füreinander und für die immer wieder notwendigen Diskussionen über Sinn und Ziel einer solchen Einrichtung für das Zusammenleben im Haus. Auch daß es nun wenigstens einige Möglichkeiten gab, zu handeln statt bloß zu nörgeln, war positiv.

Mich beeindruckten die regelmäßigen Sitzungen der Sprecherinnen mit mir. Sie brachten die Wünsche der von ihnen Vertretenen vor, und es kam zu ernsthaften, offenen Diskussionen über Möglichkeiten und Grenzen von Entwicklungen. So wie wir in unseren Gesprächen den Frauen zu helfen versuchten, ihre Wege zu finden, so gingen in diesen Gesprächen die Sprecherinnen mit meinen Grenzen um, und nicht selten halfen sie mir mit guten Anregungen. Ich war immer wieder erstaunt über die Vernunft, die sich meist zeigte. Deshalb kam mir – viel zu spät – der Gedanke, es sei sinnvoll, diese Gespräche in die Beamtenbesprechungen einzubeziehen. Die Gruppensprecherinnen konnten dort ihre Wünsche vortragen und es konnte in ihrer Gegenwart überlegt werden, was möglich sei und was nicht. Dabei konnten die Bewohnerinnen die strukturellen Grenzen der Institution erkennen und die Mitarbeiterinnen die Berechtigung der Wünsche, die kaum je aus einer übertriebenen Anspruchshaltung resultierten. So handhaben wir es dann, und ich glaube, es hat den Beziehungen im ganzen wohlgetan. Übrigens nahmen an solchen Gesprächen zeitweilig auch politisch motivierte Gefangene teil und waren keineswegs störende Elemente. Natürlich blieb es dabei, daß die Sprecherinnen jederzeit auch mit mir sprechen konnten, aber das war ja ohnehin der »Stil des Hauses«.

Therapeutische Hilfen und soziale Kontakte – Öffnung des Hauses nach »draußen«

Zu eigenen sozialtherapeutischen oder tiefenpsychologischen Behandlungsansätzen fehlten uns nahezu alle Voraussetzungen. Soweit Psychologinnen bei uns arbeiteten, führten sie Einzelgespräche, jeweils mit ihrer mitgebrachten Methode. Neben ihren übrigen vorwiegend diagnostischen, fortbildenden und gruppenbezogenen Ansätzen konnte daher nur ein relativ kleines Feld bearbeitet werden. Die erste »unserer« Psychologinnen war psychoanalytisch ausgebildet. Als sie ausschied, bemühten wir uns um eine gewisse Zusammenarbeit mit dem Frankfurter Sigmund-Freud-Institut. Zunächst trafen wir dort auf eine merkliche Zurückhaltung gegenüber unseren »ausagierenden« Probandinnen. Später aber fanden wir freundliches Entgegenkommen, auf das wir angesichts unserer Mittellosigkeit auch dringend angewiesen waren. Besonders jüngere Therapeuten, oft noch in der Ausbildung, übernahmen Behandlungen. Leider war ihnen wenig Erfolg beschieden. Die meisten Patientinnen brachen mit der Entlassung die Behandlung ab. Einzelne wiederum agierten ihre »Übertragungen« allzu bedenkenlos aus. Nur in einem Fall dauerte eine Behandlung länger als ein Jahr. Das bedeutete, daß diese Patientin einmal pro Woche zum Analytiker gebracht werden mußte. Da staatliche Finanzierung, trotz entsprechender Gutachten, nicht durchgesetzt werden konnte, mußten wir uns auch hier um eine Spende bemühen. Ein Rentner, der seine Rente »ohnehin nicht aufbrauchte«, bezahlte den vom Analytiker reduzierten Preis. Doch auch diese Behandlung, die besonders problematische Elemente auf seiten der Patientin enthüllte, brach nach der Entlassung ohne sichtbaren Erfolg ab.

Ein Jahr lang bemühte sich eine Stipendiatin mit kleinen Gruppen um Verhaltenstherapie. Von außen kamen für jeweils begrenzte Zeiträume Helferinnen für Soziodrama, therapeutisches Rollenspiel, rhythmische und Atemgymnastik, immer aufgrund von Einzelabmachungen, gelegentlich sogar für die Bedürfnisse einer einzelnen Frau.

In den meisten therapeutischen oder sonst behandlungsorientierten Gesprächen wurde auch das Thema Opfer und Täter angesprochen. Selten kam es zu einer Beziehung zwischen beiden oder zu Ausgleichsleistungen finanzieller oder anderer Art. Interessanterweise wurde die Aufnahme solcher Beziehungen vor allem von den Opfern abgelehnt. Im ganzen allerdings waren solche Ansätze auch von uns zu selten.

Soziale Kontakte konnten, ebenso wie der tägliche Aufenthalt im Freien, besonders aus Personalmangel kaum über das rechtlich Vorgeschriebene ausgedehnt werden. So suchten wir Ersatz durch Gruppenaufenthalte in den Höfen an den Wochenenden der Sommermonate. Die Frauen spielten dann, gingen spazieren oder lagen in Gruppen im Gras. An Sommerabenden fanden die Gruppenabende gelegentlich im Freien statt.

Bei der Besuchsregelung war es lediglich möglich, reichliche Sonderbesuche in Gegenwart der zuständigen Sozialarbeiterin zuzulassen, vor allem bei Beziehungsproblemen zum Ehepartner, zu Eltern und Kindern. Von einem bestimmten Zeitpunkt ab nahmen wir uns besonders der Besuche der kleineren Kinder bei ihren Müttern an. Sie konnten auch zusätzlich zu den regulären Besuchen kommen, sich gelegentlich mit der Mutter in einem der Gärten aufhalten. Die Kinderbesuche wurden auch aus den nüchternen Besuchsräumen im Verwaltungsbau in den ansprechenderen Eßraum der Mitarbeiterinnen verlegt. Noch einige Jahren zuvor hatte es auch im hessischen Strafvollzug eine Diskussion gegeben, ob man nicht Kindern den Besuch bei Eltern in Haft »ersparen« sollte. Manche außerhessischen Anstalten verfuhren so bei Kindern unter sechzehn Jahren. Wir entschlossen uns dazu, die Beziehung zwischen Müttern und Kindern möglichst zu stärken.

Schwierig war es, die Briefzensur und die Aufsicht bei Besuchen zu lockern. In diesem Zusammenhang ist mir einer meiner ersten Arbeitstage unvergeßlich, als der Leiter des hessischen Strafvollzuges mich der damaligen »kommissarischen Leiterin« vorstellte. Sie berichtete ihm, daß sie an diesem Tag fast einen Besuch ohne Aufsicht zugelassen hätte, und die Antwort darauf war, das hätte ihre Entlassung bedeutet. Wir hatten uns also strikt an Zensur und Überwachung zu halten. Jahrelang taten wir das, machten bei der Besuchsaufsicht nur insofern Konzessionen, als wir die Aufsichthabenden vorsichtig auswählten oder jemand aus dem Erziehungsteam diese Aufgabe übernahm. Doch als die ersten Lockerungen möglich wurden, bezogen wir auch diese Bereiche ein. Wir hatten schon damit angefangen, daß vom Sitzplatz der Aufsicht aus nur noch Blick-, aber kein Hörkontakt mehr möglich war. Dann führten wir hausintern die Regelung ein, daß jeweils drei Besuche bei einer Gefangenen von besonders ausgewählten Mitarbeiterinnen beaufsichtigt wurden, und aufgrund ihrer Berichte konnte dann bei späteren Besuchen derselben Personen auf Aufsicht verzichtet werden. Die Frauen mußten nur zustimmen, sich gegebenenfalls vor und nach den Besuchen von uns durchsuchen zu lassen. Bei der Briefzensur wurde ähnlich verfahren. Erst das Strafvollzugsgesetz machte dann generelle Abstriche bei der Überwachung möglich.

Über den Umgang entlassener Gefangener mit noch im Hause lebenden oder mit Mitarbeiterinnen und besonders den Sozialarbeiterinnen wurde schon berichtet. Doch wir konnten uns da nicht zuviel vornehmen. Solche Kontakte über die Entlassung hinaus waren nur in besonderen Einzelfällen möglich. Wichtiger war es, für die vielen Frauen, die niemanden oder so gut wie niemanden hatten, Beziehungen zu finden. Da uns das sehr bald klar wurde, fingen wir schon früh damit an, ehrenamtliche Helfer für die Nachsorge zu suchen. So begann ich schon 1948 mit der langen Reihe von Vorträgen über die Probleme von Inhaftierten, besonders von inhaftierten Frauen; in den Volkshochschulen, vor Wohlfahrtsorganisationen und Frauenverbänden, in und um Frankfurt und auch im noch weiteren Umkreis. So fanden wir Helfer, meist Frauen, doch auch Ehepaare und einzelne, meist junge Männer. Frauen und Ehepaare übernahmen meist die Betreuung, junge Männer eher die Hilfe bei der Fortbildung und später auch bei der Gruppenarbeit. Schon bald hatten wir etwa 60 »Helfer«. Erst nach Jahren wurde es möglich, wenigstens für die Arbeit im Bildungsbereich staatlich finanzierte Unterstützung zu bekommen. Bürokratische Kontrollen und Einschränkungen gab es in »meinen« Jahren nicht. Die begannen später und machten die Arbeit schwieriger.

Im Rückblick kann ich feststellen, daß es in diesem Bereich größere Probleme nicht gegeben hat. Schon gar nicht gab es sie bei den Einzelbetreuungen, die nur gelegentlich zu unserem Kummer nach der Entlassung – und für diese Zeit waren sie eigentlich gedacht – zu rasch abbrachen. Natürlich waren wir am Anfang sehr vorsichtig, engagierten als »Helfer« zum Beispiel niemanden, bei dem wir Sensationslust oder ein zu ausgeprägtes »Helfersyndrom« befürchten mußten. Bei der Gruppenarbeit gab es mehr Probleme, doch auch sie konnten in Diskussionen, unterschiedlich schnell, abgebaut werden, selbst in den politisch aggressiven Jahren um 1970. Wir mußten zum Beispiel nie eine Gruppe ablehnen, auch keine ausschließlich politisch oder »emanzipatorisch« motivierte.

In diesen Zusammenhang gehört auch die Gründung »unseres« Vereins »Gefangenenhilfe« im Jahr 1949. (Später hätte man einen anderen Namen gewählt.) Der Verein, den es noch gibt und dessen Vorsitzende ich nach meinem Ausscheiden aus der Arbeit bis 1988 war, finanzierte vom Staat nicht finanzierbare Anliegen des Vollzuges wie Feste, Fortbildungen, Besuche und ähnliches und half auch bei und nach der Entlassung. Er speiste sich aus Spenden und Bußgeldern. Anfangs bemühten wir uns auch, bei den Mitgliederversammlungen Beratungsthemen zu behandeln, bis dieses Anliegen allgemeiner und qualifizierter von anderen Instanzen übernommen wurde. Wir begannen ja auch sonst meist nur damit, uns um das zu bemühen, was wir selbst brauchten, und hörten damit auf, wenn solche Anliegen von anderer Seite aufgegriffen wurden, froh und erleichtert, eines der fast zu vielen Engagements loszuwerden. Den Vorsitz im Verein führten nacheinander Frauen aus dem Kreis unserer ehrenamtlichen Mitarbeiterinnen und Mitarbeiter mit hohem Einsatz.

Kleine Schritte zu mehr Freizügigkeit

Zum Abschluß dieses Kapitels über Programmangebote und konkreten Umgang im Haus füge ich nur noch einige mir erinnerliche kleine Schritte zu mehr Normalität und Freizügigkeit an. Deren gab es neben den bereits erwähnten mehrere:

Lange bevor das allgemein eingeführt wurde, gab es zum Beispiel die Erlaubnis für die Frauen, das Guckloch in der Zellentür (den »Spion«) zu verhängen. Ausnahmen wurden ausdrücklich angeordnet und die Anordnung meist auch befolgt, etwa bei Selbstmordgefahr, Krankheiten und ähnlichem.

Die Frauen bekamen Schlüssel zu ihren Schränken, so daß Schrankkontrollen nur noch in ihrem Beisein stattfinden konnten.

Sie konnten von ihrem Arbeitsverdienst Kleinmöbel erwerben.

Wir erhielten auch die Genehmigung, beim Weihnachtsessen jeder Frau ein Glas Rotwein auszuschenken, als besondere Festfreude. Gefährdete bekamen Traubensaft. Interessanterweise hatten die Männeranstalten diesen Beitrag zur Festlichkeit abgelehnt.

Fast rührend war die Bereitschaft der Küchenbeamtinnen, auf ernstzunehmende Sonderbedürfnisse beim Essen einzugehen. Noch ehe die allgemeinen Probleme ausländischer und religiöser Gruppen wahrgenommen wurden, wirkten Ärztin und Küchenbeamtinnen zusammen, echte, nicht überzogene persönliche oder religiöse Aversionen zu berücksichtigen. Ich erinnere mich noch an unsere gemeinsame Verzweiflung, als wir die erste Afrikanerin im Haus hatten, die, ohne sich aufspielen zu wollen, fast nichts von unserem Essen akzeptieren konnte. Die Ärztin stellte schließlich mit ihr zusammen einen Wochenplan auf, der noch einigermaßen im Einklang mit unseren Bestimmungen stand. Allgemeine Regelungen für solche Fälle gab es damals nicht.

Ich erlebte es aber dann wenigstens noch, daß im Zusammenhang mit der Lehrküche offiziell eine echte Diätküche eingerichtet wurde. Alle unsere Bemühungen verhinderten allerdings nicht die Fülle von Beschwerden über das Anstaltsessen, die ich meist nicht gerechtfertigt fand, die aber mit der Eintönigkeit von Großküchen zusammenhingen und ja auch ein Ventil allgemeinen Unbehagens sind.

Vielleicht sollten in diesem Zusammenhang auch noch unsere Erfahrungen mit dem Hungerstreik angefügt werden. Auch damit hatten wir zu tun, allerdings noch nicht mit dem politisch organisierten, langanhaltenden, gefährlichen. Die Hungerstreiks waren Folge innerer, gelegentlich hysterisch überhöhter persönlicher Verzweiflung, eher ausgelöst durch die Strafverfahren als durch Angelegenheiten im Haus. Nur einmal mußte künstliche Ernährung ärztlich angeordnet werden. Ich war bei der Prozedur dabei. Schön war sie nicht, allerdings auch nicht abschreckend, da die Frau sich nicht wehrte. Ansonsten wurden Hungerstreiks meist nach einigen Tagen abgebrochen, nach langen Gesprächen mit der Ärztin und mir, und schließlich, wenn wir statt Wasser angereicherten Tee oder Milch in die Zellen gaben. Durststreiks habe ich Gott sei Dank nicht erlebt.

Neue Möglichkeiten im Strafvollzug

Die Abteilungen im »Großen Haus«

Sobald wir das Haus strukturieren konnten, entstanden wechselnd zwischen neun und fünfzehn Abteilungen. Es waren die Abteilungen für Untersuchungsgefangene (zwei Stockwerke zu je 32 Zellen), für jugendliche Untersuchungs-, Straf- und Arrestgefangene (zwei Stockwerke), für »Zugänge« (ein halbes Stockwerk), für Frauen mit Strafen unter zwei Monaten (ein halbes Stockwerk), für Gefängnisgefangene mit mittleren Strafen, für Gefängnisgefangene mit langen Strafen, für Gefangene mit verschiedenen Haftstrafen (einfache, strenge, zivile Haft; zwei Stockwerke), für Zuchthausgefangene und Sicherungsverwahrte, für besonders schwierige Frauen (ein halbes Stockwerk in der Nähe der »Zentrale«). Später kam je eine Abteilung für Dauer- und Tuberkulosepflege hinzu und eine Abteilung für jugendliche Freigängerinnen. Und als die Unterbringung hessischer Frauen im Arbeitshaus in Nordrhein-Westfalen aufgekündigt wurde, kamen auch diese Frauen hinzu.

Die Strafrechtsreform von 1969 beseitigte die Zuchthausstrafe zugunsten der einheitlichen Freiheitsstrafe. Die Abteilung für Zuchthausgefangene wurde aufgelöst, die Frauen mit sehr langen Strafen blieben jedoch in ihren alten Räumen. Ebenfalls beseitigt wurden Haftstrafen und Arbeitshaus; die kurzen Strafen wurden eingeschränkt, und auch die Zahl der Untersuchungsgefangenen nahm ab. Die so entstehenden Lükken, die zeitweilig die Zahl der Bewohnerinnen bis fast auf hundert sinken ließen, wurden durch die Übernahme der bestraften Frauen aus dem Saarland und aus Rheinland-Pfalz aufgefüllt.

Im Zuge unserer hauseigenen Planentwicklung schufen wir zusätzlich eine Abteilung für Kinder unter fünf Jahren, eine Entlassungsabteilung (ein halbes Stockwerk), eine für Frauen, die länger als fünf Jahre inhaftiert waren (ein halbes Stockwerk), eine für intensive Zugangsbehandlung (ein Stockwerk) und eine für erwachsene Freigängerinnen (ein halbes Stockwerk).

Die Frauen mit sehr kurzen Strafen wurden von Anfang an in einem eigenen Gruppenraum intensiv auf die Entlassung vorbereitet. Ab einer Haftzeit von vier Wochen konnten sie auch an den allgemeinen Freizeiten teilnehmen. In den letzten drei Wochen vor der Entlassung spielte sich die Vorbereitung darauf in Gestalt von »sozialem Training« ab und durch Information über rechtliche und praktische Probleme und über die am Entlassungsort – meist Frankfurt – vorhandenen Hilfsstellen und Ämter.

Die Frauen der meisten Abteilungen versammelten sich an einem Abend der Woche mit ihrer jeweiligen Sozialarbeiterin oder einer Mitarbeiterin des Vollzugsdienstes zu einem »Gruppenabend«, der auch der Besprechung von Problemen in der Abteilung diente. Die Teilnahme der Abteilungs-Vollzugsbeamtinnen war, wenn sie nur irgend möglich war, erwünscht. Das bedeutete, daß alle Sozialarbeiterinnen von Anfang an an mindestens einem Abend pro Woche länger als bis 20 Uhr im Hause waren.

Diese Grundstruktur bestand, wie ich bereits erwähnt habe, seit wir das »Große Haus« bezogen hatten. Zunächst behielten wir, wie ebenfalls bereits geschildert, noch Rudimente des »Stufenstrafvollzugs« bei. Das hieß, daß die Frauen erst nach einer gewissen Zeit und bei angemessenem Verhalten zu den Gruppenabenden kamen. Wer noch nicht kommen konnte, hatte die Möglichkeit, an den allgemeinen Freizeitangeboten teilzunehmen, die wir im Grunde für wichtiger hielten. Als später – in unserer »glücklichen« Zeit – die Zahl der Hausbewohnerinnen sank, konnten wir auch praktisch die Konsequenz aus unserer Vorstellung ziehen, daß im Hinblick auf die Beziehungsarbeit keine Zeit verloren gehen sollte. Dann nahmen alle Frauen, von der Zugangszeit an, teil an allen Angeboten des Hauses. Daß das nun wieder Konsequenzen für die Zugangsbehandlung nach sich zog, wird später eingehender zu erörtern sein.

In der Anfangszeit wurde zunächst auf der Zugangsabteilung nur untersucht, ob die Frauen von ansteckenden Krankheiten, insbesondere Geschlechtskrankheiten (damals Gonorrhoe und Syphilis) frei waren. Dann erfolgte der Einsatz zur Arbeit. Nach ungefähr vier Wochen zogen die Frauen schließlich in ihre ständige Abteilung um. Der damals in Hessen vorgesehene Stufenstrafvollzug hätte eine Organisation des Vollzuges nach Behandlungsklassen bedeutet, in die man nach drei Monaten Zellenhaft durch gute Führung aufsteigen konnte. Besonders die anfängliche Dreimonatsphase, in der ein Zusammentreffen mit anderen Bewohnerinnen nur bei der täglichen, meist halbstündigen »Bewegung im Freien« und im Gottesdienst stattfand, lehnten wir ab. Unserer Meinung nach sollten alle hilfreichen Maßnahmen nicht als Vergünstigungen erworben werden, sondern alles für einen stützenden Umgang Notwendige sollte von Anfang an geboten werden. Nur gewisse, eher schmückende Hafterleichterungen, wie ein weißer Kragen am Kleid und das eher gemütliche Beisammensein an den Gruppenabenden, war auch bei uns an Wohlverhalten gebunden, um auch eine gewisse Selbstdisziplin anzuregen. Unsere Ablehnung des Stufenvollzuges, die uns sinnvoll schien und sich auch so erwies, begründeten wir damit, daß die lange Anfangsphase die Frauen überfordere.

Arbeit in Gruppen mit besonderen Schwerpunkten

Neben der oben dargestellten, im »Großen Haus« gewachsenen Grundstruktur entwickelten wir dann nach und nach weitere Gruppenaktivitäten mit durchweg bestimmten, konkreten

Inhalten. Meist entstanden sie aus Bedürfnissen heraus, die sich aus gegebenen Situationen oder spontan ergaben.

Es begann mit dem Problem der Alkoholikerinnen. Lange ehe die weichen und harten Drogen ins Haus kamen, litten wir am Problem der Alkoholabhängigkeit, das eine Eingliederung nach der Entlassung oft fast unmöglich machte. Die Ärztin schätzte die Zahl der »echten« Alkoholikerinnen auf 25 Prozent. Das war wahrscheinlich eine »konservative«, also eher zu niedrige Einschätzung. Als wir einmal in einer Nachmittagssitzung mit ihr zusammen alle Frauen des Hauses anhand von Akten und persönlicher Kenntnis überprüften, kamen wir auf einen weit höheren Anteil an ernsthaft Gefährdeten, bei denen der Alkohol auch bei der Begehung der Straftat(en) eine wichtige Rolle gespielt hatte. Viele Frauen rechneten sich selbst zu den »Alkoholikerinnen«, die zum Beispiel morgens erst etwas trinken mußten, um »arbeitsfit« zu sein. Diese Gruppe war naturgemäß unter den Haftgefangenen, Landstreicherinnen, »Arbeitsscheuen« und Prostituierten besonders groß.

In den USA hatte ich die Zusammenarbeit der Strafanstalten mit den »Anonymen Alkoholikern« kennengelernt. Auch in der Bundesrepublik wurde deren Arbeit als die für viele Alkoholkranke erfolgreichste geschildert. Also nahmen wir Kontakt zu einer Frankfurter Gruppe auf. Diese kam zu einer Begegnung ins »Große Haus«, an der fast alle Frauen teilnahmen. Sie präsentierte ihren Arbeitsstil, der einer Reihe von betroffenen Frauen, die unter ihrer Abhängigkeit litten, zusagte. Es wurde dann eine gemeinsame Gruppe gebildet, die eine Weile regelmäßig zusammenkam. Leider zerfiel dann die Gruppe der nicht gefangenen »Anonymen Alkoholiker«, und als sich eine neue konstituierte, waren wir nicht mehr in ihrem Programm. Nur noch haftentlassene Frauen konnten sich anschließen.

Bald nach jener ersten Zusammenkunft kamen einige Frauen zu mir: »Warum arbeiten Sie nicht mit uns? Wir sind zwar keine Alkoholikerinnen, aber wir werden dauernd rückfällig. Das hat doch auch Suchtcharakter. Wir möchten an die Ursachen herankommen. Machen Sie doch so eine Gruppenarbeit mit uns.« Ich soll damals geantwortet haben: »Ich verstehe zwar nichts von einer solchen Gruppenarbeit, aber wir können es ja mal versuchen.« Meine bisherige Gruppenarbeit in den verschiedenen »Leseabenden« hatte ja, meiner Vorbildung entsprechend, mehr bildenden als therapeutischen Zweck. Nun erlegten mir die Frauen, eigentlich ohne mein Zutun, eine im weiteren Sinne therapeutische Arbeit auf. Und die Erfahrungen, die ich damit machte, gehörten zu den stärksten überhaupt.

Da waren diese zehn Frauen, alle mit vielen Wiederholungsstrafen, aus eigenem Antrieb gekommen. Ich tat mich mit der für ihre Abteilung zuständigen Sozialarbeiterin zusammen. Gemeinsam sprachen wir nun anderthalb Jahre lang an jedem Samstagnachmittag mit ihnen. Es entwickelte sich eine vorsichtige, gründliche, offene und ernsthafte Zuwendung zu allen Beteiligten, bei der auch schonungslose Offenheit nicht verletzte. Wie immer allerdings bedrückte uns beide, daß wir ja kaum mit gleichen Bekenntnissen antworten konnten. Daß die Frauen das offensichtlich als selbstverständlich hinnahmen, bedeutete das Vertrauen oder doch einen Rest von Autoritätsabhängigkeit?

Gemeinsam entwickelten wir einen sehr einfachen Plan: Jede Frau berichtete über Herkunft, Elternhaus und Vorgeschichte bis zur ersten Straftat. Dabei suchte sie selbst die Ansatzpunkte für Fehlentwicklungen. In der zweiten Gesprächsrunde sprach sie über die Zeit nach den jeweiligen Entlassungen, ihre Befindlichkeit dabei und die weiteren Entwicklungen, als Ansatzpunkte neuer Fehler, die zu Rückfällen führten. Die Frauen erklärten sich damit einverstanden, daß wir ihnen danach Akten oder Urteile vorhielten, um uns mit ihnen über eventuelle Widersprüche auseinanderzusetzen.

Wichtig waren vor allen Dingen die gegenseitigen Reaktionen, wenn die Frauen eigenes Erleben bestätigt fühlten und einander bei den Deutungen zu helfen versuchten. Dabei fiel mir auf, daß – obwohl es sich nicht um junge Frauen handelte – der Konflikt mit der Herkunftsfamilie eine größere Rolle spielte als alle anderen späteren Erlebnisse, sei es im Beruf, mit Männern oder Kindern. Kinder hatten allerdings nur wenige, wie das bei Frauen mit ernsthaften Straftaten häufig der Fall ist. Und die vorhandenen Kinder waren meist erwachsen. Aber auch Schuldgefühle spielten eine wichtige Rolle. Darüber wird später noch mehr zu sagen sein.

Schließlich versuchten wir uns an Soziodramen, über einige der Lebenskatastrophen und über Probleme, die bei der nächsten Entlassung auftreten könnten. Eindrucksvoll war, daß zum Beispiel einige Frauen aus dem selbstgewählten Soziodrama, also der dramatisierten Selbstdarstellung, davonliefen, weil sie diese, anders als die verbale, nicht aushielten. Da wurde die Verzweiflung über verfahrenes Leben deutlich. Und sehr beeindruckend war das ernsthafte Bemühen um Offenheit und Ergründen, auch gegenüber Unehrlichkeiten, die sich aus der Konfrontation mit den Akten ergaben. Ebenso aber auch das engagierte Bemühen, mit dem sie sich gegenseitig bei der Deutung von Schicksal und Versagen zu helfen versuchten. Eine der häufigsten Klippen solcher Gruppenarbeit trat erstaunlicherweise überhaupt nicht in Erscheinung: Nichts von den oft sehr intimen Angaben drang aus der Gruppe nach außen. Und noch etwas erschütterte uns: Einige der Frauen wurden während dieser Zeit in die Freiheit entlassen. Wir beobachteten ihre Entwicklung, wurden immer wieder nach ihnen gefragt. Und eines Tages kam dann die Nachricht, eine sei rückfällig geworden. Man kann es kaum ausdrücken, was für ein stiller Schrei durch die Gruppe ging, mit Totenblässe aus lauter Identifikation und Solidarität: »Mein Gott, die Arme! Und wenn sie es nicht schafft, dann werde ich es wohl auch nicht schaffen!« Weitergemacht wurde trotzdem, bis wir alle den Eindruck hatten, nun sei es genug. Das Leben aller konnte ich nach der Entlassung nicht weiterverfolgen. Eine starb wenig später an Krebs, eine andere wurde wieder rückfällig. Doch von einigen anderen weiß ich, daß das nicht geschah.

Die Sozialarbeiterin und ich machten den gleichen Versuch später noch einmal, nun aber als Angebot von uns. Doch die neue Gruppe war nicht so ernsthaft wie die erste. Die Gespräche waren nicht so intensiv und gründlich suchend, sie nahmen auch bald einen anderen, fast vergnüglichen Stil an. Denn eine Teilnehmerin war jene einzige damals noch verbliebene Sicherungsverwahrte, von der ich schon erzählt habe; sie berichtete so lebendig und spitzbübisch über ihr Leben, das sie trotz ständiger Niederlagen offensichtlich doch genossen hatte, daß wir es in ihrer Rückschau nur mitgenießen konnten.

Weitere Gruppen entstanden entweder auf unseren Vorschlag oder aus Eigeninitiative. So bildete sich in einer anderen Abteilung mit der zuständigen Sozialarbeiterin eine »freie Gesprächsgruppe«, die kein spezielles Thema bearbeitete, sondern ihre Inhalte spontan entwickelte. Sie bestand aus jüngeren Frauen mit nicht sehr langen Strafen, die ihre Außenkontakte noch nicht ganz verloren hatten und sich auf sie hin orientierten. An diesen Gesprächen nahmen auch einige Besucherinnen von »draußen« teil. Hier machten wir eine neue Erfahrung, auch mit uns selbst: Die Gruppe hatte den Wunsch, bei ihren Zusammenkünften Tee zu trinken. Das war unüblich und wurde von mir zunächst brüsk abgelehnt. Gruppenarbeit sollte ernstgenommen werden und nicht etwa Gelegenheit zum gemütlichen Zusammenkommen sein. Die Sozialarbeiterin setzte sich massiv für die Wünsche ihrer Gruppe ein. Wir diskutierten das Problem mehr als einmal. Ein eventuelles Zugeständnis mußte dann für alle Gruppen gelten; Privilegien sollte es ja nicht geben. War Tee zu servieren schon »Verwöhnung«, Abweichung von dem Gedanken, daß es hier um ernsthafte Arbeit gehen müsse? Der Widerstand im Team wurde schwächer, parallel zu der allgemein wachsenden Bereitschaft, den Lebensstandard zu modernisieren. Gab es doch auch »draußen« keine Konferenz mehr ohne Kaffeeangebot. Schließlich gaben wir nach, und der Tee wurde zugestanden. Doch wenn ich mich recht erinnere, wurde das Angebot nur in dieser einen Gruppe angenommen, die anderen verzichteten auch in Zukunft auf das Arbeitsgleitmittel.

Ebenfalls aus eigenem Antrieb gründete sich die Gruppe der »Übernervösen«. Sie hatte sich diesen Namen selbst gegeben. Das waren Frauen ohne intellektuelle Ambitionen, die unter ihrer Reizbarkeit litten und darunter, daß sie oft die Kontrolle über sich verloren. Einzelne konnten dann für andere gefährlich werden, ohne es selbst zu wollen. Sie baten eine Vollzugsbeamtin, die aufgrund ihrer Ausbildung als Krankenschwester auch schon Kurse für »Erste Hilfe« angeboten hatte. Auch diese Gruppe arbeitete und regenerierte sich geraume Zeit. Es wurde gebastelt, man machte Handarbeiten, und die Frauen halfen sich so selbst.

Die protestantischen Pfarrerinnen, die nacheinander bei uns waren, hatten ihre eigene Gruppenarbeit. Sie beschränkten sich weder auf die Angehörigen der eigenen Konfession noch auf religiöse Themen. Unter anderem wurden Anstaltsprobleme kritisch behandelt, und ich wurde gelegentlich zu klärenden oder rechtfertigenden Stellungnahmen eingeladen. Aber auch Themen des allgemeinen gesellschaftlichen Lebens wurden erörtert, unter Gesichtspunkten mitbürgerlicher und mitmenschlicher christlicher Nächstenliebe.

Wie das meiste, das wir aus den Bedürfnissen des Zusammenlebens, oft auch des Augenblicks, aufgriffen, wenn wir Kräfte dafür freihatten, entstand irgendwann auch unsere »Entlassungsgruppe«. Auch sie erwuchs aus der auf einem Grundkonzept beruhenden Praxis und aus pragmatischer Vernünftigkeit. (Die Gruppe entstand schon einige Zeit vor den bereits erwähnten anderen.)

Immer hatte uns das Fehlen einer systematischen Entlassungsvorbereitung bedrückt. Sie wurde jeweils nur im Einzelfall und viel zu kurzfristig von den zuständigen Sozialarbeiterinnen im Zusammenwirken mit freien Organisationen übernommen. Mehr konnte kaum geleistet werden, jedenfalls nicht, bevor die Zahl der Bewohnerinnen sank. Die letzte Phase für die konkrete Wiedereingliederung, also Arbeits- und Wohnungssuche und die Herstellung von Kontakten, wurde immer beibehalten und blieb Aufgabe der individuell zuständigen Sozialarbeiterin. Den Freigang nach dem Strafvollzugsgesetz gab es ja noch lange nicht. Was uns fehlte, war die systematische praktische und sozialpsychologische Vorbereitung auf den Entlassungszeitpunkt.

An vernünftigen Kontakten in der freien Umwelt und an Kenntnis dessen, was für ein unangefochtenes Leben notwendig ist, hatte es, als Mitursache für Straffälligkeit, oft schon im Vorleben gefehlt. Das wenige Vorhandene ging in der Haft, je länger sie dauerte, auch noch verloren. Einzelgespräche bei der üblichen individuellen Entlassungsvorbereitung, auch mit den von außen kommenden Helfern, glichen diesen Mangel nicht aus. So suchten wir, als wir »soweit waren«, diese Situation in einer fundiert angelegten Gruppenarbeit zu verbessern. Sie sollte darüber hinaus möglichst auch noch andere Probleme der Teilnehmerinnen aufarbeiten.

Seit es bei der 1953 eingeführten vorzeitigen »Entlassung zur Bewährung« notwendig geworden war, diese durch eine fundierte Stellungnahme mit herbeizuführen, machten wir einen Lernprozeß durch: Wir merkten, daß wir das Verhalten der Frauen in der Haft nicht verallgemeinern durften. Wir erkannten mehr und mehr, daß die Sondersituation der Haft Sonderverhaltensweisen zur Folge hatte. Für Prognosen gaben sie wenig her. Zu oft erlebten wir, daß gerade widerspenstige Frauen, deren Verhalten zu beanstanden war, sich in der Realität der Freiheit besser zurechtfanden. Freilich nicht immer; es gab auch Frauen, die »nicht einmal« mit den Anforderungen der Haft fertig wurden. Zur annähernd richtigen Antwort auf die Frage nach der Zukunftsbewältigung in solchen Stellungnahmen gehörte also eine dichte Kenntnis der Personen. Die suchten wir durch Kontinuität des Umgangs mit je einer Sozialarbeiterin, durch den Gruppenvollzug hindurch, zu gewinnen. Zu gestehen ist allerdings: Wenn diese Stellungnahmen bei jenen Instanzen, deren psychologisches Wissen hinter juristischen Kategorien zurückzustehen hatte und es von der Ausbildung her auch oft tat, die richtige Entscheidung herbeiführen sollten, konnte nicht alles hineingeschrieben werden, was wir wußten. Vor allen Dingen aber konnte – es sei denn, man hänge am Vergeltungsdenken – nicht überbewertet werden, ob jemand auf unsere Behandlungsangebote einging oder nicht. Diese mußten grundsätzlich auf Freiwilligkeit aufbauen, sollten sie nicht kontraproduktiv wirken. Allerdings merkten wir auch, wie bereits geschildert, daß eine gewisse »Intensität« des Angebots sich gelegentlich positiv auswirkte. Denn war das Angebot einmal angenommen, so konnte es hilfreiche Eigenkräfte provozieren. Freilich, ob es angenommen wurde, hatte fast immer damit zu tun, ob Beziehungen zum Anbieter zustande gekommen waren.

Schließlich ging es uns zunehmend darum, eine zeitlich längere und systematischere Gesamtvorbereitung auf die Entlassung in unser Programm aufzunehmen. Wir begannen damit 1965. Zunächst war vorgesehen, daß die gruppenpädagogisch ausgebildete Sozialarbeiterin, deren eigentliche Arbeit in der Jugendarbeit lag, etwa sechs Monate lang vor der Entlassung vorbereitende Gruppengespräche führte. Bei Frauen mit sehr kurzen Strafen war, wie erwähnt, eine andere Sozialarbeiterin zuständig. Frauen mit sehr langen Strafen, und als die Begnadigungen aus der lebenslangen Strafe begannen, auch diese Frauen, kamen schon neun Monate vor ihrer Entlassung in diese Gruppe. Die Protokolle geben einen eindrucksvollen Einblick in die Probleme der Teilnehmerinnen, ihr Leben, ihre Konflikte im Haus und in der Gruppe, aber auch in ihre Einsichten und ihre Verarbeitung des Haftaufenthalts.

Nebenher liefen praktische Vorbereitungen: Nähen und Reparieren von Kleidung, Wohnungssuche, Regelung sonstiger Angelegenheiten in Zusammenarbeit mit der Sozialarbeiterin der Wohnabteilung. Wichtig waren auch Gespräche über Preise, Finanz- und Haushaltsplanung. Für besondere Informationen luden wir Gäste von draußen ein, von der Bewährungshilfe, der Berufsberatung, der Arbeitsvermittlung. Fachleute für Schuldenregulierungen kamen ins Haus, doch auch Fachfrauen für Kosmetik, Frisuren und Mode. Sie sollten die Frauen gegen die für sie typischen Ängste sichern, man könne ihnen die lange Entfernung aus dem freien Leben ansehen und daraus Schlüsse ziehen. Aber vor allem konnten in den Gruppengesprächen andere Gruppenmitglieder ihre Erfahrungen aus früheren Entlassungen einbringen.

1967 waren wir dann soweit, wegen des Absinkens der Zahl der Bewohnerinnen, einen eigenen Wohnbereich für die Entlassungsgruppe einrichten zu können. Dorthin kamen die Frauen sechs Monate vor ihrem Abschied, was in Einzelfällen flexibel gehandhabt werden konnte. Der Wohnbereich bestand aus zehn Wohnräumen, einem Gemeinschaftsraum und einer kleinen Küche, in der ein Teil der Verpflegung von der Gruppe selbst zubereitet werden konnte. Nun wurde von der Aufsichtsbehörde auch freies Geld und die Gelegenheit zum freien Einkaufen zugelassen. Den Umgang mit Geld (wieder) zu lernen, schien uns besonders wichtig. Doch wie mühsam war die Einrichtung der Küche bei unserer Armut! Und wie schwierig war die Organisation der Finanzmittel für den freien Einkauf! Lief doch sonst alles über Konten, auch damit kein freies Geld im Hause hin- und hergeschoben werden konnte. Doch die Probleme konnten gelöst, die Genehmigungen eingeholt werden. Wir betraten ja Neuland, und Lösungen mußten erst in der Phantasie entwickelt und dann bürokratisch abgesegnet werden.

Im Gruppenraum konnten wir eine kleine Handbibliothek einrichten und unser zweites Fernsehgerät aufstellen. Dort konnten sich die Gruppenangehörigen jederzeit außerhalb der Arbeitszeit aufhalten. Dorthin luden sie sich gelegentlich Gäste von draußen ein, auch zu ihren Mahlzeiten. Ich hatte das angeregt, weil mir auffiel, wie linkisch sie oft Fremden gegenüber waren. Ich meinte, es könnte ihnen später in der Freiheit helfen.

In dieser Abteilung fingen wir nun auch mit der Öffnung der Zellen an, natürlich nur außerhalb der Arbeitszeiten, wenn die

Bewohnerinnen sich in ihrem eigenen Bereich aufhielten. Sie mußten auch zustimmen, daß sie aus den offenen Zellen nur in den eigenen Stationsbereich hinausgingen, also den Rest des Hauses nicht aufsuchten. Diese Verantwortung trug die Gruppe selbst. Die Öffnung der Zellen wurde, wie alle anderen ähnlichen Entwicklungen, eingehend mit den Vollzugsbeamtinnen besprochen: »Können wir uns das zutrauen?« Erst wenn darüber Einigkeit bestand oder signalisiert wurde, konnte der neue Schritt getan werden. Ich kann mich nicht erinnern, daß die Öffnung der Zellen ausgenutzt worden wäre, jedenfalls nicht von dieser ersten Gruppe. In ihr entstand jene schon geschilderte Solidarität im Umgang mit einer »Missetäterin«, die einer anderen etwas weggenommen hatte und die nicht an die Hausdisziplin ausgeliefert, sondern von der Gruppe selbst in ihrer Form »abgemahnt« wurde.

Und wie bei allen anderen Entwicklungen hatten wir auch hier großen Wert darauf gelegt, daß es keine privilegierten einzelnen oder Gruppen geben konnte, nichts, was nicht allen Frauen in gleicher Weise irgendwann zur Verfügung stehen konnte.

Die Entlassungsgruppe im eigenen Wohnbereich bestand erst seit kurzer Zeit, da meldete sich die Sozialarbeiterin für die Frauen mit langen oder lebenslangen Strafen. »Was können wir für die, die es am schwersten haben, tun?« Ihre Frage war völlig berechtigt, und wir dachten nun in einer Teambesprechung über die in Betracht kommenden Frauen mit lebenslanger Strafe nach. Alle waren seit mehr als acht Jahren bei uns – in der Zwischenzeit war in Hessen keine Frau mehr zu einer lebenslangen Strafe verurteilt worden. An Begnadigungen, also Entlassungen, konnte erst ab 1969 gedacht werden. Noch galt: »Lebenslang ist lebenslang.« Diese Frauen, so mußten wir damals annehmen, würden nie in die freiere Phase vor der Entlassung kommen. Alle hatten, und das meist besonders intensiv, an den allgemeinen Gruppen-Ausbildungs- und -Freizeitaktivitäten teilgenommen, doch ihre Bedingungen waren nicht die gleichen. Unserem Grundkonsens entsprechend, es dürfe nur solche Privilegien geben, die alle in gleicher Weise erlangen könnten, beschlossen wir, daß die nun für diese Frauen angestrebten Gruppenvorteile erst zu einem Zeitpunkt gegeben werden dürften, an dem alle anderen gleichzeitig einsitzenden Frauen das Haus wieder verlassen hätten. Es durfte nicht zu dem Vorwurf kommen: »Hier wird man nur anständig behandelt, wenn man einen Menschen umgebracht hat.« An die Stelle der ursprünglichen acht Jahre Inhaftierung als Voraussetzung für Gruppenprivilegien setzten wir später fünf Jahre. In der Tat hatten fast nur Frauen mit Tötungsdelikten längere Strafen als fünf Jahre.

Als wir uns mit der Vorgeschichte der in Frage kommenden Frauen beschäftigten, stellten wir fest, daß alle in ihrem früheren Leben Familienmütter beziehungsweise Hausfrauen im eigenen oder fremden Haushalt gewesen waren, einige neben Fabrikarbeit. Das bestimmte die Art des Angebots, an das wir dachten: Alle sollten im größeren Verbund ihrer Arbeitsplätze und Wohnabteilungen bleiben und nicht etwa auf die kleine, immer gleichbleibende Gruppe eingeschränkt werden. Aber sie sollten einen Sonderbereich für die Wochenenden bekommen. Die Gruppe hieß dann »Wochenendgruppe«. Sie erhielt einen kleinen gemeinsamen Wohnraum, eine Küche mit Vorratsraum. Dort sollten die Frauen sich samstags und sonntags frei bewegen, frei wirtschaften und Gäste begrüßen können, Mitarbeiterinnen, andere Bewohnerinnen und Besucher von draußen. Das war den anderen Frauen damit zu erklären, daß sie zu dem Zeitpunkt, zu dem diese Frauen in eine solche Gruppe kommen könnten, selbst ja längst entlassen sein würden. Der Plan wurde allgemein mit Wohlwollen akzeptiert.

Wieder wurden die Räume überwiegend aus Spendenmitteln eingerichtet. Wieder gab es den Kampf ums Einkaufsgeld und die Schwierigkeiten mit den Einkäufen, die diese Frauen ja nicht selbst tätigen konnten. So blieb diese Aufgabe zunächst als zusätzliche Arbeit an der Sozialarbeiterin hängen. Jahre später wurde es möglich, daß auch diese Gruppe wöchentlich einmal in das Schwimmbad einer Freundin des Hauses und dann auch zum Einkaufen gefahren werden konnte.

Lange bastelten die geschicktesten der Frauen an der neuen Umgebung. Es kamen Jahre engen Zusammenseins – sowohl der Frauen untereinander als auch mit uns. Alle schauten wir am Wochenende mal auf einen Schwatz herein, alle wurden wir abwechselnd zum Kaffee eingeladen, ich zum von mir bevorzugten Käsekuchen. Alle brachten wir jeweils eine Kleinigkeit mit, so daß die Gruppe auch andere Gäste bewirten konnte. Daß das Zusammensein nur an zwei Tagen der Woche stattfand, verhinderte den Überdruß aneinander. Fast immer kam es zu lockeren und informierenden Gesprächen mit den Gästen. Waren wir einmal mit den Frauen allein, dann war auch das eigene Befinden ein Thema. Auch fragte ich gelegentlich nach ihrer Meinung zu Problemen im Haus und bekam durchaus sachverständige Anregungen für das Zusammenleben. Und ich erfuhr viel über das bohrende Schuldbewußtsein fast aller, ihre Reue, ihr Heimweh, ihr Leid um die zurückgelassenen Kinder und darüber, wie lange sie selbst unter günstigen Umständen glaubten, die »Sühne«, die sie für angemessen hielten, aushalten zu können, ohne daran zu zerbrechen.

Vielleicht muß hier etwas über Schuldgefühle bei inhaftierten Frauen gesagt werden. Sehr zahlreich waren die, die in einer gnadenlosen, vorurteilsbelasteten, kaum selbstkritischen und lieblosen Umwelt, die eigene Fehler gern übersieht, sofern sie nicht bekannt werden, an schweren Schuldgefühlen litten. Das taten nicht nur die, die eine schwere Straftat begangen hatten. Ich kenne eine Frau, die auch nach 45 Jahren noch, heute außerhalb der Strafanstalt, an jedem Jahrestag der Tat leidet und sich wie ein Tier verkriecht. Schuldgefühle haben Frauen auch wegen vergleichsweise geringfügiger und zum Teil von anderen mitverschuldeter Taten. Ich erinnere mich an eine ehemalige jugendliche Gefangene, die wegen Diebstahls bestraft worden war und die mich nach vielen Jahren verzweifelt anrief: »Mein Junge hat gestohlen; habe ich ihm das vererbt?« Oder an die manisch-depressiv gestimmte Frau, die bei den Kindern allzu liebevoll den Geiz des Ehemannes ausgleichen wollte und sich dabei übernahm. Nach dreißig Jahren schrieb sie mir, als die Töchter sie wegen ihrer Straftaten an den Pranger stellen wollten: »Ich war doch nicht schlecht, ich habe es doch für sie getan und fand keinen anderen Ausweg. Ich weiß natürlich, daß ich Strafe verdient habe...« Und hatte mich nicht die wohl schwierigste von allen, die einen Mord in einem psychiatrischen Krankenhaus begangen hatte, nach ihrer Entlassung ganz erschüttert angerufen, als ein hessischer Anstaltsleiter an seinem Arbeitsplatz ermordet worden war: »Mein Gott, sowas habe ich doch auch getan...«?

Nicht selten empfanden wir die Schuldgefühle einzelner Frauen angesichts der Lebensumstände, in denen sie gelebt hatten, als überzogen, sprachen das allerdings kaum aus. Denn diese Gefühle bezogen sich ja vor allem auch auf die Menschen – Eltern, Partner, Kinder –, die sie mit den ihnen angetanen Wunden zurückließen. Angesprochen wurde die Frage des Schuldbewußtseins von uns nur da, wo eine Betroffene ihren Anteil nicht einsehen mochte oder wo der leichtfertige Umgang mit der Straffälligkeit allzu oberflächliches Denken und vor allem wirkliche Unanständigkeit deutlich machte. Denn diese höchst sensible Frage anzusprechen konnte nur da erfolgreich sein, wo eine Beziehung entstanden war, die das Recht dazu nahelegte. Natürlich gab es auch Frauen, die ohne Gefühl für das eigene Versagen durch die Strafzeit gingen, doch dies geschah seltener, als meist angenommen wird.

Alle Frauen der »Wochenendgruppe« sind längst entlassen. Zu der Mehrzahl hatten wir weit über die Entlassung hinaus Beziehungen, wechseln noch heute Karten und Briefe, erhalten Besuche und Briefe an persönlichen und allgemeinen Feiertagen. Wenige konnten noch einmal ein Leben aufbauen, den meisten fiel schon der Versuch sehr schwer, und oft gelang es nicht. Einige sind auch in den ersten Jahren nach der Entlassung gestorben. Ursache war sicherlich nicht allein die Haft, mit ihr zu tun hatte es aber wohl doch, obwohl wir uns wirklich Mühe um diese Menschen gemacht haben.

So hatten wir, sobald das genehmigungsfähig war, von Gnade aber immer noch keine Rede war, versucht, den in der Wochenendgruppe zusammengefaßten Frauen weiteren Auslauf zu verschaffen. Mir wurden Autoausflüge mit ihnen in den Taunus genehmigt. Dabei geschah es einmal, daß ich auf einer Bank kurz einschlief. Die Frauen begrüßten das als Vertrauensbeweis; nie hat eine versucht, die Situation auszunutzen. Weitere Ausflüge dieser und auch anderer Frauen, die lange Strafen zu verbüßen hatten, wurden möglich, besonders mit den Pfarrerinnen, die sie zu Kirchenfesten in den eigenen Gemeinden, aber auch in anderen Stadtteilen mitnahmen oder zu Diskussionsabenden von Frauengruppen verschiedener Gemeinden. Hier erlebten die Frauen – und es war erschütternd, wie glücklich sie das machte –, daß sie akzeptiert wurden, daß man ihnen zuhörte. Sie übten sich darin, über ihre Probleme zu sprechen und dabei Zutrauen zu sich selbst aufzubauen. Alle diese Möglichkeiten, zusammen mit dem engen Kontakt zur betreuenden Sozialarbeiterin, zu einer Zeit, als der Strafvollzug noch keine gesetzlichen »Lockerungen« kannte, haben die ab 1969 beginnenden Begnadigungen wesentlich erleichtert. Und es entstanden Beziehungen, die uns die Arbeit und den Frauen das Leben erleichterten.

Nahezu identisch mit der Wochenendgruppe war die Gruppe der Gärtnerinnen, mit der die erste Psychologin zusammenarbeitete. Sie pflegte die drei großen Höfe, die wir nach der Übernahme des Militärgefängnisses vom Schotter befreit und mit Rasen bepflanzt hatten. Sie machte Gärten daraus, die so schön waren, daß ich an Sommerabenden gelegentlich hindurchging und dachte, hier möchte ich wohl mal einen Urlaub verbringen. In zwei Höfen wurden Blumenbeete angelegt, die im Wettbewerb der Gärtnerinnen immer bunter und prächtiger wurden. Daneben gab es blühende japanische Zierbäume und Sträucher, darunter Rosen von großer Üppigkeit. Hier fanden die Sommerfeste statt. Ein Hof wurde zum Sporthof, mit nur zwei großen Trauerweiden am Rande der Wiese. Als die Psychologin uns verließ, waren die von ihr gepflanzten Bäume groß geworden. Auf dem Hof vor meinem Fenster verbrachten die Arbeiterinnen der Wäscherei im Sommer ihre Mittagspause, lagerten sich im Schatten von zwei Essigbäumen, die im Herbst mit tiefroten Blättern brannten. Hier waren auch die größten Rosenbüsche. Um den Krankenhausgarten kümmerten sich die Ärztin und die Krankenschwestern. Dorthin brachte eine junge Entlassene einen Korb mit Rosensetzlingen, »weil die Ärztin immer nett zu mir war, wenn ich in die Absonderung mußte«. Und einmal stand vor meiner Haustür eine Frau aus der Wochenendgruppe, ein Jahr nach ihrer Begnadigung, und erklärte, sie wolle bei mir wohnen und von dort aus die Gärten wieder in Ordnung bringen. Sie war die engagierteste Gärtnerin gewesen und hatte auch die Flure des Hauses geschmückt. Sie wohnte dann in der Tat eine Woche bei mir in der Mansarde und arbeitete tagsüber in den Anstaltsgärten. Das war zu jener Zeit, als Resozialisierung auch von der Aufsichtsbehörde sehr ernst genommen und sehr liberal gehandhabt wurde.

Immer wieder versuchten wir, die Frauen zum Sport zu animieren. Zunächst boten wir den Jugendlichen Frühsport an, dann auch den Erwachsenen. Doch alle Ansätze scheiterten. Es fand sich niemand zur Anleitung, und Eigeninitiative kam einfach nicht auf. So blieben nur die Gruppen-Ballspiele an den Wochenenden auf dem Rasen. Natürlich fehlten uns auch alle Einrichtungen; so wäre zum Beispiel vieles sicher anders gewesen, hätten wir Schwimmen anbieten können. Doch bis zu einem Schwimmbecken in einer Frauenanstalt reichte nicht einmal unsere Phantasie. Alles, was wir hatten, war der Punchingball in der »Beruhigungszelle« und ein fest verankertes Radfahrgerät, das vor allem von den politisch motivierten Straftäterinnen genutzt wurde.

Neben diesen Entwicklungen war es nach und nach gelungen, die Zellen im ganzen Haus zu öffnen, zum Schutz des Eigentums natürlich immer nur nach der Arbeitszeit. Früher waren die Zellen immer nur zu besonderen Gelegenheiten aufgeschlossen worden, um nach der Arbeit heißes Wasser zu holen und zu den Freizeiten abends bis halb neun. Das heiße Wasser wurde zum Reinigen von Körper und Geschirr gebraucht, denn nur in einigen Arbeitsbetrieben konnte geduscht werden, alle anderen Frauen mußten dazu in das Souterrain hinabsteigen; die Küchenarbeiterinnen täglich, die anderen zweimal die Woche.

Den Anfang bei der Zellenöffnung machten, wie geschildert, die Entlassungs- und die Wochenendgruppe. Danach sprachen wir wieder erst mit dem Vollzugsdienst darüber, ob wir das ausweiten könnten. Da in einem völlig offenen Haus gewisse Grenzen gesetzt werden mußten, wurden auch die Gruppensprecherinnen gefragt. Es sollte gerecht zugehen, gleichzeitig war nicht alles überall und sofort möglich. Auch in der Hauszeitung wurden die damit zusammenhängenden Fragen erörtert, gab es Angriffe und Verteidigung. Anfangs waren alle bereit, die Abteilungsgrenzen zu respektieren. Gemeinsam sperrten wir sie durch leicht zu entfernende Sperrholzplatten gegeneinander ab. Doch natürlich wurde das Einhalten der zunächst selbst gesetzten Regeln mit der Zeit zu einem Problem. Und wir bedauerten wieder einmal die offene Konstruktion des Hauses, mußten wieder einmal äußere Mängel durch innere Regelungen ausgleichen. Das sah dann so aus, daß die Frauen erst einmal eine Weile beobachtet wurden, wie weit sie zum Respekt vor Regeln bereit waren. Erst dann wurden sie auf den offenen Teil ihrer Wohnstation gebracht. Dort waren die Zellen dann jeweils nach der Arbeit bis halb neun geöffnet, samstags von zwei bis acht und sonntags, wegen des reduzierten Vollzugsdienstes, grundsätzlich nur zwei Stunden. Diese kurze Zeit am Sonntag fanden wir nicht schlimm. Sollte doch jeder Mensch einmal Muße nur für sich selbst haben. Wir hatten eine reichhaltige Bibliothek und neben dem allgemeinen auch ein von einer Gruppe zusammengestelltes Radio-Musikprogramm. Überdies fanden auch an den Sonntagen Freizeitveranstaltungen und vor allem wechselnde Gruppenessen mit den Sozialarbeiterinnen statt. Die Entlassungsgruppe bekam jetzt die Möglichkeit, sich unbeschränkt im ganzen Haus zu bewegen.

Als das Gesetz und später sogar Umbauten größere Bewegungsfreiheit ermöglichten, war ich nicht mehr im Hause. Zunächst wurden die Abteilungen durch Eisengitter voneinander getrennt, damit alle sich in ihren Grenzen frei bewegen konnten. Die sichere Trennung war vor allem wegen der zunehmenden Gefahr durch Drogen-Einschmuggeln notwendig. Freilich wurde dadurch das Aussehen des Hauses noch mehr in Richtung auf ein Gefängnis verändert.

In den offenen Abteilungen entstand – wie bei allen »Fortschritten« – ein neues Problem: Nun beklagten sich die Bewohnerinnen, daß sie sich in den offenen Räumen nicht gegen Besuche abschirmen konnten, wenn sie allein sein wollten. Der Zellenöffnung hätte der zweite Schritt folgen müssen: eigene Schlüssel, mit denen man von innen abschließen konnte, wobei die Zellen aber trotzdem mit einem Spezialschlüssel von außen zu öffnen gewesen wären. Das aber ging wieder über unsere Möglichkeiten. So rieten wir, es wie im Hotel zu machen: mit einem Schild »Bitte nicht stören«.

Unsere letzte größere Veränderung aus eigener Kraft, mit der wir allerdings erst ab 1974 begannen, hatte ebenfalls teilweise mit der Zellenöffnung zu tun. Es war die Neukonzeption der Zugangsbehandlung, also des Umgangs mit Frauen, die neu zu uns kamen. Wir entwickelten ihn ebenso schrittweise wie alles andere unmittelbar aus der Praxis und ihren Bedürfnissen heraus. Während der anfänglich auf eine Woche begrenzten Abschließung der »Neuen« in der Zelle zur medizinischen Untersuchung fand vom Umzug in das »Große Haus« an auch die Begegnung mit den leitenden Mitarbeiterinnen und Mitarbeitern des Hauses statt. In einer Art Einführungsseminar trug jeder Verantwortliche für sein Arbeitsgebiet vor, was die neuen Bewohnerinnen wissen mußten: Arbeitseinsatz, Versorgung, Unterbringung, Einkauf, Möglichkeiten für spätere Aktivitäten etc. Dieses »Seminar« sollte nicht nur Informationen vermitteln, sondern auch mit den verschiedenen Personen bekannt machen, an die sich jede Frau schon jetzt fragend, aber auch später mit speziellen Anliegen wenden konnte. Diese frühe persönliche Begegnung hielten wir für wichtig; sie wurde immer beibehalten. Die erste Stunde übernahm ich. Ich sprach über das, was wir im Zusammenleben im Haus erreichen wollten, und über Rechte und Pflichten der Frauen einschließlich ihrer Möglichkeiten, sich bei verschiedenen Instanzen zu beschweren. Die Sozialarbeiterinnen hatten bereits vorher, möglichst am ersten Tag, mit jeder Frau gesprochen, für die sie zuständig sein würden.

Die Idee des Stufenstrafvollzugs, Neuankömmlinge zunächst drei Monate lang in absoluter Einzelhaft zu sich finden zu lassen, beruhte unseres Erachtens auf irrtümlichen Überlegungen. Das Alleingelassensein ohne Unterstützung blockierte die Bereitschaft, Zuwendung und Hilfe zu akzeptieren, und verwies vor allem auf die letzten, meist wenig erbaulichen Erinnerungen. So begrenzten wir den ersten Aufenthalt auf der damaligen Zugangsstation auf vier Wochen, ließen aber sofort nach der ärztlichen Untersuchung den Arbeitseinsatz in der Gemeinschaft zu. Doch da begann uns nach einiger Zeit zu stören, daß die »Neuen« in den Arbeitsbetrieben schon nach wenigen Tagen im großen Getümmel des Hauses untergingen, später dann darüber hinaus auch bald Zugang zu den offenen Zellen finden konnten. Die bekannten Rückkehrer wurden jeweils mit großem Hallo begrüßt und überbrachten die neuesten Nachrichten aus der Szene. Das wirkte sich dann gelegentlich so aus, daß der Aufenthalt nicht mehr recht ernst genommen wurde.

So trennten wir, als wir uns das leisten konnten, und dieses Mal mit öffentlichen Mitteln, eine neue Zugangsabteilung so dicht durch Gitter ab, daß sie nur mit Schlüssel erreicht werden konnte. Hier sollten die »Neuen« mit entsprechender Straflänge die ersten sechs Wochen nach der ärztlichen Untersuchung verbringen. Und hier sollte diese Zeit planvoll von der Psychologin und einer Sozialarbeiterin gestaltet und begleitet werden. Vormittags arbeiteten die Frauen in der Abteilung, nachmittags trafen sie zu verschiedenen Gruppenaktivitäten zusammen, meist mit einer der beiden Leiterinnen. Ein schwieriges Problem war es, Arbeit für sie zu finden und damit auch die Entlohnung, die für den Hauseinkauf benötigt wurde. Mit großer Mühe bekamen wir einige Arbeitsaufträge, und wenn das Geld nicht reichte, halfen wir aus Spendenmitteln nach. Solche Nachteile handelt man sich ein, wenn Strukturen ohne offizielle Hilfe entwickelt werden. Immerhin hielt die Konstruktion, die uns damals befriedigte, bis zu meinem Ausscheiden. Ich nahm besonders gern an den Gruppenveranstaltungen teil und erinnere mich an sehr offene, zugetane Gespräche, die ihren Wert offenbar über diese Anfangsphase hinaus behielten. Außerhalb des üblichen, leicht alles verschlingenden Hauswirbels entstanden in größerer Ruhe Beziehungen, auf die eine weitere Arbeit aufgebaut werden konnte.

Ziel und Wege der Reformversuche – Eine Zwischenbilanz

Ehe ich nun zur letzten Etappe meiner Arbeit übergehe, in der im Vorgriff auf das künftige Strafvollzugsgesetz neben anderen Lockerungen der »Freigang« eingerichtet wurde, fasse ich noch einmal in einer Art Katalog der einzelnen Pläne und Entwicklungen kurz zusammen, worum es uns in der Arbeit vor allem ging:

Grundprinzipien:
Schadensabwehr
Arbeit am Selbstbewußtsein durch Zuwendung
Vermittlung von Kenntnissen für Beruf und Bildung
Vermittlung von Sozialtechniken für das freie Leben

Gestaltung des Lebens im Haus:
Arbeit, Bildung und Ausbildung
Gestaltung von Freizeiten und Festen
liberaler Umgang mit Disziplin-Problemen
Pflege von Gesundheit und Beziehungen
Spezifische Gewichtungen:
Für jede Frau eine zuständige Sozialarbeiterin
Leitung jeder Abteilung durch die zuständige Sozialarbeiterin
Sondergruppen unter besonderen Gesichtspunkten
unautoritärer Umgang mit der Gefangenenmitverantwortung
Einbeziehen freier Helfer und der Öffentlichkeit
Kontakte zwischen Müttern und Kindern
Stil des Umgangs (angestrebt, kaum erreicht):
Diskussion hausinterner Entwicklungen mit möglichst allen
Betroffenen

Beim nochmaligen Überdenken der geschilderten Aktivitäten
frage ich mich, wie fremd das alles wohl dem heutigen Leser
erscheinen muß. Sind Gefangene heute überhaupt noch bereit,
auf Angebote dieser Art einzugehen? Und wie werden solche
Angebote heute gemacht? Wir haben damals mit einem Über-
maß an Einsatz arbeiten müssen, weil wir sachliche Defizite
ausgleichen mußten, in einer Zeit extremen Mangels, den wir
auch selbst und privat noch erlebt hatten. Doch in dieser Zeit
wurde die neuerstandene Hoffnung auf Menschlichkeit zu
einer starken Antriebskraft. Auch war das Zusammenleben
noch nicht so extensiv und intensiv geregelt wie heute und
erlaubte, ja erforderte Spielräume. Da dachten wir dann weniger an die Einhaltung von Arbeitsstunden als an die Bedürfnisse der von unserer Arbeit Betroffenen. Wir alle, die wir uns
sozial verantwortlich fühlten, Sozialarbeiterinnen, doch auch
Vollzugs- und Verwaltungsdienst, blieben mehr als einen
Abend, Sozialarbeiterinnen mindestens an zwei Abenden in
der Woche bis 20.30 Uhr im Haus, ich oft an drei bis vier Abenden. Auch für die Sozialarbeiterinnen war regelmäßig Dienst
am Wochenende vorgesehen, dieser wurde jedoch möglichst

auf die Wochenarbeitszeit angerechnet. Wenn das nicht möglich war, dann ging eben die Arbeit vor. Würde so etwas, wenn man davon spräche, heute akzeptiert werden? Ich habe meist darüber geschwiegen.

Freigang – Einübung ins Leben nach der Haft

Im Jahr 1972 wurde in Hessen »Freigang« im Vorgriff auf das spätere Strafvollzugsgesetz zugelassen. Die rechtliche Detailregelung über die Gnadenordnung ist hier ohne Belang. Inzwischen ist Freigang eine allgemein bekannte Größe des heutigen Strafvollzugs. Für uns war es damals Pionierarbeit, und eine um so erfreulichere, als wir die Einzelheiten selbständig und unbürokratisch gestalten konnten. Anfragen bei den Vollstreckungsbehörden waren nur bei Gewalttätern, Wiederholungs- und Fluchtgefahr geboten. Einfache Problemdarstellungen genügten. Schwerwiegendes ist trotzdem nicht passiert. Als zum Beispiel eine Frau im Freigang eine relativ geringfügige Straftat begangen hatte, erwähnte ich dies bei der späteren Befürwortung der vorzeitigen Entlassung nicht. Später wurde mir das vorgeworfen – man hätte sie, nach vier Jahren wirksamer Strafverbüßung, in Kenntnis dieser Tatsache nicht entlassen –, und ich antwortete darauf, es habe sich damals lediglich um ein Ermittlungsverfahren mit Unschuldsvermutung gehandelt, die frühe Entlassung sei durch das sonstige Verhalten der Betroffenen gerechtfertigt gewesen, sie lebe nun, nach der Entlassung, geordnet und in Arbeit. Daraufhin erfolgte nichts mehr. Und tatsächlich wurde die Frau auch nicht mehr rückfällig.

Doch zurück zum Anfang: Wir freuten uns über die neue Herausforderung. Aber: Wo war im Haus noch eine abgetrennte Abteilung einzurichten? Welche Mittel könnten wir für den Umbau einsetzen? Wie sollte die Abteilung aussehen?

Nach einigen Monaten war sie fertig, völlig abgetrennt, mit acht Wohnplätzen, Küche, Duschraum, gemeinsamem Aufenthaltsraum. Auch für die Einrichtung bekamen wir diesmal Mittel. Am 1. März 1972 fingen wir mit der Arbeit an. Gemeinsam entwickelten wir eine Hausordnung. Zunächst war alles schwierig und belastete den Vollzugsdienst. Die Abteilung lag mitten im Haus, alle Frauen mußten zu verschiedenen Zeiten aus- und wieder eingeschlossen und zu und von der Pforte begleitet werden. Natürlich ohne Personalvermehrung. Eine Sozialarbeiterin übernahm neben ihrer nur leicht reduzierten sonstigen Aufgabe die Leitung der Abteilung. Sie suchte mit den Frauen zusammen Arbeitsstellen, half bei der Einrichtung von Lohnkonten und der Verwaltung der für Schuldenrückzahlung, Aufenthalt und laufende Ausgaben vorzusehenden Lohnanteile. Ein Gruppenabend zur Besprechung von Abteilungsproblemen war obligatorisch. Festgelegte Zeiten konnten nach der Arbeit außer Haus verbracht werden.

Auch das war Neuland: Wir mußten mit dem neuen Freiheitsbedürfnis, den im engen, doch offenen Zusammenleben sich ergebenden Gruppenproblemen – Vorwürfen wegen Schlampigkeit beim Putzen der gemeinsamen Räume, Entwendungen, Verdächtigungen usw. – fertigwerden. Eine besondere Schwierigkeit der ersten Gruppe, in der ich mich zum Kennenlernen der Probleme intensiv an der Arbeit beteiligte, war der Alkoholismus zweier Frauen, der sich in einem Fall sogar mit einem Selbstmordversuch verband. Wir wollten ohne äußerste Not niemanden ausschließen, das heißt, niemanden in den geschlossenen Vollzug zurücknehmen, das aber gegen alle besserwisserischen Beobachtungen vor allem der uns umgebenden Männeranstalten, die damit rasch bei der Hand waren. Lieber holten wir die ausbleibenden Frauen selbst »nach Hause«. Wieder, wie als Vierzehnjährige, damals, um diese Welt kennenzulernen, nun aber aus eigener Verantwortung, stand ich abends vor Kneipen, wartend oder abholend. Gerade die Frauen mit den größten Problemen sind später mit ihrem Leben, wenn auch nie glücklich, so doch ohne Rückfälle fertig geworden. Doch habe ich andererseits auch fröhliche Erinnerungen an diese Anfangszeit. So gab es eine Reihe gemeinsamer Unternehmungen, an denen alle und auch ich teilnahmen: Besuch eines Zirkus, einer Tanzveranstaltung, Ausflüge in die nähere und fernere Umgebung. Einmal lud der Kinderheimverein die ganze Gruppe zum Kaffee und zu einem Ausflug in das Frankfurter Umland ein. Frauen, die das wollten, konnten von der Abteilung aus weiter an ihren früheren Gruppenaktivitäten im Haupthaus teilnehmen, auch an dem offenen Gesprächskreis mit freien Betreuerinnen.

Mich kostete dieser Anfang allerdings vier Kilo, doch ich glaube, sie lohnten sich. Es entstanden Beziehungen, die lange anhielten, manche bis heute, andere – zu den beiden Alkoholikerinnen – bis zu deren Tod, zehn und fünfzehn Jahre nach ihrer Entlassung. Rückfällig wurde aus dieser ersten Gruppe meines Wissens keine. Loyalität bewies eine der beiden Trinkerinnen, als eine »Demonstration gegen den Knast« auch an unser Tor brandete. Da beschimpfte sie die Demonstrierer und verteidigte Beamtinnen und Anstalt. Und bei einem Spaziergang sagte sie zu mir: »Wenn ich aus meiner früheren Anstalt entlassen worden wäre, dann wäre ich sofort wiedergekommen, so groß war mein Haß geworden. Hierher werde ich nicht zurückkommen.« Damit hatte sie recht.

Nach etwa vier Monaten schrieb ich in einem Brief: »Wir haben eine neue Abteilung eingerichtet – für ›Freigänger‹, acht Plätze. Selbst ein alter Hase wie ich, viel erlebt habend und emotional abgebrüht, ist völlig überfahren von den Problemen, die da zu bewältigen sind. Der heftige und freudlose Kampf derer, die mit dem Leben fertig werden wollen und nun unter freien Bedingungen beginnen, das zu üben. Die Vorurteile draußen, der Abschied vom früheren Leben mit einem Besuch im alten Milieu (im Bahnhofsviertel), ob er bereits gelungen ist, die Lösung aus alten Beziehungen und der ungeheure Anspruch an Zuwendung als Äquivalent! Das Unverständnis der Mitarbeiterinnen für ihre massive Unordnung, die nun erst offenbar wird. Und die wilden Ausbrüche von Schuldgefühlen, wenn sie betrunken ›nach Hause‹ kommen – sie kommen ja wirklich nach Hause, und wissen selbst nicht, warum sie es tun

– und daß man sie trotzdem verständnisvoll aufnimmt, was sie
bisher nie erlebt haben. Daß man auch in solchen wilden Situationen, in denen sie mit Worten und sogar mit Fäusten auf
einen losgehen, durchhält. Die wachsende Solidarität mit einzelnen, mit denen man zusammen die Gefährdetste aus der
Kneipe herausholt. Die Nacht, die ich mit einer von ihnen,
eben der besonders Gefährdeten, verbracht habe, weil sie sich
in betrunkener Verzweiflung die Pulsader aufgeschnitten hatte
und man fürchten mußte, sie würde es wieder tun, wenn man
sie allein ließe. Und die andere mußte doch am nächsten Morgen wieder um 6 Uhr an die Arbeit. Deren Ausbruch dabei:
›Wir tun gerade, was wir tun wollen, und wer von uns denkt
eigentlich an Sie?‹ Dieses furchtbare ›Wir‹, das die Fronten auf-
baut zwischen unserer Welt der Ordnung und der ihren des Ver-
lorenseins. Es geht in großen Wellen über einen hin, und
manchmal meint man, nicht genug Kräfte für alles zu haben,
und ist in einem Maß gefordert, wie es fast nur einer geben
kann, der sonst nichts hat. Aber da ist dann der nächste
Mensch, helfend wie seit Jahren und doch auch bitter auf das
Gefängnis, das zuviel von Mutter und Eltern genommen hat.
Alles das läßt sich kaum ausdrücken. Es soll ja auch nur gesagt
sein, daß es neben dem allen zur Zeit fast nichts gibt, wenn
auch mit Ächzen und Stöhnen.« Und nochmals: »Es war ein
anstregender Sommer..., doch ein Sommer voller Leben, voller Probleme und Sorgen, aber eben voller Leben. Im Mittelpunkt – wie immer – die Anstalt mit ihren neuen Anforderungen. Mit ihren intensivierten Beziehungen zu den Frauen, die
immer mehr zu Partnern werden, was die Lage nicht verein-
facht. Denn sie sind von einem oft unfaßbaren Schwierigkeits-
grad, von dem ich nun in der freieren Behandlung noch viel
mehr begriffen habe. Könnte man schreiben, hätte die Gabe
des Ausdrucks, viele Bücher müßte man füllen mit dem, was
Menschen einander antun, was Kindern angetan wird. Über
einen Aufsatz, den ich kürzlich geschrieben habe, setzte ich als
Motto: ›Kinder, die verletzt werden, rächen sich, so entsteht
Kriminalität.‹ Und wie man sie verletzt hat!

Vor allem aber hat uns die Gestaltung des Freigangs noch einmal an die intensive Schaffensfreude des Anfangs erinnert, an die Herausforderung, die Strafvollzug nach unserem Verständnis sein sollte.«

Das Kinderhaus

Nun noch einige Seiten, doch ohne eigenes Kapitel, zum Kinderhaus, obwohl dieses Anliegen und seine schrittweise Verwirklichung fast während der ganzen Zeit parallel neben allem anderen herlief. Über die Entwicklung des Hauses für Mütter und Kinder ist relativ oft in der Öffentlichkeit berichtet worden, populär, kritisch und wissenschaftlich. Trotzdem will ich dieses gelegentlich als Herzstück unserer Reformversuche angesehene Kapitel nicht ganz aussparen. Ich werde mich jedoch kurz fassen und vor allem darauf verzichten, eingehend auch über die Polemik gegen diese Entwicklung und meine Abwehr dagegen zu schreiben. Jeder Leser möge sich aus der bloßen, konzentrierten Schilderung selbst ein Bild machen.

Auch diese Einrichtung entstand aus einer Kombination von konkreten Bedürfnissen und Mitleiden. Weniger die körperlich-seelische Situation der schwangeren Frauen in der Vollzugsanstalt machte mich betroffen. Die hielt ich angesichts der ärztlichen Pflege im Haus und auch des sonstigen Entgegenkommens nicht für zu belastend. Als ich selbst schwanger war, hatte ich nicht selten Bombennächte und Tieffliegerangriffe durchlebt, in der Nacht nach der Entbindung mußte ich, getrennt von dem Kind, wegen Alarm in den Luftschutzkeller. Und aus was für »freien« Verhältnissen kamen die schwangeren Frauen sehr oft zu uns!

Aber – ich war mit einem kleinen Kind nach dem Krieg, an dessen Ende wir knapp daran vorbeigekommen waren, per Fahrrad und ohne den Vater flüchten zu müssen, zurück nach Deutschland gekommen. Ich hatte das Kind von seinem Vater trennen müssen und seinen Schmerz deswegen erlebt. Ich war mir bewußt, daß man eine solche Trennung weder aushalten könne noch zufügen dürfe. Einem Säugling, der ja fast noch ein Teil des mütterlichen Körpers ist, noch weniger. Und dann sah ich, wie in unserem Haus Frauen, die eben in einem städtischen Krankenhaus geboren hatten, gnadenlos von ihrem Kind getrennt wurden, um wieder in die Haftanstalt aufgenommen zu werden. Viele kamen tief deprimiert zurück. Die Kinder kamen in Heime, Familienaufnahme kam in der zerstörten Stadt kaum je in Betracht. Bei längerer Trennung löste sich oft die Verbindung zur Mutter, die Kinder blieben im Heim. (Früh wurde uns auch schon die Problematik der Adoption bekannt.) Die Kinder in die unzulänglichen, meist von mehreren Frauen bewohnten Zellen im Kleinen Haus aufzunehmen, wie es unter den Nazis offenbar möglich gewesen war, schien uns undenkbar. Die Militärregierung hatte diese Praxis aus humanitären Gründen unterbunden – mit dem geschilderten Erfolg. Die deutsche Verwaltung hielt an dieser Verfahrensweise fest, machte aber daraus ein Dogma. Denn als wir beim Umzug in das Große Haus mit gut ausgestattetem, in einem eigenen Bauteil liegendem Krankenhaus eine Möglichkeit sahen, die Kinder, ohne Schädigungen befürchten zu müssen, wenigstens eine Weile bei den Müttern zu lassen – nicht wenige hätten dann mit ihnen zusammen das Haus verlassen können –, da wurde mir das nachdrücklich untersagt.

Nun erinnerte ich mich daran, daß ich als Studentin bei einer privaten Studienreise in Warschau in der Frauenstrafanstalt Mütter mit Säuglingen und kleinen Kindern gesehen hatte. In beiden großen Frauenanstalten, die ich in den USA besuchte, lebten kleine Kinder bei ihren Müttern in den Cottages. Sie waren offensichtlich fröhlich und gesund und wurden während der auswärtigen Arbeit der Mütter von den Cottage-Leiterinnen versorgt. Bei einem viel späteren Besuch in einer Frauenanstalt in San Francisco traf ich auf eine Klage inhaftierter Frauen gegen ihren Staat: Sie wollten ihre Kleinkinder bei sich haben. Und so diskutierte ich das Problem mehrfach in meinen von vielen Frauen besuchten Leseabenden. Deren Antwort war eindeutig: Wir würden lieber hier entbinden und das Kind noch eine Weile behalten können, denn, wörtlich: »Hier wissen wir doch, wo wir sind.« Als Verbündete stellte sich die junge Ärztin ein, die später selbst drei Kinder hatte. Mit ihr diskutierte ich die Probleme rational, im Zusammenhang mit allen Vorstellungen, die wir für die Entwicklung unseres Hauses hatten. Müttern dürften ihre neugeborenen Kinder nicht zwangsweise weggenommen werden. Den Kindern sollten Beziehungen zu ihren Müttern erhalten werden, soweit das aus deren Situation und ihrer spezifischen Bindungsfähigkeit irgend zu verantworten war. Und so entschlossen wir uns bewußt, aus »Gewissensgründen«, uns über eine klare Anweisung hinwegzusetzen. (Immerhin handelte es sich nicht um ein Gesetz.)

Dabei halfen uns ab 1956 »Schwejk«-Methoden. Es waren Entweichungen aus Krankenhäusern vorgekommen, und einige Untersuchungsrichter fragten uns, ob es denn keine andere Möglichkeit gebe als die Überweisung in ein freies Krankenhaus. Es gab sie – unser Krankenhaus war für damalige Verhältnisse bestens ausgestattet. Es kam auch vor, daß Kinder nachts, spontan, geboren wurden; ein uns verbundener Gynäkologe und eine in der Nähe wohnende Hebamme halfen. Und so hatten wir – es war unser einziger bewußter Regelverstoß – Babys im liebevoll von Ärzten und Krankenschwestern eingerichteten Säuglingszimmer. Sie wurden aus eigenen Mitteln, also ohne staatliche Gelder, ernährt. Die Mütter versorgten sie auch noch, wenn sie selbst wieder im Zellenhaus wohnten. Gelegentlich schlich ich mich zu den Säuglingen und ließ mich durch ihren Anblick »aufmuntern«.

So blieb es, bis der erfrischend offene Generalstaatsanwalt Fritz Bauer bei einer Besichtigung des Hauses in Gegenwart des verantwortlichen Verbieters, der zwar wußte, aber nicht wissen wollte, ausrief: »Frau Einsele – wo sind Ihre und meine Kinder?« Da war unser Säuglingszimmer dann nicht mehr heimlich, und es wurde auch nicht nochmals verboten. Die Aufenthaltszeit der Kinder wurde auf die nicht leicht kontrollierbare Stillzeit begrenzt, die wir lange ausdehnten. Schließlich aber mußte die Trennung häufig doch erfolgen. In einer Reihe von Fällen hatten sich wirkliche Bindungen entwickelt. Genügte die getroffene Regelung? Natürlich nicht.

Einige bei uns geborene Kinder von Jugendlichen konnten mit ihren Müttern in die Freigängerabteilung für Jugendliche umziehen. Dort wurden sie von der leitenden Sozialarbeiterin, die auch ausgebildete Hebamme war, versorgt, wenn die Mütter außerhalb bei der Arbeit waren. Kamen sie zurück, kümmerten sie sich selbst, wenn nötig unter Anleitung, um ihre Kinder. Dabei erlebten wir Erstaunliches: die Reifung der jugendlichen Mütter an ihren Kindern, die Entwicklung so enger Beziehungen, daß die Kinder auch nach der Entlassung bei den Müttern blieben, sei es, daß diese die Schwierigkeiten alleinerziehender berufstätiger Mütter auf sich nahmen, sei es, daß sie von Sozialhilfe lebten oder auch daß sie später heirateten. Es handelte sich ja nicht um viele, statistisch auswertbare Fälle, aber wir erlebten nur einmal, daß sich eine psychisch kranke Mutter von ihrem Kind trennte, wohl zu dessen Vorteil. In diese Abteilung ließen wir dann auch solche Kinder, die vor der Inhaftierung der Mütter geboren und draußen untergebracht waren, tageweise, und vor der Entlassung auch länger, zum Kennenlernen kommen. Und uns machte diese 1959 begonnene Praxis Mut, weiterzumachen.

Im Jahr 1969 kamen die in Hessen zu »Arbeitshaus« verurteilten Frauen aus Nordrhein-Westfalen in unser Haus. Im dortigen Arbeitshaus hatten sie ihre Kleinkinder bei sich behalten können. Das mußte ihnen nun auch hier geboten werden. Und so richteten wir eine kleine Abteilung mit sechs, maximal sieben Plätzen für Kleinkinder bis zu fünf Jahren in einem Teil des Pfortengebäudes ein. Dafür gaben Mitarbeiterinnen Umkleide- und Aufenthaltsräume frei. Das Provisorium hatte so viele Plätze, daß wir auch Mütter, die vor der Inhaftierung mit ihren kleinen Kindern zusammengelebt hatten, auf ihren ausdrücklichen Wunsch zusammen mit den Kindern aufnehmen konnten. Zeitweilig allerdings mußten wir eine Warteliste anlegen. Die Mütter jedoch mußten im Zellenhaus leben und konnten die Kinder nur in den Freizeiten und an den Wochenenden betreuen. Sonst tat es wieder die nun ganz in diese Aufgabe überwechselnde Sozialarbeiterin. Zeitweilig kümmerte sich auch die Leiterin der Freigängerabteilung aus großem Idealismus zusätzlich um die Kinder. Ihr stand eine kinderliebende Gefangene zur Seite und zur Vertretung eine zweite Sozialarbeiterin. Es war ja wirklich nur ein Provisorium. Doch die Kinder waren fröhlich und gesund und wuselten bei schönem Wetter auf dem kleinen Gartengrundstück und – horribile dictu – auch auf dem Gefängnishof herum und hingen an den Hosenbeinen der Transportpolizisten und der männlichen Mitarbeiter – als Vaterersatz.

Wir hatten aufgrund von zwei Untersuchungsberichten zweier kinderpsychologischer Institute und aufgrund des eigenen Augenscheins den Eindruck gewonnen, daß Kindern und Müttern so wirklich zu helfen war. Nun konnten auch erwachsene Mütter Erziehungserfahrungen machen. Besonders eindrucksvoll war eine Frau, die wegen Kindesmißhandlung bestraft worden war und nun lernte, Mutter zu sein. Sie und viele andere hingen dankbar noch lange an der Abteilungsleiterin und an unserem ganzen Haus. An den Kindern fanden wir auch lange nach ihrer »Entlassung« keine Mängel. Und was die Mütter anging, so stellten wir, selbst erstaunt, viele Jahre später fest, daß von fünfzig nur eine rückfällig geworden war.

Das alles ermutigte uns, nun Mittel für ein besser ausgestattetes Haus zu suchen, in dem Mütter mit ihren Kindern wirklich zusammen leben und für die Kinder, mit Leiden und Freuden, jedenfalls unter realistischen Bedingungen, sorgen könnten. Die Frauen des Hessischen Landtags unterstützten unser Anliegen und erreichten eine Mittelzuweisung, die jedoch nicht ausreichte. Auch beide Kirchen halfen mit großen Spenden. Und zuletzt half uns eine Bürgerinitiative – zu einer Zeit, als diese noch gar nicht »modern« waren, von der »Humanistischen Union« als deus ex machina ins Leben gerufen. Sie machte unser Anliegen bekannt und populär und sammelte Spenden.

Hilfe brachte auch Hilda Heinemann, die Frau des damaligen Bundespräsidenten, auch sie durch die Bürgerinitiative aufmerksam gemacht. Sie übernahm die Schirmherrschaft über das spätere Heim. 1973 konnte mit staatlichen Mitteln der Bau begonnen und 1975 fertiggestellt werden. Da allerdings kam das Ende meiner Arbeit.

Doch als Mitglied der Bürgerinitiative, die sich im Verein »Kinderheim Preungesheim e.V.« formiert hatte, konnte ich die weitere Entwicklung des Hauses aus der Nähe mit beobachten und unterstützen. Das wurde bald wegen der Angriffe vermeintlich fortschrittlicher Bürger, besonders unter den »Grünen«, notwendig. Ich schrieb unter Berufung auf das Pressegesetz Gegendarstellungen in vielen Zeitungen und Zeitschriften. Da hatte es geheißen, die Kinder würden »verknastet«, als Resozialisierungshilfen mißbraucht, erlitten Schäden. Dieser letzten Frage gingen wir selbst nach, durch wiederholte Methodenuntersuchungen, Supervision, Fachaufsicht und Fachbegleitung des Landesjugendamtes, und zuletzt durch eine dreijährige wissenschaftliche Begleituntersuchung, die nicht nur theoretisch prüfte, sondern auch die Realisierung laufender Verbesserungsvorschläge anregte. Immer blieb der »Kinderheim-Verein« ratend und finanziell unterstützend dabei. Und im Jahr 1988 wurde es dann schließlich erreicht, daß aus der Abteilung für Mütter und Kinder im gleichen, nun durch Verlegung der Mauer ausgegliederten Haus eine offene Einrichtung wurde, die nur wenige Untersuchungsgefangene mit ihren Kindern im geschlossenen Vollzug zurückließ. Im eigenen Haus steht nun den Müttern neben ihrem eigenen jeweils ein separater Schlafraum für ihr Kind zur Verfügung.

In den Jahren dieser Entwicklung suchte ich in Vorträgen und schriftlichen Äußerungen diesen »Fremdkörper« im Strafvollzug plausibel zu machen. Mit der Argumentation, es wäre schön, wenn man Müttern mit kleinen Kindern die Freiheitsstrafe ersparen könnte. Gesetzlich möglich wäre das aber wohl nur, wenn man der Freiheitsstrafe überhaupt weitgehend die Basis entziehen könnte, sie prinzipiell nur anwendete, wenn von den Bestraften eine unmittelbare Gefahr – etwa in Form von Gewalttätigkeit – ausging. Frauen sind kaum je eine solche Gefahr für die Öffentlichkeit. Ohne diese grundsätzliche Veränderung müßte wohl immer der Gedanke der Gleichbehandlung ausschlaggebend sein. Und dann würde lediglich wieder die Inhaftierung von Müttern ohne ihre Kinder erreicht. Allerdings müßte immer daran erinnert werden, daß die Kinder Anrecht auf eine fördernde, liebevolle, pädagogisch einwandfreie Betreuung haben müßten. Würden ihnen bei anderen Formen der Unterbringung, etwa in Heimen, fern von den Müttern, Belastungen erspart bleiben?

Trotz aller Aufgeregtheiten der Diskussion wurden schließlich weder unseres noch andere Häuser oder Abteilungen für Mütter und Kinder wieder abgeschafft. Vielmehr gelang es den Frauen, die an der Schaffung eines Strafvollzugsgesetzes mitarbeiteten, eine entsprechende Sollbestimmung in das Gesetz hineinzubekommen. Und so haben jetzt alle Frauenanstalten der alten Bundesländer entsprechende Einrichtungen, deren Vereinheitlichung in jährlichen Bundestagungen versucht wird. Freilich, als offene Einrichtung existiert bisher nur die in Preungesheim, doch das wird sich zweifellos ändern.

Und nach der Entlassung? – Nachsorge

Zu unseren Aufgaben gehörte die Vorbereitung auf die Entlassung, aber nicht die Nachsorge, wenigstens keine, die über das von einzelnen erbetene »Kümmern« hinausging. Die Abgrenzung zwischen »drinnen« und »draußen« war zunächst absolut rigide. Jede weitere Begleitung war untersagt. Unter diesem Bruch hatten wir gelitten. Daß er dann wenigstens beim Sozialdienst vermieden werden konnte, war von diesem unter dem hohen Einsatz, dann lieber ausscheiden zu wollen, erkämpft worden. Wir wehrten uns dagegen, daß man in den Frauen Vertrauen im Zusammenleben erweckte und sie dann hinausschickte in ihr unbehütetes Leben, ohne auch nur den Versuch machen zu können, ihnen notfalls auch dann zu helfen. Das war Dogma statt Menschlichkeit. Wir haben es nicht akzeptiert. Die Entwicklung von immer mehr Nachsorge-Organisationen verbesserte die Lage, doch ein Bruch blieb es immer, wenn die entlassenen Frauen sich unsere Begleitung wünschten. Wichtiger noch als die persönliche Beziehung war das Fehlen von Kontinuität. Wußte man nichts vom langsamen Wachsen von Beziehungen? Für Frauen war dieser Mangel wahrscheinlich noch schlimmer als für Männer. Ihre Entlassungsprobleme waren besonders groß: Schwäche des Selbstwertgefühls, schlecht ausgebildete soziale Tüchtigkeit, besonders große Diffamierung bei Vorstrafen. Sie brauchten besonders behutsame, überlegte Hilfsangebote.

Wie geschildert, versuchten wir durch das Einladen zukünftiger Betreuer so etwas wie Beziehungen vor der Entlassung herzustellen. Oft kamen solche Begegnungen nicht zustande, jedenfalls aber waren kurze Besuche nie ausreichend, besonders bei denen, die in die Einsamkeit einer unfreundlichen Umgebung zurückgehen würden.

Die bereits beschriebene Intensivierung der Entlassungsvorbereitung war sicher ein hilfreicher Schritt, aber auch er half nur wenig über die Zeit der Entlassung hinaus. Unsere Bitten um ehrenamtliche Hilfe deckten den großen Bedarf nicht ab. Das taten auch nicht die dankenswerten Bemühungen der Pfarrerinnen, Verbindungen zu Frauengruppen der Gemeinden herzustellen. Wir hatten uns auch bemüht, einen nach außen offenen Gesprächskreis einzurichten. In ihm trafen sich an einem Abend pro Woche freie Bürgerinnen und Bürger mit den Frauen, lernten einander kennen und erörterten Probleme, die unter Gesichtspunkten des Lebens in Freiheit wichtig erschienen. Allen solchen Bemühungen stand in den damaligen Reformjahren unsere Aufsichtsbehörde – in der Erwartung des Strafvollzugsgesetzes – aufgeschlossen gegenüber.

Dem gleichen Anliegen, der »Einübung« des Lebens in Freiheit, sollte ja auch die Einführung des Freigangs dienen. Konnte er das Erwartete leisten? Oder haben auch bei ihm –

wie zum Beispiel bei der späteren Gestaltung des Hafturlaubs – die organisatorischen Regelungen die ganz auf persönlichem Einsatz beruhenden abgelöst? Hatten sie denselben Charme wie »unbürokratische« Formen der Freiheit?

Kurz, wir waren unzufrieden. Aber wieder kam unserem Haus eine gewisse Hilfe von außen – durch eine Institution der Arbeiterwohlfahrt, mitgestaltet und finanziert als Modell des Bundesministeriums für Familie, Jugend und Gesundheit (später in Mischfinanzierung als Regeleinrichtung von Stadt und Land übernommen). Ich spreche von der »Anlaufstelle für Frauen« in Frankfurt. Ihre Mitarbeiterinnen suchen die Frauen in den letzten sechs Monaten der Haft einmal wöchentlich in der Anstalt auf und begleiten sie dann nach der Entlassung so lange intensiv, bis das nicht mehr nötig scheint oder nicht mehr gewünscht wird. In einer solchen auf Freiwilligkeit beruhenden Zusammenarbeit können die Frauen die Unterstützung bekommen, die sie brauchen. An dieser Arbeit, die mir gelegentlich als eine Weiterentwicklung der Binnenarbeit erschien, konnte ich zusammen mit einem zweiten Fachmann in Form einer wissenschaftlichen Begleitung teilnehmen. Ganz losgelassen hat mich auch diese Arbeit nicht mehr. Doch auch über sie ist mehrfach geschrieben worden, und in mein Thema gehört sie ja nur durch die persönliche Beziehung zu meiner »beruflichen Biographie«. Zu der gehören auch weitere teilnehmende und beratende Aktivitäten in vielerlei Formen: Vorträge, Gutachten und Artikel, in denen wenigstens versucht wird, die Ergebnisse langer Erfahrungen nicht ganz versinken zu lassen.

De nobis ipsis (non) silemus

De nobis ipsis silemus (Über uns selbst schweigen wir) – dieser Satz von Kant bestimmte zu einem bedeutenden Teil unsere Erziehung. Inhalte waren wichtig, auch Pflichten. Über die eigene Befindlichkeit dachte man kaum nach. Keinesfalls sprach man darüber oder machte sie gar zur Richtschnur des Handelns, jedenfalls nicht bewußt – unbewußt natürlich doch.

Von den jüngeren Generationen, aus denen meine Mitarbeiterinnen zum Teil kamen, lernte ich, das anders zu sehen. Sie hielten Subjektivität für ein wichtiges Element ihrer Arbeit. Auch mir selbst ist, gerade beim Niederschreiben dieser Erinnerungen, vieles über mich selbst erst klar geworden, auch in seiner Bedeutung für das aktuelle Handeln. Und so ist die Offenheit mir selbst und anderen gegenüber größer geworden. Ich tue nun nicht mehr so – tat ich es? –, als hätte ich alles spielend gemeistert. So mag es von außen gelegentlich ausgesehen haben. Es gab ja viel Freude an dieser Arbeit, aber es war auch ein langer Weg mit Auf und Ab, voller Hoffnungen und Enttäuschungen, auf dem subjektive Stärken und Schwächen oft eine entscheidende Rolle spielten, auch Verzweiflung und Schmerzen über das, was andere mir antaten. Doch es kam auch immer wieder Rettung, oft von Seiten, von denen ich es nicht erwartet hatte, aus Anerkennung und Zuwendung. Ich lernte, auf so etwas zu achten.

Zwischen Beglückung und Erschöpfung

Wenn ich mich zurückerinnere an diese eigenartig bedrängende Arbeit, dann überblicke ich ein weites Feld von

319

Beglücktheit und Erschöpfung. Daß sich beide einigermaßen die Waage hielten, machte die Dauer der Arbeit von 28 Jahren möglich. Beglückung ging durchweg von Menschen aus, Bedrückung mehr von den Umständen. Manchmal mischten sich die Dinge auch anders. Wenn alles zu dicht, zu ärgerlich, zu belastend wurde, dann ging ich gegen Abend durch das Haus, sah neben den Unzulänglichkeiten die bunte Palette von Schicksalen, Schmerzen, Sorgen und Freuden bei Mitarbeiterinnen und Bewohnerinnen, das bunte Treiben in den Stockwerken, erlebte freundliches, oft fröhliches Herübergrüßen und wußte durch Teilnahme an diesem Treiben, den Festen und Gruppenaktivitäten wieder, wofür ich arbeitete. Und trotz des wachsenden, grundsätzlichen Widerstandes gegen dieses System des Einsperrens war es dann möglich, für die zu arbeiten, die nun einmal jetzt von ihm betroffen waren und die man, solange ihnen Besseres nicht angeboten wurde, nicht im Stich lassen durfte und zu denen ja auch Beziehungen entstanden.

Es ist wohl das Haus für Mütter und Kinder gewesen, welches – ohne daß wir das erwartet hatten – die Frauenanstalt in Preungesheim vor allem bekannt machte und ihr den Ruf einer „Reformanstalt" einbrachte. Es sei dahingestellt, ob das berechtigt war. Richtig war sicherlich, daß eine Gruppe von Frauen mit verschiedenen Ausbildungen und Persönlichkeiten sich in diesem Haus darum bemühte, durch intensiven, vernünftig diskutierenden und organisierenden Einsatz ein Zusammenleben mit straffälligen Frauen im Rahmen rechtlicher Richtlinien zu entwickeln, dabei möglichst wenig Schaden zuzufügen und zu helfen, ein Leben in sozialer Verantwortung ohne weitere Straftaten zu finden (§ 2 Strafvollzugsgesetz).

Mit einer gewissen Anerkennung verband sich dann die Vorstellung, das Ganze sei eine Art strahlender Siegeszug gewesen. Dagegen möchte ich zum Schluß ein Bild der Realität setzen, ein Bild davon, wie unsere, auch meine Befindlichkeit in diesen Jahren gewesen ist, womit wir für Erfolge, die zweifellos mit Beglückung verbunden waren, bezahlen mußten: auch mit Schmerzen und Ängsten, nicht selten mit Verzweiflung, jedenfalls oft mit großer Erschöpfung. Es wird im folgenden vor allem die Rede von den „Täterinnen" sein. Insbesondere wird, der Anlage dieser Niederschrift entsprechend, dieses letzte Kapitel schildern, was mir selbst in dieser Zeit geschehen ist.

Zunächst muß noch einmal daran erinnert werden, wie groß ein gewisser Arbeitsjubel am Anfang gewesen war. Nach jahrelanger Stillegung beruflicher Entfaltungsmöglichkeiten durch das Berufsverbot der Nazis und alles, was mit ihnen zusammenhing, auch durch den Krieg, wenngleich erfüllt von einem beglückenden persönlichen Leben, war da nun fast unerwartet eine Leistung einfordernde Tätigkeit über mich gekommen, vielleicht eine, die meinen Gaben entsprach, mit Menschen, die meinen Einsatz brauchten. Darüber hinaus war es eine Arbeit von großer sachlicher Vielfalt, wie nur wenige Berufsleben sie anbieten. Und das zusammen mit Menschen, die wenigstens zum Teil ähnliche Arbeitsvorstellungen, ja Lebensträume hatten.

Manchmal in den folgenden 28 Jahren wußte ich dann doch nicht recht, ob ich diesen verzehrenden Beruf wirklich lieben könne oder ob er mich nicht eher umbringen werde. Da waren ja auch immer wieder die Auseinandersetzungen mit dem eigenen Gewissen, besonders, wenn ich nachts aufwachte: Mußte ich mich nicht doch eines Tages fragen, wie konntet ihr das anachronistische Einsperren als Strafe beibehalten und du es durchführen? Bis ich mich dann wieder dazu durchrang, daß es nun einmal Realität sei und ich alles daran setzen müsse, es möglichst human werden zu lassen, bis es irgendwann gelingen könnte, es durch etwas Besseres als Freiheitsstrafe zu ersetzen. Der Weg dahin war ja – zum Beispiel durch die Strafaussetzungen – bereits begonnen worden.

Daß es auch im täglichen Handeln, unabhängig von den prinzipiellen Erwägungen, ein ungewöhnlich schwieriger Beruf war, läßt sich nicht bestreiten – ein Beruf, in dem ständig Mühen und Sorgen und Angst ausgehalten werden mußten.

Angstvoll stellte ich mir auch immer wieder dieFrage, ob ich ihm denn genügen könne, nicht allzuviel hinter den eigenen und fremden Ansprüchen zurückbliebe. Neben solchen sehr persönlichen Anfechtungen begannen bald auch sehr konkrete Belastungen. Auch sie zehrten am Selbstbewußtsein, wenn es nicht gelang, sie zu überwinden und notwendige Änderungen durchzusetzen, wenn wir uns mit einer schlechten Gegenwart bescheiden mußten und ich mir die Schuld dafür gab. Doch was waren die konkreten Schwierigkeiten, die sich schon sehr bald zeigten?

Ich bekam keine fachliche Einführung in mein eigentliches Aufgabengebiet, abgesehen von den erwähnten sozialpädagogischen Aussprachen mit der einzigen Sozialarbeiterin des Hauses. Ich mußte mich mit allem Sonstigen im Grunde allein zurechtfinden. Und schon nach kurzer Zeit wurde von mir ein grundsätzliches Konzept für den Frauenstrafvollzug erwartet. Daß dies offensichtlich gelang, stärkte dann allerdings mein Vertrauen in die eigenen Kräfte.

Von Anfang an stand ich unter Dauerbeobachtung meiner Vorgängerin, die unmittelbar gegenüber der Anstalt, also günstig für alle Zuträgereien, in einer Dienstwohnung lebte. Es ging bei ihr nicht nur um persönliche Mißgunst, sondern um einen politisch unterstützten Kampf um den verlorenen Arbeitsplatz. Und es wurde nichts dafür getan, das zu ändern, etwa dadurch, daß die Dienstwohnung mir übertragen und ich so aus der eigenen Wohnungslosigkeit befreit wurde.

Da war weiter die Pressekampagne gegen den hessischen Strafvollzug, die uns einbezog und gegen die wir ohnmächtig waren, die aber durch offizielle Untersuchungen das labile Haus beunruhigte. Erst die einhellige Unterstützung der Strafgefangenen und dann auch anderer Helfer aus der Öffentlichkeit machte schließlich aus Schaden Vorteil: Wir wußten die Gefangenen auf unserer Seite, aber ebenso von nun an und auch nahezu ohne Unterbrechung die städtische Presse, die uns dann bei wichtigen Anliegen oft unterstützte. Zu uns standen neben bekannten Professoren wie Radbruch und Mittermaier auch Frankfurter Frauenvereine und die Frauen des Landtags mit anhaltender Hilfsbereitschaft.

Schlimmer als alles andere waren, besonders am Anfang, die Bedrängnisse aus der Arbeit selbst: die große Überbelegung und der tägliche Personenwechsel als Folge der oft nur tageweisen Aufenthalte der städtischen Klientel, die es notwendig machten, daß wir Menschen, denen wir uns durch Zusammenarbeit zugewendet hatten, gegen ihren heftigen Widerstand immer wieder in andere Anstalten wegschicken mußten. Schwierig war auch die Unzulänglichkeit der zum Teil unausgebildeten, zum Teil von den Nazis ausgebildeten Mitarbeiter und Mitarbeiterinnen, »die keine Distanz zu den Gefangenen und ihren Taten finden können und drakonische Hausstrafen von mir erwarten. Sie stürzen zu mir, die Gefangenen seien frech. Die Gefangenen ihrerseits beschweren sich, in diesem Ton brauchten sie nicht mit sich reden zu lassen. Und ich muß ihnen recht geben. Ich selbst habe nie Probleme mit ihnen.« Dann wieder diese grundsätzlichen Anfechtungen: »Ich spüre mehr und mehr, wie meine Einstellungen von der offiziellen auch progressiver Vertreter abzuweichen beginnen, bis es eines Tages vielleicht so weit ist, daß ich es nicht mehr vertreten kann, noch mitzumachen ... Jetzt noch stelle ich mich so dazu ein, daß es zu wenige gibt, die von sich sagen können: ›... und sie erbarmten ihn‹, und daß man so lange notwendig ist.«

Und schließlich waren da ja auch noch die ungewohnten Erschütterungen durch die Schicksale, die mir hier so massiert begegneten wie kaum sonst im Leben: die Frauen mit den lebenslangen Strafen, die ersten (von insgesamt wenigen) Selbsttötungen. Doch gerade aus dem Bereich der Gefangenen kamen dann auch die Beglückungen, die versöhnten und zum Weitermachen bis ans Ende zwangen – das wachsende Vertrauen von den »Gedemütigten und Beladenen«, das bißchen Hilfe, das man geben konnte, das langsam wachsende Klima der Zusammenarbeit mit ihnen und mit denen, die mit mir zusammen dann die Konzepte des gemeinsamen Umgangs entwickelten. »Die Begegnungen mit den Menschen sind der Ausgleich: Diese vorbeiziehenden Menschen anzuschauen, das ist wie eine Verzauberung; die einen, die Vagabunden, an die man kaum herankommt und die doch zum Teil in ihrer asozialen Einsamkeit etwas so Anziehendes haben, die anderen, die durch äußere Umstände hierherkamen...«

Doch parallel mit allem waren Gewissenseinbrüche zu bewältigen, wenn der Umgang mit den Frauen und ihren Problemen über unsere Kräfte ging. Da waren die »gelungenen« Selbstmorde gewesen und die wenn auch oft demonstrativen und gelegentlich krankhaften Versuche, die echten Verzweiflungen, wo wir nichts anbieten konnten, als zuzuhören; die spontanen, selten geplanten Gewaltausbrüche, denen wir zwar manchmal Hilfe, oft aber auch wiederum nur Gegengewalt entgegensetzen konnten: Unterbringung in einer Beruhigungszelle, Medikamente, möglicherweise gelegentlich zu unbedacht verschrieben, deren Einnahme jedoch nicht erzwungen wurde. Daß wir uns das alles nicht leicht machten, daß wir bei unseren Reaktionen zwar auch an das gesamte Umfeld – daß das Haus nicht aus den Fugen geraten durfte – denken mußten, aber mit erheblichem Einsatz versuchten, der einzelnen Frau keinen ernsthaften Schaden zuzufügen, sie vor allem nicht allein zu lassen, besänftigte zwar das Gewissen, belastete jedoch nichtsdestoweniger.

Gelegentlich empfand ich Zorn und Abwehr, und ich war dann oft froh, wenn im Kreis der Mitarbeiterinnen ein Zeigefinger hochging und innere Distanz angemahnt wurde. Denn es kam ja auf diese Entscheidung an: Was waren wir um der Ruhe des Hauses und des Zusammenlebens aller willen bereit, auf Kosten einer einzelnen Bewohnerin in Kauf zu nehmen? Da liegen die Grenzen weit auseinander, da werden Ernst und Gewissen aktuell, und da wird auch die Zusammenarbeit fast am notwendigsten, wenngleich sie eigene Schwächen erleben läßt und dann auch Schmerzen verursacht.

In all diesen Situationen trat dann aber zu dem belasteten Gewissen als Hilfe, als zusätzliche Last, auch als zwingender

Anruf, das nie versiegende Bewußtsein, wie privilegiert ich selbst war, wie reich. »Daraus hole ich mir immer neue Kräfte – aus dieser großen Liebe zu W. Und auch das Kind liebe ich so sehr, daß alles davon angefüllt ist und daß ich von daher auch meinen Stall hier lieben kann.«

Im Grunde also ein ständiges emotionales Wechselbad. Doch ehe darüber mehr gesagt wird, soll eine Antwort versucht werden auf eine grundsätzliche, mir später mehrfach gestellte Frage: Ob ich mich auch als Frau in einer fast reinen Männerwelt belastet fühlte. Ja, das tat ich, wenngleich mir manches erst später, erst und am relativ wenigsten auf der obersten Stufe der Bürokratie bewußt wurde.

Als Frau in einer Männerbürokratie

Strafvollzug ist ja ein Großbetrieb, in dem es in der damaligen Bundesrepublik um etwa 50000 männliche und nur 2000 weibliche Betroffene ging, mit den zahlreichen männlichen und weiblichen Mitarbeitern. Er stand und steht noch unter fast ausschließlich männlicher Leitung, mit vielen dort entwickelten patriarchalisch-hierarchischen Gesichtspunkten. Er hat es schließlich weitgehend mit Sicherheits- und also polizeilichen Aufgaben zu tun und kann diese hoch bewerten.

Die mir nicht selten begegnende, bestenfalls gönnerhafte Herablassung habe ich da, wo sie die Arbeit nicht unmittelbar störte, relativ leicht an mir ablaufen lassen, dank eines wenigstens in dieser Beziehung recht ausgeprägten, gewachsenen und nicht erst im neuen Feminismus erworbenen Selbstbewußtseins. Dazu verhalfen die Erziehung durch eine frauenrechtlich geprägte Mutter und einen Vater, der Kollegen zu »trösten« pflegte, wenn sie stolz die Geburt eines »Stammhalters« anzeigten – es könnten ja nicht nur Mädchen geboren werden –, und der mir versicherte: »Laß dir nichts über ›Weibertratsch‹ einreden, nirgends wird soviel geklatscht wie in Männerkollegien.«

Wenn also neben echter, aber gelegentlich eben auch nur vordergründig freundlicher Kollegialität einzelne meiner Kollegen hinter unserem Rücken unser Haus als »Weiberladen« abqualifizierten, in dem es um nichts als »Fürsorge« gehe, auch bei der Chefin, dann traf mich das nicht. War damit doch unser Arbeitsstil gemeint, der sich ja bewußt von ihrem, dem »männlichen«, unterschied. Aber als einmal ein mittlerer Vorgesetzter glaubte andeuten zu müssen, wir hätten offenbar etwas gegen junge Mitarbeiterinnen – gemeint war offensichtlich: aus Gründen des allseits bekannten weiblichen »Konkurrenzkampfes« untereinander –, nachdem er uns eine absolut untaugliche, sehr junge Mitarbeiterin zugeteilt hatte, da bin ich spontan so massiv deutlich geworden, daß ich selbst überrascht war und er zu stottern begann.

Auf der persönlichen Ebene reichte also wohl der Stolz aus. Anders war es auf der sachlichen, wo es um die ungenügende Berücksichtigung der damals beträchtlichen Nachteile des Frauenvollzuges ging, der oft – das scheint sich jetzt zu bessern – als quantité négligeable ohne viel Verständnis behandelt wurde. Das wurde vor allem in mangelhaften Personalzuweisungen deutlich. Die waren nicht nur, wie auch sonst üblich, unzulänglich, sondern berücksichtigten die besonderen Belastungen des Frauenvollzugs in keiner Weise. Als da sind: die sonst nirgends vorhandene große Vielfalt von Haftformen und Personengruppen und die besonderen Behinderungen durch fast ausschließlich weibliches Personal (Frauen tragen immerhin die kleine Nebenaufgabe des Gebärens und des Aufziehens von Kindern, welch letzteres ja auch heute noch fast ausschließlich Frauensache ist). Oft fielen wir auch bei den Personalzuweisungen im gehobenen Dienst zurück, weil wir keinen vergleichenden Einblick in die Gesamt-Personalsituation hatten. Man schickte uns untüchtige Mitarbeiter, die andere gerne loswurden, meist stillschweigend, wahrscheinlich sogar schmunzelnd, einmal sogar mit dem Hinweis über einen untüchtigen und wahrscheinlich trinkfreudigen Mitarbeiter: »Irgendwo muß der Mensch ja schließlich verkraftet werden«, wohinter sich eine deutliche Mißachtung unserer Arbeit verbarg, bei der es keine Meutereien gab; »gar kein richtiger Vollzug«. Auf meinen Einwand: »Warum gerade in die schwierigste Anstalt des Landes?« hörte ich: »Die einfachste, passendste wäre doch die Renommieranstalt für Besucher, dahin können wir ihn nicht tun.«

Zu dieser Zuweisung kam es dann doch nicht. Da erhielten wir Hilfe von oben. Aber schlimm war es (ich erwähnte es schon), daß ich, als meine Vertreterin, die Verwaltungsleiterin, krank wurde und schließlich starb, ein weiteres Jahr lang die Leitung der Verwaltung mit übernehmen mußte. Ich, die ich doch eigentlich nur „fürsorgerisch" denken konnte und einen „Weiberladen" dann immerhin so führte, daß es zu ernsthaften Beanstandungen auch damals nicht kam. Aber ich klagte dann doch in einem Brief (1966): »Und hinter allem die ständige Mißachtung der Frauen. Ich bin überzeugt, daß wir am meisten leisten und es am reibungslosesten tun, weil mit dem intensivsten Einsatz. Doch wir werden eingedeckt vom Tratsch: ›Weiberbetrieb‹. Es ist sehr schwer, in unserer Gesellschaft eine Frau zu sein. Manchmal beginnt das nun über meine Kräfte zu gehen, dieser dauernde Mangel an Fairneß, das Ausnutzen unserer Außenseiterstellung und unserer Bereitschaft, immer noch mehr auf uns zu nehmen. Ich wünschte, die nächste Generation bekäme es leichter, vielleicht würde sie die gleichen Lasten gar nicht aushalten, weil ihr der Elan fehlen wird, der bei uns noch da ist: es gerade zeigen zu wollen.«

Ich litt vor allem auch an dem Unbehagen, daß ich diese Benachteiligungen aus eigener Kraft nur gelegentlich zu überwinden vermochte. Mit einem Mann ernstlich um meine Stelle konkurrieren mußte ich allerdings nie, wahrscheinlich angesichts mangelnden männlichen Interesses an diesem vergessenen Arbeitsgebiet. Ein einziges Mal drohte eine solche Konkurrenz, aber da ging es im wesentlichen um Intrigen; lästig, eklig, aber objektiv nicht wirklich gefährlich.

Manchmal war es bei unseres Erachtens grundlosen Zurückweisungen von Wünschen nach einer progressiven Vollzugsentwicklung nicht recht klar, ob das speziell gegen uns ging oder ein allgemeiner Mangel an Flexibilität zugrunde lag. Man ging wohl auch davon aus, daß wir, dank unseres Engagements, auch so fertig werden würden. Das änderte sich allerdings zu unseren Gunsten, als unser Haus dann einen gewissen guten Ruf erworben hatte, was zeitlich auch mit einer gewissen Liberalisierung der Vollzugspraxis einherging.

Vorher fühlten wir uns mit unseren großen Problemen oft überfordert und mit unzulänglichen Bedingungen alleingelassen. An eine vor allem empfundene Ungerechtigkeit, die mit dem Standort der Anstalt zusammenhing, wird noch zu erinnern sein.

Unter dem unbefriedigenden, oft extrem unsensiblen Umgangston in der Bürokratie leiden wohl alle Betroffenen, und er soll nicht paranoid als gegen Frauen gerichtet vermerkt werden. Aber er führte bei mir 1960 zu dem Stoßseufzer: »Wenn die Behörden des Strafvollzugs mit ihren ›Untergebenen‹ umgingen wie diese mit den Gefangenen, könnte man vielleicht von einem ›humanen‹ Strafvollzug sprechen. Doch davon sind wir weit entfernt.« Und schon 1950: »Im besonderen quält mich die Behandlung, die wir erfahren, ich und die anderen Direktoren, bei denen die Beispiele gelegentlich noch härter sind. Nie ein Wort der Anerkennung über das übermenschliche Arbeitsmaß, das man ständig leistet, nur Mißtrauen und Tadel bei den geringsten Versehen.«

Hier soll ja vor allem die Rede von den mich persönlich treffenden Problemen sein. Da gab es etwa neben den üblichen Herabsetzungen die Mißgunst aus kleinkarierter Enge, ob mir nicht vielleicht Bevorzugungen zuteil würden. Als ich zum Beispiel in meine erste, recht unzulängliche Dienstwohnung – ohne Bad, mit Kanonenöfen – auf eigene Kosten ein wegen seiner Lage unheizbares Badezimmer einbauen ließ, was meinen schmalen Etat außerordentlich belastete, ging sofort eine Beschwerde von den Personalräten zweier Männeranstalten an das Ministerium. Die Antwort, der Einbau sei auf eigene, beim Auszug nicht ersetzbare Kosten erfolgt, beschämte dann. Doch hätte man sich nicht vorher bei mir erkundigen können?

Oder: Bei einer »Inspektion« durch die Mittelbehörde bekam ich Vorwürfe zu hören, daß wir zu selten mit »Arrest« bestraften. Dabei schämten wir uns, daß wir es überhaupt taten. Eine spätere Inspektion trug uns eine schriftliche Rüge ein, weil im Schrank der Sozialarbeiterinnen, die damals bis zu 80 Stunden in der Woche im Haus waren, eine Flasche Apfelsaft für das mitgebrachte Abendbrot gefunden worden war. Bei solchen Ereignissen wurde dann immer deutlich, daß unsere ganze Richtung nicht paßte.

Persönliche Opfer

Ein ganz andersartiger, schwerer Schlag traf mich 1954 – auch davon war schon kurz die Rede. Da meldete die treue Gefährtin der ersten Jahre ihr Ausscheiden an. Wir standen mitten in den Vorbereitungen zum Umzug in das neue Haus – mit mindestens der doppelten Zahl an Bewohnerinnen und dem geplanten, dem eigentlichen Neuanfang. Dabei würde ich nun weitgehend allein stehen, jedenfalls ohne die gewohnte, gleich denkende Gesprächspartnerin. Eine erst kürzlich hinzugekommene, doch bereits eingearbeitete zweite Sozialarbeiterin, auf ähnlicher Wellenlänge denkend, der ich eine längere Dienstbefreiung für einen Auslandsaufenthalt hatte verschaffen können, kam nicht zurück. Eine neue Mitarbeiterin mußte gesucht werden. Daß gerade sie später eine tragende Säule des Ganzen werden würde, konnte ich damals noch nicht übersehen.

Beide Lücken mußten zunächst durch eigene Anstrengungen ausgefüllt werden. Das war eine weitere Belastung, die mich erneut von meiner zweiten Aufgabe – meiner Tochter gegenüber – abhielt. Vor einem Weihnachtsfest sagte sie zur Großmutter: »Ich will ja zu Weihnachten gar keine Geschenke haben, wenn nur Mutti etwas mehr Zeit für mich hätte.« Und etwa um die gleiche Zeit zu mir: »Mutti, du siehst aus, als ob du hundert Jahre alt wärst. Ich gebe dir Geld für eine Kur, damit sie dich wieder schön machen.«

Schließlich war dieser Zustand für uns beide nicht mehr tragbar. Meine Tochter mußte bis zum Ende ihrer Schulzeit in ein Internat. Das belastete uns sehr. Ich fühlte mein Versagen, ihre Entfremdung, vielleicht ihr Geopfertwerden. Daß es nicht wirklich schlimm wurde, verdankten wir in erster Linie der großen, gewachsenen Zuneigung, aber dann auch der Tatsache, daß die Großeltern bereit waren, an den Schulort zu ziehen, so daß meine Tochter und die beiden gleichaltrigen Kinder meiner Schwester gelegentlich zu ihnen flüchten und wir sie alle zwei Wochen dort in einer schönen Umgebung treffen konnten. Am anderen Wochenende konnten die Kinder nach Hause kommen.

Die Bitternis dieser notwendigen Trennung beendete die von Anfang an vorhandene, zunächst kindliche Anteilnahme am Beruf der Mutter nicht. Später, während des zum Teil in Frankfurt absolvierten Studiums und Berufsanfanges, folgte eine intensive ehrenamtliche Mitarbeit, mit Unterricht in Literatur, Deutsch und Englisch, mit persönlicher Einzelbetreuung und mit Reorganisation des Fachteils der Anstaltsbibliothek.

Dabei brachte ich unser privates Leben nicht etwa einer glänzenden »Karriere« zum Opfer. Auffallend schleppend war zum Beispiel – im Vergleich zu anderen und wohl infolge der allgemeinen Mißachtung des Frauenvollzuges als »gar keines richtigen Vollzuges« – die Entwicklung meiner Dienststellung. Im Ministerium soll damals ein hoher Beamter gesagt haben: »Die Einsele wird an der Gesinnung gestraft.« Eingestellt wurde ich als »Fürsorgerin«, wegen der noch nicht freigeräumten Stelle der Anstaltsleiterin, mit einem minimalen Gehalt, von dem ich, wegen des damals erst sechsjährigen Kindes, noch eine Haushälterin bezahlen mußte.

Später kam die Einstufung als Angestellte nach BAT III. Mein Antrag im Jahr 1954 auf eine bessere Einstufung wurde zunächst vom unmittelbaren Vorgesetzten »nicht weitergegeben«. Ich wurde sogar unter Druck gesetzt, wenn wir nicht in die damals erst halbfertige neue Anstalt umzögen, könne ich nicht Beamtin werden. Ende dieses Jahres wurde ich dann »Regierungsrätin« und Mitte 1955, also nach acht Jahren, »Beamtin auf Lebenszeit«. Ärger gab es wieder sechs Jahre später mit der Aufstufung zur Oberregierungsrätin, die dann auf Drängen des Generalstaatsanwaltes schließlich erfolgte. Und mit der Einstufung als Regierungsdirektorin wurde ich sogar zum freundlichen Gespött der Kollegen in der Strafvollzugskommission: »Also immer noch nicht?« – bei jedem Treffen. Und als es endlich so weit war, Mitte 1969, urteilte der Vorsitzende auf »hanseatisch«: »Das wurde ja nun auch bei kleinem Zeit.«

Ich habe in jenen Jahren, am Anfang und später besonders in der Zeit des Umzugs, so viel gearbeitet, daß ich es nicht wagte, das irgend jemandem zu berichten. Offiziell begannen wir ja mit 48 Wochenstunden. Bei mir und bei einigen meiner Mitarbeiterinnen wurden es sehr oft 80, hinzu kamen bei mir recht regelmäßig die Wochenenden. Nur bei der Übernahme der offiziellen Inspektionsdienste notierte ich mir einen Anspruch auf Rückgabe von »freien Tagen«. Doch auch die habe ich zweimal gestrichen, als sie jeweils zu einem halben Jahr aufgelaufen waren.

1951 schrieb ich: »Von meinem Leben kann man sich nur schwer eine Vorstellung machen. Jetzt hatte ich in sechs Wochen den ersten Sonntag frei.« Ich hatte aber ein sechseinhalbjähriges Kind! Im ersten Jahr leistete ich mir, einschließlich aller Jahresfeste, elf arbeitsfreie Tage. Doch die ständige Anwesenheit erleichterte die Arbeit, weil sie Probleme schon im Vorfeld erkennen ließ. So konnten sie gelöst werden, ehe sie voll ausbrachen. Aber einmal, als ich aus Gründen der Arbeit meinen »Resturlaub« nicht bis Ende März des folgenden Jahres nehmen konnte, wurden mir 14 Urlaubstage gestrichen. Das ordnete ich unter »unfreundliche Behandlung« ein.

Ich bin mir jedoch bewußt, daß ein solcher Arbeitsstil zeitbedingt und der meine war. Allerdings meine ich auch nicht, daß er mich zu einem verknöcherten Pflichtmenschen gemacht hat. Nur mein Privatleben und das Kind zahlten dafür.

Die Getriebenheit des damaligen Lebens spiegeln, besser als heutige Erinnerungen, meine Aufzeichnungen wider. 1948 schrieb ich: »Niemand kann verlorener und einsamer sein als ich im Augenblick. Abend für Abend sitze ich in diesem Hause, sehe niemanden, will niemanden sehen, arbeite, bis mir die Nerven zittern, und werde doch nicht fertig. Eine Stunde zu Hause mit N., das ist die einzige Abwechslung … Alle Zweifel am Wert der Arbeit können nicht daran hindern, das notwendige Tagewerk zu tun, wegen der Kette von Frauen, die jeden Augenblick was wollen, so viel, daß ich manchmal meine, vor Nervosität platzen zu müssen. Wenn eine der anderen die Türe in die Hand gibt…« (Damals war sechs Jahre lang mein Zimmer für jeden direkt zugänglich.)

Kleinkrieg mit Behörden

Am belastendsten waren sehr bald die Auseinandersetzungen mit der Aufsichtsbehörde um den Ort der späteren Frauen-Zentralanstalt. Ich habe schon darüber berichtet: Die Lage auf dem platten Land, weitab von allen städtischen Hilfen, und der zunächst ausgewählte Gebäudekomplex waren extrem ungeeignet. Wie davon überzeugen? Immer wieder tauchten solche Zumutungen auf, und meine Abwehr geriet später zum Dauervorwurf bei allen Ablehnungen beantragter notwendiger Verbesserungen nach dem Umzug in das Große Haus, das bald gegenüber anderen Anstalten immer mehr zurückfiel: »Sie hätten es ja anders haben können.« Neu- und Umplanungen wurden zu einem ständigen Teil der Arbeit.

Kampf aber stand nicht nur bei diesen großen Themen auf der Tagesordnung. Auch im Kleinen konnte uns notwendig Erscheinendes nicht oder nur mit heftigen Kämpfen durchgesetzt werden. Ich erinnere mich noch an unseren Wunsch, den Frauen, denen wir ja kaum etwas an Arbeit anbieten konnten, Selbstbeschäftigung zu ermöglichen, und an den, jenen, die viele Jahre der Eintönigkeit bereits hinter sich hatten, durch

die gelegentliche Zulassung von Paketen zu helfen, ihre Appe-
titlosigkeit zu überwinden. Auch wollten wir Jugendgruppen
zu partnerschaftlicher und auch geschlechtsgemischter Gruppenarbeit in die Jugendabteilung kommen lassen. Wir sahen
nicht ein, weshalb, jedenfalls zu Anfang, das alles abgelehnt
wurde.

Auch in unserer eigenen, überdies absolut unzureichend
besetzten Verwaltung herrschten lange reaktionäre Vorstellungen und schoben sich mehr und mehr an die Oberfläche. Deren
Mitarbeiter, auch im Vollzugsdienst, spielten oft nicht mit, zum
Teil aus Unverständnis, doch gelegentlich auch aus bösem Willen. Für Veränderungen zu haben waren zu Anfang nur die
Ärztin und die eine, später die beiden Sozialarbeiterinnen, zu
denen wir es für 200 Frauen endlich gebracht hatten. Und
schließlich waren die Gefangenen ja auch keineswegs einfache
Partnerinnen. Ihre häufige Rückkehr ins Gefängnis depri-
mierte uns und lieferte Munition genug gegen unser »fort-
schrittliches« Bemühen um sie. Wo wir bei ihnen Ansätze für
Beziehungen entwickeln konnten, mußten wir uns immer wieder trennen, zum Beispiel 1951 von sämtlichen Zuchthausgefangenen mit ihren langen Strafen. Und: Die Kämpfe der 1951
oder 1952 eingerichteten, mit der Ministerialabteilung konkur-
rierenden Mittelbehörde strahlten hinein in unsere tägliche
Arbeit.

Das alles machte mich nach einer Phase von etwa fünf Jahren unendlich müde. Und so verfiel ich zwischen 1951 und 1953
in schwere Depressionen und träumte vom Weggehen. In
Österreich wäre ich willkommen gewesen. In den Briefen
beklagte ich die Stagnation und Erschöpfung. Mitte 1952: »Der
Strafvollzug in Hessen reibt sich auf im Kampf zwischen Ministerium und Generalstaatsanwaltschaft. Auch auf unseren Köp-
fen spielt er sich ab. Ebenso geht es im Hause bei den Mitarbeiterinnen gegeneinander mit Unverständnis und Intrigen. Bei
den Gefangenen Schwäche, Versagen. Über allem Soßen von
Dreck, so daß ich manchmal meine, nicht atmen zu können...
Neben den Männern spielen wir Frauen kaum eine Rolle. Ich

bin ein Fremdkörper. Die Gefangenen sind nicht resozialisierbar. So stehen wir nach fünf Jahren!« – »Man versucht mir klarzumachen, daß die anderen Frauenanstalten, von denen ich weiß, daß sie bestenfalls funktionierende Friedhöfe sind, besser seien. Ich solle mir ja nichts auf Preungesheim einbilden.« – »Immer wieder stelle ich fest, daß mit Intrigen von innen und außen versucht wird, Einfluß gegen meine Linie und auf meinen Leitungsstil zu nehmen. Jedesmal kommt es zu heftigen Auseinandersetzungen, meist gelingt es dann doch, mich durchzusetzen, aber es kostet unendlich viele unnötige Kräfte.«

Erst als es im Lauf der Jahre gelungen war, im Haus eine treu zu mir stehende Gruppe, auch im Vollzugsdienst, und nach außen zunehmend mehr Anerkennung zu finden, nahmen diese Versuche ab. Dann kam es auch zu mehr Kooperation mit den Behörden, fanden unsere Wünsche Verständnis, gelegentlich Unterstützung. Doch ehe es soweit kam, notierte ich: »Wenn Frau P. und ich uns ansehen, dann sind wir den Tränen nahe. Deshalb sehen wir uns lieber nicht an und fühlen uns um so einsamer. Wir fangen an, auf der ganzen Linie abzubauen, alles, was uns an der Arbeit lieb und wichtig war. Um der Menschen willen haben wir sie angefangen, um Akten, Stabilität und Aktenordnung müssen wir sie nun tun. Ich renne hinter nicht spurenden Abteilungen her, ich schicke die Frauen weg, die uns am Herzen liegen, weil das Haus überläuft. Dazu Anfeindungen in der Presse über die Zustände im Haus. Die stimmen nicht und werden Lügen gestraft, schon durch unseren 14- bis 16stündigen Tageseinsatz. Wer nähme das schon auf sich für so schlechte Ergebnisse!« Dennoch: »Wenn ich durch die Anstalt gehe und sehe, wie sauber alles ist, wie nicht wenige sich alle Mühe geben, wie Bewohnerinnen aufstrahlen in echter Zuneigung, dann habe ich trotz aller Unzulänglichkeiten ein gutes Gewissen. Wir bemühen uns wirklich, und mehr kann keiner tun. Es ist im Augenblick auch keiner da, der es wesentlich besser machen könnte. So will ich hinnehmen, was noch an Schlägen kommt!«

Bei der ersten Kontrollbesichtigung der Landtagskommission wurde die Anstalt als »hervorragend« gelobt, »außer dem einzigen, das nicht gefallen habe, mein erschöpftes Aussehen«. – »Ja, ich bin erschöpft und kämpfe mit den Tränen und mit mir selbst. Die Vollzugsbeamtinnen unterhalten sich über mein Aussehen. Und ich gewinne dadurch offenbar an Sympathie, obwohl ich nach außen immer tapfer und munter bin.« Vor dem Kommissionsbesuch hatte ich geschrieben: »Gleich kommen die Frauen des Landtages, und ich muß alle Kräfte zusammennehmen, um nicht zu weinen, einfach hilflos loszuweinen, weil ich mich kaum noch aufrecht halten kann. Immer wieder rappele ich mich auf, aber nach jedem Mal gehe ich mit weniger Kräften in den nächsten Tag. Diese furchtbare Unruhe, diese dauernde Überbeanspruchung aller Nerven, diese Sehnsucht nach ein paar Tagen Ruhe! Dabei rede ich mir von morgens bis abends zu: durchhalten, durchhalten.« Und dann folgte der Eintrag: »Als sie weg waren, kam ich gerade noch in mein Zimmer und stürzte da zusammen. Am liebsten hätte ich geschrien: Hilfe, ich schaffe es nicht. Niemand, dem ich das sagen könnte: ich, die ich kam, um Hilfe zu bringen. Lächerlich, was ich an Sympathie gewinne, obwohl ich mich kaum aufrecht halten konnte und nicht die Hälfte von dem bin, was ich sein könnte.«

Damals war es auch, daß ich daran dachte, einfach fortzulaufen, nach Hause, und mir ein zweites Kind wünschte. Gemerkt hat das sicherlich niemand. Aber ich habe es in Wirklichkeit auch nicht ernstlich erwogen. Daran, Angebote für andere, meist besser bezahlte und anerkanntere Arbeiten anzunehmen, zuerst als »consultant« der Militärregierung, später in verschiedenen bundesrepublikanischen Sozialverwaltungen oder in politischen Zusammenhängen, dachte ich nur für Stunden. Es lockten weder bürokratische Karriere noch Wissenschaft. Ich hatte doch, bei aller Überbeanspruchung, die mir angemessene Arbeit gefunden: gestaltende Verwaltung und Umgang mit benachteiligten Menschen.

Wachsende Anerkennung

Nach und nach wuchs uns dann Anerkennung zu. Sie kam auch aus außerdienstlichen Auseinandersetzungen über Humanität im Strafvollzug, Todesstrafe, Menschen- und Frauenrechte. Ich wurde immer häufiger zu Vorträgen und Aufsätzen über solche Themen von verschiedenen Gruppen eingeladen, sogar von konservativer Seite. Später kamen Einladungen ins Ausland hinzu; mehrmals von Schweizer Frauenvereinen und Resozialisierungsgruppen, von Goethe-Instituten in Oslo, Rom, Paris und Helsinki, vom Justizministerium und der Bewährungshilfe in Wien. Nach der Pensionierung wurde ich in eine Arbeitsgruppe des Europarates berufen, die in Dänemark, England, Holland und Schweden tagte, und Amnesty International lud mich ein, mich in Nordirland zur Frage der Terroristenbehandlung zu äußern. In dieser Zeit trugen auch andere, bereits vorher begonnene Engagements Früchte: in der Diskussion um den § 218, in der Friedensbewegung, in Aktionen zur Notstandsgesetzgebung oder gegen die lebenslange Freiheitsstrafe, dies auch in Form eines Gutachtens vor dem Bundesverfassungsgericht. In der Strafvollzugskommission arbeitete ich an den Themen Resozialisierung, Differenzierung, Behandlung von Gefangenen, Strafvollzug bei weiblichen Jugendlichen mit.

Überall machte ich neue Erfahrungen, die uns, vor allem solange ich noch in der Anstalt arbeitete, unmittelbar nützlich waren. Sie stärkten die innere Stabilität der Anstalt und unsere Stellung gegenüber den Behörden. Freilich: Bei dem ständigen Auf und Ab blieb es immer, auch im Haus bei Disziplinexzessen schwieriger Frauen. Setzte man sich nicht durch, so sprach das gegen die Methode. Tat man es, so stand man, wenn es Beschwerden gab, ziemlich allein.

Ab 1953 nahm die Aufgabe, die zentrale Frauenanstalt zu planen und vorzubereiten, alle Kräfte in Anspruch. Das half uns gegen die Depressionen, weil wir auf Veränderungen hoffen konnten. Als die Vorbereitungen bewältigt waren, kam

1955 der Umzug ins »Große Haus« mit seinen besonderen Problemen, der uns noch einmal an den Rand aller Kräfte brachte und als Gipfel der Enttäuschung erleben ließ, daß wir mit den zum Teil katastrophalen Schwierigkeiten völlig allein gelassen wurden. Damals richteten wir uns noch einmal bewußt darauf ein, eine Nische für unseren »eigenen Weg der Frauen« zu finden. Das hat uns, da uns Unkorrektheiten nicht vorgeworfen werden konnten, mehr genützt als geschadet.

Als wir auch diese Zeit bewältigt hatten, ging es aufwärts. Da konnten wir einiges von unseren Vorstellungen verwirklichen, freilich nicht das, was das Strafvollzugsgesetz später ermöglichte. Personal und Mittel fehlten uns bis zum Ende, auch das Haus blieb absolut unzulänglich. Als aber dennoch Reformschritte, im Vorgriff auf das spätere Gesetz und neben dem persönlichen Stil des Hauses, möglich wurden, erfüllte uns das mit neuer Arbeitsfreude. Auch die Anerkennung, die wir nach und nach erfuhren, half bei den Durchsetzungen. Die gelangen etwa ab 1969, also nach 22 Jahren des Wartens.

Das war die Zeit der allgemeinen Reformeuphorie, bei der wir ja im Trend lagen. Doch gleichzeitig begannen die neuartigen Angriffe der Maximalreformer, die den gesamten Strafvollzug mit einem Schlag auf den Müllhaufen der Geschichte werfen wollten und zur Stützung ihrer Vorstellungen überall übles Fehlverhalten in der Praxis entdeckten. Es kamen heftige Angriffe auf die »Verknastung« unserer »unschuldigen Kinder«, auf die internen Reformen, die als bloßes »Alibiverhalten« entlarvt wurden, das die Beseitigung der Institution Knast behindere und das System stabilisiere. Freundlicher hatte es die »Terroristin« Gudrun Ensslin ausgedrückt: »Die Einsele sieht den Dreck, aber sie versucht, ihn zum Leuchten zu bringen.« Solche Angriffe trafen ja auch auf unsere Zweifel. Aber trotzdem setzte ich mich damals und später, insbesondere in bezug auf unsere Kinder, in Leserbriefen, Presseerklärungen und Vorträgen zur Wehr.

In jenen Jahren brach eine persönliche Katastrophe über mich und N. herein: Ende 1966 starb der Gefährte und Vater, völlig unerwartet, nach einem besonders schönen Herbstbesuch bei ihm, als wir ihn zum üblichen Weihnachtsbesuch erwarteten, wenige Jahre vor dem geplanten neuen Zusammenleben nach seiner Pensionierung. Es dauerte lange, bis diese Wunde sich schloß. Auch das haben außer uns nur wenige gemerkt. Wir rückten nur noch enger zusammen. Ich arbeitete ohne Pause weiter, von wohltuender Zuwendung vieler Gefangener umfangen. Das war die einzige Rettung. Ein fast fertiges kleines Haus hatte der in den Bergen heimisch Gewordene uns hinterlassen. So konnten wir, nach seinem Wunsch, der Landschaft, die er geliebt hatte, die Treue halten.

Im Fadenkreuz des BKA

1972/73 kam dann die stärkste dienstliche Herausforderung. Daß ich sie unbeschadet überstanden habe, verdanke ich außer der Treue der Mitarbeiterinnen weitgehend Hilda Heinemann, der Frau des damaligen Bundespräsidenten. Nicht, daß sie geholfen hätte, einen Fehler unter den Teppich zu kehren. Doch sie bewahrte mich davor, nun doch noch das Handtuch zu werfen.

Während der gesamten Dienstzeit hatte ich mehrere Ermittlungs- und Erstattungsverfahren, Anzeigen und Ersatzforderungen zu überstehen. Diese Erfahrungen teilte ich mit den Kollegen. Jede Entweichung, fast jeder gelungene Selbstmordversuch setzte ein – jeweils erfolgloses – Ermittlungsverfahren in Gang. Die Erstattungsverfahren erschreckten zunächst, erwiesen sich dann aber alle als gegenstandslos. Das erste, ganz zu Anfang, schilderte ich bereits. Das zweite ergab sich beim Umbau, als ich eine im Plan vorgesehene, ungeschickt angebrachte Tür um wenige Zentimeter hatte versetzen lassen. Angesichts der Überlast der Arbeit allerdings trafen einen solche Angriffe aus geringfügigen Anlässen. Ich dachte: Da werden einem Hunderte von Menschen anvertraut, und sowas ist dann der »Ernstfall«.

In den Jahren 1971 bis 1973 kam es jedoch zu einem sehr ernsthaften Angriff auf meine Integrität, der Kraft und Arbeitsfreude kostete. Es begann scheinbar harmlos: Im März 1971 erhielt ich Besuch von zwei Beamten vom Bundeskriminalamt und von der hessischen Kriminalpolizei. Sie wollten mich »als Zeugin« über die längst nicht mehr inhaftierte Gudrun Ensslin befragen. Nach telefonisch erteilter Aussagegenehmigung beantwortete ich die Fragen. Doch bald merkte ich, daß es nicht um Gudrun Ensslin ging, sondern um mich. Das wurde mir mit der Bemerkung, daß ich eine Aussage verweigern oder einen Anwalt hinzuziehen könne, bestätigt. Da ich nichts zu verbergen hatte, war ich bereit, weiter zu antworten. Es ging um die Frage, ob ich der untergetauchten Gruppe der RAF bei ihrer Suche nach Quartier geholfen hatte. Ich konnte nur eindeutig verneinen; ein solches Ansinnen war auch nie an mich gerichtet worden. Nach ihrer Entlassung hatte ich Gudrun Ensslin nur einmal kurz gesehen, als sie zurückgelassene Bücher abholte und eine Gefangene besuchte. Als ihr Gnadengesuch abgelehnt wurde, hatte sie telefonisch gefragt, was nun geschehen werde. Ich hatte geantwortet:»Sie werden eine Aufforderung zum Strafantritt erhalten.« Das hatte ich noch am gleichen Abend der Aufsichtsbehörde mitgeteilt.

Eindrucksvoll war die Art der Befragung, formal wie inhaltlich: Ein Besucher stellte die Fragen, der andere fixierte meinen Gesichtsausdruck. Das war wohl die übliche »geschickte Form einer Vernehmung«, die schwächere Opfer verängstigen soll. (An diese Opfer dachte ich dabei.) Man warf mir vor, ich hätte doch einmal einen Fürsorgezögling vor der Behörde verborgen. Unausgesprochene Schlußfolgerung: dann sei mir auch Hilfe für Terroristen zuzutrauen. Ich wußte erst nicht, worauf da angespielt wurde. Erst meine Mitarbeiterinnen erinnerten mich am nächsten Tag daran, ich hätte ihnen doch erzählt, daß einmal ein älterer mit einem jungen Mann abends mit der Bitte um Hilfe zu mir gekommen sei. Nun erinnerte ich mich: Die beiden hatten sich an den Herausgeber der Frankfurter Rundschau gewandt, und der hatte sie zu mir geschickt. So kamen sie um halb elf abends zu mir und verließen mich wieder um halb zwölf. Der Junge war tatsächlich aus einem Heim fortgelaufen, der ältere Mann war bereit, ihn aufzunehmen. Ich versprach, am nächsten Morgen mit dem Leiter des Jugendamtes darüber zu sprechen. Das tat ich, damit war die Sache für mich erledigt. Doch – woher wußte man im BKA von diesem kurzen Abendbesuch in meiner Privatwohnung? Wie wurden solche Dossiers erschnüffelt? Wer hatte mich denunziert? Empörend war die mehrfach wiederholte Vorhaltung, ich solle die Wahrheit sagen. Die Aussage über meine Quartierhilfe stamme von einem Zeugen, dem man nie eine Unwahrheit habe nachweisen können. (Der Zeuge, dessen Namen ich erst viel später erfuhr, war ein – wie sich dann zeigte – äußerst problematischer technischer Helfer der RAF.) Ich war über die Unverschämtheit der Unterstellung zunächst so verblüfft, daß ich nur betonte: »Ich sage die Wahrheit.« Als der Mitarbeiter des BKA am nächsten Tag nochmals kam, um mit Genehmigung des Ministeriums die Hausakten von Gudrun Ensslin abzuholen, wiederholte er den Satz vom Verbessern meiner Lage durch Ehrlichkeit. Nun platzte mir aber der Kragen. »Wofür halten Sie mich? Ich hatte keine Angst vor den Nazis, ich habe sie auch vor Ihnen nicht.« – »Aber Sie könnten doch erpreßt werden.« – »Ich verhalte mich nicht so, daß ich erpreßbar bin.« Ich schickte umgehend ein Gedächtnisprotokoll an den Minister. Dieser erwiderte, er habe volles Vertrauen. Und ich vergaß die Sache.

Im März 1973 bekam ich dann Hinweise von verschiedenen Seiten, daß offenbar inhaftierte Frauen aus der Terroristenszene, für die unsere Anstalt zuständig war, nicht zu uns geschickt wurden. Ebenfalls inoffiziell erfuhr ich, daß gegen mich ein Ermittlungsverfahren angestrengt sei. Das wurde mir offiziell erst später bestätigt.

Im Januar 1973 hatte der 1971 genannte technische Helfer der RAF vor einem Gericht in Hannover ausgesagt, Gudrun Ensslin habe eine Frankfurter Anstaltsleiterin (ohne Namensangabe) um Hilfe gebeten und der Gruppe mitgeteilt, diese habe Hilfe zugesagt. Daraufhin muß – ohne daß ich verständigt wurde – das Ermittlungsverfahren eingeleitet worden sein.

Ab 1. 4. 1973 hatte ich Urlaub und wollte nach Österreich fahren. Durch den Tod meiner Mutter verschob sich meine Abreise. So erfuhr ich noch – in dieser ohnehin traurigen und mich inaktiv machenden Situation –, daß in der Anstalt ein »Kommissar« eingesetzt worden sei. Als ich aus dem Urlaub zurückkam, war meine Autorität im Hause nahezu ausgelöscht. Der »Kommissar« hatte sich durch Freundlichkeit beim Personal und durch herabsetzende Kritik an mir heimisch gemacht. Manche Frauen arbeiten besonders gern mit Männern zusammen, und Männer wissen das! Gefangene und Mitarbeiter begrüßten mich: »Nun werden Sie ja wohl nicht mehr lange hier sein.« Das war eine schlimme Situation in einem Betrieb, der – auch besonders bei unserem Stil – weitgehend von persönlicher Autorität und Glaubwürdigkeit lebte. Ich setzte meine Arbeit fort, als mache mir das alles nichts aus. Die nun im Haus inhaftierten »Terroristinnen« suchten trotz Verbotes den Kontakt zu mir, wenigstens in persönlichen Fragen. Ansonsten hatte ich nichts mit ihnen zu tun.

In der Sache ging das Ermittlungsverfahren darum, ob Gudrun Ensslin mich telefonisch um Hilfe gebeten hatte. Bei einer langwierigen Vernehmung im Juli bei der Staatsanwaltschaft, zu der mich ein Rechtsanwalt begleitete, erklärte ich die beiden Kontakte, die ich nach der Entlassung mit Gudrun Ensslin gehabt hatte. Seither hatte ich nie wieder etwas von ihr gehört. Offenbar glaubte man mir, denn das Verfahren wurde – allerdings »aus Mangel an Beweisen« – eingestellt.

Ich konnte nicht beweisen, daß ich kein Gespräch geführt hatte, ebenso wenig konnte die Gegenseite beweisen, daß eines stattgefunden hatte. Doch die Vernehmung war weit über den Anlaß hinausgegangen; sie enthielt eine Überprüfung meiner gesamten Arbeit. Zum Beispiel hielt man es offenbar für möglich, daß ich – aus was für Gründen auch immer, vielleicht aus politischer Sympathie? – Gudrun Ensslin massiv bevorzugt hätte, mich mehr um sie gekümmert hätte als üblich. Ich habe aber immer über jedes Gespräch mit einer Hausbewohnerin Buch geführt. Und diese Liste ergab, daß ich seltener mit ihr gesprochen hatte als mit vielen anderen. Und meist hatte ich im Auftrag des Untersuchungsrichters mit ihr sprechen müssen – zehnmal bei 19 Gesprächen in 18 Monaten. Eine mir vorgehaltene Aussage erschütterte mich: Eine Mitarbeiterin seit der Zeit vor 1945 hatte ausgesagt, ich hätte alle Gefangenen in meinem Büro gesprochen, nur zu Frau E. sei ich jeweils in die Zelle gegangen. Warum hatte sie diese Unwahrheit gesagt? Als Beamtin auf der »Zentrale« übersah sie den Ablauf des ganzen Hauses, also auch, daß ich nahezu an jedem Abend durch den Zellenbau und in die Zellen der Frauen ging, die mich sprechen wollten. Nur zu Vernehmungen kamen die Frauen – zur Protokollaufnahme – in mein Büro; diese seltenen »Vorführungen« waren Aufgabe der »Zentrale«. Diese Aussage enthüllt etwas von der Ambivalenz von Vertrauen und Intrige in einem solchen Haus. Im täglichen Umgang hatte die Beamtin ihre Gegnerschaft nie deutlich gemacht. Sie war inhaltlich identisch mit einer Denunziation, die ein männlicher Mitarbeiter, den wir nach einem langwierigen, wenig appetitlichen Verfahren entlassen mußten, durch seinen Anwalt hatte vortragen lassen.

Noch Monate dauerte dann ein anschließendes Disziplinarverfahren. Warum beendete die Behörde, die mir angeblich vertraute, die Quälerei nicht, nahm sie den »Kommissar«, der sich aufspielte und mich herunterzusetzen versuchte, nicht aus dem Haus? Ich schrieb an den Minister und schilderte ihm meine unerträgliche Lage, erinnerte ihn an mein bisheriges »untadeliges« Verhalten, bat vor allem um die Abberufung des »Kommissars«, der als stellvertretender Anstaltsleiter Gewicht im Hause hatte und, wenigstens in den Augen der Mitarbeiter, ein denkbarer Nachfolger wurde. Das provozierte lediglich einen Ministerbesuch, in dem mir persönliches Vertrauen versichert und ich darum gebeten wurde, »ohne Kurzschlußhandlung durchzuhalten«.

Nachdem – als Folge der damaligen »RAF-Hysterie« – weitere Monate unter unveränderten Bedingungen ins Land gegangen waren, entschloß ich mich, nun »Schluß zu machen«. Erwogen hatte ich das schon während des Ermittlungsverfahrens, besonders als es nahtlos in ein Disziplinarverfahren überging. In einem Brief an Hilda Heinemann, Frau des damaligen Bundespräsidenten und mir auch persönlich nahestehende Schirmherrin unseres Kinderheims, hatte ich diesen Konflikt angedeutet: »Es konnte bei diesen Ermittlungen nichts herauskommen, und so wurden sie eingestellt, nachdem die Sache eine Fülle von unangenehmen Konsequenzen für mich und meine Arbeit hatte. Man hat meine ganze Arbeit in die Recherchen einbezogen, vor allem meine Art, Beziehungen zu den Gefangenen zu haben. Da man keine Ahnung von moderner Sozialarbeit hat, fiel das ziemlich merkwürdig aus. Und nun will man nochmals überprüfen in meinem Ministerium, ob da disziplinarisch ›was dran‹ ist. Manchmal denke ich, und habe bei dieser Art von Behandlung gedacht, ich sollte aufhören und gehen. Noch habe ich es nicht fertiggebracht. Da ist ein ernsthafter Konflikt: Da ist das Kinderheim, das jetzt über unsere Anstaltsmauer guckt; ich hätte seine Fertigstellung und den Bezug gerne miterlebt. Da sind einige andere Projekte, mit denen ich – mit Hilfe außerstaatlicher Mittel – versuchen möchte, Behandlungs- und Bildungsprogramme zu entwickeln. Es geschieht meist mit Hilfe alter Bekannter aus der politischen Zeit, die in verschiedenen Institutionen sitzen. Das heißt, diese Programme würden wohl zusammenfallen, wenn ich sie nicht wenigstens halbwegs auf den Weg bringe. Soll ich das alles im Stich lassen? Soll man sich andererseits ohrfeigen lassen? Verzeihen Sie diesen letzten Ausbruch, aber ich weiß, daß Sie ihn verstehen.«

In ihrem Antwortbrief schrieb Frau Heinemann zurück: »Mein einziges Anliegen ist, Sie möchten die Kraft haben, trotz allem und wegen Ihrer Aufgaben durchzuhalten.«

Nun aber wurde es wirklich ernst in mir. Da schaltete sich Hilda Heinemann dann tatkräftig ein. Sie erklärte, sie werde den geplanten Besuch zur Weihnachtsfeier in unserem Hause absagen, wenn dann der »Kommissar« noch in der Anstalt sei. Das war er dann nicht mehr, und auch das Disziplinarverfahren wurde schließlich beendet, meine schlimmste persönliche Erfahrung nach 25 Dienstjahren.

Anhand einer persönlich geführten Dokumentation über die einzelnen Begebenheiten kann ich mich noch heute daran erinnern, mit wieviel häßlichen, aber auch positiven Begleiterscheinungen solche Situationen verbunden sind: Verrat, Tratsch, Feigheit auf der einen, Treue, Tapferkeit und Solidarität auf der anderen Seite, von Gefangenen und engen Mitarbeiterinnen. Ähnlich war es gewesen, als mein Vater 1933 von den Nazis entlassen worden war, ähnlich auch bei einigen Denunziationen während der Nazizeit, und als wir 1946/47 aus Österreich ausgewiesen werden sollten. In solchen Zeiten bekommt man schmerzliche und beglückende Einblicke in menschliches Verhalten. »Kinder, werdet mir nie feige«, hatte mein Vater uns gepredigt. Aber ich weiß, daß es Situationen hätte geben können, in denen ich trotzdem feige hätte sein können. Anderen wurden solche Maximen nicht einmal »gepredigt«. Wirklich getroffen hatte mich die Lüge der jahrelangen, vordergründig loyalen Mitarbeiterin.

Und meine Vorgesetzten? Sie rechneten es sich wohl hoch an, daß sie mich beim Auftreten des Verdachtes nicht vom Dienst suspendierten. Wahrscheinlich war das in jener Zeit der unerträglichen Terroristenhysterie, in der anderen Schlimmeres geschah, auch wirklich eine Leistung. Daß dann, nach der Einstellung des Verfahrens, die kalten Füße noch so lange anhielten, da konnte wohl doch von einer gewissen Feigheit – oder von Vertrauensschwäche? – die Rede sein. Das traf mich, da war ich oft verzweifelt über meine Lage im Rahmen einer ja nicht abbrechenden Arbeitsüberlastung. »Manchmal stehe ich kurz vor dem Selbstmord, da schützt mich nicht einmal mein Trotz.«

Heute ist das längst überwunden, zum Teil verstanden – und auch gefühlsmäßig verziehen. Mit Schwäche fertig zu werden, war der Inhalt dieser gewählten Arbeit. Galt das nur für die Bewohnerinnen unseres Hauses?

Als wir dann ohne »Kommissar« wieder »unter uns« waren, arbeiteten wir im alten Stil und entwickelten unser Programm weiter. Politischen Argwohn gab es nur noch einmal, infolge einer bloßen Unachtsamkeit einer »linken« Praktikantin, die sofort politisch mißinterpretiert wurde.

Aktivitäten nach der Pensionierung

1975 bin ich dann pensioniert worden. Die Ereignisse von 1973 haben mir das Ausscheiden erleichtert. Jedenfalls habe ich nicht, wie es erwartet wurde, unter der Beendigung dieser intensiven Arbeit gelitten. Die Arbeitsbedingungen hatten begonnen, sich zu verändern. Durch Vorgriff auf das zu erwartende Strafvollzugsgesetz waren Lockerungen wie Freigang und Urlaub erreicht worden. Doch die sonstigen Möglichkeiten des Gesetzes gab es noch nicht. So mußte wieder das wenige Vorhandene durch vermehrten persönlichen Einsatz ausgeglichen werden. Schon zeichnete sich aber ab, daß diese Bereitschaft zu individueller Hilfe, die unseren persönlichen Stil ausgemacht hatte, neben der immer stärker gewünschten materiellen Hilfe an Wert verlor. Der Wohlstandsstaat fing an, auch in unsere ärmlichen Mauern einzudringen. Ich bekam Sorge, daß die Methode von Toleranz und Zuwendung an ihr Ende geraten könnte und eines Tages vor Konsumangeboten einerseits und vor den Restriktionen des Sicherheitsstaates andererseits zurücktreten müßte. Schon schien die Neigung zu eigener, wenngleich bescheidener Kreativität in den Gruppen der Bewohnerinnen schwächer zu werden, jedenfalls bedurfte es verstärkter Anregungen, zum Beispiel an die Stelle angemieteter Musikbands bei den Festen eigenes Theaterspielen zu setzen. Auch die seit einigen Jahren zunehmenden Beschränkungen, zu denen der Drogenimport in die Anstalt zwang, vermittelten einen Vorgeschmack auf Kommendes. Das alles konnte auch durch die nun erlaubten Lockerungen nicht kompensiert werden, trotz des mühevollen Gegensteuerns, wie es beim Freigang geschildert wurde. Wirkten die neuen Belastungen doch auch auf die nicht drogenabhängigen Frauen.

Auch der Terrorismus begann die Haftbedingungen zu verändern, wenngleich es bis zu meinem Ausscheiden möglich geblieben ist, seine Vertreterinnen den anderen Frauen gleich zu behandeln. Nur wurden wir – und besonders die jungen Referendarinnen und Praktikantinnen – immer mal wieder verdächtigt, mit diesen Frauen zu »locker« umzugehen. Da mußten wir dann Rechenschaft ablegen, denn immer wieder tauchten Denunziationen beim Ministerium auf. Allerdings fand ich da nun nahezu immer Unterstützung und Vertrauen. Unsere Entscheidungen wurden akzeptiert. Trotzdem führte das alles zusammen nach und nach zu Ermüdung.

Da der Beruf ja nie der einzige Inhalt eines Lebens sein soll, hatte es auch bei mir immer über ihn hinausweisendes Engagement gegeben. Das verhinderte auch jetzt das Eintreten von Leere. Anknüpfend an frühere Aktivitäten gab es auch weiter viel zu tun.

Als ich nach Frankfurt gekommen war, hatte ich mit anderen Einwohnern des Stadtteils erfolgreich um die Rückgabe einer von den Amerikanern besetzten Schule gekämpft. Hinzu kam damals Flüchtlingsarbeit im Rahmen der »Hausratshilfe«, Teilnahme im städtischen Wohlfahrtsausschuß, Rechtsberatung und Referate über Frauenfragen bei Frauenvereinen. Daraus folgte später auch ein in die Öffentlichkeit getragenes Engagement gegen den § 218 StGB, durch Vorträge, Straßenreden und Mitarbeit im Beirat von Pro Familia, kurzfristig in einer Kommission des Bundesfamilienministeriums zur Überprüfung der Praxis des Indikationsgesetzes, die mich bei einem längeren Aufenthalt in San Francisco, 1976, zu Vergleichen mit der dortigen liberalen Praxis des Schwangerschaftsabbruchs veranlaßte. Die Mitarbeit im »Amnestie-Ausschuß« der Rechtsanwälte, in dem es um die verfassungswidrige rückwir-

346

kende Kriminalisierung von Aktivisten der Kommunistischen Partei aus der Zeit ging, als diese Partei noch legal war, und um das politisch überzogene Strafrecht der »Korea-Zeit« und des beginnenden Kalten Krieges, legte den Grund zur Freundschaft mit einigen liberal-engagierten Rechtsanwälten, die mir dann nicht selten bei Bemühungen um einzelne Gefangene und Entlassene halfen.

Parallel liefen auch politische Aktivitäten im engeren Sinne – gegen Wiederbewaffnung, gegen den militärischen und zivilen »Atomtod« (was mir 1985 eine Verurteilung gemäß § 240 StGB wegen Blockade eines Raketendepots einbrachte) und auch gegen die Notstandsgesetze, gegen die ich mich in Vorträgen und Aufsätzen wendete. Es gab auch ein jahrelanges aktives Engagement für die sozialdemokratische Partei, in die ich 1953 wieder eingetreten war, nachdem ich anfangs meinte, für meine Arbeit sei parteipolitische Enthaltung richtiger. Die Aktivität bezog sich auf den Unterbezirksvorstand Frankfurt und auf die Teilnahme an mehreren Parteitagen, besonders dem in Bad Godesberg 1959. 1961 wurde ich zusammen mit dem Sozialistischen Deutschen Studentenbund, der mir vom Unterbezirksvorstand als Aufgabe übertragen worden war, aus der Partei ausgeschlossen. Die Bemühung um Bau und Betrieb von mehreren Studentenheimen in einem zu diesem Zweck gegründeten »Studentenheimverein« hat die Zeit vieler Abende gekostet.

Schon immer war mir – theoretisch und praktisch – die Reform der Freiheitsstrafe und des Vollzuges wichtig, zunächst in der Mitarbeit in einer von Gustav Radbruch, Eberhard Schmidt und Wolfgang Mittermeier gegründeten Arbeitsgemeinschaft zur Reform des Strafvollzuges, dann im Kampf gegen die Wiedereinführung der Todesstrafe, nachdem das Grundgesetz diese 1949 abgeschafft hatte. Heute tritt an diese Stelle die Bemühung um Beseitigung der lebenslangen Freiheitsstrafe, für die ich auch als Gutachterin vor dem Bundesverfassungsgericht und in einem Symposium des Magazins »Stern« plädiert hatte. Für alles das gab es nach meinem Ausscheiden aus dem Dienst noch immer Gremien – bei der Arbeiterwohlfahrt und in den evangelischen Akademien, insbesondere in Arnoldshain, mit ihren Arbeitsgemeinschaften, denen ich bis in die allerletzte Zeit angehörte. Noch während der Dienstzeit gehörte ich drei Jahre lang der »Strafvollzugskommission« an, die von dem damaligen Bundesjustizminister Gustav Heinemann zur Vorbereitung des Gesetzes einberufen worden war.

Nach dem Ausscheiden aus dem Dienst trat an die Stelle einer solchen eher theoretischen Beschäftigung die Teilnahme an einer Kommission des Europarates, drei Jahre lang. Doch diese interessante Zusammenarbeit mit je drei Vertretern und Vertreterinnen aus Italien, England und Norwegen zur Frage der weiblichen Kriminalität führte leider zu keiner Veröffentlichung, weil von den Verantwortlichen zwei durch Krankheit und Tod ausfielen. Das zusammengetragene Material blieb also ungenutzt. Immerhin habe ich in diesen Jahren zahlreiche europäische Frauenhaftanstalten kennengelernt.

Ebenfalls nach Beendigung der Berufsarbeit hatte mir der Fachbereich Strafrecht der Johann-Wolfgang-Goethe-Universität eine Honorarprofessur verliehen. Das beruhte wohl auf einer relativ langen Literaturliste, die im Lauf der Jahre zusammengekommen war. In daraus folgenden Seminaren und Arbeitsgemeinschaften mußte jedoch noch auf Erfahrungen mit dem Strafvollzugsgesetz verzichtet werden, das erst 1977 in Kraft trat. Es ergaben sich über die Lehrtätigkeit hinaus zahlreiche Beratungen von Studenten und vor allem Studentinnen, auch über Frankfurt hinaus, für Diplom- und Doktorarbeiten über Strafvollzugsthemen und Entlassenenhilfe.

Obwohl mir das alles Freude machte, vor allem durch die Zugehörigkeit zu einem Kreis liberaler Wissenschaftler und den Kontakt zu Studenten, beendete ich die Mitarbeit an der Hochschule bis auf einzelne Teilnahmen an Seminaren nach drei Jahren. Ich habe trotz einiger pragmatischer Untersuchungen und einer größeren Zusammenstellung für das Handwörterbuch der Kriminologie (1965 viel zu früh, noch bevor ich genü-

gend eigene Erfahrungen hatte, verfaßt) von meinen wissenschaftlichen Fähigkeiten nie sehr viel gehalten, sondern meinen Platz an der Grenze zwischen Theorie und Praxis gesehen,
das heißt bei der Überprüfung von Theorie in der Praxis.
Nahezu unaufhörlich kamen ja auch jetzt noch die Ansprüche
der Praxis und nahmen fast alle Kräfte in Anspruch. Die Inter-
pretation von Strafvollzug und seinem Resozialisierungsanlie-
gen war dazuzurechnen (zum Beispiel in einer Anhörung des
Hessischen Landtages zu einem breiten Gefängnis-Bauprojekt
und anderem).

Praxis durch theoretische Begleitung zu fördern, ergab sich
in besonders reizvoller Weise durch den Auftrag des Bundesfamilienministeriums zu einer wissenschaftlichen Begleitung des
Projekts »Anlaufstelle für straffällige Frauen« der Arbeiterwohlfahrt, also von Nachsorge. Auch diese Zusammenarbeit
dauerte offiziell drei Jahre, bis das Projekt zur Regeleinrichtung des Landes Hessen und der Stadt Frankfurt wurde. Die
nahen Beziehungen zu ihm halten an. Ich erlebe dabei die Entwicklung von Methoden, von denen ich wünsche, daß sie einmal nach und nach die Freiheitsstrafe ersetzen können.

Zahlreiche, zum Teil zeitaufwendige Beziehungen zu ehemali-
gen Hausbewohnerinnen waren erhalten geblieben, einige bis
heute – zum Teil über 40 Jahre hinweg. Einige hatten lange
Zeit das ernsthafte Gewicht von »Betreuung« mit zahlreichen
Bitten um Rat und materielle Hilfe. Manchmal wurde die
Beziehung lediglich aufrechterhalten, durch Briefe, Besuche,
Telefongespräche und Einladungen. Auch die »Ehemaligen«
wurden älter und einsamer und suchten die Kontinuität der
Beziehung, manche wollten aber auch nur teilnehmen lassen
daran, daß sie »es schafften«.

Zu helfen war in momentanen Verzweiflungssituationen,
durch Gespräche und durch praktischen Beistand. Dramen
waren zu entwirren, in die »Ehemalige« gelegentlich gerieten
oder sich eingelassen hatten, darunter auch neue Straftaten,
die ich manchmal gegenüber den zuständigen Stellen interpre-

tieren konnte. Die Straftaten konnten dann zu neuen Strafen führen, die überstanden werden mußten oder neue Bewährungszeiten nach sich zogen. Losgelassen hat mich dieser Teil der vergangenen Arbeit bis heute nicht, wenngleich die notwendigen Interventionen mit dem Zeitablauf seltener wurden.

Statt dessen kamen aber neue Bitten um Hilfe hinzu, die einfach auf der Bekanntheit des Namens beruhten: von inhaftierten und entlassenen Frauen, aber nun auch von inhaftierten Männern und deren Angehörigen und Betreuern, die mich um Erklärung und um Verhaltensberatung baten. Auch daraus ergaben sich zum Teil länger anhaltende Verbindungen. Nein, loslassen kann einen das Engagement für ein so problembeladenes Kapitel gesellschaftlichen Versagens und gesellschaftlicher Reaktionen nicht.

Noch 1975 war ich Vorsitzende des »Gefangenenhilfevereins« geworden, den wir Anfang der fünfziger Jahre für unser Haus gegründet hatten. Er sollte Bedürfnisse der Anstalt, für die staatliche Mittel nicht zur Verfügung standen (Feste, Fortbildungen, Familien- und Urlaubsunterstützung etc.), aber auch Hilfen für entlassene Frauen finanzieren. Diesen Vorsitz legte ich 1989 nieder. Im Vorstand des Vereins für das Kinderheim der Anstalt bin ich noch. So überdauerte auch eine gewisse Beziehung zur Anstalt, die in ihrer Art, infolge eines Mißverständnisses, nur einmal auf Bedenken gestoßen ist.

1982 kam als sicher reizvollste Aufgabe ein Enkelkind hinzu, dessen berufstätige Mutter Gott sei Dank Hilfe braucht und das auch selbst diese Hilfe verwenden kann. An meinem Enkelkind versuche ich mit großer Zuneigung ein wenig gutzumachen, was ich am eigenen Kind eher versäumt habe.

Das alles neben der ständig zunehmenden Pflicht, sich in Gruppen und Bürgerbewegungen für Menschenrechte, Ökologie, Frieden und Sozialbewegungen zu engagieren, füllt die Tage fast so wie zur Zeit der Berufsarbeit. Aber das »fast« läßt dem ehemals notwendigerweise zurückgestellten Lesehunger Raum. Und das ist eine großartige Kompensation.

Resümee

Wenn ich nun auf das alles über einen langen Zeitraum hinweg zurückblicke, frage ich mich natürlich, ob der Nutzen den hohen Aufwand wert gewesen ist. Ich weiß und empfinde schmerzlich, daß der Weg mit Fehlern und Irrtümern gepflastert war, anfangs noch mehr wohl als später. War es trotzdem richtig, was ich tat, oder muß ich es im Licht neuerer Erkenntnisse und Erfahrungen als überflüssig, ja schädlich charakterisieren? Bleibt trotz allem genug, das es wert war?

Dieser Weg hat zweifellos, trotz aller Belastungen, persönliches Glück gegeben, vielleicht war er für einzelne Menschen sogar nützlich. Sachlich führte er zu der Erkenntnis, daß es gilt, die heute noch üblichen Strafen, die im wesentlichen Unterprivilegierte treffen, sozial auszugleichen zugunsten gerechterer, humanerer und rationalerer, also auch mehr Erfolg versprechender Reaktionen. Daß auf Fehlverhalten reagiert werden muß, daran habe ich keinen Zweifel bekommen. Insofern glaube ich, daß die gewonnenen Erkenntnisse für die Weiterentwicklung, vielleicht auch Überwindung heute gängiger gesellschaftlicher Reaktionen verwendbar sein könnten.

Über die Wirkung des mit großen Hoffnungen begrüßten Reformgesetzes kann ich mich nicht äußern. Ich habe sie nicht mehr selbst erfahren, habe nur an der Planung mitgearbeitet, als ich noch hoffnungsvoller in bezug auf Reformen war. Schon die Einschränkungen im Gesetzgebungsgang belehrten darüber, daß die Bereitschaft, hier nun wirklich etwas zu investieren, nach wie vor nicht sehr groß ist. Durch die geplanten Lokkerungen hofften wir Mängel ausgleichen zu können. Doch schon bald gerieten auch sie unter bürokratische Vorbehalte. Das hatte ich nicht erwartet. Ich träumte davon, daß es möglich werden könnte, individuelle Entscheidungen aus der in der Zusammenarbeit gewonnenen Kenntnis der Menschen zu treffen. Aber es hat sich erwiesen, daß es in diesem Bereich immer wieder – meines Erachtens über das Notwendige hinaus – zu Regressionen und Repressionen kommen wird und die Gefahr erhalten bleibt, daß auch diese Form von Machtausübung über Menschen immer mehr Schaden als Nutzen verursachen wird, daß es also notwendig ist, auf Machtausübung, sowohl politisch wie rechtlich, soweit wie irgend möglich im Zusammenleben von Menschen zu verzichten. Betreffen muß das vor allem und bald die Frauen. Sie gehören zu den schwächsten Gliedern unserer Gesellschaft. Und das, was sie »Kriminelles« anrichten, verursacht nur geringen Schaden. Hingegen wird ihnen, auch in ihrer Aufgabe als Mütter, der sie sich viel weniger entziehen können als Väter sich der ihren, allzuviel Schaden zugefügt. Bei ihnen nützt allein Hilfe, auch im Interesse ihrer nächsten Umgebung – wenngleich der Hinweis nicht fehlen darf, daß auch sie ihr Verhalten mit solchen Hilfen ändern sollen.

Obwohl meine Vorstellungen in meiner Zeit nicht umgesetzt wurden, so wurden doch wenigstens Erfahrungen gesammelt, die in diese Richtung weisen, und deshalb möchte ich dieses »strebende Bemühen« in einer Zeit, in der solche Fragen zunehmend ernsthafter gestellt wurden, trotz allem bejahen.

Und wir selbst? Haben wir wirklich nur versucht, den »Dreck zum Leuchten zu bringen«? Haben nicht doch auch Menschen, um die sich sonst niemand mehr kümmerte, erfahren, daß man ihnen mit viel Ernst, der wohl unser wichtigstes Geheimnis war, und ehrlicher Zuwendung Hilfen geben wollte? Noch kommen ja fast täglich Nachrichten, die das von ihnen selbst aus bestätigen.

Ich habe versucht, diesen Weg so einfach und realitätstreu wie möglich darzustellen. Trotz aller berechtigten Zweifel an wirklichen Erfolgen möchte ich zum Schluß noch sagen, ich bereue dieses Leben nicht.